ESPAGNE

Herbert B. Livesey

LES CARNETS DU VOYAGEUR
GALLIMARD

Ces Carnets du Voyageur ont été écrits par Herbert B. Livesey, avec la collaboration de Jan Read (les vins espagnols).
Ils ont été traduits par Marie-Caroline Aubert, Sara Oudin et Véronique Prévost. Nathalie Palma a assuré la coordination technique. Merci à Maria Unceta pour son aide dans la vérification des informations pratiques.
Nous tenons à remercier les éditeurs qui nous ont autorisé à publier des extraits de textes.

Aucun guide de voyage n'est parfait. Des erreurs, des coquilles se sont certainement glissées dans celui-ci, malgré tous nos efforts pour le vérifier. Les informations pratiques, adresses, numéros de téléphone, heures d'ouverture, peuvent avoir été modifiés ; certains établissements cités auront peut-être disparu. D'une édition à l'autre, nous procéderons à des remises à jour, et nous serions très reconnaissants à nos lecteurs de nous faire part de leurs commentaires, de nous suggérer des corrections ou des compléments qui pourront être intégrés dans la prochaine édition.

Cartes couleur
Clyde Surveys Ltd,
Maidenhead (G.B.)

Dépôt légal : mars 1986
Numéro d'édition : 37710
ISBN 2-07-070669-9
Imprimé par Casterman
en Belgique.

Table des matières

Les carnets du voyageur

Ces guides veulent être une encyclopédie pratique pour tous ceux qui voyagent par plaisir ou pour leurs affaires. Ils sont organisés en sections et chapitres (voir sommaire page précédente). Chaque guide est complété, en fin de volume, par un index des noms ou des articles cités dans le corps de l'ouvrage. Des cartes en couleurs et des plans (métro, bus) ont été annexés avec une pagination spéciale. Nous avons autant que possible adopté une présentation par ordre alphabétique.

Abréviations

Nous les avons utilisées chaque fois que c'était possible (sans les multiplier cependant, pour ne pas nuire à la lisibilité), notamment pour les jours de la semaine, les mois, les points cardinaux, les noms de poids ou de mesures, etc.

Caractères gras

Les **mots en gras** signalent un sujet ou un thème particulièrement intéressant ou important. Nous les avons utilisés aussi dans le corps du texte pour désigner les endroits (musées par exemple) qui ne font pas l'objet d'un titre. Dans ce cas, ils sont généralement suivis de renseignements pratiques usuels (téléphones, horaires), placés entre parenthèses.

Les mentions figurant en haut de page permettent une recherche rapide des noms ou des chapitres.

Organisation des « entrées »

Guadalupe

*Carte **6**F4. Cáceres. 129 km au S-E de Cáceres, 181 km au S-O de Tolède. Population : 2 800.*

Les steppes arides d'*Estrémadure*, vastes et majestueuses, sont quasi désertes. Et pourtant, nombre de villages et villes, complètement isolés, sont d'un intérêt considérable ; négligés par les touristes, ils sont demeurés intacts. Le tout premier, Guadalupe, est accroché au flanc de la sierra de Guadalupe.

Dominant les maisons aux toits orangés se dresse un formidable **monastère-forteresse** dont les donjons à créneaux, les tourelles pointues, les beffrois et les tours octogonales se découpent sur le ciel de façon spectaculaire. L'architecture en est remarquable, et les richesses qu'il abrite méritent qu'on s'y arrête.

Caractères italiques
Une typographie spéciale, en *helvética italique* signale les noms correspondant à un sujet développé dans une autre partie du guide.

Les renvois invitent à se porter, soit à d'autres chapitres du guide (culture, histoire, excursions, A à Z, etc.) soit à des sujets précis traités dans le chapitre alphabétique.

En dehors de leur utilisation traditionnelle pour les titres d'œuvres littéraires ou de tableaux et les mots en langue étrangère, les *italiques* servent à signaler des sous-sections (par exemple voir *itinéraire 5* dans *Votre programme*) ou des adresses utiles.

Cartes
Chaque carte en couleurs, à la fin du volume, porte un numéro en haut. Ce numéro est signalé en gras dans le texte du guide. La carte est quadrillée selon le code suivant : verticalement lettres A B C..., horizontalement chiffres 1, 2, 3. Sous un nom de lieu, on trouvera donc une mention du type *Carte **10**D1*, ce qui renvoie à la carte n° 10, dans la colonne D, section 1. Pour faciliter le repérage sur place, nous avons laissé tous les noms de lieux dans la langue du pays.

Catégories de prix
Nous avons adopté cinq catégories de prix, chacune étant signalée par un symbole très explicite, ▭, ▭, ▭, ▭, ▭, allant de très bon marché à très cher, en passant par bon marché, raisonnable et cher.

Il ne peut s'agir évidemment que d'indications. Les classements, notamment pour les hôtels et restaurants, sont sujets à évolution.

Caractères gras, en bleu, pour les titres.
Caractères italiques, en bleu, pour les adresses, renseignements, symboles (voir liste p. 6).
Le texte courant en noir est utilisé pour les commentaires ou descriptions.
Le texte en italique fait référence à un autre article ou à un autre chapitre. Se reporter à l'index pour connaître leur situation dans le guide.
Le texte gras en noir marque une insistance.
Les articles sur les hôtels, les restaurants, les boutiques, etc., tout en obéissant aux mêmes principes de présentation, sont parfois imprimés sur des colonnes étroites.
Certains hôtels offrent des facilités ou aménagements plus particuliers, et qui ne figurent pas dans les renseignements usuels indiqués en bleu. Ils sont dans ce cas reportés en noir en fin d'article.

Avenida Palace
*Carte **5**C4. Gran Via 605, Barcelona 7 ☎ (93) 301.96.00 Tx 54734 ▭ 229 229 ▭ AE DC MC VISA Métro Gran Via.*
A l'O du Paseo de Gracia. Ouvert en 1952, il a aussi grande allure que le ***Ritz***. Une gestion efficace et un service impeccable. Bien situé, à bonne distance de ce qu'il faut voir dans la ville.

Symboles

- Téléphone
- Télex
- A ne pas manquer
- Vaut le détour
- Recommandé dans sa catégorie
- Information touristes
- Garage
- Hôtel
- Très bon marché
- Bon marché
- Raisonnable
- Cher
- Très cher
- Nombre de chambres
- Chambres avec salle de bains
- Air conditionné
- Séjour prolongé possible
- American Express
- Carte Blanche
- Diners Club
- Master Card
- Visa
- Garage surveillé
- Avec restaurant
- Repas obligatoire
- Hôtel tranquille
- Ascenseur
- Facilités pour handicapés
- T.V. dans chaque chambre
- Téléphone dans chaque chambre
- Chiens interdits
- Jardin accessible
- Vue exceptionnelle
- Piscine
- Plage à proximité
- Tennis
- Golf
- Equitation
- Pêche
- Salle de conférence
- Restaurant
- Restaurant moyen
- Restaurant de luxe
- Menu à la carte
- Menu à prix fixe
- Bonne carte des vins
- Dîner en plein air
- Monument à voir
- Eglise
- Entrée libre
- Droit d'entrée modéré
- Droit d'entrée important
- Photographie interdite
- Guide disponible
- Guide obligatoire
- Caféteria
- Pour les enfants
- Bar
- Discothèque
- Casino/Roulette
- Orchestre
- Réservé aux adultes

Avant de partir

Vos papiers

Les touristes en provenance du Marché commun ont besoin d'une simple carte d'identité ou d'un passeport périmé depuis moins de 5 ans.
Pas de vaccination particulière exigée.

Si vous conduisez une voiture particulière : permis de conduire, carte grise, vignette annuelle et assurance internationale.

Assurances

Les soins médicaux sont souvent excellents mais chers. Il est donc recommandé d'avoir une bonne assurance médicale (sur place dans les offices de tourisme espagnols, ou bien auprès de votre compagnie d'assurances ou de votre agent de voyage).

Monnaie

Unité monétaire : la peseta (pta), qui se divise en 100 centimos. Pièces : 1, 5, 25, 50 et 100 ptas. Billets : 100, 500, 1 000 et 5 000 ptas.

Pour les voyages de tourisme, on peut importer jusqu'à une contre-valeur de 480 000 pesetas par personne et par année civile, sans dépasser 120 000 pesetas par voyage. Renseignez-vous dans votre pays d'origine sur les éventuelles mesures de contrôle de change.

Les traveller's cheques émis par American Express, Thomas Cook et les grandes banques françaises sont acceptés presque partout (notez séparément les numéros de série de vos chèques et le téléphone à appeler en cas de perte). Les compagnies spécialisées telle que l'Américan Express offrent des possibilités de remboursement sur place auprès de leurs agents locaux.

Les cartes de crédit American Express, Diners Club, Master Card (Eurocard) et Visa sont couramment acceptées. Un chèque personnel garanti par une carte d'encaissement Eurochèque peut être touché dans les banques importantes.

Douanes

Tous les objets d'usage personnel sont exempts de droits, à l'aller comme au retour, excepté le tabac, les boissons alcoolisées et le parfum. N'oubliez pas de vous munir de vos factures pour des objets de valeur.

Tabac 200 cigarettes ou 100 cigarillos ou 50 cigares ou 250 g de tabac.

Alcools 1 litre de spiritueux (plus de 22°) ou 2 litres de boissons alcoolisées (22° ou moins), plus 2 litres de vin de table.

Parfum 50 g, 60 cm^3, 2 fl/oz.

Autres produits jusqu'à concurrence de 48 000 pesetas.

La possession de stupéfiants ou narcotiques illicites est sévèrement réprimée. Pour plus amples renseignements s'adresser au Consulat d'Espagne.

Les moyens d'accès

En avion L'aéroport de *Madrid* est très bien desservi, ainsi que celui de *Barcelone*. De France, il existe des vols directs également vers *Málaga*, *Palma de Majorque*, *Saint-Jacques-de-Compostelle*, *Séville* et *Valence*, entre autres.

En train L'écartement des voies n'étant pas le même en France et en Espagne, il faut changer de train à la frontière (Irún à l'O des Pyrénées ou Port-Bou à l'E), sauf avec le Talgo pour Madrid et pour Barcelone. Environ 50 % plus cher qu'un train normal en seconde, mais aussi beaucoup plus confortable et plus rapide ; départ de Paris-Austerlitz le soir.

En car La compagnie Eurolines *(8, place de Stalingrad, 75019 Paris, ☎ (1) 42.05.12.10.)* dessert les différentes régions d'Espagne, notamment Barcelone et Madrid. Départs plurihebdomadaires.

En voiture On peut passer la frontière en une bonne douzaine d'endroits. Mais attention, ce sont des routes de montagne et il est prudent de rouler de jour ; en outre, nombre de postes-frontière sont fermés la nuit.

Autoroutes : Biarritz-*Saint-Sébastien*, Perpignan-*Barcelone* et au-delà, presque jusqu'à *Alicante*.

En ferry Plusieurs trajets, une ou plusieurs navettes par semaine selon le trajet. Entre autres : Marseille-*Majorque*, Marseille-*Alicante* et Gênes-*Barcelone*. Les bateaux de croisière font généralement escale à *Cadix*, *Málaga*, *Majorque*, *Ibiza* et *Barcelone*.

Climat

Mai, juin, septembre et octobre sont les meilleurs mois. En juillet et août, il fait une chaleur torride, notamment en Andalousie où la température peut dépasser 40 oC. On trouvera de la fraîcheur l'été le long de la mer Cantabrique (baie de Biscaye), et si l'on veut de la chaleur en janvier, février, il faut choisir le S de la *Costa del Sol*, les *Baléares* ou les *Canaries*. Seules les eaux des Canaries sont pratiquables pour les nageurs en hiver. Chutes de neige dans les Pyrénées, les Picos de Europa, la Sierra de Gredos, la Sierra de Guadarrama et la Sierra Nevada d'octobre à avril.

Comment s'habiller

Les tenues décontractées ont gagné du terrain. Maintenant tout le monde porte des jeans, quels que soient l'âge et l'endroit, et sur les plages, les mini-maillots de bains sont légion. Ailleurs, on peut s'habiller comme on veut. Tenue correcte et discrète dans les églises et monuments religieux. L'imperméable est nécessaire d'octobre à avril dans le N. Certaines régions centrales ou montagneuses ont un climat très rigoureux l'hiver.

Poste restante

Service gratuit de *Lista de correos* (poste restante) dans la plupart des postes espagnoles. Retrait sur présentation du passeport. Même service aux bureaux de l'American Express ou de Thomas Cook, pour les possesseurs d'une carte ou de traveller's cheques émis par eux.

A l'arrivée

Avion

Un service de car dessert les grands aéroports, avec des départs toutes les 20 ou 30 minutes, ou bien à la demande, d'environ 6 h à 23 h. Mais la plupart des cars ne font qu'un ou deux arrêts en ville, aussi faut-il souvent prévoir un taxi pour se rendre à l'hôtel. Les aéroports de *Málaga* et de *Barcelone* sont reliés au centre ville par chemin de fer.

Iberia assure des vols entre toutes les grandes villes et un pont aérien entre Madrid et Barcelone, de l'aube jusque tard le soir. Aviaco et Spantax offrent des possibilités semblables.

Adresses à Madrid :
Aviaco Modesto Lafuente 76 ☎ (91) 234.46.00.
Iberia Velázquez 130 ☎ (91) 261.91.00, 411.20.11, 411.25.45 (informations).
Spantax Paseo de la Castellana 181 ☎ (91) 279.69.00.

Train

Grands progrès ces dernières années pour les itinéraires et la qualité du service. Il existe maintenant des services Motorail *(auto-expresos)* qui relient *Madrid* aux autres grandes villes, et les trains Talgo, TER et Electrotren n'ont rien à envier aux meilleurs trains français et suisses : rapides, propres et confortables. En province, en revanche, la seconde classe, souvent surchargée de monde, en est restée aux banquettes de bois et compartiments sans aération. De nombreuses régions sont encore très mal desservies ou pas du tout. A éviter soigneusement, sauf si l'on aime les interminables voyages, tous les trains qualifiés d'*expreso* ou *rapido*. Il existe des possibilités de réduction ; se renseigner auprès des agences de voyage ou dans les gares. En particulier une carte vermeil *(tarjeta dorada, d'un prix très modique)* donne droit à 50 % de réduction sur les voyages de plus de 100 km.

Les trois grandes gares de *Madrid* sont : El Norte, qui dessert le N de l'Espagne et la France, Atocha, qui dessert le S et Chamartin le reste du pays. Les trains en provenance de France et de Suisse arrivent à *Barcelone* à la Estacion de Francia.

Métro

Madrid et *Barcelone* ont un réseau métropolitain relativement moderne, mais moins étendu que celui de Paris. Les stations sont signalées par un panneau en forme de diamant au centre duquel s'inscrit le mot « *Metro* ».

Autobus

Tickets en vente dans l'autobus. A *Madrid*, on peut se procurer aux stations de métro Cibeles ou Sol un ticket *Bonobus* valable sur toutes les lignes. Les autobus madrilènes fonctionnent 24 h sur 24, mais ils ne passent qu'une fois par heure entre 0 h et 6 h.

A *Barcelone*, les autobus circulent de 4 h30 à 1 h du matin, avec un service réduit la nuit à partir de 22 h 30. La province est fort bien desservie, jusque dans les plus petits villages, selon des horaires qui reflètent bien sûr les exigences locales : jours de marché, etc.

Taxis

Ils sont généralement noir et blanc avec une bande de couleur horizontale ou verticale. On peut soit les héler dans la rue, soit les prendre à une station. Un taxi disponible se signale le jour par le signe *Libre* à côté du pare-brise, et la nuit par une lumière verte sur le toit. Tarifs relativement bon marché, mais attention aux frais supplémentaires pour les bagages, les courses après minuit, la desserte des aéroports et des arènes, et plus généralement tout trajet en dehors de la ville. Pourboire : 10 % maximum, sauf service particulier. Dans les villes de moindre importance, les taxis sont rarement munis d'un taximètre, aussi vaut-il mieux négocier le prix de la course à l'avance.

Au volant

Le réseau routier s'est bien développé entre les grandes villes et vers les lieux touristiques. Vitesse limitée en ville à 60 km/h, sur route de campagne à 90 km/h, sur nationale à 100 km/h et sur autoroute à 120 km/h. Des fourgonnettes de réparation et dépannage patrouillent sur toutes les grandes routes, et les secours sont rapides. On trouve de bons garagistes même dans les petites localités, mais il n'est pas toujours facile de se procurer les pièces de véhicules étrangers.

Signalez toujours quand vous doublez ou tournez. Priorité à droite, sauf indication contraire. Vous devez, légalement, être en possesion d'ampoules de rechange et du triangle d'avertissement. Port de la ceinture de sécurité obligatoire sur route.

Location de voitures

Pour louer une voiture, il vous faut un permis de conduire valide, un permis international et un passeport. Bureaux Avis, Hertz, Europcar et ATESA, la compagnie nationale, dans toutes les grandes villes et aéroports ; possibilité de louer une voiture dans un centre et la rendre dans un autre, même hors des frontières ; formules kilométrage à la journée, à la semaine ou illimité.

Dans tous les centres touristiques fleurissent en outre quantité de petites agences privées pratiquant des prix fort avantageux, et parfois même négociables, mais n'offrant pas les mêmes garanties et assurances en cas de panne ou accident ; elles exigent généralement que le véhicule soit retourné à son point de départ.

Les cartes de crédit sont vivement recommandées — elles évitent une caution en espèces —, de même qu'une bonne assurance tous risques.

A pied

En ville, les feux de circulation ont tous des signaux pour les piétons. Sur les routes de campagne, marchez à gauche dans le sens contraire à la circulation. L'auto-stop est autorisé, mais il ne faut pas être pressé.

Ferry
La compagnie Trasmediterránea *(Plaza Manuel Gomez Moreno, Edificio Bronce (AZCA) Madrid ☎ (91) 456.00.09 et 455.00.49 et Via Layetana 2, Barcelone 3 ☎ (93) 319.82.12)* assure un service de ferry entre les principaux ports espagnols et les Baléares, les Canaries et le Maroc.

Autres moyens de transports
Toutes les compagnies de location de voitures, ATESA et autres, ont des services de voitures avec chauffeur. Les offices de tourisme des grandes villes proposent des listes de guides accrédités parlant votre langue, dont certains se mettent au volant de votre voiture pour mieux vous faire visiter.

Informations locales

Jours fériés
1er Janvier, Epiphanie (6 janvier), Saint-Joseph (19 mars), Vendredi Saint, fête du Travail (1er mai), Ascension, Corpus Christi, Saint-Pierre et Saint-Paul (29 juin), Saint-Jacques (25 juillet), Assomption (15 août), fête nationale (12 octobre), Toussaint (1er novembre), Immaculée Conception (8 décembre). Plus les fêtes locales et régionales qui émaillent le calendrier. Magasins et bureaux de poste sont généralement fermés les jours fériés nationaux, leurs horaires sont souvent modifiés pendant les fêtes locales.

Heure locale
Deux heures d'avance sur l'heure GMT d'avril à octobre, une heure le reste de l'année.

Banques et change
Les banques sont ouvertes de 9 h à 14 h du lundi au vendredi et de 9 h à 13 h le samedi. Certaines ouvrent leur guichets de change (*cambio*) de 17 h à 19 h. Change à l'aéroport et dans les hôtels (moins avantageux) ainsi qu'à l'American Express et Thomas Cook.

Magasins, restaurants et spectacles
Boutiques : ouv. normalement 9 h - 13 h ou 14 h lun-sam, 16 h30 ou 17 h - 19 h 30 ou 20 h lun-ven. Certains grands magasins restent ouverts toute la journée sans interruption. Restaurants : service 13 h 30-16 h, 21 h - 0 h ; les hôtels et endroits touristiques se plient souvent aux habitudes des étrangers et servent le diner à partir de 20 h.

Cafétérias : 9 h - 23 h sans interruption.

Certaines discothèques pratiquent des « horaires d'après-midi » de 19 h à 21 h, mais la plupart n'ouvrent qu'à 22 h 30. Dans les night-clubs, les spectacles commencent rarement avant minuit. De même cinémas et théâtres ont des horaires tardifs : matinées 19 h lun-sam, 16 h 30 dim ; soirées 22 h ou 23 h.

Marchés quotidiens dans toutes les grandes villes, une ou deux fois par semaine dans les plus petites.

Heures de pointe

8 h à 10 h, 13 h à 14 h, 16 h à 17 h, 19 h 30 à 20 h 30.

Poste et téléphone

Les bureaux de poste sont ouv. de 9 h - 13 h, 17 h - 19 h, mais, dans les grandes villes, les guichets poste restante sont ouverts jusqu'à plus tard. Les bureaux de poste et les boîtes aux lettres (jaunes) sont signalés par l'inscription *Correos*. On peut acheter ses timbres dans les bureaux de tabac.

Les téléphones publics, dans les bars et restaurants surtout, fonctionnent avec des pièces. Pour les appels longue distance, mieux vaut parler espagnol si l'on veut se faire comprendre des opérateurs. Pour ce type d'appel, dans les hôtels, surcharge onéreuse, à moins que l'hôtel ne souscrive au Teleplan, ce qui limite le supplément à 25 %.

La sonnerie du téléphone est une tonalité à répétition lente. Si c'est occupé, tonalité plus rapide. Tous les numéros de téléphone à l'intérieur du pays commencent par le 9 suivi de l'indicatif de la province. Pour appeler l'Europe, composer le 07 puis l'indicatif du pays demandé. Toutes les informations utiles pour appeler l'étranger, en quatre langues, dans les cabines.

Télégrammes : ☎ *(91) 232.88.00 à Madrid ; (93) 317.58.98 à Barcelone*. Service télex des grands hôtels.

Toilettes publiques.

Mieux vaut éviter les toilettes des gares et des bars. Utilisez de préférence celles des restaurants, hôtels et musées. Demandez *los servicios, los aseos* ou tout simplement *caballeros* (messieurs) ou *señoras* (dames). Pourboire.

Courant électrique

220 V (50 cycles AC). Attention : dans de nombreux hôtels, les prises-rasoirs sont en 110/120 V.

Lois et règlements

La détention de drogue, même en très petite quantité, peut conduire à plusieurs années d'emprisonnement. De même sont sévèrement réprimées la conduite en état d'ivresse et la fuite en cas d'accident.

Vous ne pouvez pas entrer en Espagne en voiture avec un enfant mineur qui ne vous est pas apparenté sans une autorisation écrite de ses parents. Il vous faut également une déclaration écrite si vous conduisez la voiture d'un tiers. Les contraventions pour excès de vitesse ou toute autre entrave aux règles de la circulation doivent être réglées séance tenante.

Us et coutumes

Le salut habituel est une poignée de main. Les jeunes se tutoient facilement, les moins jeunes emploient *Usted* (vous), Señor, Señora ou Señorita lorsqu'ils ne se connaissent pas.

Pourboires

Le service (15 % en général) est inclus dans les notes de restaurant, mais il est de bon ton d'y ajouter 5 %, ou même 10 % si la qualité du service ou du cadre le méritent.

Il est d'usage de donner de petits pourboires aux portiers d'hôtels, femmes de ménages, dames de vestiaire et ouvreuses. Dans les gares et aéroports, les porteurs ont des tarifs fixes par bagage. Quant aux chauffeurs de taxi, il convient de leur laisser 5 à 10 % du montant de la course.

Handicapés

En dehors des hôtels des stations balnéaires, il existe fort peu d'installations pour voyageurs handicapés. Rampes et protections pour fauteuils roulants sont chose rare. Chiens d'aveugle admis partout. Certains agents de voyage organisent des tours spéciaux pour handicapés.

Pour se procurer les guides pour handicapés de Madrid et Barcelone : Cruz Roja Española *(Dr Santero 18, Madrid)* et ECOM *(Balmes 311, Barcelone)*. Pour plus amples renseignements : SEREM *(María de Guzman 52, Madrid)*, c'est l'organisme officiel pour les handicapés, ou demander le prospectus publié par l'Office national du tourisme espagnol.

Journaux et revues

La presse étrangère, quotidienne et périodique, est vendue dans tous les grands centres de tourisme, chez les marchands de journaux comme dans les hôtels internationaux. On trouve dans un certain nombre de villes des versions du *Guía del Ocio*, magazine qui couvre les rubriques sport et divertissement. Bien que publié en espagnol, il n'est pas difficile à comprendre.

Adresses utiles

Bureaux de tourisme

Office du tourisme de Madrid : **Oficina de Informacíon de Turismo** *(Plaza Mayor 3 ☎ (91) 266.54.77)* : 9 h-13 h 30, 16 h 30-20 h.

Bureaux de tourisme à l'aéroport Barajas de Madrid *(☎ (91) 241.23.25)* et à celui de Barcelone *(☎ (93) 325.58.29)*.

L'agence de voyage de l'American Express *(Plaza de las Cortes 2, Madrid* est également une adresse précieuse pour tout voyageur en quête d'information, de conseils ou de services urgents.

Pour les bureaux de province, consulter l'annuaire.

Postes centrales

Madrid Plaza de la Cibeles ☎ (91) 221.81.95
Barcelona Plaza Antonio López ☎ (93) 318.38.31

Services téléphoniques à Madrid

Informations nationales ☎ (91) 009
Informations européennes ☎ (91) 008
Nouvelles ☎ (91) 095
Horloge parlante ☎ (91) 093
S.O.S. ☎ (91) 096
Météo ☎ (91) 094

Compagnies d'aviation

Air France, Torre de Madrid 18, Madrid ☎ (91) 341.24.72 ; Paseo de Gracia 63, Barcelone ☎ (93) 215.28.66
Iberia Velázquez 130, Madrid ☎ (91) 261.91.00 ; Plaza de España s/n, Barcelone ☎ (93) 325.71.00
Pam Am Edificio España, Plaza España, Madrid ☎ (91) 241.42.00

Agences de voyage

Les agences citées ici ont des bureaux dans toute l'Espagne. Leur siège principal est :
American Express Plaza de las Cortes 2, Madrid ☎ (91) 429.08.35
Compañía Internacional de Coches-Camas (Wagons-Lits Cooks) Marqués de Urquijo 28, Madrid ☎ (91) 248.30.00
Ultramar Express Rambla Estudios 109, Barcelona ☎ (93) 301.12.12 ; San Bernardo 5, Madrid ☎ (91) 241.82.85
Viajes Marsans Las Ramblas 134, Barcelona ☎ (93) 318.72.16 ; Carrera de San Gerónimo 34, Madrid ☎ (91) 429.41.93
Viajes Melia Princesa 25, Madrid ☎ (91) 247.55.00

Club automobile

Autoclub Turístico Español Marqués de Riscal 11, Madrid ☎ (91) 207.07.02

Consulats

Madrid

Belgique Paseo de la Castellana 18 ☎ (91) 401.95.58.
Canada Edificio Goya, Nuñez de Balboa 35 ☎ (91) 431.43.00.
France Paseo de la Castellana 79 ☎ (91) 455.54.50.
Suisse Edificio Goya, Nuñez de Balboa 35 ☎ (91) 431.34.00.

Barcelone

Belgique Carcegu 302 ☎ (93) 218.07.58.
France Aribau 200 ☎ (93) 209.43.44 et 209.67.22.
Sicilia 137 ☎ (93) 226.20.54.
Suisse Av. GV Carlos III ☎ (93) 330.92.11.

Urgences

Services d'urgence (Madrid et Barcelone)

Police ☎ 091
Ambulances ☎ 227.20.21
Pompiers *(Cuerpo de bomberos)* ☎ 232.32.32
Dans les autres villes, faire le 009 et demander l'opératrice.

Hôpitaux et services d'urgence

A Madrid Pour les **naissances précipitées** : *Centro Maternal de Urgencia Maternite, Don Ramón de la Cruz 93 ☎ (91) 256.02.00.* Pour les **risques d'infarctus** : *Enfermedades cardiacas, Av. de la Reina Victoria 22 ☎ (91) 234.88.66.* Pour les **urgences de tous ordres** : *Urgencia Medica, Bardo 26 ☎ (91) 222.30.30.*
A **Barcelone**, vous pouvez contacter la Croix Rouge *(Cruz Roja Dos de Mayo 301 ☎ (93) 235.93.00).*
Ailleurs, appelez votre consulat.

Pharmacies de garde

Les pharmacies de garde tournent. La liste en est publiée chaque jour dans la presse locale sous la rubrique *Farmacias de guardia.* Vous en trouverez également l'adresse affichée sur la porte de la pharmacie la plus proche.

Accidents d'automobile

Appelez immédiatement la police.
Téléphonez au numéro inscrit dans votre contrat de location.
N'admettez aucune responsabilité, ne vous portez pas personnellement coupable.
Echangez avec les parties adverses tous renseignements nécessaires : noms, adresses, n° d'immatriculation et référence des compagnies d'assurances.
En cas d'accident sérieux, prévenez votre consulat.

Pannes de voiture

Utilisez les téléphones réservés aux urgences sur l'autoroute.
Essayez d'attirer l'attention d'une voiture de police en patrouille.

Papiers perdus

Passeport : signalez immédiatement cette disparition à la police et contactez votre consulat pour obtenir des papiers provisoires.

Traveller's cheques perdus

Contactez immédiatement la police locale et suivez les instructions qui vous ont été remises avec les carnets, ou bien adressez-vous à la banque d'émission.
Si vous n'avez plus d'argent liquide, mettez-vous en rapport avec votre consulat ou l'American Express.

Objets perdus

Centres d'objets trouvés *(Oficinas de objetos perdidos)* à Madrid *(Santa Engracia 120 ☎ (91) 233.02.14)* et à Barcelone *(Plaza de Sant Jaume ☎ (93) 301.39.23).*

Vocabulaire utile en cas d'urgence

Au secours : *¡ Socorro !*
Il est arrivé un accident. *Ha habido un accidente.*
Où se trouve le téléphone/hôpital le plus proche ? *¿ Donde esta el telefono/hospital mas cercano ?*
Appelez un docteur/une ambulance ! *¡ Llame a un doctor/una ambulancia !*
Appelez la police ! *¡ Llame a la policia !*

Nous sommes à l'Escurial, à la fin du printemps, en 1956. Hemingway habitait à l'hôtel *Felipe Segundo*, avec sa femme, et il déjeunait ce jour-là chez l'un de ses meilleurs amis, un *matador* qu'il appréciait par-dessus tous les autres.

C'est ce mot que l'on emploie, en espagnol, pour qualifier le métier de cet homme : *matador*, et plus précisément, *matador de toros*, tueur de taureaux, est-ce à dire, et c'est en effet la meilleure façon de qualifier le métier de cet homme : il a deux taureaux à tuer, chaque après-midi de course. C'est cette fonction qui est sienne, de donner la mort, d'être seul devant la bête, durant le dernier tiers de la course, le tiers de la mort, précisément, qui le place au sommet de la hiérarchie tauromachique.

— Mais non, don Ernesto ! dit le *matador*. On ne vous ferait pas ça, de vous amener un journaliste !

Il ne me connaît pas du tout, je viens de lui être présenté, sous un faux nom. Mais l'ami qui m'a amené est un peu de sa famille et il veut rassurer Hemingway.

Ensuite, il y a eu du silence et nous avons continué à boire, dans ce silence. La terrasse de la maison est ombragée, elle domine le plateau de l'Escurial. On aperçoit, au fond, dorée par le soleil, la façade de pierre grise du monastère.

Nous étions tous assis, Hemingway était debout. Son verre était de nouveau vide. Il parlait lentement, dans un espagnol précis.

— A la frontière, la première fois que je suis revenu, le policier regarde mon passeport et il me dit, en souriant : « Vous vous appelez comme cet Américain qui était avec les Rouges, pendant notre guerre. » Il souriait, ce policier, en me rendant mon passeport. Alors, je lui dis : « Je m'appelle comme cet Américain qui était avec les Rouges, pendant votre guerre, parce que je suis cet Américain qui était avec les Rouges. » Le policier est devenu livide, il m'a regardé et il m'a dit : « Excusez-moi. » Je suis toujours Américain, n'est-ce pas ? Mais il ne souriait plus du tout.

Nous rions tous. Hemingway ne rit pas.

Il est debout, à l'ombre, sa barbe est rousse. Il ne rit pas. Il agite de nouveau son verre vide, mais personne ne pense à le remplir, cette fois-ci.

— Notre guerre ! dit Hemingway. Les Espagnols disent toujours « notre guerre ». Les Rouges, les Blancs, les sans-couleur : notre guerre. Comme si c'était la seule chose qu'ils aient en commun, qu'ils puissent partager.

Il m'a semblé que Hemingway parlait d'une voix sévère. Il m'a semblé aussi qu'il parlait pour lui-même.

— Est-ce qu'on peut partager la mort ? a dit Hemingway.

Il a rejeté le torse en arrière, dans un grand rire rocailleux. Ensuite, il a rempli lui-même son verre, puisque personne n'avait pensé à le faire. (...)

— Peut-être n'est-ce pas la mort qu'ils veulent partager, mais leur jeunesse.

Il rit de nouveau, sévèrement.

— La mienne aussi, alors.

Personne ne sait plus quoi dire et personne ne dit rien.

— Quand nous serons tous morts, dit Hemingway, il n'y aura plus rien à partager.

Il ne dit plus rien, il boit. (...)

Ensuite, la conversation avait repris, à bâtons, comme on dit, rompus. Mary Hemingway a eu besoin de quelque chose et elle a demandé ce quelque chose dont elle avait besoin. Le *matador* qui nous recevait à déjeuner s'est levé, pour aller chercher ce que Mary Hemingway avait demandé, de sa voix perçante. Je le regarde marcher, il boitille. Il a été blessé, récemment, à la cuisse, par la corne d'un taureau.

C'était à la course de bienfaisance que l'Association de la Presse organise chaque année, et le hasard avait voulu que j'assiste à cette course-là. Il y avait aussi Antonio Bienvenida, et le public était pour Antonio Bienvenida, dont on disait qu'il avait abandonné son cachet, tout entier, aux œuvres de bienfaisance pour lesquelles la course était organisée. Le public était pour Antonio Bienvenida, à cause de cette rumeur sur la générosité de Bienvenida, qui n'avait pourtant rien à faire avec la course proprement dite. Moi, il m'avait semblé que le *matador* qui nous recevait aujourd'hui avait fait des choses bien plus belles, plus difficiles sous leur apparente aisance, qu'Antonio Bienvenida, avec son premier taureau. Mais le public le houspillait, lui criait de s'approcher davantage de la bête, le public lui rappelait à grands cris les centaines de milliers de *pesetas* qu'il allait toucher pour cette course, comme si cet argent lui donnait, au public, le droit de voir couler le sang de cet homme. Alors, avec sa deuxième bête, sous les cris du public, le *matador* dont je parle n'a cessé de faire des choses de plus en plus difficiles. A la fin, le public s'est tu, saisi enfin de panique, peut-être, mais il était trop tard et Ordoñez était déjà, à chacune de ses passes, entre les cornes du taureau, ne laissant plus sortir le taureau à la fin de chacun de ses passages, mais le retenant près de lui, circulairement, dans un mouvement ralenti de leurs deux corps, jusqu'au moment où cette ronde presque parfaite, dans le silence immense de la foule, a été brisée par un écart vicieux de la bête, qui a accroché le *matador* à la cuisse, près de l'aine, le projetant en l'air, et alors une sorte de frémissement a jailli de la foule, comme une rumeur rauque, mais Ordoñez était déjà debout, sanglant, et il a renvoyé tout le monde, avec des cris de rage, il a ramassé le chiffon rouge, son épée, et il a repris la bête en main, il l'a placée comme il sait les placer, les pattes bien écartées, le mufle vaincu, pour recevoir la mort, et il a donné la mort à cette bête, qui l'a reçue dans une secousse brutale, et Ordoñez, alors, s'est effondré, couvert de sang, et on l'a conduit à l'infirmerie.

Il revient, maintenant, en boitillant, avec le sac de Mary Hemingway.

Je le regarde, je regarde l'ami qui m'a amené. Leurs femmes sont là, aussi. Elles sont brunes toutes les deux, minces toutes les deux, et elles écoutent le bavardage de Mary Hemingway, avec un sourire figé.

Je me lève, je suis à côté du vieil Ernest.

— Vous êtes revenu au *Gaylord's* ? lui dis-je.

Il a un regard aigu, au-dessus de son verre, et il hoche la tête, négativement.

— Le *Gaylord's* ? dit-il. Non, sûrement pas.

J'ai envie de lui raconter que j'ai passé toute mon enfance dans la rue où se trouvait l'hôtel *Gaylord's*. Juste à côté, il y avait une épicerie, chez Santiago Cuenllas, où on allait se fournir. Mais je ne lui dirai rien de tout ça, c'est trop ancien.

Jorge Semprun, *L'évanouissement*

Repères historiques

	Origine et conquêtes
14 000 - 10 000 av. J.-C.	Peintures rupestres paléolithiques, à *Altamira* entre autres.
XIIIe s. - VIe s. av. J.-C.	Tribus ibères, probablement en provenance d'Afrique du Nord.
XIe s. av. J.-C.	Installation des comptoirs phéniciens.
Xe s. - VIIe s. av. J.-C.	Invasion des Celtes et apparition des Celtibères. Comptoirs grecs aux Baléares et sur la côte S-E, qui font concurrence aux Phéniciens.
VIe s. - IIIe s. av. J.-C.	Les Carthaginois chassent les Grecs et font de Carthagène leur capitale. Ils entrent en conflit avec les Romains qui les défont lors de la seconde guerre Punique.
IIe s. av. J.-C.	Extension du contrôle des Romains. Défaite des Celtibères à Numantia, en 133.
Ier s. av. J.-C. - Ier s.	Division du pays en trois provinces romaines. Malgré plusieurs soulèvements, assimilation des coutumes et lois romaines.
IIe s.	Le christianisme s'étend en Espagne.
Ve s.	Premières invasions des Huns. Les Romains font appel contre eux aux Wisigoths.
VIe s.	Les Wisigoths perdent la Gaule mais gardent l'Espagne, dont *Tolède* devient la capitale et le christianisme la religion. Des communautés de commerçants byzantins s'établissent sur la côte S.
VIIe s.	Les Byzantins sont chassés d'Espagne et les Suèves repoussés en *Galice*. Renforcement du contrôle de l'Eglise sur les affaires séculières.
	Les Maures
VIIIe s.	Les Maures (un terme qui englobe plusieurs groupes ethniques) envahissent le pays et la Gaule. La *Galice*, les *Asturies* et le *pays Basque* résistent. Défaite des Francs à Roncevaux en 778.
Xe s. - XIIe s.	Le califat, dont le centre est à *Cordoue* établit la liberté confessionnelle et crée écoles et bibliothèques. La Reconquête menée par les souverains d'*Asturies*, *León*, *Barcelone* et *Aragon* progresse. En 1242, seul le royaume de *Grenade* reste possession maure.
XIIIe s. - XIVe s.	Les luttes intestines des royaumes chrétiens permettent le maintien de l'émirat de *Grenade*. Début de la construction de l'*Alhambra*.

	Les rois catholiques
XVe s.	Réunion des royaumes d'*Aragon* et de *Castille* par le mariage de Ferdinand II et d'Isabelle en 1469. Conquête de la dernière enclave maure, *Grenade*, en 1492. Même année : découverte de l'Amérique par Christophe Colomb. Création de l'Inquisition et expulsion des juifs et des musulmans refusant de se convertir au christianisme.
1504	Mort d'Isabelle et régence de Ferdinand sur la *Castille*. Charles Ier lui succède.
	L'âge d'or
1519	L'âge d'or espagnol débute avec la conquête du Mexique par Cortés. Les navires reviennent chargés d'or, d'argent et de pierres précieuses. A la mort de son grand-père Habsbourg, Charles Ier devient souverain du Saint-Empire romain germanique sous le nom de Charles Quint. Il étend de ce fait son autorité sur les Pays-Bas et les principautés autrichiennes et allemandes. L'empire recouvre la plus grande partie de l'Europe et inclut les colonies espagnoles d'outre-mer.
1522-56	Révolte et défaite des Communeros, les nobles castillans, contre l'autorité grandissante de Charles Quint. L'empereur se trouve impliqué dans de nombreux conflits armés en Europe, épuisant ses richesses. Devant l'avancée de la Réforme de Martin Luther en Allemagne, il concède une certaine liberté religieuse dans les provinces concernées. En 1556, il abdique en faveur de son fils Philippe II.
1559	Philippe II déclenche la Contre-Réforme. L'Inquisition ravive les persécutions contre les Maures chrétiens et les juifs.
1563	Début de la construction de l'*Escurial*.
1568	Révolte des protestants des Pays-Bas contre la souveraineté espagnole.
1571	Défaite à Lépante de la flotte turque, donnant à l'Espagne le contrôle de la Méditerranée. Conquête des Philippines, dans le Pacifique.
1580	Philippe II prend de force le titre de roi du Portugal.
1581-88	En dépit de ces succès, l'empire continue à décliner. Les richesses des colonies américaines se font moins abondantes et les navires espagnols sont harcelés par les corsaires anglais. Les protestants des Pays-Bas bénéficient du soutien de l'Allemagne et de l'Angleterre. La ruineuse Armada partie envahir

l'Angleterre subit une défaite humiliante.

1598 Mort de Philippe II, qui lègue à son fils Philippe III un empire territorialement presque intact, mais financièrement en bien mauvais état.

Le déclin

1609 Philippe III expulse les derniers Maures et juifs. Les Pays-Bas sont déclarés république indépendante.

1618 Début de la guerre de Trente Ans qui épuise encore plus l'Espagne.

1640 Le Portugal se sépare de l'Espagne.

1659 La participation de l'Espagne dans la guerre de Trente Ans se conclut avec le traité des Pyrénées.

1668 Dans la guerre de Succession avec la France, l'Espagne perd des territoires en France et aux Pays-Bas.

1700 Charles II meurt, léguant son trône à Philippe, duc d'Anjou (petit-fils du Bourbon Louis XIV, roi de France) ; début de la guerre de Succession d'Espagne en 1701.

1713 Le traité d'Utrecht termine la guerre de Succession d'Espagne, ne laissant à Philippe V que ses colonies d'Amérique et du Pacifique. Gibraltar est cédée à l'Angleterre.

1759 Accession de Charles III au trône ; nombreuses réformes économiques.

1788 Charles IV laisse l'administration aux mains du conseiller Manuel de Godoy, dont les intrigues vont mettre pratiquement l'Espagne sous contrôle français.

1805 Défaite des flottes françaises et espagnoles par Nelson, à Trafalgar.

1808 Abdication de Charles IV et de son fils Ferdinand VII ; Joseph Bonaparte devient leur impopulaire successeur. Soulèvement à Madrid, marquant le début de la guerre d'Indépendance.

1812 Rédaction d'une Constitution libérale, approuvée par les Cortes (parlement).

1813 Bataille de Vitoria : Wellington chasse définitivement les Français hors d'Espagne. En Amérique du Sud, plusieurs colonies proclament leur indépendance.

Troubles du XIXᵉ siècle

1814 Ferdinand VII reconquiert le trône et rejette la Constitution de 1812.

1833 Isabelle II proclamée reine à la mort de son père Ferdinand VII. Les provinces du N-E soutiennent son frère Don Carlos, pendant la première des guerres Carlistes, mais sans succès. Abolition officielle de l'Inquisition.

1845 Nouvelle Constitution entraînant la seconde guerre Carliste.

1868 Isabelle II abdique. Les Cortes proclament une monarchie constitutionnelle et, en 1870, choisissent Amédée de Savoie comme souverain.

1873 Amédée de Savoie abdique. Proclamation de la Première République, qui ne survivra pas. Alphonse XII de Bourbon, fils d'Isabelle II, accède au trône.

1885 Mort d'Alphonse XII. Régence à Marie-Christine, au nom de son fils.

1898 Fin de la guere Hispano-Américaine : perte de Cuba, de Porto Rico et des Philippines.

Le XXe siècle

1902 Alphonse XIII, âgé de seize ans, devient roi.

1904 Accord secret entre l'Espagne et la France instituant la partition du Maroc.

1914 Neutralité de l'Espagne dans la Première Guerre mondiale, mais instabilité et troubles internes.

1921 Au Maroc, début de la guerre du Rif.

1923 Dictature du général Primo de Rivera. Dissolution du parlement. Malgré une période de prospérité, l'opposition à une politique restrictive se fait jour parmi les intellectuels et les ouvriers.

1930 Exil de Primo de Rivera.

1931 Alphonse XIII abdique dans un climat violemment antimonarchiste. Naissance de la Deuxième République, avec la création d'un parlement.

1933-35 Le fils de Primo de Rivera, José Antonio, fonde le Parti phalangiste.

1936 Victoire électorale du Front populaire (coalition gauche-libérale). José Antonio Primo de Rivera est emprisonné, et son allié monarchiste Calvo Sotelo assassiné. Début de la guerre civile. Franco et ses troupes traversent le détroit de *Gibraltar*, rejoignant les troupes rebelles à *Séville*. Le Mouvement nationaliste reçoit l'appui concret des pays fascistes : Italie, Allemagne et Portugal. Les républicains loyalistes sont aidés par l'U.R.S.S. et les brigades internationales, mais les démocraties occidentales refusent d'intervenir.

1936-39 Guerre civile.

1939 Chute de *Barcelone* en janvier. Les démocraties européennes reconnaissent la Phalange comme gouvernement légitime d'Espagne. *Valence*, dernier bastion loyaliste, se

	rend le 30 mars. Franco établit une dictature qui durera trente-six ans. Etablissement de la censure.
1940-1944	Neutralité dans la Deuxième Guerre mondiale, mais envoi de la Division Bleue sur le front russe, aux côtés des Allemands.
1942	Franco réinstaure les Cortes.
1943-55	Accord permettant l'installation de bases aériennes américaines sur le sol espagnol (1953), ce qui marque un tournant dans les relations internationales. Admission de l'Espagne aux Nations Unies (1955). Emergence de mouvements régionaux.
1956	Le Maroc espagnol est annexé par le Maroc indépendant, mais l'Espagne conserve Melilla et Ceuta.
1968	Clôture de la frontière avec Gibraltar.
1969	Désignation de Juan Carlos, petit-fils d'Alphonse XIII, comme successeur de Franco.
1970	Grèves et mouvements terroristes manifestent un mécontentement grandissant, malgré une relative libéralisation politique.
1975	Mort de Franco. Avènement du roi Juan Carlos.
1976	Suarez, Premier ministre d'un gouvernement de centre-droite.
1978	Abolition de la peine de mort, et légalisation du divorce.
1980	Autonomie accordée aux provinces Basque et Catalane.
1981	Tentative de coup d'Etat de l'armée.
1982	Elections nationales. Accession au pouvoir des socialistes, derrière Felipe Gonzalez.

Architecture

L'héritage architectural porte la marque des différents peuples qui ont dominé le pays. Les envahisseurs ont construit sur les vestiges de leurs précédesseurs, ou simplement modifié d'anciennes structures à leur guise. Les habitants du pays ont, eux, bâti en fonction du climat et des matériaux disponibles réalisant des villages aussi captivants à voir que les palais des rois.

Préhistoire

Les vestiges les plus anciens sont ces énormes blocs de pierre baptisés cyclopéens, d'après les géants mythiques, car l'origine de leurs bâtisseurs reste inconnue. Les remparts de *Tarragone* sont construits sur des fondations cyclopéennes, et on donne la même appellation aux dolmens proches d'*Antequera*.

On trouve à *Minorque* des structures côniques de l'âge de bronze appelées *talayots*, dont on suppose qu'elles étaient les toits de chambres funéraires. Des habitations troglodytiques ont été découvertes près de Guadix, dans les environs de *Grenade*. On peut également voir, en *Galice* et en *Aragon*, des traces d'habitations de populations ibères, qui immigrèrent probablement depuis l'Afrique du Nord entre les XIIIe et VIe s av. J.-C.

Epoque préromaine et romaine (XIIe s. av. J.-C. - IVe s. apr. J.-C.)

Les Phéniciens, les Grecs et les Carthaginois ont précédé les Romains, mais en laissant peu des traces de leur passage. La qualité des réalisations de Rome est bien autre. On peut encore voir de superbes aqueducs à *Ségovie* et près de *Tarragone* ; les vestiges des cités d'*Italica* près de *Séville* et de *Numantia* près de *Soria* ; le théâtre de *Sagunto*, près de Valence, le pont d'*Alcantara* et bien d'autres ruines près de *Merida*.

Epoque wisigothique (Ve s. - VIIe s.)

Le christianisme était implanté en Espagne au moment du départ des Romains. Les Wisigoths le maintinrent, non sans le modifier. Leur héritage, c'est surtout des lois, les premières du pays, en vigueur jusqu'au Moyen Age. Quelques traces pourtant, surtout dans la région de *Tolède*, la capitale de l'époque. Peu d'édifices intacts ; les vestiges reflètent plutôt une influence byzantine, avec leurs colonnes élancées, leurs médaillons de pierre et une décoration vaguement orientale.

Première période mauresque (VIIIe s. - XIe s.)

Les arcs en fer à cheval rayés de bandes brique et sable que l'on peut voir dans la mosquée de *Cordoue* sont typiques. Bon nombre de colonnes proviennent de sites romains ou carthaginois, mais les Maures ont apporté une culture originale. Pendant près de trois siècles, l'originalité de la civilisation islamique maintint la chrétienté dans l'ombre. *Cordoue* était l'égale de Bagdad, et l'influence Maure s'étendait sur presque toute la péninsule. Le plan rectangulaire de la mosquée (VIIIe s.) est caractéristique, et les colonnes surmontées d'arcs superposés confèrent à l'ensemble une légèreté et une clarté que l'on retrouve dans nombre d'édifices de l'époque.

Epoque préromane (VIIIe s. - XIe s.)
Dans les *Asturies* et sur la *côte Cantabrique*, à l'abri des raids mauresques, se développa un style qui annonçait le roman : églises primitives, simples et massives, souvent aussi larges que hautes, avec des arcs-boutants s'élevant au-dessus des portails et des fenêtres. Beaux exemples à *Oviedo* (*Santa María* et *San Miguel de Lillo*).

Deuxième période mauresque (fin XIe s. - XIIIe s.)
La relative tranquillité des califats fut troublée par l'arrivée des Almoravides et Almohades, qui expulsèrent les chrétiens et les juifs et détruisirent la plupart des bâtiments mauresques. Ils les remplaçèrent par des mosquées et des minarets en brique simple, comme la *Giralda* de *Séville*. Les arcs font place à des voûtes en pointe, plus orientales, et les premiers plafonds à caissons, en plâtre ou en bois, font leur apparition.

Période mozarabe et mudéjare (XIe s. - XVe s.)
Les Mozarabes étaient les chrétiens vivant sous la domination des califes. Lorsqu'ils s'enfuirent vers le N. leurs architectes se réfugièrent dans les petits villages de Castille, comme San Miguel de Escalad, près de *León*.

A gauche Construit en 24 av. J.-C., le **théâtre romain de Mérida**, remarquablement conservé, est un des plus beaux témoignages de cette époque.

Ci-dessous, à gauche Dans la **mosquée de Cordoue** (1re période mauresque), les colonnes supportent deux étages d'arcs rouge et blanc.

Ci-dessous à droite **Santa María de Naranco** (842-850), un bel exemple de l'architecture asturienne.

Inversement, les Mudéjars étaient les Maures pris dans la reconquête chrétienne. Leur art est caractérisé par des appareillages de briques agrémentés d'incrustations de faïence, un style hérité en partie des Almohades, que l'on retrouve dans le N-E et en *Aragon*. L'*Alcazar* de *Séville* a été construit au XIVe s. par des artisans mudéjars partisans du roi catholique Pierre le Cruel. Imitant en partie l'*Alhambra* de *Grenade*, il lui manque cependant la légèreté et la délicatesse de ce dernier. Mais il reste typique de l'héritage mauresque. L'*Alhambra* (XIVe s.), lui, est renommé surtout pour la richesse de l'architecture et de la décoration des salles et des cours intérieures. Palais de légende, il représente la quintessence de l'art musulman en Espagne, le joyau d'une présence maure de sept siècles.

Période romane (XIe s. - XIIIe s.)
Au milieu du XIe siècle, la chrétienté est présente dans la plus grande partie de l'Europe. C'est l'époque d'épanouissement du style roman. En Espagne, c'est surtout dans le N de l'Espagne qu'il se développe, soutenu par une profonde ferveur religieuse qui drainait des millions de pèlerins, à travers les Pyrénées, vers l'O et *Saint-Jacques-de-Compostelle* dont la cathédrale est un splendide exemple d'art roman. Le portique de la Gloire est une référence. Dans les églises romanes, les plafonds en bois sont remplacés par des voûtes rondes et des arêtes de voûte, l'intérieur n'est pas très éclairé (on

A droite l'**Alhambra** de Grenade, avec ses coupoles, ses stucs décorés, ses patios, est le joyau de l'art musulman en Espagne.

Ci-dessus La **Giralda** (Séville), œuvre de style almohade (XIIe s.), et son beffroi Renaissance.

A droite La **cathédrale de Tolède**, gothique, a été commencée en 1226 et modifiée par la suite.

trouve parfois des rosaces), et l'ensemble donne une impression de solidité, d'autant que ces églises faisaient fréquemment office de forteresse.

Période gothique (XIIIe s. - XVIe s.)
A l'inverse du roman, qui avait des racines locales, le style gothique, né à Paris au cours du XIIe siècle, est étranger à l'Espagne et fut plus difficilement accepté. Les arcs-boutants, jusqu'à présent simples piliers appuyés aux murs, s'élargissent pour supporter les voûtes beaucoup plus hautes. La lumière pénètre maintenant au travers de vitraux dont la surface est telle qu'elle menace parfois, comme dans la cathédrale de *León*, toute la structure de l'édifice. Les sculptures s'affinent, elles sont plus détaillées, enjolivées d'arabesques : les meilleurs exemples en sont les cathédrales de *Barcelone*, *Tolède*, *Séville*, *Tarragone* et *León*.

La Renaissance et le baroque (XVIe s. - XVIIIe s.)
Avec le succès de la Reconquête menée par Ferdinand et Isabelle, le gothique jette ses ultimes feux dans une débauche de détails, narrant aussi bien les prouesses militaires, les faits historiques ou religieux. On peut reconnaître cette mode, baptisée style isabélin, sur les façades des églises et des bâtiments importants ou des palais, particulièrement à *Valladolid*, où le *Colegio de San Gregorio* en est un exemple parfait.

Ce style se développa pour donner le style plateresque, ainsi nommé à cause de la ressemblance du travail

Ci-dessus Les **ornementations isabélines** couvrent parfois des façades entières.

Ci-dessus L'**Escurial**, le palais monastère de Philippe II (XVIe s.), édifice massif d'apparence austère.

A gauche **La Casa Battlò** (1905-1907), reflet de l'art très personnel de l'architecte Gaudi.

Ci-dessous Le château **Coca**, magnifique exemple de l'architecture militaire mudéjare.

ornemental avec l'orfèvrerie. L'artiste le plus marquant de cette époque est Juan de Herrera, qui a introduit le plateresque dans le classique. Considéré par beaucoup comme le plus grand architecte d'Espagne, il est l'auteur de l'*Escurial*, le palais-monastère de Philippe II, et de la cathédrale inachevée de *Valladolid*. La Plaza Mayor de *Madrid*, bordée d'arcades (XVIIe s.), dénote un intérêt renouvelé pour l'ornementation, bien que toujours d'inspiration classique avec ses chapiteaux corinthiens, ses frontons pointus et ses colonnes cannelées. A l'aube du XVIIIe s., le baroque va se donner libre cours, avec ses courbes voluptueuses et ses décorations surchargées. Rococo à l'extrême s'épanouit le style churrigueresque, un style compliqué et chargé dont on peut voir d'amusants exemples au *Musée de la céramique* à *Valence* et au *Musée municipal de Madrid*.

Le néoclassique (fin XVIIIe s. - XIXe s.)
La réaction au baroque fut un retour au classicisme. Les cathédrales et les églises ayant été le champ d'action privilégié du baroque, c'est dans les édifices publics et les fontaines gréco-romaines que le nouveau style se manifestera, à Madrid en particulier. Souvent d'ailleurs, le résultat sera un mélange des genres.

Art nouveau (fin XIXe s. - début XXe s.)
Parallèlement aux impressionnistes et à leurs successeurs en peinture et en sculpture, Antonio Gaudí transforme les lignes sinueuses du néoclassique en une forme structurelle dépassant leur vocation purement ornementale : à la *Casa Mila* et la *Casa Battló*, à *Barcelone*, linteaux et frontons semblent ruisseler sur des balcons et des tourelles en fusion. Considéré comme un visionnaire au début du siècle, Gaudí fut bientôt éclipsé par l'école du Bauhaus qui, en Espagne comme partout ailleurs, domina l'architecture internationale.

Après la Deuxième Guerre mondiale
Les dégâts causés par la guerre civile, l'isolement culturel et la récession économique du pays ne créent pas les conditions favorables à des réalisations architecturales notables. L'objectif de la construction est alors essentiellement le relogement des sans-abris, puis, à partir des années 1950, l'accueil des touristes qui arrivent par vagues énormes. Les faux villages andalous, les tours de bureaux et les immeubles d'appartements en sont le résultat inévitable. Pendant ces dernières années, cependant, on a pu observer un courant plus créatif.

Architecture militaire
Les châteaux sont souvent aussi des palais fortifiés, des monastères et des églises. L'*Alcazaba*, partie intégrante du système défensif de la ville, a été introduit en Espagne par les Maures, de même que les *Alcazars*, palais fortifiés, comme l'*Alhambra* de *Grenade*. Les *Castillos* chrétiens, généralement construits au sommet de collines stratégiques, sont un élément de la campagne espagnole, en particulier sur le plateau central, la *Meseta*.

Les arts

Aux périodes de relatif déclin artistique ont succédé des périodes d'explosion de la créativité. A l'âge d'or (XVIe s. - XVIIe s.), au sommet de la puissance de l'Espagne, Velasquez introduisit la Renaissance à *Madrid* alors que le Greco vieillissant peignait dans la semi-ombre à *Tolède*. Cervantes inventa son immortel Don Quichotte, qui lui apporta la gloire littéraire, et le poète et dramaturge Lope de Vega fondait le théâtre espagnol.

Puis il fallut attendre le XIXe s. et Goya pour que soit rompue la monotonie intellectuelle et artistique du pays. Le début de notre siècle connaît de nouveau une véritable renaissance, avec des peintres comme Picasso, Miró et Dalí, le compositeur Manuel de Falla, l'écrivain García Lorca, le guitariste Andrés Segovia et bien d'autres encore. Cette vague de créativité est toujours vivante, se concrétisant par de nombreuses manifestations culturelles, festivals de musique et expositions dans toute l'Espagne.

Peinture et sculpture

D'une certaine façon, ce sont les artistes du paléolithique qui ont ouvert une longue tradition de peinture. On peut voir leurs œuvres dans les grottes d'*Altamira*, et dans bien d'autres lieux, dans le N et dans l'E. 9 000 ans plus tard, les artistes celtibères sculptèrent d'étonnants portraits dans la pierre : la **Dame d'Elche**, découverte en 1897 et maintenant exposée au *Musée Archéologique* de *Madrid*, remonte au Ve s. av. J.-C. Il s'agit d'un buste de femme, probablement de naissance royale, la robe agrémentée de lourds colliers, coiffée d'un étonnant diadème avec de larges disques décoratifs sur les oreilles.

De tous les conquérants successifs de l'Espagne, les Romains ont laissé la marque la plus distinctive, spécialement après qu'ils eurent accordé leur citoyenneté aux populations locales. Prolifiques pour les bâtiments officiels, ils ont aussi laissé de nombreuses sculptures et mosaïques, à *Italica*, près de *Séville*, et à *Mérida*, entre autres. A l'arrivée des Maures, en 711, le christianisme était déjà bien établi, et il est probable que les premières œuvres peintes et sculptées d'inspiration chrétiennes aient été réalisées à cette époque, bien qu'aucun des manuscrits enluminés ni aucune des peintures d'abside retrouvés ne soient datés d'avant la fin du IXe siècle. Dans les *Asturies* comme les autres régions du N qui ont résisté à l'invasion maure, l'architecture religieuse préromane annonçait d'autres développements en-deçà des Pyrénées et donnait naissance aux retables sculptés, reliquaires et autres peintures sur bois caractéristiques de l'époque.

Les réalisations mauresques sont essentiellement architecturales, mais les intérieurs sont richement décorés de carrelages et de bas-reliefs. La véritable période romane ne commence qu'au XIe siècle. Les fresques en plâtre redoré utilisaient arabesques et motifs byzantins pour décrire symboles et scènes bibliques.

Avec la Reconquête, de nombreux artistes français et italiens se pressent, à la toute nouvelle cour d'Isabelle et Ferdinand ; l'exubérance du gothique commence à supplanter le roman. Les statues des églises s'animent, leurs traits et leur entourage sont plus détaillés. De nombreuses œuvres semblables à celle de l'Italien Giotto fleurissent en *Catalogne* et en *Aragon*, annonçant la Renaissance.

Au XVIe siècle, l'étude approfondie de l'anatomie, de la perspective et des techniques de la peinture donna une vie nouvelle aux scènes de chair et de sang, de passion et de ferveur religieuse. On voit bien ce qu'Alonso Berruguete (1486-1561) doit à Michel-Ange dans les attitudes sculpturales de ses personnages. Des écoles de peinture fleurissent à *Barcelone*, *Madrid*, *Valence* et *Séville* ; toutes s'inspirant de concepts français, italiens et flamands, tout en se laissant aller à une dramatisation typiquement espagnole, dans la vie comme dans l'art.

La profondeur de la ferveur religieuse, à la limite de la démence, à l'origine des courants spirituels de la Contre-Réforme comme de la conquête outre-mer, semble se refléter dans les étranges silhouettes des dernières peintures du Greco (1540-1614). Son œuvre étant trop excentrique pour Philippe II, le peintre préféra s'installer à *Tolède* plutôt que de travailler à l'*Escurial*, alors en cours de réalisation. Jose de Ribera (1591-1652) travaillera essentiellement en clair-obscur, un style connu en Espagne sous le nom de *tenebrismo*, un peu à la manière du Caravage.

Les richesses des Amériques, concentrées à Séville, attirent de nombreux artistes d'Italie et d'Europe du Nord. Juan de Las Roelas (1559-1625), émule du Tintoret et de Corregio, prépara l'arrivée de Francisco Zurbarán (1598-1664) et de Bartolome Esteban Murillo (1617-1682). Le maître suprême, Diego Velázquez (1599-1660), était peintre de cour de Philippe IV. Ses premières œuvres témoignent de l'influence du Caravage ainsi que de l'école flamande. Plus tard, ses portraits de cour et d'ecclésiastiques, caractérisés par leur réalisme dans la représentation des attitudes et des faiblesses des sujets, seront les véhicules de sa propre expérience de la lumière et de l'espace.

A la fin du XVIe s., le portrait, les natures mortes et la peinture de genre étaient considérés comme aussi respectables que les œuvres d'inspiration religieuse qui prévalaient jusqu'alors.

Le soutien aux arts commença de faiblir à la fin du XVIIe s., parallèlement au déclin de la puissance espagnole. Les rois Bourbon favorisèrent les artistes étrangers, la plupart innovateurs du classicisme romantique engendré par le baroque. Les paysages tranquilles, les nymphes folâtrant dans les bois n'ont d'intérêt qu'en contrepoint des féroces iconoclasmes de Francisco Goya (1746-1828).

Aussi bon technicien que Velasquez, Goya n'en aura jamais le détachement. Libéral en politique, il était cependant l'un des favoris de la cour de Charles IV. En 1800, il imitera, dans ses portraits de la famille royale, les *Menines* de Velasquez, se représentant lui même devant le chevalet. Le roi, la reine et leurs enfants, représentés dans toute leur vérité, semblent pourtant avoir été satisfaits du réalisme de ces peintures.

Les dessins de Goya comportent de nombreuses attaques contre la corruption et la décadence, mais, pas plus que ses constats devant les horreurs des guerres napoléoniennes, comme la scène poignante du 3 mai 1808, elles ne porteront atteinte à sa réputation. Son désespoir grandissant, il peint des scènes macabres et réalistes sur les murs de sa maison, connues sous le nom de *Peintures noires*, qui sont aujourd'hui exposées au *musée du Prado*, à *Madrid*. Elles représentent pour beaucoup les moments les plus forts de son œuvre.

Durant ces siècles d'ascendance et de déclin, la sculpture espagnole n'a jamais atteint des sommets. Elle consista essentiellement en des représentations polychromes sur bois de saints et martyrs, qui sont encore de nos jours des éléments essentiels de vénération religieuse populaire. Dotées de vrais cheveux, de vêtements, d'yeux de verres et de larmes de cristal, on les trouve dans les chapelles partout en Espagne, attendant les processions en leur honneur, au cours desquelles elles sont transportées de par les rues. En dehors de cela, la sculpture est surtout liée à l'architecture : piliers sculptés, autels, façades.

Au début du XXe s., après un siècle d'état de guerre presque permanent, l'impressionnisme s'infiltra en *Catalogne*, région depuis longtemps proche des sensibilités françaises. Manet et Cézanne inspirèrent Juan Gris (1887-1927) et Pablo Picasso (1881-1973). D'une curiosité insatiable, et jouissant d'une énergie débordante qui prolongèrent son œuvre sur huit décennies, Picasso resta une des figures de proue de l'art international jusqu'à sa mort. Il utilisa tous les matériaux possibles : huile, peinture a tempera, collages, pierre, métal, céramique, textiles, crayon et encre, souvent de façon peu conventionnelle. Il passa les premières années de sa vie à *Barcelone*, puis s'installa en 1904 à Paris. Au début de la guerre civile espagnole, il s'exila de façon permanente en France.

Les contemporains catalans de Picasso, un peu plus jeunes, Joan Miró (1893-1985) et Salvador Dalí (né en 1904), sont tous deux qualifiés de surréalistes, mais le lien est bien ténu. Les formes biomorphiques de Miró sont plus abstraites que figuratives alors que les fantaisies oniriques de Dalí sont exécutées avec une virtuosité peu commune, soucieuse du détail minutieux.

Un certain nombre d'artistes émergeront dans la vague d'expressionnisme abstrait de l'école de New York d'après-guerre. Leurs peintures, caractérisées d'abord par des tons neutres, évolueront vers des jaillissements de lumière et des expériences multimédias. On peut penser à Antonio Tapies, Luis Feito, Eduardo Chilida, Pablo Palazuelo, Antonio Lorenzo et Antonio Saura. Leurs œuvres sont exposées au Musée d'art abstrait de *Cuenca*.

Littérature

La tradition littéraire espagnole fleurit dès l'époque romaine. Sénèque l'Ancien (60 av. J.-C.-37 apr. J.-C.), bien que citoyen de l'empire, est né à *Cordoue* où il a passé la plus grande partie de sa vie. Ses œuvres essentielles : une histoire de Rome, un recueil de discours et d'exemples de procès. Son fils, Sénèque le Stoïcien, (4 av. J.-C. - 65 apr. J.-C.) également né à *Cordoue* passa sa vie à Rome, où il mena une vie et accumula une fortune peu en accord avec la philosophie stoïcienne qui inspirait ses nombreuses pièces et ses divers essais.

Les Maures établirent des centres d'étude où l'on travaillait sur les œuvres des scientifiques arabes et des philosophes grecs. La tolérance régnait alors et le philosophe juif Maimonides, né à *Cordoue* en 1135, put écrire une œuvre importante qui a influencé les religions juive et chrétienne jusqu'à nos jours.

Les exploits de Rodrigue Diaz de Vivar inspirèrent au XIIe s. le poème épique la *Chanson du Cid*, première œuvre importante en castillan. Lorsqu'Alphonse X monta sur le trône, au XIIIe s., il décréta le castillan langue officielle, bien qu'il ait lui-même écrit des poèmes en *gallego*. S'ensuivirent nombre de traductions d'œuvres arabes, de rédactions de l'histoire espagnole, et quelques essais en prose.

Au XVIe s., l'âge d'or, les bases étaient jetées pour la création d'un théâtre national, original de par ses racines plantées dans la vie du peuple espagnol, et non plus inspiré par la culture des vainqueurs. Felix Lope de Vega (1562-1635) est considéré comme le père de cette école dramatique. Son étonnante production rassemble mille huit cents pièces et de nombreux poèmes épiques, dont la plupart ont pour source son prodigieux appétit de liaisons amoureuses illicites. Son contemporain, Miguel de Cervantes Saavedra (1547-1616), sera moins heureux que lui, et ne sera pas aussi prolifique. Mais son chef-d'œuvre, *Don Quichotte de la Manche*, est à lui seul suffisant pour hisser Cervantes au rang de Tolstoï ou Dostoïevski. L'humour, la fatalité, la tragédie et le triomphe illustrent l'histoire émouvante de l'idéalisme naïf en conflit avec la corruption et l'avarice.

A la même époque encore : le poète Luis de Gongora (1561-1627), le poète, satiriste et romancier Francisco Quevedo (1580-1645), le dramaturge Calderon de la Barca (1600-1681), de même que Tirso de Molina (1584-1648), ce dernier connu par son récit de l'histoire de Don Juan, sans oublier les mystiques sainte Thérèse d'Avila (1515-1582) et saint Jean de la Croix (1542-1591), dont les œuvres sont aussi importantes au point de vue littéraire que théologique.

Le mouvement romantique du XIXe s. coincïda avec la même vogue en peinture. Le poète Gustavo Becquer (1836-1870) était un héritier direct du romantisme, son œuvre contrastant de façon étonnante avec le réalisme corrosif des romanciers Pedro de Alarcón (1833-1895) et Benito Pérez Galdós (1843-1891). Plus jeune, le romancier Vicente Blásco Ibañez (1869-1928) assura la transition réalisme-modernisme et fut le premier écrivain espagnol depuis Cervantes à connaître une renommée internationale. Antimonarchiste reconnu, il passa plusieurs années de sa vie en prison ou en exil ; son œuvre la plus connue est *les Quatre Cavaliers de l'Apocalypse*.

Entre la guerre hispano-américaine et la victoire phalangiste, en 1939, les romanciers et les poètes furent portés par une vague de prise de conscience politique et philosophique qui s'exprima sous toutes formes, depuis les stances existentialistes de Miguel de Unamuno (1864-1936) jusqu'à l'observation neutre de la vie frisant le nihilisme de Pío Baroja y Nessi (1872-1956). Autre voix importante de l'époque : celle de José Ortega y Gasset (1883-1955) qui, dans *la Révolte des masses*, incitait l'élite intellectuelle à prendre la tête des masses ouvrières.

La poésie et le théâtre de Féderico García Lorca (1898-1936), reflet de ses préoccupations politiques et philosophiques, sont trop marqués par la personnalité de l'auteur pour ne pas être un peu à part. Les métaphores riches de violence et de sensualité primitive, liées aux images lyriques de sa *Grenade* d'origine, souvent combinées à une perception presque enfantine du monde, font de Lorca une des plus remarquables figures littéraires de ce siècle en Espagne.

Bien qu'aucun courant particulier n'ait réellement émergé, la combinaison entre les influences surréalistes et existentialistes et cette prise de conscience politico-sociale ont cependant créé un environnement fertile à la littérature espagnole moderne. On y trouve des grands personnages comme le prix Nobel Juan Ramón Jiménez, le dramaturge Alejandro Casona et les novellistes Camilo José Cela, Carmen Laforet et Juan Goytisolo.

Musique

La tradition de la musique et des mots sous forme de divertissement de cour s'est développée au XVe s., durant le règne de Ferdinand et d'Isabelle.

Au XVIIe s., la cour était installée à *Madrid*, et les divertissements musicaux se tenaient au palais de la *Zarzuela*. Une des pièces les plus populaires a été écrite par le dramaturge Lope de Vega en 1629, une œuvre musicale dans le style qui sera connu sous le nom de *zarzuela* (opéra léger) et que Calderon de la Barca rendra populaire quelque vingt années plus tard. Éclipsée pendant un temps par l'opéra italien, la *zarzuela* redevint très populaire au XIXe s., peut-être à cause de sa ressemblance avec les opérettes très en vogue alors dans toute l'Europe.

L'Espagne, peut-être plus que tout autre pays européen, a conservé une forte tradition musicale populaire, souvent distincte d'une province à l'autre. Les instruments traditionnels comprennent le hautbois de *Catalogne*, les cornemuses de *Galice* et la guitare d'*Andalousie*. Certaines formes traditionnelles ont acquis une renommée internationale, comme le *flamenco*, qui au XIXe s. est passé de la simple lamentation gitane à son expression actuelle, avec les claquements de doigts, le martellement des pieds et les grandes virevoltes.

Le début du XXe s. verra une réunion des héritages folkloriques et classiques, en partie grâce à Felipe Pedrell, le musicologue catalan. L'intérêt que celui-ci portait à la musique traditionnelle inspirera des compositeurs tels qu'Isaac Albéniz (1860-1909), Manuel de Falla (1876-1946), Enrique Granados (1867-1917) et, une génération plus tard, Joaquín Rodrigo (né en 1902), qui intégrera à une musique classique conventionnelle européenne des éléments typiquement espagnols, en particulier les rythmes de danse et l'emploi de la guitare.

Falla écrira surtout pour Andrés Segovia (né en 1893), un musicien qui a fait énormément pour la reconnaissance de la guitare comme instrument de musique classique. Segovia et ses disciples n'ont pas seulement inspiré de nouveaux compositeurs, ils ont aussi adapté des compositeurs plus anciens, comme Bach, ou ressuscité les musiques de compositeurs espagnols tels que Fernando Sor (1778-1839) et Francisco Tarrega (1852-1909).

Calendrier permanent

Pratiquement chaque ville espagnole a un festival attitré. Sont mentionnées ci-dessous les manifestations nationales les plus connues. Se reporter également aux rubriques ***Jours Fériés*** dans *Ce qu'il faut savoir*, et ***Manifestations*** dans *A à Z*.

Janvier

Premier de l'An

2 : *Grenade*. Célébration de la Reconquête chrétienne de 1492

6 : Épiphanie. Cadeaux et processions.

17 : Fêtes de Saint-Antoine. Parades, feux d'artifice et cérémonies de bénédiction d'animaux domestiques.

Février

5 : Commémoration de sainte Agueda

25 : Rallye de voitures anciennes de *Barcelone* à *Sitges*.

Mars

12-19 : *Valence*. Las Fallas : parades, feux d'artifice.

Pâques : Semaine Sainte. Célébrations très importantes dans toutes les villes.

Sem. suivant Pâques : *Murcie*. Festival du Printemps : parade, expositions florales et nautiques.

Avril

Mi-avr.-fin-avr. : Feria de *Séville* : processions, musique et danses.

Di. après le 25 avr. : pèlerinage de Tafalla à Ujue.

Dernière sem d'avr. ou première de mai : *Jerez de la Frontera*. Feria del Caballo : compétition de flamenco.

Mai

1er : Fête du Travail.

Premier ven. : Jaca. Célébration rappelant le rôle des femmes lors d'une attaque arabe en 795.

15-30 : *Madrid*. Fête de saint Isidor : corridas et célébrations diverses.

Fin mai : *Sitges*. Festival des fleurs.

Fin mai-début juin : *Pontevedra*. Rassemblement de chevaux sauvages.

Corpus Christi. Processions religieuses à *Barcelone* et *Tolède*

Juin

21-29 : *Alicante*. Hogueras de San Juan : parades et feux d'artifice.

23-28 : *Barcelone*. Festival au Pueblo Espagnol.

24-29 : *Burgos*. Fête de San Pedro. *Ségovie*. Festival de San Juan et San Pedro. *Séville*. Compétition de danses folkloriques.

Fin juin-début juill. : *Grenade*. Festival de musique et de danse.

Juillet

6-14 : *Pampelune*. Feria de San Firmin : parades, corridas.

15-31 : *Saint-Jacques-de-Compostelle*. Fête de saint Jacques : processions religieuses et feux d'artifice.

17-31 : *Valence*. Festival de

Saint-Jacques : batailles de fleurs et corridas.

Août

Première semaine : *Málaga*. Manifestation avec parade et corridas.

Tout le mois : *Côte Cantabrique*, en particulier *Bilbao*, *La Corogne* et *Saint-Sébastian*. Festival de la Semana Grande : concerts en plein air, théâtre, corridas, concours de danses et de films.

4-9 : *Vitoria*. Fête de la Vierge Blanche.

10 : *Escurial*. Fête de saint Laurent : corridas et manifestations dans les rues.

12-15 : *Elche*. Représentation de mystères.

15 : Assomption.

Septembre

Début sept. : *Jerez de la Frontera*. Fête des vendanges.

1re sem. : *San Sebastian*. Compétition de sports basques.

19 : *Oviedo*. Fête de l'Amérique : danses, parades, corridas.

19-26 : *Logroño*. Fête des Vendanges.

23-24 : *Tarragone*. Festival de Saint-Tecla : danses folkloriques et pyramides humaines.

24-28 : *Barcelone*. Festivités catalanes en l'honneur de la Vierge de la Merced : danses et corridas.

Octobre

7-15 : *Avila*. Fête de sainte Thérèse.

12 : Jour de l'Hispanité.

Sem. du 12 : *Saragosse*. Fête de la Vierge del Pilar.

Novembre

1er : Toussaint.

Décembre

25 : Noël.

Calendrier des Corridas

Février

Corrida de toros blancos à Valdemorillo, près de San Lorenzo del Escurial (province de Madrid), ainsi nommée parce que parfois les *toros* sont blancs de neige.

A partir de cette date, corridas partout dans le pays, jusque dans les lieux les plus reculés, au moment des fêtes patronales.

Fin fév-début mars (3e di de Carême) : ouverture de la saison officielle à *Castellón* à l'occasion des fêtes de la Madeleine. Fête des toréadors méritants : pas de taureaux *fuertes*, réservés à Madrid ou à Séville.

Mars

19 : *Valence*, féria de Las Fallas pour la Saint-José.

Avril

Séville, féria d'avril, une des plus célèbres fêtes des toréadors : ceux-ci pourront y déployer tous leurs talents artistiques ; y participent des hommes de grand renom.

Mai

Début de mois : *Cordoue*

15 : *Madrid*, à l'occasion de la Saint-Isidore, patron de la ville. Fête du toréador et du *toro* : l'homme et la bête doivent déployer tous leurs talents. Une semaine après la fête de San Isidro, corrida de la Beneficencia.

Juin

Autour du 10 : dans toute l'*Andalousie*, pour la fête du Corpus Christi. La plus importante à *Grenade*.

29 : dans toute l'Espagne, pour la Saint-Pierre. A voir particulièrement : *Ségovie* et *Burgos*.

Juillet

Autour du 7 : *Pampelune* pour la Saint-Firmin. Fête du taureau et non du toréador.

25 : dans tout le pays pour la Saint-Jacques (patron de l'Espagne). La principale : *Valence*. *Gérone* et *Santander* : très importantes.

Août

Dans tout le pays, à l'occasion des fêtes de la Vierge (le 15). La plus intéressante : *Vitoria* (la Vierge Blanche).

Première semaine : *Málaga*.

12 : San Lorenzo del Escorial. Dix derniers jours du mois : *Bilbao* et, moins important, Almería.

Septembre

1 et 2 : *Palencia* pour la fête de San Antonín.

Première sem : *Jerez de la Frontera*, fête des Vendanges.

Deuxième quinz : dernières corridas de la saison. *Valladolid* et *Logroño* pour la Saint-Mathieu, *Salamanque*, et, pour la Saint-Michel, *Séville*.

Octobre

Saragosse, féria del Pilar : clôture de la saison officielle.

Quand aller en Espagne ?

Les skieurs rencontreront des conditions idéales entre décembre et février. Espérer pouvoir se baigner tout au long de l'année est un peu optimiste. Bien peu oseront braver les eaux de la Méditerranée entre nov. et fév. Sur la côte atlantique, la saison est essentiellement concentrée entre fin juin et début sept.

Les activités culturelles ont elles aussi leur calendrier. La saison officielle pour l'opéra, les concerts et la danse va en général d'oct. à mai, mais il y a des festivals d'été dans tout le pays. Entre la Semaine Sainte et les fêtes des Vendanges, il faudrait vraiment manquer de chance pour ne pas assister à un festival folklorique.

Entre mi-juin et début sept., la chaleur est parfois torride au S de *Madrid*, avec des températures de plus de 35° pendant des semaines entières. En règle générale, les meilleurs mois pour visiter l'Espagne sont mai-juin et sept.

Où aller ?

Avant tout, il faut visiter *Madrid*, *Barcelone* et *Séville*. Elles abritent les grands musées, et témoignent des civilisations qui ont façonné l'Espagne. Tout de suite après, en importance, on trouve *Saint-Jacques-de-Compostelle* haut lieu de pélerinage chrétien, les enclaves mauresques de *Grenade* et *Cordoue*, et les capitales romaines de *Mérida* et *Tarragone*. Parmi les plus petits centres d'intérêt, citons *Ronda* et Baeza, en *Andalousie*, *Cuenca* et *Tolède* à l'intérieur, *Santillana del Mar*, sur la *Côte Cantabrique*, *Sigüenza*, au N-E de Madrid, et *Albarracin*, dans la province de *Teruel*.

Les amoureux du soleil qui recherchent les plages désertes se dirigeront vers la *Costa de la Luz*, sur l'Atlantique, et l'île de Formentera, aux *Baléares*. Ceux qui préfèrent les stations élégantes iront à *Marbella*, sur la *Costa del Sol*.

Toujours ensoleillées, mais jouissant de températures plus modérées, les stations balnéaires de *Galice* et des *Asturies*, où les touristes Espagnols sont, pour le moment encore, plus nombreux que les étrangers.

Les amateurs de jeu trouveront des casinos à *Alicante*, *Barcelone*, *Madrid*, *Màlaga*, *Palma de Majorque*, ou tout près de ces villes. Les golfeurs auront le choix entre de nombreux parcours entre Estepona et *Torremolinos*, et en général près des grandes villes et à *Majorque*. Les réserves nationales se trouvent surtout dans les Pyrénées, la chaîne des Gredos, et la Sierra Nevada. Les passionnés de pêche en haute mer iront à *Marbella* ou Estepona, les pêcheurs de truite au *pays Basque* et les amateurs de voile aux *îles Baléares*.

Carte d'orientation

Bonnes plages
1 Costa Verde
2 Golfe de Biscaye
3 Costa Brava
4 Costa Dorada
5 Costa del Azahar
6 Costa Blanca
7 Costa del Sol
8 Costa de la Luz
9 Formentera
10 Ibiza
11 Mallorca
12 Menorca
12 Tenerife
14 Gran Canaria
15 Lanzarote

Monuments
16 Aqueduc romain
17 Alcázar
18 Alhambra
19 Cathédrale de Burgos
20 Cathédrale Nouvelle
21 Cathédrale Vieille
22 Château de Coca
23 Collège de San Gregorio
24 Escorial

25 Giralda
26 Cathedral de Gérone
27 Cathédrale de Léon
28 Mosquée cathédrale
29 Palais royal
30 Promenade arquéologique
31 Cathédrale de Saint-Jacques de Compostelle
32 Cathédrale de Séville
33 Cathédrale de Sigüenza
34 Théâtre romain
35 Temple de la Sagrada Familia
36 Cathédrale de Tolède
37 Université

Sites

38 Grottes d'Altamira
39 Grottes d'Artá
40 Huerta del Cura
41 Parc national d'ondesa
42 Puerto de Pajares
43 Picos de Europa
44 Pyrénées
45 Rias Altas
46 Rias Bajas

Principaux circuits touristiques

Les provinces espagnoles sont regroupées en quinze régions administratives, regroupant des territoires de même culture correspondant approximativement aux royaumes qui composaient l'Espagne avant sa réunification au XVIe s. Pour faciliter les choses, nous avons considéré six régions touristiques, chacune étant facilement explorable en une semaine environ, soit par un circuit, soit par excursions successives d'une journée depuis la ville principale.

Madrid et le plateau central Madrid devint capitale au XVIe s., et malgré certaines préférences royales pour *Tolède*, *Valladolid* et *Burgos*, entre autres, elle l'est restée. Ce fut la décision de Philippe II de faire de cette petite ville paysanne la capitale du nouveau royaume catholique, pour la simple raison qu'elle se trouvait au centre géographique du pays. De ce fait, les bâtiments historiques les plus importants datent pour la plupart des XVIIIe et XIXe s., sans autre référence aux civilisations qui avaient laissé leurs marques par le passé. Les ministères et les Cortes (parlement) ont leur siège à Madrid, ce qui attire une forte activité commerciale et industrielle. Elle a été longtemps considérée comme une ville provinciale peu sophistiquée. Outre de nombreux musées, dont le célèbre ***Prado***, on y trouve des restaurants de très grande classe, des night-clubs et des discothèques, un centre d'affaires installé dans un quartier de gratte-ciel, là où l'on trouvait encore la campagne il y a vingt ans.

Le haut plateau sur lequel est située la capitale est appelé la Meseta. C'est un paysage de plaine dominé par les sommets de granit de la Sierra de Guadarrama et sillonné par le Tage et ses affluents. Dans un rayon de 120 km, on trouve quelques petites villes qui ont, paradoxalement, souvent joué un rôle bien plus important dans l'histoire de l'Espagne que Madrid elle-même. *Tolède*, au S-O capitale des Wisigoths et des Maures, ville natale du Greco, abrite une des plus belles cathédrales d'Espagne. Au N-O, l'*Escurial*, avec l'impressionnant monastère construit par Philippe II. *Ségovie* et son aqueduc romain, toujours en usage, et *Avila*, ceinte de murailles intactes depuis le XIe s. Au S, on trouve *Aranjuez*, résidence royale favorite, avec un palais du XVIIIe s. construit par les Bourbons, aussi grand que Versailles.

L'Andalousie L'image conventionnelle que l'on se fait de l'Espagne, avec ses villages éclatants de blancheur, les citadelles arabes et les accents de guitare du flamenco, les matadores et les plages de sable ensoleillées, tout cela prend vie en Andalousie. La région englobe le S du pays, depuis le Portugal, au S-E, jusqu'à *Séville*, souvent appelée la plus espagnole des villes d'Espagne. Berceau de l'aristocratie, Séville est le lieu de deux célébrations de printemps, l'une religieuse l'autre profane, toutes deux d'une ferveur passionnée et tout à fait typiques de nombreuses manifestations du même type dans le pays. Trois religions sont réunies à *Cordoue*, où l'on trouve l'une des rares synagogues d'Espagne et une vaste mosquée de splendide proportion. *Grenade* s'enorgueillit de l'***Alhambra*** qui domine la ville, avec ses palais mauresques et ses jardins. *Màlaga* et *Cadix* sont des ports de mer. Les villages des collines, comme *Ojen* (voir environs de *Marbella*), attirent les amateurs de plage pour de courtes promenades dans un autre monde. La ville arabo-chrétienne de *Ronda*, située sur un plateau traversé de gorges impressionnantes, est la patrie de la tauromachie moderne, avec d'anciennes arènes. Le long de la frontière N-E, près de la route de Madrid, on peut visiter les deux villes jumelles datant du Moyen Age et de la Renaissance : *Ubeda* et *Baeza* (voir environs d'*Ubeda*). La foule des touristes européens et américains qui envahissent l'Andalousie se précipite sur la *Costa del Sol*, dont les stations balnéaires les plus connues sont *Marbella*, très chic, et *Torremolinos*, plus populaire.

La Catalogne et l'Aragon Ces deux régions occupent pratiquement toute la partie N-E, délimitées au N par les Pyrénées et à l'E par la Méditerranée, se perdant en landes arides à l'O et au S. Elles sont dominées par *Barcelone*, ville cosmopolite, dont les habitants sont intimement persuadés qu'elle surpasse Madrid en toutes choses. Sur le plan tant culturel que commercial et intellectuel, Barcelone est beaucoup plus liée à l'Europe que ne l'est Madrid. Les premiers habitants s'y installèrent à l'époque préhistorique. Ils furent suivis par les Phéniciens, les Grecs, les Romains, les Goths et les Maures. Tous y ont laissé leur empreinte. De même que Madrid, la capitale catalane est un excellent point de départ d'excursions d'une journée, aidée en cela par le réseau d'autoroutes qui la dessert depuis la frontière française et le long de la côte N-O. Au S, le long de la côte, on trouve *Tarragone* la romaine et au N-E *Gérone*, trop souvent négligée à tort. A l'O : *Saragosse*, cinquième ville d'Espagne, et au N, dans les montagnes, la principauté d'*Andorre*. La côte rocheuse qui s'étend depuis la frontière française, la *Costa Brava*, a été la première région où le tourisme s'est réellement développé dans les années 50. Au S de Barcelone, nombreuses stations balnéaires, parmi lesquelles la ville de *Sitges*.

De la Galice au pays Basque Très verte, la côte atlantique a bien peu de ressemblance avec le paysage du S de l'Espagne. Des pluies presque quotidiennes, ou plutôt une petite bruine, donnent au paysage un aspect irlandais. Les Celtes s'installèrent ici avant l'île d'Emeraude, et l'on peut encore entendre le son des cornemuses (*gaita*) dans les rues. Au N, le golfe de Gascogne, appelé ici mer Cantabrique, de la frontière portugaise jusqu'à la frontière française, à l'E de *Saint-Sébastien*. Dans l'O, on parle un dialecte appelé *gallego*, mélange de portugais, de celte et d'espagnol, et à l'E, le basque (*vasco*) défiant toute identification. *Saint-Jacques-de-Compostelle* était le lieu de pélerinage d'Europe du N, où l'on venait vénérer les reliques de saint Jacques. Tout au long du chemin se trouvent chapelles et hospices, dont beaucoup sont encore utilisés. Les villes les plus importantes : *Bilbao*, *La Corogne*, *Oviedo*, *Saint-Sébastien* et *Santander*.

Votre programme

León et Estrémadure Descendre vers le S par ces provinces, c'est se plonger dans le passé culturel de l'Espagne. Au fur et à mesure que les catholiques espagnols repoussaient les Maures, ils construisaient cathédrales et châteaux pour consolider leur pouvoir. Au N, la région devient montagneuse. Au S la ville rouge de *León* abrite une cathédrale qui surpasse toutes celles d'Espagne par la beauté de ses vitraux. Un peu plus au S, *Salamanque* avec son importante université, construite en partie au Moyen Age et en partie à la Renaissance, et une place fermée qui n'a pas son pareil. Les deux provinces d'*Estrémadure* abritent les villes des conquistadores — *Trujillo*, *Cáceres* et *Guadalupe* —, qui, si elles ont tiré profit du triomphe de leurs habitants, n'ont que peu attiré l'attention des touristes. Enfin, *Mérida*, dont le pont romain, l'aqueduc et le théâtre soutiennent la comparaison avec n'importe quel site d'Italie.

Valence et Murcie Les six provinces de ces deux régions portent la marque des Carthaginois et des Romains par leurs réseaux d'irrigation et les fouilles archéologiques qui en témoignent. La plus grande partie de la région est montagneuse, mais on trouve ici de vastes champs cultivés, les *huertas*. Les citronniers qui fleurissent deux fois l'an embaument l'air. *Valence* prospère par l'agriculture, l'industrie et les chantiers navals. Au N la *Costa del Azahar*, et au S la *Costa Blanca*, toutes sont envahies de Scandinaves, d'Allemands et de Français de mai à sept., tout particulièrement à *Alicante*, *Benidorm*, *Jaeva* et Castellon de la Plana.

La plupart des villes mentionnées ci-dessus sont desservies par le chemin de fer et reliées, à travers des myriades de villages, par des autobus. Mais pour vraiment sentir le pouls du pays et saisir les particularismes des diverses régions, rien ne vaut le tourisme en voiture. Les routes se sont considérablement améliorées, et quand elles ne sont pas très bonnes, cela ne peut qu'encourager le visiteur à ralentir et à observer le paysage, qui change à chaque détour du chemin, châteaux, monastères et villages surgissant tour à tour d'une route qui paraissait bien vide sur la carte.

La plupart des circuits que nous proposons sont circulaires. D'autres réunissent un ensemble de villes. Tous peuvent être pris de n'importe quel endroit, à votre convenance. La plupart des villes mentionnées se retrouvent dans la section *A à Z*. Le circuit peut être accompli en une semaine ou, dans certains cas, en un jour ou deux. On peut avoir ainsi une idée assez complète de l'Espagne. L'hébergement est en général aisé, même en été et pendant les fêtes. Ne pas prévoir les hôtels à l'avance laisse bien sûr une plus grande liberté de mouvements, mais si vous souhaitez être sûrs de vos étapes, il vaut mieux réserver et se faire confirmer par écrit.

Itinéraire 1 : autour de Madrid
Il est facile de visiter les villes des environs de Madrid en excursions d'une journée, ce qui veut dire passer les nuits dans la capitale. On peut aussi faire un périple de quatre à sept jours que l'on terminera à Madrid. Partez vers le N, en prenant le Paseo de la Castellana, dans Madrid, en direction de Burgos, en prenant soin de ne pas manquer l'embranchement de l'autoroute juste après la gare de chemin de fer de Chamartin. Puis prendre la N1 et la suivre pendant 66 km vers le N. Environ 2 km après la ville de Lozoyuela, tourner à gauche (O) sur la C 604 vers Rascafria (25 km). La route court aux pieds des collines de la Sierra de Guadarrama, faisant une courbe vers le S-O le long de la Lozoya. A 2 km au-delà de Rascafria se trouve le monastère du XIVe s. du Paular, construit par l'architecte de la cathédrale de Tolède. Une partie du monastère a été transformée en hôtel de première classe géré par Entursa, l'autre partie étant conservée par les moines bénédictins, qui en autorisent la visite (*fermé jeu.*).

Prendre la C 604 pour encore 27 km vers le S-O, puis tourner à droite (N) sur la N 601, pour passer le col de Puerto de Navacerrada (il peut être fermé par la neige en hiver). La descente s'effectue au milieu de forêts verdoyantes. On abandonne la montagne 17 km plus loin, en arrivant à *San Idelfonso*, également appelée *La Granja*. Philippe V y commanda un palais et d'immenses jardins qui rappellent Versailles (voir environs de *Ségovie*). *Ségovie*, avec son aqueduc romain encore en usage, son *parador* et ses deux bons restaurants, se trouve à 11 km de là. A partir de *Ségovie*, prendre la N 603 jusqu'à l'autopista A 6 (à 30 km). Prendre vers le N, puis sortir à la première sortie, vers la N 501, et se diriger vers *Avila*, à 28 km à l'O. Cette remarquable ville, entourée de remparts, sera une agréable étape pour la nuit.

Quand vous serez prêts à repartir, dirigez vous vers l'autre extrémité de la ville, vers l'O, en prenant pour une courte durée la N 110, avant de tourner à gauche sur la C 502. On va alors vers Solosancho, en traversant l'Adaja et la Sierra de Gredos. Près du sommet, un embranchement vers la droite (O) mène au Parador Nacional de Gredos, un ancien relais de chasse royal avec, depuis la salle à manger, une vue splendide sur la sierra sauvage. Retourner ensuite sur la C 502 vers Puerto del Pico, au S, et descendre vers *Talavera de la Reina*, plus connue pour ses fabriques de porcelaines que pour son charme propre.

Si vous souhaitez vous arrêter pour la nuit, tourner vers l'O le long de la N V vers Oropesa et son agréable *parador* (voir hôtels des environs, à *Talavera de la Reina*) installé dans un château du XIVe siècle. Sinon, continuer encore 43 km vers l'E, Maqueda, puis prendre S-E sur la N 403 vers Tolède. De l'autre côté du Tage, prendre la N 400 (E) en direction d'*Aranjuez*, à 44 km. Les Bourbons espagnols y firent construire un château qui, après avoir été endommagé par la guerre et le feu, est maintenant restauré. *Madrid* n'est qu'à une heure de là, au N, par la N IV. On peut aussi prendre la petite route (non numérotée) qui part à l'E d'*Aranjuez* vers Colmenar de Oreja : tourner vers le N en direction de *Chinchón* (voir environs de *Madrid*, et le plus récent des *paradores* de la chaîne. C'est à une courte distance de la N IV.

Itinéraire 2 : ouest et nord de Madrid

Ceux qui connaissent déjà le circuit Ségovie, Avila, Tolède et Aranjuez, ou qui souhaitent simplement s'éloigner des sentiers battus, peuvent choisir ce circuit triangulaire qui parcourt la Vieille Castille ; on y rencontre moins d'étrangers. C'était la base de la Reconquête chrétienne avant que Madrid ne soit nommée capitale. Prendre la Gran Via, à Madrid, vers l'O et le N-O après la Calle Princessa. On rejoint rapidement la N VI et l'excellente autopista A6 vers le N-O. A 21 km, faire un détour, en prenant au S-O vers l'*Escurial*, à 11 km. On y trouve l'impressionnant palais-monastère construit pour Philippe II au XVIe siècle sur des plans de Juan de Herrera. Sur le chemin du retour vers l'A6, une voie d'accès sur la gauche mène à la *Valle de los Caidos* (voir environs de l'*Escurial*), où Franco ordonna qu'une « basilique » soit creusée dans la montagne en mémoire des morts phalangistes de la guerre civile

Une fois de retour sur l'A6, se diriger vers le N-O. Prendre la première sortie si l'on veut faire un détour par *Ségovie*, ou continuer vers la sortie suivante, à l'O, vers *Avila*. A partir de là, il reste 100 km à parcourir sur un plateau ocre pour atteindre *Salamanque*. Cette ville universitaire médiévale est un trésor d'architecture

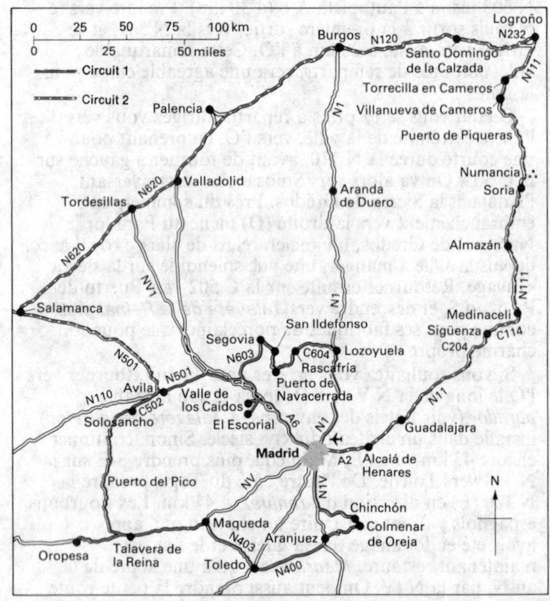

gothique et Renaissance, avec sa cathédrale et une rue principale sans pareil. Donnez-vous vingt-quatre heures pour explorer la ville, en vous installant par exemple au nouveau *parador* situé au N de la Tormes. Prendre la route de *Valladolid*, la N 620, pendant 83 km en direction de *Tordesillas* (voir environs de *Valladolid*), ville où fut signé, en 1494, le traité par lequel le Portugal et l'Espagne se partageaient la suzeraineté sur les territoires découverts dans le Nouveau Monde. Jeanne la Folle se séquestra elle-même dans le monastère de Las Claras, pendant quarante-quatre ans, après la mort de son époux en 1506. Un nouveau *parador* s'est ouvert au S de la ville.

Valladolid se trouve 30 km plus loin sur la N 620. La ville a souvent été résidence royale — Isabelle et Ferdinand s'y sont mariés — depuis sa libération des Maures au XIIe siècle et jusqu'au XVIe siècle où elle fut un moment capitale. Valladolid est maintenant un important centre industriel et agricole. Un peu partout dans la ville on trouve des exemples d'architecture début Renaissance. La N 620 continue vers le N-E, traversant *Palencia* et atteignant *Burgos* après 121 km. Burgos fut, elle aussi, capitale à certaines époques et bénéficia de cette situation. Sa cathédrale fut commandée par Ferdinand III. Promenade agréable dans le quartier ancien qui l'entoure et restaurants typiques pour s'arrêter déjeuner. Le circuit devrait avoir duré environ de trois à cinq jours jusque-là. S'il vous faut regagner Madrid, prendre la N 1 vers le S. On peut faire le trajet de 245 km en environ trois heures, en s'arrêtant à Aranda de Duero pour déjeuner. Si vous avez encore 3 ou 4 jours à perdre, continuer à l'E sur la N 120, vers *Logroño*. 67 km plus loin vous atteindrez *Santo Domingo de la Calzada*, ville très agréable dans sa partie O, particulièrement autour de la cathédrale. C'était une des pauses sur la route de *Saint-Jacques-de-Compostelle*. Sur la petite place, un *parador* construit sur les ruines d'un ancien hospice. Continuer sur la N 120 et N 232 vers *Logroño*, au cœur du vignoble de la Rioja. Quelques restaurants proposent des dégustations des produits locaux.

Descendre vers le S sur la N 111 ; la route passe à travers les champs et les vergers, le long de l'Iguera. A 30 km, un pont ancien en pierre mène directement à Torecilla en Cameros au S, appuyée aux contreforts de la Sierra de Cameros Nuevo. La petite église vaut la visitée. Continuer vers le S sur la N 111, en passant par le ravissant village de Villanueva de Cameros, sur la route en lacets qui grimpe jusqu'au col de Piqueras pour redescendre vers Garray. Sur une petite route vers le S se trouve le site de l'ancienne ville de *Numancia* (voir environs de *Soria*), où les Ibères soutirent pendant des mois, en 134 av. J.-C., l'assaut des Romains. Il ne reste que quelques fondations, car tous les vestiges archéologiques ont été transportés dans des musées. Retour sur la grande route ; *Soria* est à 7 km, avec ambiance médiévale et petit *parador* moderne.

35 km plus loin, la N 111 mène à *Almazan*, où l'on peut voir des fortifications médiévales et plusieurs bâtiments datait de la période où la ville était un avant-poste

frontière du royaume d'*Aragon*. Sur la place principale, très belle, église romane et château Renaissance. 40 km plus loin, au S, visiter le village de Medinacelli, avec un arc romain du IIe siècle, plusieurs petits palais et un château du XIIIe s. Continuer vers le S et tourner à droite (S-O) sur la N 11 (à ne pas confondre avec la N 111 qui s'arrête un peu plus au N). A 12 km, prendre à droite la C 114 vers *Siguenza*, une jolie ville pittoresque avec un château restauré qui est maintenant un *parador* très attrayant et une cathédrale des XIIe-XVes. près d'une place entouré d'arcades.

Une route secondaire, la C 204, sillonne un paysage de plus en plus changeant vers la N 11 et Madrid. Cette route excellente traverse par chance Guadalajara (à 46 km). 25 km plus loin se trouve la ville universitaire d'*Alcala de Henares* (voir environs de *Madrid*). Sur la gauche (S) : la jolie place de Cervantes, qui a pris le nom de cet auteur né ici ; au S l'*Hosteria del Estudiante*, un ancien réfectoire d'étudiants devenu un des restaurants de la chaîne *parador*. Madrid n'est qu'à 31 km à l'O.

Itinéraire 3 : l'Andalousie

Quitter Séville par l'Avenida de Kansas City qui devient la N IV vers Cordoue. Continuer pendant 33 km jusqu'à *Carmona* (*voir **Excursions*** à *Séville*), avec sa nécropole romaine et les ruines des murs mauresques dans lesquelles se trouve un nouveau *parador*. Se diriger vers le N de la ville sur la C 432 jusqu'au Guadalquivir, et tourner vers l'E sur la C 431.

A environ 50 km, à droite (S), on verra le château parfaitement conservé d'Almodóvar del Río. 20 km plus loin, prendre l'embranchement à gauche (N) vers Medina Azahara, un palais qui fut d'une incomparable splendeur à l'époque maure ; on a du mal aujourd'hui à se l'imaginer. La plupart des vestiges ont été transportés au ***Musée archéologique*** de *Cordoue*. Revenir sur la C 431, puis tourner à gauche (E) vers *Cordoue*, où l'on ne doit pas manquer la ***Mezquita***, le deuxième monument maure d'Andalousie en importance.

Il faut rester au moins une journée à Cordoue, il y a de bons hôtels et de bons restaurants pour se reposer entre les visites. Quitter la ville par le Paseo de la Rivera, vers l'E par la rive N de la rivière, puis sur la N IV. Continuer jusqu'à Andújar (77 km), ville fortifiée d'origine préhistorique avec un pont romain et, sur la Plaza Mayor, des bâtiments gothiques et Renaissance et une fontaine. A Bailén (27 km plus loin à l'E), on trouve le Parador Nacional de Bailén au croisement avec la N IV.

Toujours vers l'E, sur la N 322, on passe Linares, ville minière de peu d'intérêt, avant d'arriver à *Ubeda*, une des premières villes d'Andalousie reprises aux Maures : remarquables exemples d'art isabélin et plateresque ; *parador* dans un édifice du XVIe s. En partant, prendre la N 321 vers le S-O. Traverser Baeza (*voir **Excursions*** à *Ubeda*), autre ville Renaissance, plus petite, et continuer vers *Jaén* puis Grenade, qui se trouve à 90 km au S. Après avoir grimpé sur des plateaux arides, la route redescend vers une plaine fertile pour atteindre *Grenade*, avec la Sierra Nevada en arrière-plan.

L'*Alhambra* des Maures s'élève au-dessus de la ville, où il faut prévoir de passer une nuit.

La N 323 continue vers le S, contourne l'O de la Sierra Nevada, traverse des champs de cannes à sucre, avant d'atteindre la Méditerranée, à 70 km. Tourner à droite (O) sur la N 340 vers Málaga : on arrive à la première station balnéaire de la *Costa del Sol*, *Nerja*, sur un promontoire au-dessus de la mer. Près de là, grottes dans lesquelles on a retrouvé des vestiges préhistoriques. Festival de musique et de danse en été. *Málaga*, la plus grande ville de la *Costa del Sol*, est un port important, situé à 53 km à l'E. On y trouve un ***Alcazaba*** mauresque, un amphithéâtre romain et un *parador* sur la colline de Gibralfaro, qui a la chance d'avoir une salle à manger en terrasse dominant le port.

A 5 km au S-O de Málaga commence une suite presque continue de stations balnéaires, avec *Torremolinos*, Benalmadena, et *Fuengirola*, plaisantes pour qui aime la plage ou les bars, mais sans grand intérêt touristique. A partir de Fuengirola, une route (N) mène à *Mijas*, une

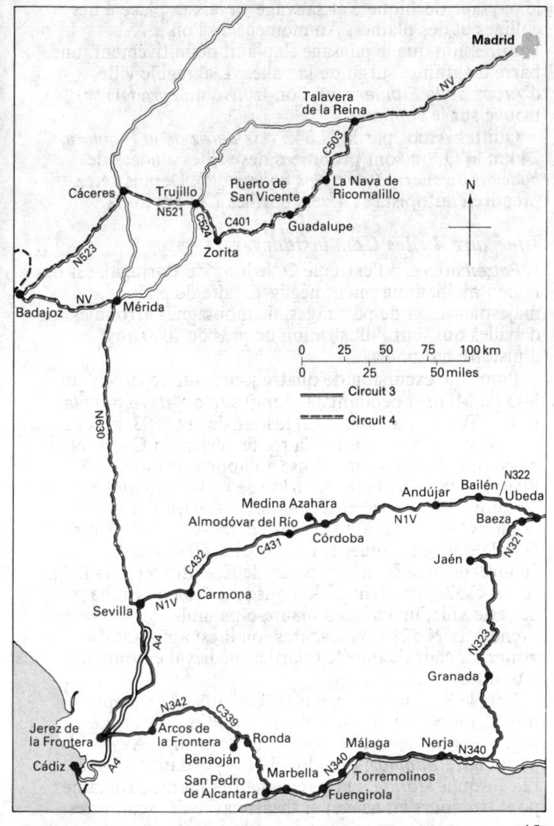

ville des collines trop proche de la côte pour éviter toute commercialisation, mais qui a gardé une partie de son charme, un hôtel exceptionnellement agréable et quelques bons restaurants. De retour sur la route côtière N 340, se diriger à l'O vers l'élégante station balnéaire de *Marbella*, avec ses hôtels luxueux, ses yachts, ses boîtes de nuit et ses bars chics dans le quartier de Puerto Banus. A San Pedro de Alcántara, 10 km plus loin, tourner à droite (N) vers *Ronda* (C 339, une heure de trajet environ), sur une route de corniche. La ville a conservé son caractère mauresque et ses arènes qui sont peut-être les plus anciennes d'Espagne ; la tauromachie aurait ici ses origines.

Quitter Ronda sur la C 339 vers Séville. 12 km plus loin, tourner à gauche (S) sur une route non numérotée vers Benaoján et les grottes de Pileta (*voir **Excursions*** à *Ronda*). Les peintures préhistoriques que l'on y voit sont parmi les vestiges les plus étonnants des populations de l'âge de pierre ; également céramiques et armes. Reprendre la C 339 et continuer jusqu'au croisement avec la N 342. Tourner à gauche (O) vers Arcos de la Frontera. De là, le paysage déchiqueté et sauvage va laisser place à des collines et des plaines. Au moment où l'on a l'impression que le paysage s'aplanit définitivement, une barre de granite surgit de la vallée. L'agréable ville d'*Arcos de la Frontera*, où l'on trouve un *parador*, se trouve sur le sommet.

Quitter Arcos par la N 342 vers *Jerez de la Frontera*, 24 km àl'O, où sont proposées des visites guidées des *bodegas* de sherry (voir *Vins espagnols*). Depuis Jerez, prendre l'autopista A 4 vers Séville, à 84 km au N.

Itinéraire 4 : les Conquistadores

L'*Estrémadure*, à l'extrême O, le long du Portugal, est une région malheureusement négligée, faite de plaines majestueuses et de pâturages, de montagnes arrondies, et de villes qui sont l'illustration de près de 2000 ans d'histoire nationale.

Pour une excursion de quatre jours, suivre la N V au S-O de Madrid pendant 117 km jusqu'à *Talavera de la Reina*. Tourner à gauche (S) le long de la C 503, après 29 km, à la Nava de Ricomalillo, la route devient la C 401, et le paysage se fait plus grandiose à l'approche du col de Puerto de San Vicente. A 36 km se trouve *Guadalupe*, où il y a un étonnant château-monastère, avec tourelles et donjons, se découpant sur le fond gris-vert de la Sierra de Guadalupe. Continuer sur la C 401 au S-O pendant 50 km, jusqu'à Zorita. A partir de là se diriger vers le N, sur la C 524, pendant 28 km, jusqu'à *Trujillo*. En haut de cette ville, un château maure-espagnol.
Prendre la N 521 vers *Cáceres*, où il est amusant de visiter au clair de lune le quartier médiéval entouré de murailles.

Vers le S de nouveau, sur 90 km la N 523 chemine au travers de petites collines et de plantations de chêne liège, vers Badajoz et la frontière portugaise. Avant d'atteindre *Badajoz*, prendre la N V pendant 66 km à l'E, jusqu'à *Mérida*. On y reconnait la marque romaine : pont (toujours en usage) et théâtre avec des sculptures.

Héritage wisigothique et maure également, comme le couvent transformé en *parador*. Séville n'est qu'à 200 km de là, par la N 630.

Itinéraire 5 : la Catalogne

Région prospère au N-E du pays, la Catalogne a la chance d'avoir des kilomètres de plages, des vallées fertiles, des plateaux couverts de pins, une partie des Pyrénées et la ville cosmopolite de *Barcelone*, où il faut passer au moins trois jours. Prendre vers le N-E la Gran Via, qui devient rapidement l'autopista A 19. A environ 28 km, l'autoroute devient la N 11, le long de la côte ; quelques stations balnéaires de peu d'intérêt. Juste après Calella, la N 11 rentre dans les terres. Tourner à droite, vers *Blanes* (*voir* ***Excursions*** à *San Feliu de Guixols*), sur la C 253 ; c'est le début de la *Costa Brava*. La corniche serpente le long de la côte, surplombant criques et plages. Les villes principales — envahies de voitures et de touristes de juin à septembre — sont Lloret del Mar, Tossa de Mar et *San Feliu de Guixols*. De là, prendre la C 250 et la route intérieure vers *Gérone*. Cette capitale provinciale, ignorée par les touristes pressés d'atteindre Barcelone et les plages du S, vaut une visite de quelques heures.

Prendre la N 11 au N de la ville, continuer par Figuéras, à 27 km au N. Au centre de Figuéras, prendre la C 252 au N-E vers Llançá (Llansá). Là, se diriger vers le S-E pendant 17 km, à travers les collines rocheuses jusqu'à *Cadaqués*, au fond d'une baie en fer à cheval ; c'est toujours un port de pêche malgré l'incursion de touristes, et on y trouve une jolie grand-place avec une église du XVIIᵉ s.

Revenir à la route menant vers *Rosas*, (*voir* ***Excursions*** à *Cadaqués*), autre port de pêche devenu une station

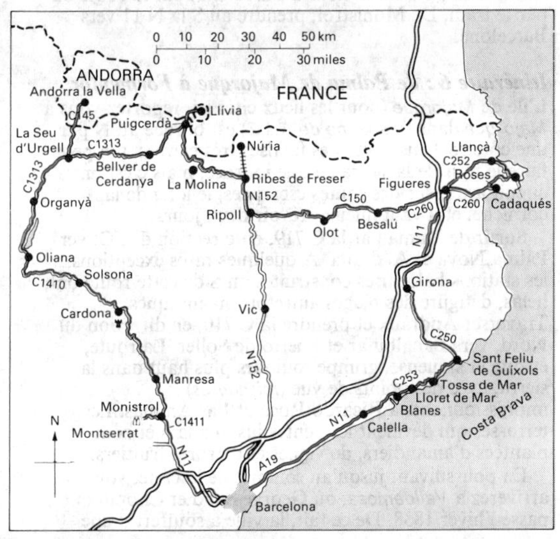

balnéaire, dont l'origine est la colonie grecque de Rhoda. Continuer vers l'O sur la C 260, passer de nouveau par Figuéras, en direction d'Olot, à l'O. La C 260 rejoint la C 150 au joli village de Besalú. Toujours sur cette route, on traverse un paysage agréable jusqu'à Olot et Ripoll (important monastère bénédictin du Moyen Age).

De Ripoll il y a environ 100 km jusqu'à Barcelone par la N 152. Déjeuner sur le chemin ou passer la nuit au *parador*, à l'extérieur de Vic (Vich). Sinon continuer au N sur la N 152. A 14 km, un chemin de fer à crémaillère grimpe jusqu'à la station de Nuria. Le voyage dure une heure, il vaut le prix de la promenade (*horaires variables selon les saisons*). A partir de là, la N 152 devient difficile, mais elle est splendide. La route traverse La Molina et ses stations de sports d'hiver et Puigcerdá, à la frontière française. Une curiosité d'ordre géopolitique : la ville de Llivia, une enclave espagnole en territoire français, au bout d'une route considérée comme neutre. De retour à Puigcerdá, prendre la C 1313 vers le S-O pendant 50 km, dans un paysage ravissant, à travers les villages de montagne de Bellver de Cerdanya et Prullans, jusqu'à *La Seu d'Urgell* (où il y a un *parador*). La C 145 grimpe alors vers le N vers *Andorre* et sa capitale *Andorre-la-Vieille* (à 20 km).

Après la visite, retourner vers La Seu d'Urgell et continuer sur la C 1313, en suivant la Segre. Juste après Organya, la route suit la rive sud d'un lac artificiel puis traverse vers l'E le village d'Oliana. A 10 km, tourner à gauche (E) et prendre la C 1410 jusqu'à Solsona (château du XIIIe s. et cathédrale du XIVe s.). La route descend sur 20 km vers Cordona et son château, devenu un *parador*. Continuer au S pendant 32 km jusqu'à Manresa, avec sa remarquable cathédrale des XIVe-XVIe s. De Monistrol, à 15 km plus au S, on peut aller au monastère de *Montserrat* (*voir* ***Excursions*** à *Barcelone*) par la route ou par le train. De Monistrol, prendre au S la N 11 vers Barcelone.

Itinéraire 6 : de Palma de Majorque à Formentor

L'île de *Majorque* (pour les lieux cités ici, reportez-vous à *Majorque* dans l'*Espagne de A à Z*) est bordée au N par une côte rocheuse avec des falaises très élevées. On peut faire le tour de la sierra en une journée, mais c'est un circuit ardu, sur des routes escarpées, le long de la corniche, et il vaut mieux prévoir deux jours.

Sortir de Palma par la C 719, en direction de l'O, vers Palma Nova et Andraitx. A quelques rares exceptions, les stations balnéaires construites au S de cette route ont, hélas, défiguré des plages autrefois magnifiques. Traverser Andraitx et prendre la C 710, en direction du Nord, vers Banalbufar et Puerto de Soller. La route, étroite et sinueuse, grimpe toujours plus haut dans la sierra, avec des points de vue (*miradores*) impressionnants à Ricardo Roca et Las Animas. Les terrasses qui dévalent les pentes jusqu'à la mer sont plantées d'amandiers, de vignes et d'arbres fruitiers.

En poursuivant jusqu'au sommet de la crête, vous arriverez à *Valldemosa*, où George Sand et Chopin ont passé l'hiver 1838. De ce fait, la ville a souffert d'une

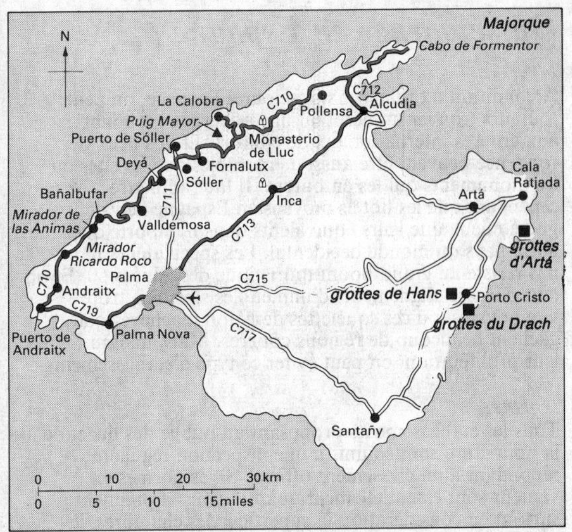

certaine invasion commerciale. Mais elle reste un lieu délicieux, avec ses maisons couleur de miel dont les volets sont aussi verts que les jardins. Dans le monastère surplombant la ville, on pourra voir les cellules dans lesquelles l'écrivain et le compositeur ont séjourné. A l'extérieur, depuis les jardins clos, cultivés de manière intensive, on a une très belle perspective sur les champs de fleurs.

La C 710 continue en direction du N-E le long des murets de pierres et des jardins en terrasses, avec des percées sur la mer, et traverse Deya, une ville suspendue au flanc de la montagne. Après 12 km environ, la route commence à descendre vers *Sóller*, qui est reliée à son port par un tramway pittoresque. Dans cette baie presque fermée, on trouve plusieurs hôtels et restaurants, plutôt modestes, et une base navale. Depuis Sóller, il faut moins d'une heure pour rentrer à *Palma*, par la C 711, une route qui coupe à travers la montagne.

Si vous voulez poursuivre vers le N-E, prenez la C 710, qui monte jusqu'aux villages de Fornalutx et Puig Mayor (1 445 m d'altitude). Pour la beauté du site, prenez juste à la sortie de Puig Mayor la petite route secondaire qui mène au hameau de La Calobra. 11 km plus loin, toujours sur la C 710, se trouve le monastère de Lluc. Après 26 km encore de cette route sinueuse, vous atteindrez *Pollensa* et les hôtels et restaurants qui animent le port. Si vous êtes amateur de sensations fortes, prenez la route de la corniche, jusqu'à la pointe de *Cabo de Formentor*, d'où le panorama est spectaculaire. Le retour sur *Palma*, via Alcudia et *Inca*, (*voir **Excursions*** à *Cala Ratjada, Majorque*), par la C 712 puis 713, vous prendra environ une heure.

Où séjourner en Espagne ?

A condition d'organiser son séjour à l'avance, on peut toujours trouver un hôtel ou une auberge répondant aux critères internationaux de confort. Et vos lieux de résidence peuvent être aussi mémorables que les sites ou les monuments qui les entourent. Il faut admettre cependant que les hôtels moyens en Espagne ne valent guère mieux que leurs équivalents dans n'importe quel autre pays du monde occidental. Les spéculateurs n'ont pas résisté au grand boom touristique des années 50. Et on leur doit ces alignements d'immeubles sinistres, trop vite poussés, ou ces squelettes de béton inachevés qui gâchent beaucoup de régions côtières. Mais, malgré leur prolifération, on peut éviter ce type d'établissements.

Normes

Tous les établissements proposant au public des lits et de la nourriture sont soumis à une inspection régulière répondant à un classement officiel. Si les normes en vigueur sont essentiellement quantitatives et prennent surtout en considération la superficie des chambres, le nombre d'ascenseurs et de chambres avec bains, elles donnent néanmoins quelques indications précieuses. La catégorie est indiquée, à l'entrée des hôtels, par un panonceau rectangulaire, avec des caractères et des symboles se détachant en blanc sur un fond bleu clair.

Un **H** avec une à cinq étoiles (qui ressemblent davantage à des soleils stylisés) signale un établissement offrant plus ou moins de services et de confort. Au minimum (une étoile), l'hôtel a le chauffage central, un ascenseur si l'immeuble dépasse cinq étages, au moins un téléphone par étage, des salles de bains communes, un service de blanchisserie et de repassage et une salle de restaurant.

Au sommet de la catégorie (cinq étoiles), les clients sont assurés de trouver l'air conditionné, des ascenseurs, plusieurs salons, un bar, des chambres avec téléphone et salle de bains privée, un salon de coiffure et, dans les villes, un garage.

Le sigle **HR** désigne un hôtel résidentiel, dont la seule distinction est généralement l'absence d'un vrai restaurant, souvent remplacé par une cafétéria dans le style espagnol, avec un menu et un service limités.

HA indique un hôtel-résidence, dans la plupart des cas sans bar ni restaurant, mais avec des possibilités de cuisine dans certaines chambres.

Parmi les chaînes d'hôtels dignes de confiance, on peut citer **Hesperia** (17 hôtels, surtout dans le N-E) ; **Hotasa** (29 hôtels dans quelques villes importantes et dans plusieurs stations balnéaires, dont le symbole est une double tête d'animal) ; **Husa** (64 hôtels de une à cinq étoiles dans la plupart des grandes villes, dont 21 à Barcelone) ; **Mélia** (18 hôtels à Madrid et dans certaines villes du S) ; **Sol** (50 hôtels, essentiellement à Mayorque et sur la côte méditerranéenne). A quelques rares exceptions près, tous ces hôtels ont été construits durant les deux dernières décennies, dans le plus pur style international, anonyme et confortable. **Entursa**, un petit groupe de 10 hôtels seulement, échappe à ce style. Des établissements sont parfois installés dans des édifices historiques. L'accueil et la gestion sans faille en font des lieux de séjour inoubliables.

Accueil et personnel

Quand vous vous présenterez à la réception d'un hôtel, on vous demandera de déposer votre passeport, pour enregistrement, mais il vous sera rendu une ou deux heures plus tard. Certains établissements proposent, généralement dans le hall d'accueil, un bureau de change, mais les taux sont plus favorables dans les banques. La vieille tradition du *conserja* (concierge) est en déclin. Ce personnage omnipotent donnait les informations, réservait les places, organisait les déplacements, procurait un guide ou indiquait en confidence le nom des clubs et des restaurants préservés des touristes, le tout avec beaucoup de bienveillance et une surprenante virtuosité dans le maniement des langues étrangères. Le *conserja* existe toujours, en principe, mais, bien souvent, son seul souci est de rafler au passage une petite commission personnelle et vous risquez fort de vous trouver embarqué dans un car pour une excursion « City by Night » ou coincé dans un de ces « pièges à touristes » que sont les restaurants et les boutiques de luxe. Bien sûr, il y a des exceptions, mais contentez-vous plutôt de demander votre clé au *conserja* et de lui confier votre courrier. Quant au pourboire, il dépend essentiellement de la longueur de votre séjour.

Les paradores

C'est la perle de l'équipement touristique espagnol. (Vous trouverez dans l'*Index* la liste des paradores cités dans ce guide et les numéros des pages où chacun d'eux est traité.) Le mot *parador*, qu'on pourrait traduire par « gîte d'étape », n'est pratiquement jamais utilisé pour désigner un autre type d'auberge ou d'hôtel. Plus du tiers des 80 (ou plus) *paradores* sont d'anciens châteaux, couvents, palais, manoirs ou relais de chasse royaux, et les autres sont bien souvent des bâtiments modernes érigés au sein d'anciennes fortifications. Anciens ou récents, les *paradores* sont tous très bien situés, sur une hauteur ou en bord de mer, avec une vue agréable, parfois même spectaculaire. Quelle que soit leur ancienneté ou leur origine, les chambres sont spacieuses et décorées avec goût et distinction. Vous y verrez souvent de très beaux meubles anciens, des collections d'armures, des tapisseries et de splendides céramiques, admirablement entretenus par un personnel diligent. Les salles de bains offrent toutes les commodités, avec des baignoires longues et profondes et des grandes serviettes. Dans les restaurants vous dégusterez de délicieuses spécialités locales, généreusement servies, avec des vins choisis, parfaitement assortis.

Le premier *parador* fut ouvert à Gredos, en 1928. A l'origine, l'intention de la chaîne était d'assurer le gîte et le couvert dans des régions dont l'équipement hôtelier était insuffisant. Depuis, la popularité des *paradores* n'a cessé de croître et, aujourd'hui, ces établissements offrent un excellent rapport qualité/prix. Leurs seuls inconvénients sont le côté parfois institutionnel de leur accueil, surtout dans les *paradores* modernes, le manque d'équipements de loisir et le fait qu'ils ne possèdent ni bar ni discothèque ouverts tard la nuit.

Il n'est pas nécessaire de résider dans les *paradores* pour y manger, et, sauf le dimanche à midi où les Espagnols des environs ont l'habitude de venir y déjeuner en famille, vous n'aurez jamais à attendre une place. Vous aurez le choix entre un menu à la carte et la table d'hôte, et vous pourrez goûter les spécialités de la région, qui figurent à l'encre rouge sur le menu, souvent traduites avec une maladresse amusante en français, en allemand et en anglais. Le *menu del dia* (généralement une entrée, un plat et un dessert) change tous les jours. Il propose souvent des plats inscrits à la carte, à un prix moins élevé, mais il ne comprend ni le vin, ni l'eau minérale ni le café et le service est facturé en sus. Les *entremeses* sont particulièrement délicieux. Vous en trouverez dans tous les *paradores*, mais la plupart du temps seulement au déjeuner. Ils arriveront par douzaine sur votre table, servis dans de petits raviers en forme de feuille : chorizo, calamars sautés, boulettes de viande, sardines, salade de pommes de terre, œufs mayonnaise... Pour les Espagnols, ce n'est qu'une mise en appétit, mais ils peuvent constituer un déjeuner idéal.

Comme la plupart des *paradores* sont petits, les groupes de touristes y sont rares. Pour la même raison, il est sage de réserver. Trois mois à l'avance en pleine saison, et un mois au moins en hiver.

Bureau central du réseau de Paradores à Madrid : *Velazquez 18, 28001 Madrid* ☎ *(91). 435.97.00, 435.97,68 et 435.98.14* [Tx] *46865 RRPP et 44607 RRPR.* **Informations :** ☎ *(91) 431.58.25.*

La table

Il est difficile de prétendre que la cuisine espagnole figure parmi les meilleures du monde. C'est une cuisine populaire et les préparations élaborées ne sont pas de règle, mais elle est souvent agréable. En Espagne, parcimonie est synonyme de déshonneur pour celui qui reçoit, aussi les portions que vous trouverez dans votre assiette sont-elles toujours abondantes.

Quelques plats typiques

La spécialité la plus connue en dehors des frontières espagnoles est bien sûr la célèbre paella, dont la seule composante immuable est le riz au safran, la plus coûteuse des épices. En général, on y met des coques, des moules, du poulet, des crevettes, de la langouste parfois, des calamars, des poivrons rouges et des petits pois, le tout mijoté dans une débauche de couleurs. Lorsque la paella est réussie, chaque ingrédient met en valeur le goût de l'autre tout en gardant sa saveur propre. C'est à l'origine un plat spécifique de Valence mais on la trouve vraiment partout en Espagne.

Le *gazpacho*, cette soupe froide andalouse, est également très populaire. Préparé à partir d'un mélange subtil de tomates crues, de concombres, de coûtons de pain, d'ail, d'huile d'olive, de sel, d'oignons, avec une giclée de vinaigre, il doit être servi glacé, parfois même dans un bol entouré de glace pilée. A Málaga, on trouve un *gazpacho* blanc, à base d'ail, d'amandes broyées et de raisin. La *zarzuela de mariscos* doit son nom à un genre lyrique particulier et pourrait être traduite par « opérette de fruits de mer ». Là aussi les ingrédients varient selon les disponibilités. Ce plat ressemble assez à la bouillabaisse marseillaise, avec de la langouste, des crevettes, des calamars, des moules, de l'anguille et divers poissons de mer. C'est surtout une spécialité de Catalogne, mais on en mange partout, en bord de mer.

La recette plus élaborée du *cocido madrilẽno* associe des morceaux de poulet, des saucisses, du veau, du jambon, du bœuf, du lard, des pois chiches, du chou, des pommes de terre et des carottes. On le sert traditionnellement en trois plats. D'abord le bouillon dégraissé, avec des vermicelles ajoutés à la dernière minute, puis les légumes égouttés et enfin les viandes. Chaque région d'Espagne a sa version du *cocido,* mais la plus classique est celle de la Meseta.

Citons également la *tortilla*, omelette servie chaude ou froide et fourrée à toutes sortes de choses (pommes de terre, fromage, lard...). Parmi les nombreuses variétés de *queso manchego,* ce délicieux fromage de la Manche, il en existe une marinée dans l'huile *(en aceite)* et une autre, granuleuse, étuvée et aigre.

Plats régionaux

Dans ce pays où les tendances séparatistes sont importantes, les styles culinaires sont encore plus diversifiés qu'ailleurs.

Andalousie

Les Andalous prétendent ne manger que pour vivre, ce qui explique que le plus banal des poissons frits est souvent leur plat préféré. Pourtant, le *gazpacho* et la *sangría* sont nés dans cette région, et c'est là qu'il faut découvrir le goût original de ces deux spécialités. Essayez aussi le *gazpacho blanc,* à base d'amandes, et les *riñones al Jerez* (rognons sautés au Xerès), mais ne négligez pas la *fritura mixta* (un mélange de petits poissons délicatement frits). La région est réputée pour ses fruits de mer et ses poissons très variés : par exemple, le *lubina al sal* (du loup cuit dans une croûte de sel, ce qui lui donne un moelleux surprenant) et diverses espèces de crevettes ou de langoustines. Le vin de table local est convenable, mais c'est le Xérès qui vous procurera les plus grands plaisirs, en apéritif ou en digestif, selon qu'il est plus ou moins sec.

Aragon

Coincée entre la cuisine basque et la cuisine catalane, la cuisine aragonaise laisse une bien pâle impression. Pourtant, les plats à base de porc et de lapin sont particulièrement savoureux, et le *chilindrón* (un mélange de tomates, de poivrons et d'ail, souvent amélioré par quelques morceaux de jambon) est une sauce délicieuse dans laquelle on fait mijoter de la viande ou de la volaille. Essayez aussi le *cochifrito* (une fricassée d'agneau de lait) et le *bacalao al ajoarriero* (morue dans une sauce piquante à l'ail et à la tomate). Les vins de table ordinaires laissent parfois un petit goût métallique dans la bouche. Préférez-leur les vins robustes de la région de Carinena.

Asturies

Les gastronomes qui relèvent une ressemblance entre la cuisine des Asturies et celle de certaines régions françaises pensent sans doute à un plat proche du cassoulet, consistant, *fabada,* à base de haricots blancs, de viande de porc et de boudin, dans lequel on trouve parfois également du jambon ou des pieds de porc. Remarquable aussi, la *calderata asturiana* (une soupe de poisson proche de la bouillabaisse), dont l'un des ingrédients est le piment, touche inhabituelle dans une région où l'on utilise rarement les épices fortes. Enfin, goûtez le *queso de cabrales,* un fromage piquant préparé à base d'un mélange de lait de chèvre, de vache et de brebis. La spécialité locale est un cidre pétillant *(sidra).*

Castille

Les Castillans savent tirer le meilleur parti des ressources locales et la recette la plus typique est celle du *cocido madrilẽno* (voir ci-dessus « Quelques plats typiques »). La *sopa de Ajo* est un plat très simple à base d'ail, de clou de girofle et de croûtons de pain sautés dans l'huile et surmontés d'un œuf frit. Le *cochinillo asado* (cochon de lait rôti) est presque toujours délicieux, mais peut dérouter ceux qui n'ont pas l'habitude de manger la viande sous une forme aussi proche de son état original. Il faut essayer les fines asperges sauvages *(espárragos)* et les *fresás* ainsi que les *churros* (des beignets allongés saupoudrés de sucre glace), meilleurs au petit déjeuner que les petits pains durs que l'on sert habituellement, et le *queso manchego* (le fromage de la Manche). Les meilleurs vins de table proviennent de la région de Valdepenas.

Catalogne

Pour le visiteur non initié, la *zarzuela* (voir ci-dessus « Quelques plats typiques ») peut représenter l'esprit culinaire aventureux des Catalans, tous comme la *bullabese,* autre soupe de poisson assez proche. Les épices forts sont utilisés ici plus fréquemment que dans les autres régions, dans des recettes comme le *romescu* (sauce tomate, ail et huile) et l'*ali-oli* (une mayonnaise fortement aillée, que l'on sert avec la viande de porc froide ou le gibier). Le *rape* (moine) est un poisson peu connu à la chair ferme. Le *jabalí* (marcassin) et le *conejo* (lapin) sont souvent savoureux et les salades de légumes et poisson constituent de délicieux repas d'été. Goûtez enfin le *habas* ou *faves* (haricots blancs) avec des saucisses. Pour les vins, faites confiance à l'étiquette Torres, une marque largement diffusée. Quant aux vins de dessert, ceux qui portent le label Masía Bach sont souvent exceptionnels.

Estrémadure

Le porc nourri au grain et les moutons mérinos sont la base de la cuisine de cette région, avec en particulier des jambons excellents, le célèbre *chorizo,* et des agneaux de lait remarquablement tendres. Parmi les plats typiques, on trouve la *caldereta* (ragoût d'agneau), le *cocido* (pot-au-feu au porc et au poulet), les *migas* (miettes de pain frites) et le *gazpacho* (voir ci-dessus « Quelques plats typiques »). Le cabri et les perdreaux simplement rôtis sont succulents, de même que les melons et certains fromages comme le *queso de oveja* et le *queso de cabra.* Les vins de table peuvent être redoutables, à l'exeption des robustes vins rouges de Salvatierra et de Mérida.

Galice
Pour certains, la cuisine de Galice surpasse celle du pays Basque et de Catalogne. Le *caldo gallego* (un bouillon de viande, avec des haricots, des pommes de terre et du chou) connaît un large succès. Les *empanadas* sont des sortes de petites tourtes fourrées à la viande ou au poisson. Les coquillages sont abondants et très variés dans cette région qui produit près d'un tiers de la consommation nationale annuelle. Les coquilles Saint-Jacques, les crevettes et les clams sont délicieuses, mais il faut bien dire que ce n'est pas toujours le cas des huîtres. Les langoustes et homards sont excellents mais fort chers. Vous apprécierez certainement toutes les viandes et poissons grillés au charbon de bois et peut-être les tripes (*callos a la gallega*), dont les Espagnols sont friands. Les *pimientas de Padrón* (petits piments verts pointus frits, très salés) sont très prisés en *tapa*. Les fromages régionaux sont doux et crémeux. Parmi les vins, il faut signaler l'Albarino, un blanc léger, et le Ribeiro, un rouge corsé.

Pays Basque et Navarre
Ici, presque tous les plats sont en sauce. Les ingrédients sont mijotés à petit feu pour préserver leur saveur naturelle. La morue est l'un des poissons favoris, avec par exemple la *Bacalao al pil-pil* (morue dans une sauce à l'ail, à l'huile d'olive et aux piments de cayenne). La *trucha a la Navarra* (truite marinée au vin et aux épices, puis pochée et farcie au jambon cru fumé) et les *calamares en su tinta* (petits calamars cuits dans leur encre) sont également très populaires. Les *angulas* (petites anguilles) sont frites dans un bain d'huile et apportées sur la table toutes croustillantes. On les enroule autour de la fourchette pour les manger entières, ce qui n'est pas sans rappeler les classiques démêlés avec les spaghettis. Les fromages sont excellents, mais pas les vins.

Valence
La région contribue largement à la production nationale de riz, et c'est l'un des ingrédients de base des meilleures spécialités culinaires de Valence, dont bien sûr la fameuse paella (voir ci-dessus « Quelques plats typiques »). Le *arroz con pollo* (riz au poulet et petits pois) est un autre classique, mais c'est un plat qui, comparé à une bonne paella, peut paraître fade. Les vins locaux n'ont rien de mémorable, ils ont tendance à être corsés et fortement alcoolisés. Ceux de la région d'Alicante, toutefois, méritent d'être goûtés.

Restaurants, tapas et meriendas, cafétérias
Comme dans la plupart des pays latins, le principal repas de la journée est le déjeuner, qui a rarement lieu avant 2 ou 3 h de l'après-midi. Les restaurants sont ouv. de 13 h à 16 h, mais la plupart des clients arrivent après 14 h et restent souvent boire le café et le digestif après l'heure de fermeture. De ce fait, le dîner a rarement lieu avant 22 h. Mais, tourisme oblige, la plupart des restaurants sont ouverts à partir de 21 h.

Dans les restaurants, le service est généralement attentif et efficace. Le garçon, habitué à ce que les clients traînent après le repas, n'apporte pas la note tant qu'on ne lui demande pas. Les restaurants sont tenus d'afficher un menu à prix fixe (*menu del dia*), comportant une entrée, un plat, un dessert et une boisson, à un prix moins élevé que les équivalents proposés à la carte. Malheureusement, ce n'est pas toujours le meilleur choix, et les serveurs sont souvent réticents à le mentionner.

Dans presque tous les bars, vous trouverez des *meriendas*, des collations servies depuis très tôt le matin jusqu'à tard dans la nuit. Ce sont parfois de simples sandwiches, une tranche de viande ou de fromage entre deux tranches de pain toasté ou la même chose, mais dans un petit pain rond (cela s'appelle alors un *bocadillo*). Mais le plus souvent, vous trouverez sur le comptoir tout un assortiment de hors-d'œuvre appétissants.

Les *tapas* sont servis dans des petits raviers qui ne contiennent généralement qu'une ou deux bouchées. Si vous voulez une plus large portion, demandez une *ración*. Voici un échantillon de ce que vous pourrez goûter : *tortilla* (omelette de pommes de terre), *ensaladillas* (salades à base de thon, de tomates, de laitue et d'oignons), *empanadillas* (petites tourtes à la viande), fromage, *chorizo*, moules, clams, friture de petites anguilles assaisonnées au poivre et à l'ail, anchois à l'huile ou frites, divers champignons marinés, en conserve ou sautés, *brochetas* (brochettes) de viande ou de poisson, crevettes grillées, calamars frits, escargots en sauce ou froids et sans coquille, salami et le fameux *jamón serrano* (jambon cru) en tranches fines, parfois servi sur du pain frotté à l'huile d'olive et à la tomate. Pour les cafétérias, souvent ouvertes bien après minuit, certaines sont des *auto-servicios* (self-service) tandis que pour d'autres le service se fait exclusivement à table, mais avec une carte plus courte et des heures d'ouverture plus grandes que dans les restaurants. Les pizzas et les hamburgers y côtoient souvent les traditionnels *tapas* et *raciones*.

Boissons
La plupart des restaurants et tous les bars proposent un vin bon marché au tonneau, servi au verre ou en carafe. Les vins de pays sont assez souvent honnêtes. Les crus du district de la Rioja sont très prisés par les producteurs de vin étrangers qui les achètent pour couper leurs propres

crus (pour plus d'information, voir la rubrique *Les vins espagnols*). Le café, est très bon, mais vous aurez le plus souvent du thé en sachet. Le chocolat chaud est très onctueux, et vous aimerez sûrement la *horchata* (une boisson rafraîchissante et laiteuse à base d'orgeat). Par grande chaleur, *la sorbeta de limon*, boisson à base de sorbet, est particulièrement agréable, de même que le citron pressé, servi dans les *heladerias* (glaciers). Le *café irlandés* (café irlandais) est très populaire ainsi que son équivalent espagnol, le *carajillo con nata* (café au cognac avec de la crème). Quant à la fameuse *sangría*, elle est préparée avec du vin, du jus de fruits, de la limonade ou de l'eau gazeuse, du cognac et des tranches d'orange et de citron. Si vous aimez les sensations fortes, essayez le *sol y sombra*, un cocktail à base de cognac et d'anis, qui est aussi un somnifère très efficace. Les cognacs espagnols (*coñacs*) sont plus ou moins épais et sucrés, et parfois très forts

Shopping

En règle générale, les magasins sont ouv. de 9 h 30 à 13 h 30 et de 16 h à 19 h en hiver, de 9 h 30 à 13 h 30 et de 17 h à 20 h en été. Les grands magasins ne ferment pas à l'heure du déjeuner.

L'Espagne est réputée pour ses articles en cuir : portefeuilles, sacs à main et chaussures. On en trouve dans la plupart des grandes villes, et en particulier dans les zones commerciales importantes de *Madrid* et *Barcelone.* Ces deux villes sont également des centres importants pour les achats d'art et d'antiquités et, si vous vous y connaissez en la matière, il y vraiment des affaires à saisir.

Pour des achats plus pittoresques, rendez visite aux marchés locaux. Dans cet environnement bariolé, vous trouverez un large échantillon de la production des fermiers de la région. Les produits y sont généralement plus frais et moins chers que dans les magasins d'alimentation ou dans les supermarchés. Les jours et heures de marché variant, renseignez-vous sur place. Les prix sont affichés, mais on peut toujours marchander.

Spécialités régionales

Vous serez peut-être étonné d'apprendre que la spécialité des îles Baléares est le cuir de très haute qualité, à des prix tout à fait raisonnables. A *Majorque*, on trouve de très jolis colliers de perles de culture, et les céramiques et la verrerie locales ont beaucoup de succès. Les costumes folkloriques, les robes de flamenco et leurs accessoires s'achètent à *Séville*, qui est également un important centre d'artisanat industriel, avec ses dentelles fines et son linge de table brodé. *Tolède* est renommée pour son orfèvrerie, en particulier pour ses objets en acier damasquiné, un artisanat de plusieurs siècles, tout comme le cuir frappé. (Voir également les rubriques *Shopping*, dans *l'Espagne de A à Z*.)

L'Espagne de A à Z

Cette section est consacrée aux lieux les plus intéressants, les plus connus d'Espagne. Les heures d'ouverture et les informations pratiques, sujettes à modifications, sont données à titre indicatif. Les musées ferment généralement le lundi, mais la règle souffre des exceptions. Les appareils photographiques sont en principe autorisés, sauf pendant les services religieux. L'usage du support et d'un flash est parfois interdit.

Les noms des villes et lieux sont en espagnol ou en français, lorsqu'il existe une traduction (le nom espagnol est alors indiqué entre parenthèses). En Catalogne figure également entre parenthèses le nom catalan.

Sur les cartes, en revanche, nous avons laissé les noms en espagnol ou en catalan tels qu'ils figurent sur les panneaux indicateurs. Vous trouverez ci-dessous une liste de ces noms avec leur correspondance en français.

Alarcón
Albacete
Alcañiz
Algeciras *(Algésiras)*
Alicante
Almería
Andalucía *(Andalousie)*
Andorra *(Andorre)*
Andorra la Vieja *(Andorre la Vieille)*
Antequera
Aragón
Aranjuez
Arcos de la Frontera
Asturias *(Asturies)*
Avila
Badajoz
Baleares *(Iles Baléares)*
Barcelona *(Barcelone)*
Belmonte
Benavente
Benidorm
Bilbao
Burgos
Cáceres
Cadaques
Cádiz *(Cadix)*
Calatayud
Cartagena *(Carthagène)*
Castellón de la Plana
Castilla la Mancha *(Nouvelle Castille)*
Cataluña *(Catalogne)*
Ciudad Real
Ciudad Rodrigo
Córdoba *(Cordoue)*
La Coruña *(La Corogne)*
Costa del Azahar
Costa Blanca
Costa Brava
Costa Dorada
Costa de la Luz
Costa del Sol
Costa Verde
Cuenca
Ecija
Elche
El Escorial *(L'Escurial)*
Extremadura *(Estrémadure)*
Formentera
Fuengirola
Galícia *(Galice)*
Gandía
Gibraltar
Gijón
Gerona *(Gérone)*
Granada *(Grenade)*
Guadalajara
Guadalupe
Guernica
Huelva
Huesca
Ibiza
Islas Baleares *(Iles Baléares)*
Jaca
Jaén
Jerez de la Frontera
León
Lleida *(Lérida)*
Logroño
Lugo
Madrid
Málaga
Mallorca *(Majorque)*
Marbella
Minorca *(Minorque)*
Mérida
Mijas
Murcia
Nerja
Orense
Oviedo
Parajes
Palencia
Pamplona
Peñiscola
Plasencia
Ponferrada
Pontevedra
Ronda
Salamanca *(Salamanque)*
San Sebastián *(Saint Sébastien)*
Santander
San Feliu de Guixols
Santiago de Compostela *(Saint Jacques de Compostelle)*
Santillana del Mar
Santo Domingo de la Calzada
Segovia *(Ségovie)*
La Seu d'Urgell
Sevilla *(Séville)*
Sigüenza
Sitges
Soria
Talavera de la Reina
Tarragona *(Tarragone)*
Tarrasa
Teruel
Toledo *(Tolède)*
Toro
Torremolinos
Tortosa
Trujillo
Tudela
Túy
Ubeda
Valdepeñas
Valencia *(Valence)*
Valladolid
Vascongadas y Navarra *(Pays Basque et Navarre)*
Vich *(Vic)*
Vigo
Villanueva y Geltrú
Vitoria
Zamora
Zaragoza *(Saragosse)*

Alarcón

Carte 8F7. Province de Cuenca. 83 km au S de Cuenca, 92 km au N d'Albacete, Population : 350.

A proximité de la route nationale Madrid-Valence, un petit château du XIVe s. avec une tour carrée se niche dans un site sauvage. Vestige d'une erreur stratégique qu'aurait commise un seigneur féodal peu avisé ? A y regarder de plus près, il n'en est rien. Ce fut l'une des forteresses les plus importantes du marquisat de Villena. Le ravin creusé par le Júcar entoure presque complètement le hameau et le fort accrochés au rocher. La route descend jusqu'à la rivière, puis remonte en lacet parmi d'imposantes fortifications édifiées sur le flanc de la colline.

H **Parador Nacional Marqués de Villena** ✲
Av. Amigos de los Castillos ☎ (966) 33.13.50 11 11
AE DC MC VISA

A la sortie du village, dans le château. De la cour pavée, agrémentée d'un grand figuier et d'un vieux puits, on découvre une vue magnifique sur les gorges du Júcar. La plupart des chambres sont dans la forteresse. Dans l'une d'elles, un lit à baldaquin fait face à une fenêtre creusée si haut dans le mur que des marches sont prévues pour y accéder. Dans la première des deux grandes salles, canapés et fauteuils de cuir sont disposés sous des étendards. Collection d'armures et de lances. En hiver, on allume le feu dans des cheminées de pierre rustique. Ni golf, ni piscine, ni service dans les chambres, mais une atmosphère romantique exceptionnelle.

Albacete

Carte 8G7. Capitale de province. 247 km au S-E de Madrid, 186 km au S-O de Valence. Population : 107 200. i Teodoro Camino 6

Située dans la région agricole de La Manche, cette capitale de province est un centre de distribution pour les céréales, le vin et la plus précieuse des épices, le safran. Les couteaux à manche serti et à lame gravée font la réputation de la ville. Albacete a beaucoup souffert pendant la guerre civile. La reconstruction a privilégié l'aspect pratique aux dépens de l'esthétique, et les seules choses intéressantes à voir sont une cathédrale gothique - Renaissance, abritant un rétable churrigueresque, et un musée archéologique où sont exposés des objets préhistoriques et romains.

H **Gran Hotel Bristol** *(Marqués de Molins 1 ☎ (697) 21.37.87)* Rien d'époustouflant, mais tout y est satisfaisant. Moderne, mais conventionnel, **Los Llanos** *(Av. España 9 ☎ (967) 22.37.50)* est bien équipé et très animé la nuit (salle de bingo et discothèque). Le **Parador Nacional La Mancha** *(Carretera N301, km 260 ☎ (967) 22.94.50)*, tranquille, de construction récente dans le style régional, offre plus d'occasions de se distraire que la plupart des *paradores*.

R **Parador Nacional La Mancha** *(même adresse et ☎ que l'hôtel)*. et ***Gran Hotel Bristol*** *(même adresse et ☎ que l'hôtel)* sont supérieurs aux meilleurs restaurants du voisinage pour le rapport qualité/prix. Si vous voulez échapper à la monotonie lors d'un séjour prolongé, essayez le **Mesón Las Rejas** *(Dionisio Guardiola 7 ☎ (967) 22.72.42 ▥),* où le gazpacho, le lapin et les perdreaux sont excellents. Pour les *tapas*, il y a **La Taberna**, à **Los Llanos** *(même adresse et ☎ que l'hôtel ▥)*. **Le Cantábrico** *(Marqués de Villores 22 ▥)* est recommandé pour les fruits de mer.

Excursion

Chinchilla de Monte Aragon *(11 km au S-E d'Albacete)*. Des vieilles maisons groupées derrière un château du XVe s. en ruine, sur une colline proche de la route Albacete-Valence. A voir : l'église **Santo Domingo** (XIVe s.) et son plafond mozarabe, un **Ayuntamiento** du XVIIIe s., l'église **Santa Maria del Salvador** (XVe s.) et ses myriades de détails plateresques, ainsi que plusieurs demeures témoignant des styles architecturaux des cinq derniers siècles. La céramique est également intéressante.

Alcañiz

*Carte **14**E9. Province de Teruel. 103 km au S-E de Saragosse, 159 km à l'O de Tarragone. Population : 12 000.*

La plus grande ville de l'extrémité N-E, très isolée, de la province de *Teruel*. Alcañiz peut être une halte pour la nuit sur le trajet Madrid-Barcelone. Au-dessus d'un terrain accidenté s'élève un pic rocheux surmonté d'un ensemble de constructions datant pour certaines du début du XIIe s. Le **couvent fortifié**, donné par Alphonse II à l'ordre de Calatrava en 1179, abrite des fresques gothiques du XIVe s. Au rez-de-chaussée, une chapelle gothique, et à l'extérieur, un petit jardin cloîtré. La partie E du château fut transformée au XVIIIe s. en palais pour le fils de Philippe V. C'est maintenant un *parador*.

Près de la place principale, d'où l'on part pour monter au sommet de la colline, on peut voir une **église collégiale** du XVIIIe s. à la façade baroque. Et, sur la place même, la **Lonja** (bourse), avec des arches du XVe s., et l'**Ayuntamiento** adjacent, de style Renaissance.

Parador Nacional La Concordia
Castillo de Calatravos ☎ (974) 83.04.00 ▥ à ▥ 12 12
AE DC MC VISA

Dans le château, au sommet du promontoire. Monument national qui contient des éléments des constructions érigées entre le XIIe et le XVIIIe s., ce *parador* est très apprécié, bien que situé hors des sentiers battus. Il est préférable de réserver.

Algésiras

*Carte **6**I4. 121 km au S-E de Cadix, 138 km à l'O de Málaga. Population : 86 000 **i** Av. de la Marina, ☎ (956) 65.67.61*

Située sur la baie qui porte son nom, à l'opposé du rocher de Gibraltar, Algésiras fut fondée par l'envahisseur maure en 711. Son nom actuel vient de l'arabe *el Gezira*, « l'île », par référence à l'île Verte, toute proche. Les Maures en furent expulsés au XIVe s., lors de la Reconquista. Sa population a considérablement augmenté au XVIIIe s., après la prise de ***Gibraltar*** par les Anglais : les Espagnols traversèrent la baie pour y trouver refuge.

Reina Cristina
Paseo de la Conferencia s/n ☎ (956) 65.00.61 78057 à
135 135
Domine la baie, au S du quartier commercial. Avant que la ***Costa del Sol*** ne soit envahie de yachts et de villas somptueuses, une clientèle aristocratique avait coutume de s'y installer pour un mois ou deux dans le calme et le luxe. Si cet imposant établissement n'a rien perdu de sa dignité, il n'en apparaît pas moins un peu défraîchi. Il demeure agréable pour déjeuner *al fresco*, et l'on peut y danser le soir, en été, au son d'un petit orchestre.

Des plats exquis, comme le calamar dans son encre ou les brochettes de poisson grillé, sont au menu de **Marea Baja** *(Trafalgar 2 ☎ (956) 66.36.54).*

Excursion

Tarifa *(22 km au S-O d'Algésiras).* Une ville aux rues pavées et aux maisons chaulées, à la pointe la plus méridionale de l'Europe continentale. L'enceinte médiévale subsiste en de nombreux endroits. Du château mauresque *(i heures d'ouv. variables, car il sert de caserne pour l'armée)* portant le nom du général chrétien qui le défendit au XIIIe s., Guzmán el Bueno, on a une superbe vue sur le détroit de Gilbratar et la côte africaine.

Alicante

*Carte **9**G8. Capitale de province. 84 km au N-O de Murcie, 177 km au S de Valence. Population : 252 000*
i Artilleros 4.

Le visiteur est avant tout frappé par la lumière qui baigne cette partie de la côte : tout à la fois d'une clarté extraordinaire et d'une grande douceur. Depuis les Grecs, d'innombrables commentaires ont salué ce phénomène très particulier. Le nom romain de la ville, Lucentum, signifie d'ailleurs « cité de lumière ». Nombreux également sont les cinéastes qui se pressent dans cette région pour tourner dans un climat idéal. La ville a su garder son cachet malgré les hordes de touristes.

Manifestation Fin juin, Hogueras de San Juan. Parades et feux de joie.

A voir

Le **Castillo de Santa Bárbara** *(ouv. oct-mars 9 h-17 h, avril-mai 9 h-21 h, juin-sept 9 h-22 h)*, dominant la dernière plage avant le port, est l'endroit le plus remarquable d'Alicante. Les fondations sont sans doute carthaginoises, mais on ne voit plus guère que des vestiges qui vont du XIIIe au XVIe s. Prendre sur le Paseo de Gomis l'ascenseur qui mène au sommet, d'où l'on a une vue admirable sur le port et la ville.

Egalement fort intéressant, l'**Ayuntamiento,** à quatre rues à l'O à partir du premier arrêt de l'ascenseur. Terminé en 1760, il est caractérisé par deux tours carrées jumelles et une façade churrigueresque. A l'intérieur, plusieurs **salles baroques** sont ouvertes au public le matin *(s'adresser au gardien)*.

Trois rues plus loin, vers le N, se dresse **San Nicolás de Bari** *(ouv. 8 h-12 h 30, 18 h-20 h 30, vacances 9 h-13 h 45)*, cathédrale du XVIIe s. à coupole, portant le nom du saint patron local. Le **Castillo de San Fernando**, en ruine, et le **Museo Arqueológico** *(☎ (965) 22.13.00, 10 h-13 h 30, vacances 11 h-13 h, fermé lun)*, dans l'immeuble de la Disputación, deux rues à l'O après la Plaza de Los

Luceros, ne sont pas sans intérêt. Mais ce qui restera sans doute gravé dans la mémoire du visiteur est l'**Explanada de España**, promenade de bord de mer ombrée de palmiers et bordée de cafés.

Hôtels

Gran Sol
Rambla Méndez Núñez 3 ☎ (965) 20.30.00 à 108 108
A deux rues de l'esplanade du bord de mer. Fonctionnel et sans fantaisie, c'est un établissement pour les voyageurs de commerce plutôt que pour les vacanciers. Du dernier étage, vue panoramique sur le port.

Leuka
Segura 23 ☎ (965) 20.27.44 66272 108 108
A deux rues à l'E de l'Avenida General Marva. Un hôtel de style contemporain dans un quartier assez calme.

Meliá Alicante
Playa del Postiguet s/n ☎ (965) 20.50.00 66131 545
Au centre de la ville, sur le front de mer. Bâtisse massive abritant, en plus des chambres d'hôtel, des appartements privés. Cet hôtel énorme donne d'un côté sur une plage, de l'autre sur une marina. Trois restaurants, deux piscines, une boîte de nuit, un bar et des boutiques.

Sidi San Juan Sol
Partida Cabo La Huerta ☎ (965) 65.13.00 66263 à 176 176
A 8 km au N-E du centre de la ville, sur la plage. Tout le confort dans cet hôtel insonorisé qui se trouve à quelques minutes en voiture du centre d'Alicante. La piscine couverte possède un sauna, et la piscine en plein air, sur la terrasse, offre une vue superbe sur la plage et la mer. Beaucoup de monde de juin à sept., à Noël et à Pâques, mais il n'est peut-être pas indispensable de réserver le reste du temps.

Restaurants

El Delfin
Explanada de España 12 ☎ (965) 21.49.11 Dernières comm. 23 h 30.
On croirait l'établissement sans intérêt particulier à voir les tables sur la terrasse et la décoration banale, mais la cuisine est pleine d'imagination, voire d'audace. Poissons et fruits de mer occupent la plus grande partie du menu. Le chef explore toutes les possibilités des recettes traditionnelles : *lubina con costra mousse langosta, solomillo Wellington* (steack en croûte), *hoja de col rellena de cigalas*. La cave est également remarquable.

La Masia
Valdés 10 ☎ (965) 20.09.75 Dernières comm. 23 h. Fermé di.
Intéressant pour son grand choix de plats à base de riz, variations autour de la célèbre paella, tels l'*arroz alicantina* (riz au safran avec poivrons, tomates, cœurs d'artichaut et poisson bouilli) ou l'*arroz a banda* (riz avec fruits de mer et tomates parfumé à l'ail et aux épices). Il y aussi la *lubina a la sal* (loup de mer cuit dans une croûte de gros sel). Décor rustique pour les quatre salles à manger. Près de l'Explanada de España.

Quo Venit ✲
Plaza Santísima Faz 3 ☎ (965) 21.66.60 Ⅲ □ ■ ⅱ ⌒ ▥ P Y AE CB DC MC VISA *Dernières comm. 0 h.*
Vous pouvez prendre votre repas où il vous plaira, dehors, dedans, en haut, en bas, au bar ou à table. L'hospitalité est si simple, et l'ambiance si espagnole, avec très peu de concessions au goût étranger, que bien des touristes commettent l'erreur de dédaigner l'endroit. On y savourera le *cochinillo*, des *tapas* variées, ou le buffet froid, avec la pêche du jour. Parmi les spécialités : *mejillones marinera* (moules cuites dans du vin blanc et des herbes), *pollo asado* (poulet braisé), et *tortilla* (omelettes espagnoles). Vaste cave avec 120 crus différents. S'il fait chaud dehors, faites-vous servir dans la salle à manger du fond, l'air est conditionné.

R En dépit de son nom, la **Pizzeria Romana** *(Finca Las Palmeras ☎ (965) 26.06.02 Ⅲ)* propose essentiellement un menu français. Elle est située dans un joli jardin proche de la Playa Albufereta, à 6 km du centre de la ville. On peut goûter des poissons grillés et des fruits de mer à **La Darsena** *(Muelle de Costa ☎ (965) 20.73.99 Ⅲ)*, ainsi qu'une variante locale de la *bullabesa*. Le **Rincón Castellano** *(Manero Mollá 12 ☎ (965) 21.90.02 Ⅲ)* offre des spécialités castillanes.

Almeria

Carte 8/6. Province d'Almería. 169 km au S-E de Grenade, 221 km au S-E de Murcie. Population : 120 000 i Hermanos Machado s/n.

Blottie à l'extrémité S-E de la péninsule, assez loin des routes touristiques habituelles, Almería est une agréable ville portuaire. La promenade qui longe le port est bordée de dattiers et les remparts de la citadelle mauresque du VIIIe s. se dressent au-dessus du vieux quartier aux maisons chaulées. Plusieurs plages aménagées à l'O du centre-ville.

Les Phéniciens ont établi ici un centre commercial et les Carthaginois s'y sont installés quelque temps. Les Romains l'appelèrent ensuite Portus Magnus. Son nom actuel vient de Al Mariyat, ainsi que les Arabes appelèrent la ville. Au XIIe s., Alphonse VII envoie un corps expéditionnaire contre la ville, dont les pirates avaient pris le contrôle. Après une brève période d'occupation, Almería fut reprise par les Maures, qui la gardèrent jusqu'en 1488.

A voir

Alcazaba
◐ *Ouv. été 10 h-14 h, 16 h-21 h ; hiver 9 h-13 h, 15 h-19 h.*
Le Maure Abd er Rahman III fit construire cette forteresse au Xe s. Son successeur, Al Mansour la fit ensuite agrandir. Une grande partie fut détruite en 1522 dans un tremblement de terre, aussi n'y a t-il pas grand-chose à voir à l'intérieur. Des travaux de restauration sont en cours. Des jardins harmonieux de palmiers, de fleurs et de cactus, ponctués de jets d'eau, on peut contempler à loisir la mer et la cité. Des objets découverts sur le site sont présentés dans un petit **musée**.

Cathédrale †
Plaza de la Catedral. Ouv. 8 h-12 h, 17 h-20 h.
Cette cathédrale-forteresse du XVIe s. remplace une église antérieure, qui était elle-même une mosquée convertie, très endommagée par le tremblement de terre de 1522. Les portails principaux sont de style classique, et l'ensemble de l'édifice est gothique. A l'intérieur, les stalles du chœur sont du XVIe s, le retable et les chaires du XVIIIe s.

Museo Arqueológico Provincial Luis Siret
(Calle Javier Sanz, 6 ☎ (951) 23.53.88).
Présente des collections d'objets préhistoriques.

🄷 (**Gran Hotel Almería**) *Av. Reina Regente 4 ☎ (951) 23.80.11* ▥ fut très en vogue auprès des cinéastes étrangers dans les années 60. On y trouve quelques vestiges de ce passé glorieux. Le plus remarquable des hôtels de villégiature, à l'O de la ville, est **La Parra** *(Carretera Málaga, km 6, Bahia El Palmer ☎ (951) 34.05.00 ▥)*, avec d'excellentes installations. Parmi les autres, nombreux, citons **Costasol** *(Av. de Almería 85 ☎ (951) 23.40.11 ▥)*, très tranquille, **Indálico** *(Dolores R. Sopeña 4 ☎ (951) 23.11.11. ▥)*, **Torreluz** *(Plaza Flores 1 ☎ (951) 23.47.99 ▥)*.

🅁 Dans les restaurants d'Almería, il s'agit plus de se nourrir que d'avoir des joies gastronomiques. **El Rincón de Juan Pedro II** *(Plaza del Carmen 6 ☎ (951) 23.53.79 ▥)* est d'un flegme typique : accueil décontracté et solides plats régionaux. Le bar, ouvert la nuit, propose une grande variété de *tapas*. Le **Club del Mar** *(Muelle 1 ☎ (951) 23.50.48 ▥)* donne directement sur la baie et sert fort à propos des produits de la mer.

Altamira (grottes)

Voir Santillana del Mar

Ampurias

Voir Cadaqués

L'Andalousie

*Carte **6-7 H** 4-5. La plus grande région d'Espagne, et la plus méridionale. Aéroports : Almería, Cadix, Cordoue, Grenade, Málaga, Séville.*

L'Andalousie est notre Espagne mythique, le berceau du flamenco, le pays des petits villages blancs accrochés aux collines. A une ère géologique fort éloignée, cette région faisait partie de l'Afrique, et l'histoire humaine a montré qu'elle était demeurée presque aussi orientale qu'elle était devenue européenne. Les Maures y sont restés plus longtemps qu'ailleurs, léguant une culture qui a pris racine. Il suffit, pour en être persuadé, de voir la grande mosquée de *Cordoue* ou le complexe de palais et de jardins qui forment l'Alhambra de *Grenade*.

La côte et les villes grouillent de monde, alors qu'à l'intérieur, des kilomètres de forêts et de plateaux n'offrent aucun signe d'habitat si ce n'est les barrières de pierres entassées et les routes. On peut skier pendant six mois de l'année dans les montagnes d'Andalousie.

Les amandiers éclataient déjà en bombes fleuries. Il retrouvait les couleurs cuivrées des champs où s'allongeaient les houppes grises des oliviers, les tresses noires des sarments, serpentant sur le sol, le Guadalquivir, déjà méridional et apathique. Les premiers plans enflammés contrastaient avec les chaînes des deux sierras, galonnées de glaciers qui suintaient sous le soleil ; premiers iris, premières hirondelles, premier vol de cigognes blanches ourlées de noir, premier soleil d'Andalousie. Paul Morand, *Le Flagellant de Séville*

Andorre

*Carte **15**C10. Dans les Pyrénées orientales, entre l'Espagne et la France. Aéroports : Barcelone, Gérone, Carcassonne. Population : 26 500.*

La principauté indépendante d'Andorre est une de ces étrangetés historiques et juridiques qui ont surgi en

Europe jusqu'au XIXe s., et l'une des rares qui ait survécu. Les conflits qui opposèrent au XIIIe s. les seigneurs de Foix à l'évêque espagnol d'Urgel pour la domination de cette enclave se conclurent en 1278 par un accord toujours en vigueur de nos jours (la France, en la personne du président de la République, s'est substituée aux comtes de Foix), bien qu'Andorre reste plus espagnole que française.

Si l'on peut encore rencontrer bergers, fermiers et contrebandiers, Andorre vit aujourd'hui essentiellement du tourisme et du commerce. Nombreuses boutiques où l'on vend des produits détaxés : cigarettes, matériel électronique, parfums et alcools, ce qui attire à la fois les habitants de la région et les touristes.

Andorre la Vieille

(Andorra la Vella, Andorra la Vieja)
*Carte **15**C10. 220 km au N-O de Barcelone, 153 km de Lérida. Population : 10 800.*

La capitale, et aussi la plus grande ville d'Andorre, située à une altitude de 1 029 mètres, bénéficie d'un site saisissant à l'E du pic d'Enclar.

La **Casa de la Vall**, du XVIe s. *(ouv. di-ven 9 h 30-13 h, 15 h 30-19 h, sam 9 h 30-13 h)*, abrite le conseil gouvernemental. On peut voir au **Museo y Biblioteca** *(Prada Guillemó s/n, ouv. di-ven 9 h 30-13 h, 15 h 30-19 h, sam 9 h 30-13 h)* une modeste collection de tableaux, des documents datant de Charlemagne et des vestiges archéologiques.

Ⓗ Les trois principaux hôtels, situés au centre, ont une installation moderne. Le plus ancien, le **Mapotel Best Western Park** *(Roureda Guillemó s/n ☎ (9738) 209.79 ▥)*, a été construit en 1958, et souvent redécoré ; le service est efficace et chaleureux. L'**Andorra Center** *(Dr Nequi 12 ☎ (9738) 249.99 ▥)* est le plus grand et le plus récent, et celui où l'on trouvera ce qui se rapproche le plus du luxe, tout comme l'**Eden Roc** *(Av. Dr Mitjavila 1 ☎ (9738) 210.00 ▥)*. Citons également le **Flora** *(Antic Carrer Major 23 ☎ (9738) 215.08 ◫)*, le **Mercure** *(Av. Meritxell 58 ☎ (9738) 207.73 ◫ à ▥)* et le **Président** *(Av. Santa Coloma 40 ☎ (9738) 229.22 ◫ à ▥)*.

Ⓡ La cuisine locale réunit les influences catalane et française, avec un penchant pour la cuisine italienne. Le **Versailles** ✻ *(Cap del Carrer 1 ☎ (9738) 213.31 ◫)* est un bistrot apprécié qui sert de la cuisine française familiale. **Chez Jacques** *(Galerie de Paris 8 ☎ (9738) 203.25 ◫)*, le chef et propriétaire prépare des recettes traditionnelles de la Galice et s'intéresse à la cuisine des anciennes colonies françaises ; la salle à manger étant petite, mieux vaut réserver. **Ordre d'Eol** *(Carrer de la Vall 7 ☎ (9738) 234.33 ◫)* propose au menu des spécialités françaises, catalanes et italiennes. Autres bonnes adresses : **Lu Pizzaiolo** *(Av. Dr Mitjavila 36 ☎ (9738) 206.39 ◫)*, essentiellement italien, et **Charlot** *(Av. Riberaigua s/n ☎ (9738) 210.18 ◫)*, très français.

Excursions

Les Escaldes *(1,5 km à l'E d'Andorra la Vella)*. Traverser la rivière pour gagner cette station thermale bien connue.

Ⓗ Le meilleur hôtel est le **Roc Blanc** *(Plaça Co-princeps 5 ☎ (9738) 214.86 ▥)*, équipé d'un gymnase, d'une piscine et d'un sauna.

Sant Julia de Loriá *(7 km au S-O d'Andorra la Vella)*. Le premier village que l'on rencontre en arrivant d'Espagne. Eglise du XIIe s. avec une tour romane.

Antequera

Carte ***7H5****. Málaga. 48 km au N de Málaga, 98 km à l'O de Grenade. Population : 40 000* ℹ *Coso Viejo s/n.*

Nommée Anticaria par les Romains, cette ville agricole et industrielle soignée a des origines beaucoup plus anciennes. On peut voir trois dolmens dans le voisinage. En ville, on visitera surtout le **château** maure du XIIIe s., l'**Iglesia de San Sebastián**, de style plateresque, et l'**Iglesia de Santa Maria de la Mayor**, aux arabesques marquées. Dans le **Palacio de Najer**, une collection de vestiges archéologiques. **Museo Municipal** sur la Plaza de Guerrero Muñoz *(ouv. mar-ven 10 h-13 h 30, 17 h-20 h ; sam 10 h-13 h ; di 11 h-13 h ; fermé lun)*.

Excursion

Les dolmens

Au N-O d'Antequera, non loin de la route de Grenade. Ouv. été 10 h-13 h, 16 h-20 h ; hiver 10 h-13 h, 14 h-18 h. Fermé mar.

Tourner à gauche à 2 km de la sortie de la ville pour atteindre la **Cueva de Menga** ⅄, le plus impressionnant de ces dolmens — une des pierres pèserait 180 t, et les inscriptions gravées datent d'au moins quatre mille ans — et la **Cueva de Viera** ⅄, temple mégalithique presque aussi ancien. Moins impressionnant que le premier, il est cependant plus finement travaillé. Plus loin, dans la direction de Grenade, le troisième, moins remarquable : le **Romeral** *(demander la clé à la raffinerie de sucre)*.

Ⓡ L'**Albergue Nacional de Carretera de Antequera** *(☎ (952) 84.17.40* ▥*)* est un restaurant intéressant, humble maillon de la chaîne de *paradores*.

L'Aragon

Carte ***14C8****. Dans le N-E de l'Espagne, à l'O de la Catalogne. Aéroport : Saragosse.*

Ancien royaume qui autrefois allait jusqu'à Naples, au-delà de la mer, et pénétrait en France, l'Aragon est constitué aujourd'hui de trois provinces pauvrement peuplées, formant en gros un triangle dont la base est appuyée contre les Pyrénées et la pointe se dirige vers le S, en direction de *Valence*. Hormis les sommets neigeux et les collines verdoyantes, le paysage offre des terres brunes et pauvres. L'Ebre traverse la région, de sa source dans les monts cantabriques à la Méditerranée. Parmi les villes, seules les capitales provinciales présentent un intérêt pour le touriste : *Huesca*, *Saragosse* (Zaragoza) et *Teruel*. Au S de Teruel, un village pittoresque, très reculé : **Albarracin**. Le **parc national d'Ordesa**, près de Biescas, est d'une grande beauté.

Les fermiers aragonais travaillent la terre avec des charrues attelées de mules autant qu'avec des tracteurs.

Aranjuez

Carte ***12E6****. Province de Madrid. 44 km au N-E de Tolède, 46 km au S de Madrid. Population : 32 000* ℹ *Plaza Santiago Ruseñol ☎ (91) 891.04.27.*

Autrefois lieu de séjour privilégié des Bourbons d'Espagne, la ville conserve une réputation méritée pour l'horticulture. Les champs alentour donnent des fraises et des asperges appréciées dans tout le pays. Plusieurs architectes paysagistes se sont succédé, lui laissant un héritage remarquable de jardins sophistiqués, de parcs magnifiques et d'allées bordées d'ormes.

A voir

Jardin del Principe

◐ ☎ *(91) 891.03.05. Ouv 10 h-18 h 30.*

Qualifier l'endroit de jardin est fort modeste : il s'agit d'un espace de 150 ha où Charles IV ordonna la plantation de nombreux arbres, des ormes imposants voisinant avec des espèces importées. Dans le parc, la **Casa del Labrador** *(◐ ouv. 10 h-13 h, 15 h-18 h)* date du début du XIXe s. Il ne s'agit pas en fait d'une « maison du travailleur » (ce que laisserait entendre la traduction de son nom), mais d'une résidence d'été pour l'aristocratie. Construite sur le modèle du ***Palacio Real***, en plus petit, elle présente un intérieur beaucoup plus agréable. La galerie de statues représentant les philosophes de l'Antiquité, le mobilier néoclassique et l'utilisation généreuse de mosaïques romaines, d'or, d'argent et de fresques lui confèrent une élégance somptueuse.

Egalement dans le parc, la **Casa de Marinos** *(◐ ouv. 10 h-13 h, 15 h-18 h)*, où l'on peut admirer les barques royales.

Palacio Real

◐ 🅸 *Ouv. 10 h-13 h, 15 h-18 h.*

Le roi Ferdinand et la reine Isabelle habitèrent une résidence construite sur cet emplacement au XIVe s., qui fut par la suite agrandie mais souffrit deux terribles incendies au XVIIe s. Philippe V fit ériger l'actuel palais, terminé en 1752, auquel Charles III apporta quelques ajouts en 1778. Le style des demeures champêtres de Louis XIV a sans doute inspiré l'extérieur comme l'intérieur. C'est une succession de salons, avec des fresques murales, des lustres, des tapisseries, des tableaux, des miroirs aux cadres dorés, des carrelages en relief madrilènes du XVIIIe s., et un extravagant mobilier rococo. Dans le **musée**, modeste, costumes royaux et militaires, jeux anciens, éventails et mobilier des enfants royaux.

A l'E du palais s'étend un jardin, le **Parterre**. Deux ponts jumeaux franchissent un bras canalisé du Tage et mènent au **Jardin de la Isla** dessiné au XVIIe s., orné de fontaines décoratives.

🅁 A la **Casa Pablo** *(Almibar 20 ☎ (91) 891.14.51 ▥▢)*, une taverne, on sert des spécialités castillanes, tels le cochon de lait rôti et les fruits de mer. On pourra aussi se restaurer au **Chiron** *(Real 10 ☎ (91) 891.09.41 ▥▢ à ▥▥▢)* ou à **La Mina** *(Principe 21, ☎ (91) 891.11.46 ▥▥▢)*.

Arcos de la Frontera

*Carte **6**/4. Province de Cadix. 80 km au N-E de Cadix, 89 km au S de Séville. Population : 25 000.*

Un site exceptionnel au sommet d'une chaîne graniteuse surgie d'une vallée fertile. Même si la route vous paraît bientôt fort étroite, continuez à monter jusqu'à la **Plaza de España**, au point le plus élevé de la ville, d'où vous aurez une vue sensationnelle sur le Guadalete. Sur la place, l'**Iglesia de Santa Maria**, plateresque, du XVe s., le **palais des ducs d'Osuna** et le *parador nacional*. Au centre, un espace réservé au stationnement des voitures. Un peu en contrebas, à l'extrémité E du vieux quartier, l'église de **San Pedro**, avec son clocher pointu, abrite plusieurs œuvres d'artistes connus, dont Zurbarán et Pacheco.

Parador Nacional Casa del Corregidor
Plaza de España s/n ☎ (965) 70.05.00 21 21 à

Sur la place principale. De la terrasse sur laquelle donnent le restaurant et un salon spacieux, les clients peuvent observer les oiseaux qui tournent autour de la colline dominant le Guadelete. La vue et la qualité des repas compensent l'exiguïté de certaines chambres et la banalité du mobilier.

Les Asturies

Carte 11B4. Sur la côte cantabrique. Aéroport : San Esteban de Pravia (près d'Oviedo).

Une spectaculaire chaîne de montagnes enneigées, des plages dorées, des vallées verdoyantes et des criques isolées surplombées de falaises. Nombreuses grottes, notamment à **Ribadesella** et **Candamo**, habitées à l'époque préhistorique, témoin les peintures murales et les dessins gravés. Dans la région, **Parque Nacional de Covadonga**. L'industrie minière forme la base de l'économie de cette région qui recouvre la seule province d'Oviedo et est à l'origine de fréquents conflits ouvriers. Les champs de maïs, les vergers et les porcheries sont les traits dominants de la vie agricole.

Le royaume des Asturies remonte à la bataille de Covadonga, en 772, quand des clans locaux infligèrent une défaite aux Maures et commencèrent la Reconquista (reconquête de la péninsule), qui allait durer sept siècles. Cette région fut la première à être libérée, et son évolution sociale et culturelle fut le présage de la transformation qui allait se produire dans le reste du pays. L'influence celte persiste — ainsi, la cornemuse appartient complètement à la musique folklorique locale.

En été, le climat est idéal (21° en moyenne), mais l'hiver peut être humide et rude. Les skieurs, cependant, bénéficient d'une neige abondante. En dehors des sports de mer, on peut pratiquer la pêche au saumon, l'alpinisme, la chasse au chamois et à l'ours sauvage.

Avila

Carte 12E5. Capitale de province. 111 km au N-O de Madrid, 64 km au S-O de Ségovie. Population : 42 000 i Plaza de la Catedral 4 ☎ (918) 21.13.87.

C'est aux Romains que la ville doit son nom, Avela, mais le peuplement y est beaucoup plus ancien. Pour le visiteur de passage, le trait le plus impressionnant est la muraille du XIe s. Les remparts et les quatre-vingt-huit tours demi-circulaires qui composent cette enceinte admirablement préservée entourent près de la moitié de l'actuelle cité. Mais Avila mérite une visite beaucoup plus approfondie. Ville natale de sainte Thérèse, Avila est un licu de pèlerinage. Bien que proche de ce centre torride de l'Espagne qu'est la Meseta, la ville est située suffisamment en altitude pour que les nuits y soient fraîches l'été et les hivers longs et rudes. La neige, souvent, en bloque l'accès. Le déclin d'Avila date de l'installation de la cour à *Tolède*. Ce n'est plus aujourd'hui qu'un centre culturel de second plan.

Manifestation En octobre, Feria de Santa Teresa.

A voir

Basilica de San Vicente ☆

San Vicente. Ouv. lun-sam 11 h-13 h, 16 h-18 h ; di 12 h 30-13 h, 16 h-18 h.

La basilique, construite dans un style de transition entre le roman et le gothique, fut terminée au XIVe s. Elle se dresse sur une place, à l'extérieur de la porte N-E de la vieille muraille, là où saint Vincent aurait été martyrisé. Le portail O comporte des arches ornées l'admirables statues romanes.

Casa de los Deanes ★ ★

Plaza Nalvillos ◐ *Ouv. lun-sa 10 h-14 h, di 11 h-13 h 30.*

Demeure construite au XVIe s. pour les doyens de la cathédrale. Aujourd'hui, elle abrite le musée provincial. L'architecture Renaissance est remarquable.

Collections de carrelages, tapisseries, bois sculptés et mobiliers, tableaux des XVIe-XVIIes.

Cathédrale † ☆

Plaza de la Catedral

Commencée au XIIe s., essentiellement romane, elle est incorporée dans les fortifications. Au gré des siècles, des ajouts gothiques et baroques ont été faits à l'intérieur comme à l'extérieur, avec des résultats plus ou moins heureux. Parmi les premiers, l'autel commencé par Pedro Berruguete, excellent sculpteur de la Renaissance dont le travail évoque celui de Michel-Ange. Dans le **musée** *(◐ ☎ (918) 21.19.41; ouv. été 10 h-13 h 30, 15 h-19 h; hiver 10 h-13 h 30, 15 h-17 h; entrée par la sacristie)*, on verra d'autres œuvres de cet artiste, ainsi qu'un tableau du Greco et un ostensoir du XVIe s par Juan de Frias.

Le portail principal, à l'O, est un ajout malheureux du XVIIIe s., mais le vitrail du transept et les sculptures plateresques sont admirables

Convento de San José †

Sáveno s/n ◐ *Ouv. 9 h 30-13 h, 16 h-19 h.*

Cette église, en dehors des remparts, fut la première fondée par sainte Thérèse lorsqu'elle eut accédé aux échelons supérieurs de l'église catholique d'Espagne. Style principalement Renaissance. Petit **musée** abritant des reliques de la sainte.

Convento de Santa Teresa †

Plaza de la Santa Ana, 2 ☎ (918) 21.10.30. Ouv. 9 h 30-13 h 30, 15 h 30-20 h.

On peut se demander si sainte Thérèse aurait approuvé la chapelle baroque peu discrète construite en sa mémoire sur l'emplacement de sa maison natale. Ne pas se méprendre : il s'agit d'une église et non d'un couvent.

Monasterio de la Encarnación

Plaza de la Encarnación. Ouv. 9 h 30-13 h 30, 15 h 30-19 h.

C'est ici que sainte Thérèse est entrée en religion en 1533. Elle y est restée même après avoir réformé son ordre, vingt ans plus tard.

Real Monasterio de San Tomás

Plaza de Granada

Les rois catholiques Ferdinand et Isabelle dotèrent généreusement ce monastère gothique de la fin du XVe s., où ils se retiraient parfois en été pour jouir du climat tempéré. L'intérêt qu'ils lui portaient en fit un centre de l'Inquisition, ce qui n'était pas forcément compatible avec le fait qu'il servait également d'université. Les souverains firent enterrer leur fils unique dans un tombeau de marbre sculpté, à l'extrémité du transept. Un retable en relief par Pedro Berruguette célèbre la vie de saint Thomas d'Aquin. Le tombeau du grand inquisiteur Torquemada est d'une étonnante discrétion.

L'entrée du cloître *(ouv. lun-sam 10 h-13 h, 16 h-19 h 30, di 16 h-19 h 30)* se trouve à droite du monastère.

Les Remparts ★
Toujours intacts, ils furent érigés en trois ans seulement (1088-1091). Ils couvrent plus de 2 500 mètres dans la longueur et comportent huit portes, les plus importantes étant celle qui se trouve devant la ***Basilica de San Vicente*** et celle qui donne sur la Plaza de Santa Teresa. On peut y accéder en plusieurs endroits, y compris par le jardin du *parador*, et le chemin de ronde est toujours ouvert.

Palacio de Valderrábanos
Plaza de la Catedral 9 ☎ (918) 21.10.23 à 73 73
AE CB DC MC VISA

Près de l'entrée principale de la cathédrale. Ce fut l'élégante demeure d'une famille noble au XVe s., et l'esprit en a été plus ou moins maintenu par les propriétaires actuels. Le décor est dans la tradition Vieille Castille, mais la salle de bingo détonne franchement. Personnel très attentionné.

Parador Nacional Raimundo de Borgoña
Marqués de Canales de Chozas 16 ☎ (918) 21.13.40 27 27
AE DC MC VISA

Près du centre de la ville, contre la muraille d'enceinte. Installé dans le palais de Benavides (construit à la fin du XVe s), ce *parador* est surtout une reconstitution de l'imposant édifice. Grands jardins qui mènent aux célèbres remparts, d'où l'on a une vue magnifique sur les ruelles adjacentes et la vallée de l'Adaja.

Avila n'a pas une grande réputation de ville gastronomique. A part les salles à manger d'hôtels, il y a le **Copacabana** *(San Millan 9 ☎ (918) 21.11.10 à)*, **El Torreón** *(Tostado 1 ☎ (918) 21.31.71)*, le **Mesón del Rastro** *(Plaza del Rastro 1 ☎ (918) 21.12.19 à)*, et le **Mesón el Sol** *(Av. 18 de Julio 25 ☎ (924) 22.12.66)*. Ne pas s'attendre à autre chose qu'une honnête mais moyenne cuisine castillane.

Badajoz

*Carte **6**F3. Capitale de province. 90 km au S-O de Caceres, 223 km au N-O de Séville. Population : 103 000 i Pasaje de San Juan ☎ (924) 22.27.63.*

Badajoz n'est pas vraiment un endroit de rêve. Et la plupart des visiteurs ne sont là que pour une étape sur la route Lisbonne-Madrid, très pratique pour passer une nuit. Il y a eu des habitants bien avant les Romains, mais les constructions les plus intéressantes datent de l'occupation par les Maures, entre le XIe et le XIIIe s.

La cité fut reprise par Alphonse XI en 1229. Elle a depuis souffert des dommages de toutes les guerres, y compris la guerre civile.

A voir

Un pont très étroit, le **Puente de Palmas**, qui compte trente-deux arches, donne accès à la ville. Terminé à la fin du XVIe s., il a connu de nombreuses restaurations et souffert à l'occasion d'inondations et de conflits armés. A l'extrémité E, la **Puerta de Palmas**, une porte du XVIe s. flanquée de tours jumelles, rondes et crénelées. Les rues de la ville étant aussi étroites que le pont, mieux vaut, pour les automobilistes, tourner à gauche et suivre la rivière, direction N-E, jusqu'aux ruines de l'**Alcazaba** arabe *(ouv. 9 h-13 h, 15 h-18 h)*, d'où l'on a une belle vue sur la tour d'**Espantaperros**. Juste à côté, le **musée archéologique**.

Les automobilistes laisseront là la voiture et visiteront la ville à pied. En prenant la tour de la cathédrale comme repère, marcher jusqu'à la place centrale, la Plaza de España. La **Catedral de San Juan** *(Plaza de España, ouv. 9 h-13 h)*, de style gothique, date du XIIIe s. mais comporte des ajouts et des altérations effectués à la Renaissance. Un chœur du XVIe s. domine la nef. Retable churrigueresque. Tableaux de Zurbarán et de Ribera en particulier dans le chapitre. D'autres œuvres de Zurbarán et d'artistes mineurs d'Estrémadure sont exposées dans le discret **Museo Provincial de Bellas Artes** *(Menendez Valdés 32 ◐ ouv. 10 h-14 h, 16 h-18 h. Fermé di)*, près de la cathédrale.

Ⓗ Le **Gran Hotel Zurbarán** *(Paseo de Castelar 6 ☎ (924) 22.37.41 ▥ à ▥)* est l'un des rares bons hôtels dans la région. C'est le point de départ tout indiqué d'une excursion au Portugal. **Lisboa** *(Av. de Elvas 13 ☎ (924) 23.82.00 ▥ à ▥)* est également une étape confortable sur la route de Lisbonne, loin du trafic du centre de Badajoz. Sinon, tout près, la **Residencia Rio** *(Av. de Elvas s/n ☎ (924) 23.76.00 ▥)* est relativement moderne et sans surprise. Terrasse et piscine.

Ⓡ **El Sótano** *(Virgen de la Soledad 6 ☎ (924) 22.31.61 ▥ à ▥)* est une adresse sérieuse, ne serait-ce que pour le bar très animé où l'on sert des *tapas* ; salle à manger à l'arrière, avec de solides plats régionaux. **Los Gabrieles** *(Vicente Barrantes 21 ☎ (924) 22.00.01 ▥)* a pour spécialité le porc rôti et la morue.

Baléares

Voir îles Baléares

Barcelone

*Carte **4-5**, **15**D10. Capitale de province. 108 km au N-E de Tarragone, 97 km au S-O de Gérone. Population : 1 755 000 ℹ Gran Via de les Corts Catalanes 658 ☎ (93) 325.58.29/218.05.70, Diagonal 431 bis et Marqués de Argentena s/n (Estacion de Francia).*

Comme la plupart des villes ibériques, Barcelone ne se livre pas au premier abord. Selon les connaisseurs, elle laisse loin derrière toutes ses rivales par le raffinement, la culture et le dynamisme. Seule Madrid la surpasse quant au nombre d'habitants et Séville arrive au même niveau.

Capitale de la Catalogne, elle est aussi le plus grand port d'Espagne et un important centre industriel. Elle est prospère à tous égards : commerce, échanges internationaux, vie artistique. Les usines de la périphérie fabriquent principalement des voitures, des camions, des locomotives, des avions et du matériel électronique. La plupart des maisons d'édition y sont établies, hormis quelques-unes à Madrid. Il y a de nombreuses galeries, et une profusion de musées et de monuments historiques. L'architecte Antonio Gaudí y a laissé son héritage génial : des immeubles luxueux, des parcs, des villas et une cathédrale inachevée, la ***Sagrada Familia***, dont les tours sont l'emblème de la vitalité locale.

On attribue la fondation de la cité aux Carthaginois, et son nom est supposé venir de celui d'une famille puissante, les Barca. Elle devint un port important sous les Romains, puis une capitale wisigothe et tomba aux mains des Arabes au VIIIe s.

Charlemagne la reconquit peu après et l'incorpora à une province nommée marche d'Espagne. Au cours des siècles, les comtes de Barcelone étendirent leur possession, s'emparant de territoires français, de la plus grande partie de la côte est et de fiefs dans les Pyrénées. Cela explique certaines similitudes entre le catalan et les langues romanes du sud de la France, en particulier la langue d'oc et le provençal.

Barcelone a été au centre du séparatisme catalan, de l'insurrection contre Philippe V à la guerre civile. Récemment, on a débaptisé certaines rues et places pour leur donner des noms de héros catalans. Ainsi, la Gran Via de les Corts Catalanes, qui s'est appelée Avenida José Antonio Primo de Rivera pendant trente-cinq ans — mais tout le monde disait Gran Via à cette époque, de même que l'on continuait de dire El Diagonal pour désigner l'artère qui portait le nom du général Franco. Rue, qui se dit calle en castillan, est inscrit en catalan sur les plaques : *cerrer*; *paseo* s'écrit *passeig*, et *avenida* se dit *avinguda*.

Manifestations En janvier, Fiesta de San Antonio. Parades et feux de joie.
Pendant la Semaine Sainte et le jour de l'Ascension, processions votives.
En juin, fête dans le Pueblo Español.
En septembre, fête en l'honneur de la Virgen de la Merced.

A voir

Barceloneta

Carte 5DE5. Métro Barceloneta.

Ce quartier construit en damier, avec des petites maisons basses surélevées au fil des ans, abritait autrefois ouvriers et pêcheurs. Il est resté très populaire. Nombreux petits cafés et restaurants où l'on consomme poissons et fruits de mer.

Barrio Gótico (quartier Gothique)

Carte 5D5.

Il ne faut pas manquer ce quartier médiéval, parfois appelé Barrio Romano, où l'on voit encore des murs et des vestiges d'habitations datant de l'époque romaine. Construit principalement entre le XIIe et le XVe siècle, il a réussi à conserver son caractère moyenâgeux. D'étroites ruelles avec de belles enseignes passent sous des balcons suspendus, débouchant sur des places entourées de palais et de belles demeures. Derrière les fenêtres à petits carreaux, des magasins d'antiquités et de livres anciens, des bars à *tapas*, et la plupart des restaurants traditionnels. On y trouve également de petits hôtels très abordables.

Le meilleur moyen pour le visiter : la marche. Se diriger vers l'extrémité N de l'Av. de la Catedral, à l'opposé de la façade O de la cathédrale. Sur la droite, trois tours de guet subsistent de l'enceinte du IVe s., séparées par des constructions médiévales. Après la visite de la ***cathédrale***, sortir par le portail principal, tourner à droite (N), puis de nouveau à droite. Tout de suite à gauche, dans l'étroite Calle de los Condes de Barcelona, se trouve le patio du **Museo Federico Marés**. Poursuivre jusqu'au croisement suivant, à l'extrémité E de la cathédrale, et prendre à gauche (N) la Calle Santa Clara, qui mène à la **Plaza del Rey**.

La demeure Renaissance, sur la droite, est le **Museo de Historia de la Ciudad** *(☎ (93) 315.11.11. ◐ ouv. mar-sam 9 h-14 h, 17 h-20 h 30, di et vacances 9 h-14 h. Fermé certains jours fériés)*. Lorsqu'on tourne le dos au musée, le **Palacio de los Virreyes** se

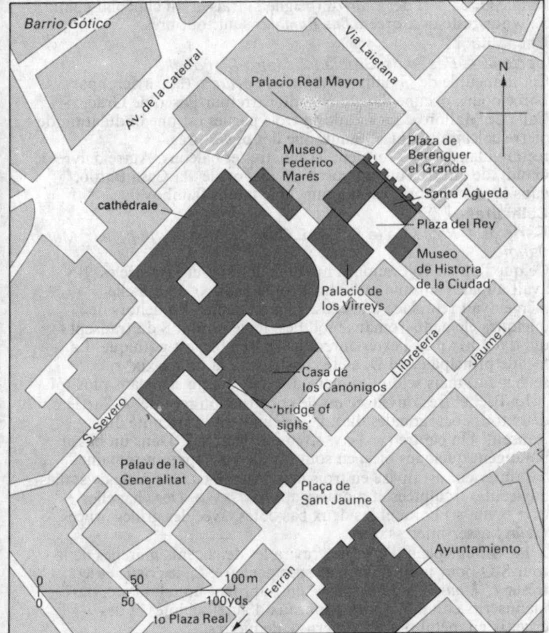

trouve sur la gauche de la place, et la chapelle gothique de **Santa Agueda** sur la droite. A l'angle N-O, un petit escalier mène au **Palacio Real Mayor** (XIVe s.). A l'intérieur, le **Salón de Tinell**, où Ferdinand et Isabelle accueillirent Christophe Colomb à son retour d'Amérique.

A l'angle N-E de la place, entre la chapelle et le musée, une ruelle mène à la Plaza de Berenguer el Grande. Ayant traversé cette place, on peut admirer, en se retournant, un long mur romain qui court vers l'O, en direction de l'Av. de la Catedral.

Revenir sur ses pas jusqu'à la Plaza del Rey, dépasser l'extrémité E de la cathédrale, longer le cloître en tournant à droite, puis à gauche. Au croisement suivant, tourner à gauche (E) : on arrive au pont gothique qui relie le **Palau de la Generalitat** *(ouv. di 10 h-13 h, fermé lun-sa)*, sur la droite, à la **Casa de los Canonigós**, du XIVe s., sur la gauche. L'ancien palais est aujourd'hui le siège du gouvernement catalan. A l'intérieur, la cour avec un **escalier** à balustrade est l'un des endroits les plus photographiés de la ville. Poursuivre jusqu'au **Patio de los Naranjos**, étonnamment spacieux, qui doit son nom à quelques orangers nains. Beffroi du XVIe s.

L'**Ayuntamiento** (XIXe s.) se trouve sur la Plaça de Sant Jaume *(ouv. 9 h 30-13 h 30 ; vacances 9 h 30-13 h 30 ; 16 h 30-19 h 30 ; fermé mi-déc à mi-jan, et di)*. Dans le **Salón de Ciento** et les salons adjacents du premier étage, mélange de décors néogothique et Renaissance.

La Calle de Ferran part du S de la Plaça de Sant Jaume. Pas très loin sur la gauche, après être passé sous une arche, on se trouve sur la Plaza Real. Les façades de cette place entourée de galeries sont assez décrépites, et les vaillants palmiers du centre ont un petit air déprimé. L'endroit dégage néanmoins un charme indiscutable. Les réverbères ont été dessinés par Gaudí. Quand il fait beau, le dimanche, c'est ici que se tient le marché des numismates et des collectionneurs de timbres. Dans le café de l'angle O, on sert des *churros* (beignets) frais et du chocolat chaud. S'il vous reste des forces, ***Las Ramblas*** sont tout près.

Casa Milá

Carte 5C4. Paseo de Gracia 92. Métro Diagonal.

Cet immeuble de Gaudi, surnommé *la pedrera* (la carrière) par les Barcelonais, occupe l'angle N-E du carrefour Paseo de Gracia - Calle de Mallorca. La façade en trois parties est une ondulation de pierre calcaire sculptée, tandis que des ouvertures rectangulaires lisses forment les fenêtres et balcons. Autre œuvre de Gaudí, de l'autre côté du paseo, en diagonale : la **Casa Battló**, dans le même esprit, est un immeuble moins flamboyant.

Cathédrale † ☆

Carte 5D4. Plaça de la Seu s/n. Ouv. 7 h-13 h 30, 14 h-19 h. Métro Jaume I.

Ce que l'on en voit aujourd'hui date des XIIIe et XIVe siècles. Il y avait auparavant une cathédrale romane du XIe s., qui elle-même avait remplacé une église plus ancienne. En dehors de quelques éléments romans modifiés, tel le portail S du transept qui date du XIe s., l'extérieur, dans l'ensemble, est gothique. La façade principale, à l'O, a été construite à la fin du XIXe s. seulement, mais selon des plans dessinés quatre cents ans plus tôt.

La flèche, très ouvragée est de construction récente. A l'arrière, deux tours octogonales du XIVe s. délimitent l'extrémité du transept. Un **cloître** (XIVe-XVe s.) jouxte le mur S. Dans un bassin pataugent quelques oies, en souvenir de l'occupation romaine.

L'intérieur est divisé en trois nefs. Au milieu, une série de stalles adjacentes, sculptées et montées aux XIVe-XVe s. Des chapelles (XVIe-XVIIIe s.) bordent les deux bas-côtés, avec des grilles ornées *(rejas)* assez intéressantes.

Le visiteur plein d'énergie gravira les deux cents marches de la tour S-O pour jouir d'une vue spectaculaire. La **sacristie** et le **trésor** *(ouv. 9 h-13 h ; fermé lun)* abritent un reliquaire, des manuscrits enluminés, des panneaux d'autel sculptés et des crucifix en métal précieux incrusté de pierres.

Fundación Joan Miró ☆

Carte 4F2. Montjuic. ☎ (93) 329.19.08 ◐ ouv. mar-sam 11 h-20 h, di et vacances 11 h-14 h 30. Métro Parlamento.

Entièrement consacré au plus influent des artistes catalans de notre siècle, ce bâtiment moderne offre un décor parfait pour l'œuvre prolifique de ce surréaliste lyrique. L'ensemble de la carrière de Miró est illustrée par des tableaux, des lithographies, des affiches, des sculptures et des tissages.

Montjuic ★

Carte 4F2-3. En sortant du port au S du centre ville Métro Pueblo Seco.

La colline grise qui se détache à l'O du port et du centre de la ville est Montjuich (Montjuic en catalan). Au sommet, un **château** abrite un **musée militaire** *(◐ ☎ (93) 241.68.29, ouv. mar-ven 10 h-14 h, 16 h-20 h, sam, di et vacances 10 h-20 h, fermé lun)*. Du château, on peut contempler la mer, le port et les montagnes. De larges rues conduisent au **jardin public** *(ouv. 10 h-21 h)* et au parc de loisirs *(ouv. juil-août 12 h-21 h 30, fermé sept-juil, mais ces heures d'ouverture ne sont pas toujours respectées)*.

Plusieurs musées sont installés sur le flanc de la colline. Au nord : la ***Fundación Joan Miró***, le ***Museo de Arte de Catalunya*** *☎ (93) 223.89.13)*, le ***Museo Arqueológico*** *☎ (93) 223.21.49)* et un **musée ethnologique** où sont réunis des objets provenant des colonies de l'empire espagnol. Non loin de là, le ***Pueblo Espanol***, et un **théâtre grec** (1929) où l'on donne des représentations en été.

Museo Arqueológico ☆

Carte 4E2. Lérida ☎ (93) 233.21.49 ◐ ouv. 10 h-14 h, 18 h-20 h; vacances 10 h-14 h. Fermé lun. Métro Parlamento et España.

Fragments de l'âge du bronze et de l'âge de pierre témoignant des cultures préhistoriques découvertes aux *îles Baléares* et sur le continent. Par ailleurs, on trouvera des collections de bronzes, terres cuites, verreries, mosaïques, sculptures, céramiques, attestant les influences grecque, carthaginoise et romaine.

Museo de Arte de Catalunya ☆
Carte 4E2. Parque de Montjuic ☎ (93) 223.89.13 ● ouv. 9 h 30-13 h 45. Fermé lun. Métro España.
Ce qu'on appelle le Palacio Nacional de Montjuic est une colossale imitation Renaissance-baroque construite pour l'Exposition de 1929. Son énorme coupole, ses tours et sa façade chargée d'arcades et de colonnes le signalent de loin.
A l'intérieur, très belle collection de peintures romanes, de statues et de reliefs sur bois. Les galeries mènent des pierres taillées de l'époque wisigothe et du début de l'ère chrétienne à de sublimes fresques et triptyques des XIIe-XIVe siècles, en passant par des fragments reconstitués d'églises romanes. Egalement, toiles de Murillo. Velázquez, Zurbarán, Tintoret et Greco.
Au premier étage, à part, le **Museo de Cerámica** offre une remarquable variété de céramiques et d'azuléjos allant de la préhistoire à nos jours.

Museo de Arte Moderno
Carte 5D6. Parque de la Ciudalela ☎ (93) 310.63.08. ◐ ouv. juin-oct. 9 h-20 h; nov-mai 9 h-19 h30; di et certains jours fériés, 9 h-13 h 30. Fermé lun et certains jours fériés. Métro Barceloneta.
Qu'on ne s'y trompe pas, il s'agit ici d'art moderne... du XIXe s. et de style romantique ou néoclassique. Il y a un ou deux Picasso et quelques œuvres plus récentes d'artistes catalans.

Museo de la Ciencia y de la Tecnica
Calle Teodoro Roviral 55 ☎ (93) 247.03.81
Collection de machines industrielles et planétarium.

Museo Clará
Calatrava 27 et 29 ☎ (93) 203.40.58
Expose l'œuvre du sculpteur Jose Clará (1878-1958).

Museo Federico Marés
Carte 5D5. Condes de Barcelona 10 ☎ (93) 310.58.00 ◐ ouv. 9 h-14 h, 16 h-19 h. Fermé lun et certains jours fériés. Métro Jaume I.
Marés, sculpteur et collectionneur, a fait don de son importante collection de sculptures médiévales à la ville, qui l'expose dans cet ancien palais. On pourra voir les ruines d'une maison romaine découvertes sur ce site, des fragments romans, gothiques et mauresques, plusieurs sculptures religieuses polychromes du Moyen Age et un charmant assortiment d'objets quotidiens du passé : robes de chambre, instruments de toilette, bijoux, poupées, boîtes à allumettes, vêtements et accessoires féminins.

Museo de Historia de la Ciudad ☆
Carte 5D5. Plaza del Rey s/n ☎ (93) 315.11.11 ◐ mais ○ le di. Ouvert lun 15 h 30-20 h 30, mar-di 9 h-14 h, 15 h 30-20 h 30. Fermé certains jours fériés. Métro Jaume I.
Une impressionnante collection d'objets d'art et d'artisanat liés à l'héritage culturel barcelonais est présentée dans le palais Pedellás (XVIe s.). Les salles du sous-sol accueillent des vestiges découverts lors de fouilles sur un site romain. Les trois étages croulent sous les fragments de sculptures monumentales, les ustensiles ménagers, les armes, les céramiques, les mosaïques et les tableaux. Cartes et dessins montrent l'évolution de la ville. Accès à la chapelle adjacente de **Santa Aqueda** (XIVe s.).

Museo Maritimo
Carte 5E4. Puerto de la Paz 1 ☎ (93) 301.64.25 ◐ ouv. 10 h-13 h, 17 h-19 h. Fermé lun et vacances. Métro Atarazanas.
Face au port, les arsenaux royaux du XIVe s., les **Reales Atarazanas**, servent aujourd'hui de musée maritime. Sous les voûtes de pierre sont exposés des modèles réduits des vaisseaux construits là depuis sept siècles. On y voit aussi des instruments de navigation, des dessins, des figures de proue, des cartes, dont une d'Amerigo Vespucci, l'explorateur qui découvrit le continent américain.

Museo Picasso ☆
Carte 5D5. Montcada 15 ☎ (93) 319.63.10 ◐ mais ○ le di. Ouv. lun 16 h-20 h 30, mar-sam 9 h 30-13 h 30, 16 h-20 h 30, di 9 h 30-13 h 30. Métro Jaume I.
Le magnifique Palacio de Aguilar (XVe s.), avec son élégante cour

gothique-Renaissance entourée d'arcades, abrite une collection d'œuvres de Picasso correspondant pour la majorité aux années que l'artiste a passées à *Malaga* et à Barcelone (env. 1889-1904).

Palacio de Pedralbes

Diagonal 686 ☎ (93) 203.75.01 ◐ ouv. mar-sam 10 h-13 h, 16 h-19 h, di 10 h-14 h. Fermé lun et vacances. Métro Palacio.

D'une architecture que l'on peut qualifier de néoclassique italienne, cette résidence royale fut construite dans les années 1920 pour Alphonse XIII grand-père du roi actuel. Mobilier, tableaux, tapisseries, lustres et bibelots, essentiellement italiens, sont d'époques diverses.

Palacio de la Virreina

Carte **5***D4. Rambla de las Flores 99 ☎ (93) 222.42.89 ◐ ouv. lun 16 h 30-19 h, mar-sam 9 h-14 h, 16 h 30-19 h, di et certains jours fériés 9 h 30-13 h 30. Fermé certains jours de vacances. Métro Liceo.*

Ce palais XVIIIe s. de la vice-reine du Pérou abrite aujourd'hui plusieurs musées. Le plus important est la **Colección Cambo**, au dernier étage. Elle porte le nom du collectionneur qui légua à sa mort (1947) une admirable sélection de Tintoret, Rubens, Goya, Greco, Raphaël, Botticelli. En descendant, s'arrêter au **Museo de Artes Decorativas** *(☎ (93) 301.77.75)*, riche en mobilier espagnol, porcelaines, tapis et objets décoratifs du XVIIIe s. Enfin, près de l'entrée, le **Museo Postal** présente, classés par pays, des échantillons d'art philatélique.

Parque de la Ciudadela ☆

Carte **5***D5. Paseo Martinez Anido ○ Métro Barceloneta.*

Le plus grand parc de Barcelone était le site d'une forteresse construite sous Philippe V pour intimider les Catalans rebelles. Le château fut détruit au XIXe s., mais quelques bâtiments subsistent. L'un d'eux, un ancien palais, abrite le ***Museo de Arte Moderno***. A l'angle N-O du parc se trouve le **Museo Municipal de Historia Natural** (◐ *ouv. 10 h-14 h, fermé lun*). A l'angle N-E, une fontaine néoclassique extravagante, commandée par la municipalité, et terminée par Gaudí en 1882. Des griffons furieux gardent le bassin. Au fond, un escalier monumental mène à un pavillon. Pendant les week-ends, représentations impromptues de *sardanas*. Vers l'angle S-O, un petit **zoo** et un **aquarium** *(☎(93) 310-64-16 ◐ ouv. été 9 h-14 h, hiver 10 h au coucher du soleil, fermé certains jours fériés)*.

Parque Güell ☆

Calle Larrad s/n ○ Ouv. mai-sept 8 h-21 h ; oct-nov 9 h-19 h ; déc-avr 9 h-18 h. Métro Lesseps.

La mort accidentelle de Gaudí, sous les roues d'un tramway, interrompit brutalement la réalisation de ce projet, comme le ***Templo de la Sagrada Familia***. Ce devait à l'origine être, plus qu'un parc, un ensemble d'habitations qui donnerait une impulsion nouvelle à l'urbanisme. L'entrée est gardée par deux pavillons de forme circulaire dont le toit est garni de protubérances fantaisistes et par une tour à facettes surmontée d'une étoile. Au-delà de la grille, un escalier double conduit à un pavillon couvert. Les colonnes effilées à l'avant et les piliers angulaires qui longent des galeries latérales suggèrent à la fois les influences crétoise et troglodyte. L'esplanade est bordée d'un parapet ondulé, revêtu d'une étonnante mosaïque de tessons de faïence et de verre. Dans l'une des deux maisons qui furent effectivement construites, sur les soixante prévues initialement, se trouve le **Museo Gaudí** *(☎ (93) 214-64-46)* ; dessins, maquettes et souvenirs de l'architecte.

Pueblo Español ☆

Carte **4***E1. Av. Marqués de Comillas s/n ◐ ⯐ ♞ Ouv. juin-sept 9 h-20 h ; oct-mai 9 h-19 h. Fermé certains jours fériés. Métro Espana.*

Le « village espagnol », vestige de l'Exposition de 1929, est un amalgame de divers styles architecturaux du pays, avec des répliques grandeur nature de constructions privées ou municipales de toutes les régions. Excellent exemple de la remarquable diversité de l'architecture espagnole. Un peu partout dans le village, des machines donnent en quatre langues, moyennant quelques pièces, un commentaire détaillé.

Las Ramblas

Carte 5D&E4.

Populaires, fascinantes, bruyantes et pleines de couleurs, les Ramblas sont le cœur de Barcelone. Une large promenade à l'ombre des arbres occupe le centre. De part et d'autre, une voie à sens unique est bordée d'immeubles du XIXe s., de cinq à neuf étages. Elles suivent un tracé courbe, du **monument Cólon** près du port (N-E) à l'angle S-O de la **Plaça de Catalunya**, sur environ deux kilomètres. C'est en réalité une seule artère, bien que chaque section ait son nom : Rambla de los Capuchinos, Rambla de San José, Rambla de Estudios.

Sur toute la longueur, on trouvera des marchands de journaux ouverts la nuit, des cafés en terrasse, des fleuristes et des hôtels de seconde catégorie. Les familles se mêlent aux touristes, aux marins sur le départ, aux mendiants, aux prostituées, aux travestis, aux proxénètes et aux policiers attentifs. Il n'existe nulle part ailleurs en Espagne un endroit comme celui-ci.

Le meilleur point de départ, pour la promenade, est la Plaça de Catalunya, et le meilleur moment le début de la soirée, quoique le quartier soit encore très animé à 4 h du matin par les chaudes nuits d'été. Sur la place, en haut des Ramblas, une fontaine assortie d'une légende : si vous buvez son eau, vous ne pourrez plus jamais quitter Barcelone. A côté, des vieillards bavards discutent politique et football. Les manifestations politiques se regroupent souvent à cet endroit.

Sur la droite, là où la Rambla de Estudios devient la Rambla de San José (ou « de las Flores ») se dresse le ***Palacio de la Virreina*** (XVIIIe s.). Un peu plus loin, du même côté, le **Mercado de San José** *(ouv. 8 h-13 h 30, 16 h 30-20 h)*. Sous la verrière, des dizaines d'étalages présentent un luxueux assortiment de produits de la mer, de pains, de fromages, de marzipan, de raisins et d'artichauts. Au-dessus sont accrochés les jambons *serrano* (de montagne) et les guirlandes d'ail.

Revenons sur les Ramblas. De petits magasins offrent une profusion de fleurs coupées. Au carrefour suivant, tourner à gauche, puis encore à gauche dans la Calle Cardenal Casanas pour admirer l'**Iglesia de Santa Maria del Pino** (XVe s.) et sa magnifique rosace. Revenir sur les Ramblas. Sur la droite, le théâtre du ***Liceo***, où l'on donne des opéras et des ballets, et sur la gauche, le ***Barrio Gotico***. Plus loin à droite, le **Barrio Chino**, quartier populaire plein de bars minables et de maisons de passe. A côté, la **Plaza del Teatro**, dominée par le **Palacio Güell** construit par Gaudí et transformé en musée du théâtre. Il est recommandé de ne pas traîner dans ce coin après minuit. Au bout des Ramblas, le **monument Colón**, dédié à Christophe Colomb. A quai, une réplique de la caravelle *Santa Maria*. Sur la droite de la place, le chantier naval d'époque médiévale, aujourd'hui restauré, abrite le ***Musée maritime***.

La promenade sera plus tranquille sur la prolongation des Ramblas au-delà de la Plaça de Catalunya (N-O), vers El Diagonal. Les boutiques sont plus élégantes et les hôtels de première catégorie.

Templo de la Sagrada Familia ⛩ † ★

Carte 5B5. Plaza de la Sagrada Familia ◐ Ouv. 9 h 30-14 h, 15 h-17 h ;di et vacances 9 h 30-14 h. Métro Sagrada Familia.

Bien que cet édifice inachevé soit considéré par beaucoup comme le chef-d'œuvre d'Antonio Gaudí, la commande avait été à l'origine confiée à un autre architecte. Francisco del Villar la commença en 1882, quand Gaudí travaillait encore dans un style néoclassique modéré. Il assista Villar avant de prendre les choses en main en 1891. La crypte était presque terminée, mais c'était à peu près tout.

Extraordinaire pour l'époque, le style de Gaudí fait encore beaucoup d'effet aujourd'hui. L'idée de Gaudí était d'élever trois façades principales, chacune comportant quatre tours, l'ensemble représentant les apôtres. La coupole au-dessus de la croisée du transept devait avoir quatre spirales encore plus grandes, sortes de vrilles pénétrant le ciel. Les auvents pointus qui surplombent les trois portes sont sculptés comme des stalactites, avec des groupes de personnages illustrant des scènes de la Nativité. Au même niveau, des pilastres ouverts soutiennent les tours perforées, effilées à l'extrémité et couvertes de pinacles de tuiles colorées. Bien que l'architecte soit mort sans laisser les détails de son plan, les travaux continuent. Il apparaît pour le moment qu'ils ne seront pas terminés avant le milieu du XXIe s.

Tibidabo ☆

◐ ⚏ ♞ *ouv. 7 h 30-21 h 30. Métro Av. Tibidabo.*

En se promenant à la nuit tombée, on remarque l'église illuminée au sommet des collines qui surplombent la ville au N et à l'O. Pour s'y rendre, prendre le métro jusqu'au terminus (Avinguda Tibidabo), puis le tram, charmante relique qui gravit la pente au milieu des étranges demeures des familles fortunées du tournant du siècle (certaines sont devenues des écoles), patchwork de tous les styles d'architecture, des Maures à Gaudí. Pour la dernière partie de l'excursion, on prend le funiculaire (*permanent de 7 h 30 à 21 h 30*).

On raconte qu'il est possible, arrivé en haut, d'apercevoir *Majorque*. Peut-être, mais seulement les jours où le ciel est clair, ce qui n'arrive pas souvent à Barcelone. Le panorama est exceptionnel, surtout au crépuscule. Parc d'attractions très soigné et un peu désuet, sur trois niveaux. Derrière, une église rustique, où un chœur de garçons chante chaque jour à 18h. Au-dessus de cette église, la basilique de granit que l'on aperçoit, illuminée, depuis le centre de la ville.

Circuit : l'art 1900 à Barcelone

Avec Nancy, Glasgow, Darmstadt et Vienne, Barcelone a été un des principaux centres européens de l'art 1900. Cette école que l'on a appelée art nouveau dans les pays anglo-saxons, modern'style en France, liberty en Italie, Jugendstil en Allemagne, Secession à Vienne, fut baptisée en Catalogne *modernismo*, terme qui reflète lui aussi l'étonnant renouvellement des formes qui inspira les artistes de cette époque.

A Barcelone, l'architecture 1900 est évidemment dominée par le génie d'Antonio **Gaudí**. Mais son écrasante personnalité ne doit pas faire oublier d'autres architectes de talent, tels que **Jujol**, **Puig i Cadafalch** et surtout **Domenech i Montaner** (1850-1923), dont les œuvres valent elles aussi qu'on s'y arrête.

Les vieux quartiers de la ville comptent peu d'œuvres de cette époque. Toutefois, en remontant les ***Ramblas*** depuis la Plaza de Colón, on croisera à gauche la Calle Conde del Asalto (qui s'ouvre à peu près en face du débouché de la Plaza Real). Au n° 3, le **palais Güell** (1891) est une des grandes œuvres de Gaudí (aujourd'hui transformé en musée du Théâtre et accessible au public).

Les Ramblas débouchent sur les nouveaux quartiers à la Plaça de Catalunya. Prendre à droite et s'engager, à l'angle S-E de la place, dans la Calle Alta de San Pedro. Un peu plus loin, à l'angle de la Calle de Amadeo Vives, s'élève le ***Palacio de la Musica***, étonnant chef-d'œuvre de Domenech i Montaner dont l'intérieur, à la décoration exubérante, mérite une visite.

Revenant sur la Plaça de Catalunya, on prend, à l'angle N-E, le Paseo de Gracia. Cette belle avenue croise tout d'abord la Grand Via (celle-ci mène, six blocs plus loin, sur la droite, à la Plaza de Tetuán, où Gaudí fut mortellement blessé en juin 1926, renversé par un tramway). Au-delà de la Gran Via, le Paseo de Gracia compte deux œuvres majeures de Gaudí : sur la g. au n° 43, la **Casa Battlo** et surtout sur la dr., au n° 92, la **Casa Mila**, la célèbre **Pedrera** (1910).

En tournant à dr. devant la Casa Mila, on parvient, dix blocs plus loin, au grand œuvre de Gaudí, le ***Templo de la Sagrada***

Familia *(on peut aussi s'y rendre en métro en prenant un peu plus haut, dans le Paseo de Gracia, la ligne V à la station Diagonal ; descendre à Sagrada Familia).*

Derrière le temple, à l'angle N-E, l'Avenida de Gaudí part en biais et aboutit à l'**Hospital San Pablo**, vaste ensemble de bâtiments aux façades polychromes, œuvre de Domenech i Montaner *(métro Dos de Mayo, ligne V)*.

D'autres œuvres importantes de Gaudí sont visibles dans les quartiers N de la ville. Par le métro (ligne III), on gagnera la Plaza Lesseps. Un peu au S de cette place on trouvera la **Casa Vicens** *(Calle de Carolina 24)* œuvre de jeunesse du maître (1878). Au N de la Plaza Lesseps, l'Avenida Republica Argentina mène, environ 1 km plus loin, à la **Villa Bell Esguard** (*Calle Bell Esguard 46*), curieuse construction datant de 1902, surmontée d'une flèche qui rappelle celles du Templo de la Sagrada Familia.

Mais l'œuvre de Gaudí la plus intéressante de ce quartier est le ***parc Güell***, qu'on trouvera à l'E de la Plaza Lesseps (prendre la Travesera de Dalt et tourner à gauche environ 500 m. plus loin).

Enfin, dans les quartiers N-O de la ville, la Via Augusta mène au **Colegio Teresiano** *(Calle Ganduxer 85)*, autre œuvre de Gaudí (1894).

Hôtels

Avenida Palace
*Carte **5**C4. Gran Via 605, Barcelona 7 ☎ (93) 301.96.00 Tx 54734 229 229 AE DC MC VISA Métro Gran Via.*

A l'O du Paseo de Gracia. Ouvert en 1952, il a aussi grande allure que le ***Ritz***. Une gestion efficace et un service impeccable, bien situé. sourdes. Au piano-bar, deux barmen très compétents vous préparent tous les cocktails dont vous pouvez rêver. Guiness à la pression dans le pseudo-pub. A chaque étage, deux chambres à lit double, ce qui est rare en Espagne. Terrasse au dernier étage. Seul inconvénient : c'est loin.

Colón
*Carte **5**D4. Av. de la Catedral 7, Barcelona 2 ☎ (93) 301.14.04 Tx 52654 à 161 161 P AE CB DC MC VISA Métro Jaume I.*

Au cœur du Barrio Gótico. Pour ceux qui souhaitent rester dans ce quartier et près des Ramblas, il n'y a pas mieux. Les chambres de devant, avec balcon (et même une terrasse au sixième étage) donnent sur la ***cathédrale***. Les chambres sont confortables. Celles pour une personne restent exiguës et sans vue.

Derby
*Carte **4**C2. Loreto 21, Barcelona 29 ☎ (93) 239.30.07 à 116 116 P AE DC MC VISA Métro Hospital Clinico.*

Près de la Plaza Francescá Maciá, au N-O. Assume le style anglais, avec un air de club de Mayfair. Boiseries impeccablement entretenues, éclairages diffus et couleurs

Gala Placidia
*Carte **4**A3. Via Augusta 112, Barcelona 6 ☎ (93) 217.82.00 Tx 97354 à 28 28 AE DC MC VISA Métro Plaza Molina.*

Près du quartier élégant de Balmes-Tuset. Idéal pour les familles, ou les séjours prolongés. 28 suites avec grand salon, terrasse, mini-cuisine, bains et une ou deux chambres. Trois à cinq personnes peuvent y vivre pour le même prix qu'une chambre double dans un hôtel en vogue. Air conditionné.

Majestic
*Carte **5**C4. Paseo de Gracia 70, Barcelona 8 ☎ (93) 215.45.12 Tx 52211 360 360 P AE CB DC MC VISA*

En plein centre, près de la Plaça de Catalunya. Ambiance un peu froide et formelle. Néanmoins un établissement quasi parfait. Les prix s'en ressentent. Fait face au Paseo de

Gracia, les Champs-Elysées de Barcelone. On peut aller à peu près partout à pied. Avantages précieux en Espagne : le gymnase, le sauna et la piscine du dernier étage.

Princesa Sofia
Plaza de Pio XII, Barcelona 28 ☎ (93) 330.71.11 51032 514 514 Métro Palacio.

Près de la Cité universitaire. S'il n'était pas aussi loin du centre, ce serait un hôtel idéal, quoique totalement dépourvu de cachet. Moderne, accueillant, il répond à tous les besoins et désirs des hommes d'affaires internationaux. Chambres bien équipées, piscine couverte, petit gymnase et sauna. Deux bars (musique le soir, on peut danser). A proximité des boîtes de nuit de Calvo Sotelo.

Regente
Carte 5C4. Rambla de Catalunya 76, Barcelona 8 ☎(93) 215.25.70 51939 à 78 78 Métro Aragón.

A six rues au N de la Plaça de Catalunya. Le Regente a tant de qualités — piscine sur le toit, calme, situation pratique, discrets détails art nouveau — que l'on s'étonne de le voir si peu en vogue. Chambres assez spacieuses, couleurs douces. Donne sur une rue tranquille, prolongement ombragé des Ramblas.

Ritz
Carte 5C4. Gran Via de les Corts Catalanes 668, Barcelona 10 ☎ (93) 318.52.00 52739 197 197 Métro Urquinaona.

A trois rues à l'E du Paseo de Gracia. Construit pour une clientèle élégante qui avait l'habitude de faire le tour de l'Europe avec ses malles et domestiques et s'installait dans un hôtel pour au moins trois mois. Le Ritz leur fournissait des chambres où ils pouvaient recevoir. Plafonds exceptionnellement hauts, débauche de dorures, damas, brocarts et cristaux. Après quelques années de déclin, un ambitieux plan de rénovation a été mis en œuvre. L'exquise atmosphère de ce grand hôtel traditionnel, au service impeccable, est sans rivale dans la ville. Le restaurant est un des meilleurs de Barcelone. Prix en conséquence.

Nous recommandons également : **Barcelona** *(Caspe 1-13, Barcelona 2 ☎ (93) 301.94.00)* ; **Euro-Park** *(Aragón 325, Barcelona 9 ☎ (93) 257.92.05 à)* ; **Gran Hotel Calderón** *(Rambla de Catalunya 26, Barcelona 7 ☎ (93) 301.00.00)* ; **Gran Hotel Sarriá** *(Av. de Sarriá 50, Barcelona 29 ☎ (93) 239.11.09)* ; **Granvía** *(Gran Via de les Corts Catalanes 642, Barcelona 10 ☎ (93) 318.19.00)* ; **Manila** *(Ramblas 111, Barcelona 2 ☎ (93) 318.62.00)* ; **Nuñez Urgel** *(Urgel 232, Barcelona 36 ☎ (93) 322.41.53 à)* ; **Oriente** *(Ramblas 45 ☎ (93) 221.41.51)* ; **Presidente** *(Av. Diagonal 570, Barcelona 21 ☎ (93) 200.21.11)* ; **Rallye** *(Travessera de les Corts 150, Barcelona 28 ☎ (93) 339.90.50)* ; **Regencia Colón** *(Sagristans 13, Barcelona 2 ☎ (93) 232.20.00 à)* ; **Royal** *(Ramblas 117, Barcelona 2 ☎ (93) 318.73.29)*.

Restaurants

Les gourmands et les gourmets ne seront pas déçus. Il existe à Barcelone, comme dans toutes les grandes villes, des restaurants de luxe où l'on peut déguster des choses exquises et raffinées. Mais on trouvera également, parsemés dans toute la ville, des établissements plus modestes qui servent une cuisine traditionnelle et familiale, pour un prix modique. On pourra sans grand risque s'aventurer dans de petits restaurants.

Les cuisines chinoise, italienne ou arabe sont également représentées. Le *Guia del Ocio* (en vente dans les kiosques) fournit toutes sortes d'adresses. C'est dire que l'on pourra s'éviter les « nourritures rapides » stéréotypées, qui ne sont pas toujours beaucoup moins onéreuses.

Que manger ? Du poisson, bien sûr. La Méditerranée n'est pas loin. Et du riz, les célèbres paellas. Que l'on arrosera de vin de Catalogne. Blanc ou rouge, il est excellent.

Agut d'Avignon

Carte 5E4. Trinidad 3 ☎ (93) 302.60.34 à AE CB DC MC VISA Dernières comm. 23 h. Fermé août, di. Métro Jaume I.

Difficile à trouver. La ruelle donne dans la Calle Avignon, très étroite. L'intérieur évoque un pavillon de chasse, avec des carrelages, des stucs, des cheminées et des tableaux à l'avenant. Cuisine basque, catalane et française (*pollo con gambas, lenguado, bacalao*). L'endroit est en vogue : mieux vaut réserver.

Ama Lur

Carte 5C4. Mallorca 275 ☎ (93) 215.30.24 à AE MC VISA Dernières comm. 23 h. Fermé août, di et vacances. Métro Diagonal.

A tous égards, c'est l'un des restaurants les plus remarquables d'Espagne. L'énergique propriétaire ne laisse rien au hasard. Personnel aimable, beau décor — plusieurs salles hautes de plafond et un jardin élaboré. Parquets étincelants, tapis d'Orient, jolies lampes et bouquets de fleurs sur les tables. Le menu, entièrement basque, rivalise avec la nouvelle cuisine par la délicatesse, la complexité et la présentation. Parmi les meilleures spécialités : *tronco de merluza, pierna de cabrito rellena de riñones, bacalao al pil-pil* (morue à l'huile, à l'ail et aux piments).

Los Caracoles

Carte 5E4. Escudillers 14 ☎ (93) 302.31.85 P AE CB DC MC VISA Dernières comm. 23 h. Métro Jaume I.

Etablissement fondé en 1835. Atmosphère garantie : stucs, poutres apparentes, carrelages, miroirs, photos et affiches aux murs. Composé de plusieurs petites salles à divers niveaux, réunies par des escaliers étroits. Beaucoup de monde. Toutes les paellas sont bonnes, surtout la *paella de mariscos*, les *caracoles* et la *bulabesa*.En famille, mieux vaut venir pour déjeuner car le soir, le voisinage est plutôt louche.

Casa Dario

Carte 4C3. Consejo de Ciento 256 ☎ (93) 253.31.35 à VISA Service 13 h-16 h, 20 h-minuit. Fermé di.

L'endroit idéal pour s'offrir un festin de fruits de mer ; ils proviennent de Galice, comme la viande. Et, on l'aura deviné, on sert une cuisine galicienne. A midi, bon menu à prix modique. Accompagner les fruits de mer d'un Ribeiro, un vin blanc de Galice légèrement pétillant.

Elche

Carte 4E3. Vila Vila 71 ☎ (93) 241.30.89 Dernières comm. 23 h. Fermé mai. Métro Pueblo Seco.

Décidément hors des chemins traditionnels, dans un quartier ouvrier à l'ouest du Barrio Chino. La clientèle est essentiellement espagnole. Spécialité de paellas.

El Dorado Petit

Dolors Monserdá 51 (Sarriá) ☎ (93) 204.51.53 P MC VISA Service 13 h 30-16 h, 21 h-minuit. Fermé di.

Des prix faramineux pour une cuisine somptueuse. L'un des meilleurs restaurants de Barcelone et probablement d'Espagne. Luis Cruañas, le propriétaire, a su apporter une touche de perfection à chacun des plats. Des produits de la meilleure qualité, une cuisine traditionnelle de tout premier rang, qui n'oublie cependant pas les innovations de la « nouvelle cuisine » et les « classiques » internationaux.

Font del Gat
Carte 4E2. Lérida s/n ☎ (93) 243.16.73 Dernières comm. 23 h. Métro Parlamento.
La cuisine catalane domine dans cette auberge située parmi les arbres de ***Montjuic***, non loin du ***Palacio Nacional*** et du ***Pueblo Español***. Décoration intérieure typique : carrelages et stucs. On dîne dans le patio, près de la fontaine. Spécialités : *habas, merluza, lomo de cerdo*.

Guría
Carte 4C3. Casanova 97 ☎ (93) 253.10.38 Dernières comm. 23 h. Fermé août, Sem. sainte. Métro Hospital Clinico.
Ambiance campagnarde : panneaux de bois, poutres, grands fauteuils de cuir, tableaux de chasses ou de cuisines, collection de chiens de céramique dans les niches qui longent l'escalier menant au salles en étage. Accueil effervescent du propriétaire polyglotte Plats basques tels qu'*alubias rojas* (haricots rouges), *menestra de verdura, gambas al champan, perdiz* et *jabali*.

Montse Guillem
Mariano Cubi 195 ☎ (93) 200.27.31 Ouv. 13 h-16 h, 21 h-0 h. Fermé di, fêtes et lun. midi.
Les meilleurs plats de la cuisine catalane de la côte et de la montagne : poisson et gibier sont aussi parfaits l'un que l'autre. Le succès de cet établissement est tel que sa propriétaire, Montse Guillem, en a ouvert un semblable à New York, tout aussi apprécié

Passadis de Pep
Carte 5E5. Pla de Palau 2 ☎ (93) 310.10.21 Service 13 h 30-15 h 30, 21 h 15-23 h 30. Fermé di, fêtes. Métro Jaume I
Un petit restaurant sans apparence extraordinaire dont la spécialité est le poisson du jour. Sublimement préparé. La carte change tous les jours, selon le marché. Les plats catalans sont extraordinaires. L'établissement est tellement apprécié qu'il est indispensable de réserver. Un conseil : suivez les suggestions du chef, il a beaucoup d'intuition quant aux goûts de ses clients.

Reno
Carte 4B3. Tuset 27 ☎ (93) 200.91.29 Dernières comm. 23 h. Métro Gracia.
Un établissement de haut standing, longtemps le premier de Barcelone. L'accueil est chaleureux, le décor formel mais sympathique, le personnel exceptionnellement stylé et la cuisine franco-catalane absolument irréprochable. Public élégant. Le saumon, fumé sur place, est sublime, les crevettes miraculeuses et la sole cuite à la perfection. Admirables également les fraises sauvages arrosées de vin doux et saupoudrées de sucre.

Roig Robi
Carte 4B3 Seneca 20 (Barrio de Gracia) ☎ (93) 218.92.22 à Service 13 h-16 h, 21 h-23 h 30. Fermé di, fêtes.
La propriétaire et chef Mercedes Navarro propose une cuisine catalane traditionnelle préparée avec talent à partir de produits de première qualité. Quelques plats français. Spécialités : colin Roig Robi, terrine de légumes. Grande terrasse fleurie.

Siete Puertas
Carte 5E5. Passeig d'Isabel II ☎ (93) 319.30.33 Dernières comm. 1 h du mat. Métro Correos.
Vaste restaurant comportant plusieurs salles joliment éclairées. Prix abordables, serveurs attentionnés, spécialités telles que la paella, l'*arroz con sardinas*, le *bacalao* et le *conejo*, tout concourt à attirer une clientèle à la fois chic et bourgeoise, jeune et moins jeune, familiale ou d'hommes d'affaires. Chacun s'y sent à l'aise, et, le soir, éclairages tamisés et pianiste apportent une note romantique.

La soupe à l'oignon
Carte 4A3 Padua 60 ☎ (93) 212.77.42. ▥ à ▥ □ MC VISA. Service t.l.j. 13 h 30-15 h 30, 21 h-23 h 30. Métro Lesseps.
Le chef Jean Martini est le propriétaire de cet • établissement dont la spécialité est la cuisine française. Une des salles est consacrée exclusivement au fondues. Un restaurant très fréquenté par les Barcelonais, ce qui est une garantie de qualité.

El Trapio
Esperanza 25 (Bonanova) ☎ (93) 211.58.17 ▥ à ▥ □ P Y AE MC VISA Service 13 h 30-15 h 30, 21 h-23 h 30. Fermé di soir, lun.
Une carte très soignée : des plats pas très nombreux, mais chacun est une spécialité de la maison. Le grand jardin avec une pièce d'eau rend le repas encore plus agréable.

La Venta
Plaza Doctor Andreu s/n (Tibidabo) ☎ (93) 212.64.55 ▥ □ ■ Y DC MC VISA Service 13 h 30-15 h 45, 21 h-23 h 30. Fermé di. Terminus du Tranvia Blau.
Un restaurant de nouvelle cuisine (les poissons du jour et les desserts sont remarquables) dans un site privilégié sur le Tibidabo. Une vue exceptionnelle sur la ville et la mer, trois terrasses découvertes.
La décoration est très agréable et l'hiver on allume de grands feux dans les cheminées. Pour y arriver, prenez le fameux tramway Bleu, qui vous laissera devant la porte du restaurant.

R D'autres restaurants méritent d'être essayés : **Azulete** *(Via Augusta 281 ☎ (93) 203.59.43 ▥)* ; **Amaya** *(Rambla Santa Mónica 20-24 ☎ (93) 302.10.37 ▥ à ▥)* ; **La Balsa** *(Infanta Isabel 4 Bonanova ☎ (93) 211.50.48 ▥ à ▥)* ; **Bon Vivant** *(Aribau 292 ☎ (93) 218.70.20 ▥)* ; **Casa Costa** *(Baluarte 124 ☎ (93) 319.40.28 ▥)* ; **La Dorada** *(Travessera de Gracia 44-46 ☎ (93) 200.63.62 ▥ à ▥)* ; **Flash-Flash** *(La Granada 25 ☎ (93) 228.55.67 ▥)* ; **Il Giardinetto** *(La Granada 22 ☎ (93) 218.75.36 ▥)* ; **Portofino 2** *(Ganduxer 50 ☎ (93) 201.00.09 ▥)* ; **La Tramuntana** *(Plaza de San Miguel 2 ☎ (93) 302.61.75 ▥)* ; **Via Veneto** *(Ganduxer 10 ☎ (93) 230.91.47 ▥)*.

Quant aux bars à *tapas*, voici les meilleurs : **Bon Albe** *(Paris 168 ▥)* ; **Casinet del Barri Gotic** *(Freneria 6 ▥)* ; **Drugstore** *(Paseo de Gracia 71 ☎ (93) 215.38.41 □)* ; **Drugstore David** *(Tuset 17 □)*.

Vie nocturne

Cité méditerranéenne et port important, Barcelone fourmille la nuit d'une faune insoupçonnée dans la journée. Rock en tout genre, jazz, music-hall, *tablaos flamencos*, disco, bars, pubs... chacun peut vivre sa nuit. Le *Guía del Ocio* (en vente dans les kiosques) donne toutes les informations. Les films étrangers sont en général doublés, mais, dans les cinémas d'art et d'essai et les petites salles, films en VO sous-titrés.

Le mieux, pour commencer la nuit, est une balade sur les ***Ramblas***, toujours de mode. On pourra s'asseoir pour prendre un verre en contemplant le défilé d'une foule bigarrée.

Si l'on préfère un dîner-spectacle, le mieux est d'aller à la **Scala Barcelona** *(Paseo de San Juan 47 ☎ (93) 232.63.63 et 232.62.13)* ; le repas est servi à partir de 20 h 15 et le spectacle commence à 0 h 45. Même formule aux tablaos flamencos **El Patio Andaluz** *(Aribau 242 ☎ (93) 209.33.78)* et **Los Tarantos** *(Plaça Real 17 ☎ (93) 317.80.98)*.

On trouvera des music-halls dans l'Avenida del Paralelo et dans les rues avoisinantes. Citons-en deux : **El Arnau** *(Av. de Paralelo 60, ☎ (93) 242.28.04)* et **El Molino** *(Vila Vilá 93 ☎ (93) 241.63.83)* ; représentations l'après-midi et le soir.

Pour danser au son d'un orchestre, il faut aller à l'**Imperator** *(Córcega 327 ☎ (93) 237.43.22)*, que l'on repère de loin. Un lieu divin, authentique relique du passé : **La Paloma** *(Tigre 27 ☎ (93) 325.20.08)*, une salle de bal dans la vieille ville, où l'on peut danser même du boléro ; musique d'un autre temps et faune hétéroclite, du punkie au nostalgique du tango. Orchestre également à la salle **Bolero** *(Diagonal 405 ☎ (93) 217-10-61, jusqu'à 4 h du matin)*.

La discothèque **Ebano** enchantera les amateurs d'exotisme *(Roger de Flor 114)* : rythmes africains et cocktails des îles ; des groupes africains y donnent des représentations. Au **Studio 54** *(Paralelo 64 ☎ (93) 329.54.54)*, une discothèque très « in », les plus modernes danseront sur une grande piste avec jeux de lumière et laser ; concerts des plus grandes figures du jazz et du rock. La nuit la plus folle, la plus équivoque, vous la passerez au **Distrito Distinto** *(Av. Meridiana 140)*, où tout peut arriver. Au **666** *(Llull 145 ☎ (93) 309.18.89)*, l'extravagance est la norme.

Prendre un verre ? Rien de plus facile. Au **Gimlet** *(Rech 24 ☎ (93) 310.10.27)*, en plein quartier de la Ribera, carte de coktails gigantesque. A la **Xampanyeria** *(Provenza 236 ☎ (93) 253.74.55)*, excellente cave. Rutilante modernité pour le **KGB** *(Alegre de Dalt 55 ☎ (93) 210.59.06)* où public et décor sont un vrai spectacle. Les branchés vont au **Sisisi** *(Diagonal 442)* et les rockers au **Necronomicon** *(Riereta 20-22 ☎ (93) 242.88.26)*. Pour discuter au calme en savourant une vue imprenable, le **Merbeye** *(Plaza Doctor Andrew s/n)*, sur les flancs de Tibidabo. Calme également à **El Universal** *(Mariano Cubi 184)*. Au **Zeleste** *(Plateria 65 ☎ (93) 319.86.41)*, à côté de l'église Santa Maria del Mar, dans le quartier de la Ribera, se produisent les grands noms du jazz et du rock ; le public fait partie du spectacle ; y aller de préférence après minuit.

Il y a bien d'autres choses encore à faire à Barcelone la nuit. Un peu d'esprit d'aventure aidera à les découvrir. Marcher par exemple dans le quartier de la Ribera, le quartier gothique ou le quartier des Gracia et s'arrêter à une terrasse, sur une petite place comme il y en a de nombreuses. Le *Guia del Ocio* vous donnera toutes informations sur la Barcelone érotique.

Enfin, pour les amateurs d'émotions fortes, reste le **Gran Casino de Barcelona** *(☎ (93) 893.36.36)*, à San Pere de Ribes, à 44 km au S de Barcelone, près de Sitges ; blackjack, roulette, chemin de fer, boule et toutes sortes de machines... le restaurant du casino propose un buffet libre les vendredis et samedis et la salle de danse a un orchestre le vendredi ; les meilleurs spectacles internationaux y sont donnés.

Gran Teatro del Liceo

Ramblas 61 ☎ (93) 302.60.19 ● Ouv. en fonction des représentations.

Une magnifique acoustique et un grandiose décor intérieur néo-classique en font un des grands opéras d'Europe. Terminé en 1847, il a subi plusieurs transformations, pour des raisons plus ou moins claires. Sa façade grise attire peu le regard, sauf les soirs de première où une foule de spectateurs élégants se presse à l'entrée qui donne sur les Ramblas. Les plus grands chanteurs du monde s'y sont produits, et l'on y donne souvent des concerts et des ballets.

Palau de la Musica Catalanya

Amadeo Vives 1. Métro Urquinaona

☎ (93) 301.11.04 Ouv. en fonction des représentations.

Œuvre de Luis Domenech i Montaner, disciple de Gaudí, cet édifice au décor de briques de faïence émaillée et de verre mérite la visite. Il est le symbole authentique de la culture catalane. On y donne de grands concerts et des pièces de théâtre.

La Cova del Drac

Tuset 30 ☎(93) 217.56.42.

Beaucoup plus modeste que le Palau et le Liceo, la Cova del Drac est le temple du jazz à Barcelone. Concerts toutes les fins de semaine. Quelques-uns des plus grands noms du jazz y sont passés. Si le grand pianiste catalan Tete Montoliu est à l'affiche, ne le manquez surtout pas.

Shopping

De bonnes chaussures, un peu d'argent et l'esprit sportif, c'est tout ce dont vous avez besoin pour faire des achats à Barcelone.

De la **Plaça de Catalunya** partent les grandes zones commerciales. Vers le S, sur les ***Ramblas***, il y a toutes sortes de boutiques, surtout dans la première moitié. Nombreuses boutiques d'articles de cuir. Parallèlement aux Ramblas, sur **Puerta del Angel**, on trouve des chaussures. En continuant cette rue, on arrive à une zone de boutiques de vêtements fantaisie bon marché. Toutes les rues entre **Via Layetana** et les Ramblas regorgent de petits magasins de toutes sortes : du livre ancien aux articles pour fumeurs, par exemple. Quartier pittoresque avec ses ruelles.

Vers le N, le **Paseo de Gracia** accueille les boutiques les plus élégantes de Barcelone : haute couture, joaillerie, parfumerie, articles de cuir. Dans les rues perpendiculaires sur la gauche (lorsque l'on tourne le dos à la Plaça), boutiques modernes de chaussures et de vêtements. La boutique du styliste le plus célèbre d'Espagne, Adolfo Dominguez, est dans la **calle Valencia**, a quelques mètres du Paseo de Gracia. Dans cette même rue, un grand centre commercial : **El Bulevard Rosa**, où l'on peut acheter tout ce qu'il y a de plus « in ». On ressortira sur la **Rambla de Catalunya** : nombreux magasins de vêtements et galeries d'art. Même ambiance sur la **Diagonal** que l'on prendra vers la gauche, jusqu'à la **Plaça Francesc Macía** ; on trouve par là les magasins **Furest** et **Gonzalo Comella**.

Deux grands magasins : El **Corte Ingles** *(sur la Plaça Catalunya)* et les **Galerias Preciadas** *(sur Puerta del Angel)*.

Enfin, le lundi, le mercredi et le vendredi se tient en plein air le marché aux puces, **Los Encantes** *(Métro Glories)*, où, en fouinant, on peut trouver quelques raretés ; marchandage conseillé.

Excursion

Montserrat *(53 km au N-O de Barcelone)*. Le nom désigne à la fois le célèbre monastère et la chaîne de montagnes où il fut construit. Les catholiques dévots viennent y rendre hommage à la Vierge noire, statue en bois que saint Pierre aurait apportée à Barcelone. En fait, elle date probablement du XIIe s. Le **monastère** du XIXe s. *(Vue splendide* 🅸 *se renseigner auprès de* ℹ *à Barcelone)* remplace les bâtiments du Xe s. détruits en 1812.

Belmonte

Carte 8F6. Province de Cuenca. 122 km au N-O d'Albacete. 99 km au S-O de Cuenca. Population : 3000.

Les amateurs de châteaux exceptionnels devront faire ce petit détour sur la route de Madrid à Valence : les remparts et les tours hexagonales de la magnifique **forteresse** du XVe s. sont en parfait état de conservation. L'ensemble a d'ailleurs été classé monument historique. C'est son propriétaire, le marquis de Villena, qui a fait installer la magnifique décoration intérieure mudéjare. Les belles stalles du chœur en bois sculpté (XVe s.) de l'église de **San Bartolome** méritent également d'être vues.

Entre des collines de plomb et de cendre,
parsemées de chênaies rongées
et entre des rocailles chauves de calcaire
les huit arches du pont allaient être assaillies
par le fleuve — père —,
qui sillonne le froid désert de Castille.

Antonio Machado, *Poésies*

Benavente

Carte 11C4. Province de Zamora. 66 km au N de Zamora, 70 km au S de León. Population : 12 000.

A la croisée des routes de la reconquête, Benavente a longtemps été le berceau de la famille Pimentel. Plusieurs générations habitèrent le château qui domine le village médiéval, en haut de la colline. Les Français furent les derniers, au XIXe s., à bombarder la forteresse. L'**Iglesia de Santa Maria**, à dominante romane, fut construite au XIIe s. à la demande de Ferdinand II ; des éléments gothiques et baroques ont été ajoutés à l'intérieur.

Parador Nacional Rey Fernando II de León
Paseo Ramón y Cajal s/n ☎ (988) 63.03.00 à 30 30
AE DC MC VISA

Sur la colline, au-dessus de la ville. Ferdinand II fit construire au XIIe s. le château (qui est aujourd'hui un *parador*) pour se défendre contre les ennemis portugais, maures et castillans. L'édifice fut souvent endommagé au cours des siècles, et la seule partie qui ait résisté est le donjon rectangulaire, avec ses tours d'angle circulaires, ajout à mettre à l'actif du comte Alonso de Pimentel. La brique nue et la pierre sont les matériaux principalement utilisés. Des tapisseries ont été accrochées sur ce fond pour égayer les salles.

Si la salle-à-manger du **Parador** *(même adresse et ☎ que l'hôtel)* est meilleure, le **Mesón el Picaro** *(Las Dominicas 1 ☎ (988) 63.17.93)*, moins imposant, est très apprécié pour les repas de noces ou les fêtes familiales. Cuisine castillane typique.

Benidorm

Carte 9G8. Province d'Alicante. 143 km au S de Valence, 42 km au N-E. d'Alicante. Population : 29 700 i Martinez Alejos 16 ☎ (965) 85.32.24.

Les restes d'un ancien village de pêche encerclés d'immeubles immenses qui rivalisent de hauteur. Cette « manhattanisation » du paysage ne rebute pas les milliers de touristes venus du N de l'Europe, qui déferlent chaque été sur les superbes plages, sur près de 3 km de part et d'autre du hameau.

L'**Avenida Sol** *(Gambó 2 ☎ (965) 85.41.08)* et le **Gran Hotel Delfin** *(Playa de Poniente ☎ (965) 85.34.00)* sont bien situés pour profiter de ce que l'endroit propose.

Caserola *(Bruselas 7 ☎ (965) 85.17.19)* : du charme, essentiellement cuisine française. **La Cocina** *(Avenida de Alcoy s/n ☎(965) 85.15.29)* prétend être un restaurant italien ; **El Horreó** *(Ibiza s/n ☎ (965) 85.74.71)* sert des plats nationaux dans un agréable décor de *taberna*.

Bilbao

Carte 13B7. Province de Biscaye (Vizcaya). 100 km à l'O de Saint-Sébastien, 110 km à l'E de Santander. Population : 431 000 i Alameda Mazarredo s/n ☎ (94) 423.64.30.

Le plus grand port d'Espagne se trouve au fond de l'estuaire de deux rivières. Industrialisée dès le milieu du

XIXe s., Bilbao a prospéré régulièrement depuis lors, malgré de nombreux combats entre la période carliste et la guerre civile. Le fer provenant des mines voisines est fondu dans les hauts-fourneaux qui longent la rive E de la ria. Il y a aussi des chantiers navals, des raffineries de pétrole et des usines chimiques.

Guerres et industrialisation ont laissé à la ville peu de chances de préserver son passé. Elle n'est toutefois pas dépourvue d'intérêt et peut devenir le point de départ d'excursions sur la côte cantabrique. Sa situation lui permet de s'approvisionner régulièrement en produits frais qui contribuent à la qualité de ses remarquables restaurants basques.

Manifestation En août, festival : courses de taureaux, représentations théâtrales et spectacles divers.

A voir

Museo de Bellas Artes

Parque de Dona Casilda de Iturriza s/n ☎ (94) 441.95.36 ○ Ouv. lun 16 h 30-18 h 30, mar-sam 11 h-13 h 30, 16 h 30-18 h 30, di 10 h-14 h.

Ce musée abrite une collection étonnamment importante de statues et tableaux espagnols et étrangers, allant de la période romane au début du XXe s. : œuvres de Greco, Velázquez, Ribera, Ribalta, Zurbaran, Goya et Herrera, ainsi que des échantillons d'art religieux roman et début gothique. Les peintres modernes, de Gauguin à Sorolla, sont représentés au premier étage.

Museo Historico

Cruz 4-6 ☎ (94) 415.54.23 ○ Ouv. mar-sam 10 h 30-13 h 30, 16 h-19 h, di 10 h 30-13 h 30. Fermé lun.

Exposition d'objets chrétiens, de céramiques, de meubles, de répliques de peintures rupestres, et œuvres d'art régional.

Hôtels

Ercilla

Ercilla 37-39 ☎ (94) 443.88.00 443.89.00 TX 32449 GHRE 350 AE DC MC VISA

Le centre de la vie sociale de Bilbao. Situation très centrale et services multiples. Son bar et ses salons sont très animés : ils accueillent conférences, réunions politiques ou taurines.

Husa Carlton

Plaza Federico Moyúa 2 ☎ (94) 416.22.00 TX 32233 150 AE DC MC VISA

Affilié depuis quelque temps à la chaîne Husa, cet hôtel situé au centre ville est le plus traditionnel de Bilbao. Un service soigné pour un hôtel tranquille de bonne catégorie.

Les Tamarises

Playa de Ereaga, Algorta ☎ (94) 469.00.50 TX 3L534 42 AE DC MC VISA

Idéal pour ceux qui cherchent la tranquillité. Face à la mer. Bon restaurant. Un seul inconvénient : cet établissement se trouve à 15 km de la ville, dans le port d'Algorta.

Villa de Bilbao

Gran Via Diego López de Haro, 87 ☎ (94) 441.60.00 TX 32164 P 142 AE DC MC VISA

Le plus moderne des hôtels de Bilbao. Bonnes installations et chambres spacieuses. Accueille conférences et congrès.

Nous recommandons également : **Aránzazu** *(Rodriguez Arias 66 ☎ (94) 441.31.00 TX 32164 P 171 AE DC MC VISA)* ; **Avenida** *(Avenida de Zumalacarregui 40 ☎ (94) 412.43.00 TX 31040 à P AE DC MC VISA)* ; **Nervión** *(Campo Volantin. 11 ☎ (94) 445.47.00 TX 31040 à P 351 AE DC MC VISA)*.

Restaurants

Artagan
Gran Vía López de Haro 87
☎ (94) 441.60.00
AE DC MC VISA Ouv. midi et soir jusqu'à 23 h. Fermé di et juil.

Restaurant de l'hôtel Villa. Nourriture de qualité bien présentée, mais un ensemble un peu terne.

Bermeo
Ercilla 37-39 ☎ (94) 443.88.00
à AE DC MC VISA

Le restaurant de l'hôtel El Ercilla est un des meilleurs établissements de Bilbao. Préparations de légumes et de poissons particulièrement savoureuses. Qualité élevée et prix en conséquence.

Estraunza
Gran Vía López de Haro 61
☎ (94) 442.23.71 et 442.23.72
AE MC VISA

Ouvert depuis peu, cet établissement a acquis une réputation méritée. Cafétéria et petite salle de trente places. Carte réduite mais soignée. Vins de qualité.

Goizeko Kabi
Particular de Estraunza 4 et 6
☎ (94) 442.11.29
AE DC MC VISA Ouv. midi et soir jusqu'à 0 h. Fermé di, août.

Considéré par de nombreux gastronomes comme le meilleur restaurant d'une ville dont le principal attrait est la bonne cuisine. La carte change tout le temps ; on y propose plats traditionnels et grandes innovations. Toujours plein malgré des prix élevés ; il est recommandé de réserver.

Guria
Gran Vía López de Haro 66
☎ (94) 441.90.13 et 441.05.43
à AE DC MC VISA Ouv. midi et soir jusqu'à 0 h. Fermé di.

Un des restaurants de luxe les plus anciens de la ville. Excellente cuisine basque traditionnelle et service agréable. Spécialité : *bacalao* (morue).

Machimbenta
Ledesma 26 ☎ (94) 426.84.95
à AE DC MC VISA

Une rubrique gastronomique sur Bilbao, si courte soit-elle, serait incomplète sans le Machimbenta, qui perpétue avec brio la tradition. Spécialités : excellentes préparations de poissons, poivrons farcis, soupes de légumes.

Nous recommandons également : **Kirol** *(Ercilla 28 ☎ (94) 443.70.11)*, colin frit, gibier ; **Lepanto** *(Plaza de Eguileor 2 ☎ (94) 415.04.26)*, cuisine traditionnelle à bon prix ; **Retolaza** *(Tenderia 1 ☎ (94) 415.06.43)*, légumes et morue ; **Rogelio** *(Carretera de Castrejana, Basurto ☎ (94) 431.30.21)*, cuisine traditionnelle, poisson et viande ; **Victor** *(Plaza Nueva 2)*, cuisine traditionnelle, morue.

Bilbao égrenait ses maisons au bord du Nervion, blotties dans cette cuvette naturelle, sous un manteau de brumes qui, par intervalles, se diluaient en fumée et les dissimulait en partie au-delà du coude du cimetière.

Miguel de Unamuno, *Contes*

Vie nocturne

Le *Casco Viejo*, surnommé « las siete calles », est une succession ininterrompue de bars qui ne désemplissent pas avant les repas et à l'heure du digestif. Après les inondations qui ont endommagé ce quartier en 1983, de nombreux établissements ont été rénovés.

C'est autour des rues *Lersundi* et *Heros* que l'on trouvera le plus d'établissements où prendre un verre le soir. Parmi les plus animés et les plus jeunes, **Whisky Viejo**, **Danicos** et **Scaná**. Plus tranquilles : le **Café Iruña** *(Plaza de Jardines de Albia)* et le **Café La Granja** *(Plaza Circular)*. Et plus traditionnels : le **Bluesville** *(Telesforo Aranzadi 1)* et l'**Old Tavern** *(Rodriguez Arias 3)*.

On danse jusqu'à 4 h 30 du matin le samedi et le dimanche à la discothèque **Flash** (*Telesforo Aranzadi 4*).

Buitrago

*Carte **12**D6 : 74 km au N de Madrid par la N1.*
Population : 1 150 habitants

De fondation très ancienne, probablement bien avant la domination romaine, cette petite ville a conservé une muraille arabe, renforcée et agrandie au cours des siècles, qui se reflète dans les eaux du Loyoza. Eglise gothique Santa Maria del Castillo et petit musée dédié exclusivement à des œuvres de Picasso provenant de la collection privée du coiffeur du peintre.

Burgos

*Carte **12**C6. Burgos. 156 km au S de Santander, 121 km au N-E de Valladolid. Population : 152 000 ℹ Plaza Alonso Martinez 7 ☎ (947) 20.18.46.*

La *Cabeza de Castilla* (tête de la Castille) fut à une époque la capitale du royaume de León et de Vieille Castille. C'était il y a mille ans, lorsque le légendaire Cid dévastait les terres des ennemis musulmans. Ses cendres (du moins le dit-on) reposent dans la magnifique cathédrale de la ville. La fondation de Burgos remonte au IXe s., quand la plaine qui s'étend au bord de l'Arlanzon fut choisie pour construire une forteresse qui permettrait d'affronter les Maures.

Les lieux à voir se trouvent au N de la rivière, très proches les uns des autres. A part le château, en grande partie détruit par les Français en 1813 après le siège de Wellington, le quartier ancien est resté à peu près intact. L'héritage de la cité appartient au Moyen Age, avec des éléments de gothique tardif. C'est ici que fut créé le Parti phalangiste en 1936.

Manifestation En juin, Fiesta de San Pedro.

A voir

Cathédrale ⛩ † ★

Plaza de Santa Maria ◐ 📷 🚶 Ouv. juin-sept 9 h-13 h, 15 h-17 h ; oct-mai 10 h-13 h, 15 h-17 h.

La plus magnifique d'Espagne, avec celles de *Séville* et de *Tolède*. Superbe exemple de gothique flamboyant, aussi belle à l'extérieur qu'à l'intérieur. Prendre le temps d'en faire le tour, en partant de la façade principale, sur la Plaza de Santa Maria. Les deux flèches jumelles encadrent une rosace, une profusion de statues, des tours plus petites, des balustres découpées, des arcs-boutants et des pilastres. Montez les marches (sur la gauche de la place en regardant la façade), tournez à droite (E) une fois en haut : vous arrivez à la **Puerta de la Coroneria** (XIIIe s.). En redescendant les marches en face, vous arrivererez à la **Puerta de la Pellejeria** (XVIe s.), de style plateresque orné. Contournez toujours l'église : on remarquera deux tours octogonales au-dessus de la croisée et la **Capilla del Condestable**, un long mur entourant le **cloître** et des bâtiments annexes. L'entrée principale est à l'O : la **Puerta del Sarmental** (XIIIe s.), ornée de sculptures sur des thèmes bibliques.

La plus grande partie de l'édifice a été terminée au XIIIe s., entre 1221 et 1277, mais la décoration, intérieure comme extérieure, a continué jusqu'au XVIe s., avec quelques ajouts au XVIIIe s. A droite de la porte se trouve l'entrée du cloître. Avancer tout droit en suivant le transept, en laissant la **Capilla Mayor** sur la droite avec son rétable du XVIe s. et la pierre tombale du Cid et de son épouse Chimène, au centre de la croisée. Au-dessus de celle-ci, une splendide coupole décorée. A l'extrémité N du transept, un somptueux escalier double, de style Renaissance, mène à la Puerta de la Coroneria, qui se trouve à un niveau plus élevé, et que l'on a déjà vue à l'extérieur.

Revenir vers le bas-côté N en passant devant la balustrade de noyer sculpté des stalles du chœur, qui se trouve au centre de la nef. Sur la gauche, la **Capilla de Santa Ana** (XVe s.), avec un retable de bois polychrome. C'est l'une des plus richement décorées, parmi les treize chapelles disposées de façon asymétrique qui rendent la cathédrale si agréablement vivante. A l'extrémité de ce bas-côté, admirez l'horloge du XVIe s. qui porte le nom de *Papamoscas* (gobe-mouches) et se met en mouvement à chaque heure. Tourner à gauche (S), puis encore à gauche (E) : la chapelle sur la droite, **Santisimo Cristo**, possède une statue du Christ pour laquelle du cuir a été utilisé pour simuler la peau. On la date du XIIIe s., peut-être même avant. Plus loin, sur le même bas-côté, traverser le transept à droite du maître-autel et suivre le déambulatoire. Au centre, la **Capilla del Condestable** (XVe s.) offre une débauche extravagante de grilles, reliefs, et autels plateresques et isabelins, ainsi que les tombeaux de Pedro Hernandez de Velasco et son épouse. Une porte, au fond à droite, ouvre sur une petite pièce où l'on peut admirer un portrait de *Marie-Madeleine* par Léonard de Vinci.

La porte à gauche de l'entrée principale donne sur le **cloître**. Essentiellement du XIVe s., il est richement orné de sculptures, tant dans les galeries que dans les trois chapelles du côté E. Dans celle du milieu, il y a également des manuscrits rares et le contrat de mariage du Cid (XIe s.). Au fond, à l'angle S-E, le **chapitre** au plafond mudéjar contient des tableaux et des tapisseries des XVe-XVIe s.

A voir également

En arrivant à Burgos par l'O, on trouve d'abord le **Puente de Santa Maria** puis l'**Arco de Santa Maria**, important vestige des fortifications de la ville au XIe s.. De là, on ira se garer sur la place devant la cathédrale, avant d'entreprendre à pied le tour des endroits à visiter, proches les uns des autres.

A partir de la cathédrale, aller vers l'E : vous rejoindrez la **Plaza Mayor**, entourée d'arcades. A l'angle N-E, la **Casa del Cordon** (XVe s., *Av. del Cid Campeador)* tient son nom d'un motif sculpté en forme de corde sur la façade. C'est dans ce palais que Christophe Colomb fut accueilli par les rois catholiques après sa seconde expédition au Nouveau Monde.

Dépasser la cathédrale, en allant vers l'O : l'**Iglesia de San Nicolás** *(Fernan Gonzalez)*, principalement du XVe s., possède un grand retable réalisé par Francisco de Colonia en 1505. Au-dessus de l'église, les remparts que l'on voit sont les restes d'un château détruit. L'ascension jusqu'en haut de la colline sera récompensée par une belle vue, mais rien d'intéressant au niveau des fortifications. Au N. de la cathédrale se trouve l'**Iglesia de San Esteban**, gothique du XIVe s *(San Esteban)*.

Enfin, renseignez-vous auprès du bureau de tourisme pour savoir si la **Casa de Miranda** est ouverte. Cette demeure du XVIe s., aujourd'hui musée abritant des collections archéologiques, des œuvres religieuses et des objets funéraires, a été provisoirement fermée pour restauration.

Excursions

Cartuja de Miraflores ☆

3 km à l'E de Burgos. Ouv. 10 h-15 h, 16 h-18 h ; vacances, 13 h-15 h, 16 h-18 h.

Le principal intérêt du monastère du XVe s. est une église contenant les tombeaux de Juan II et Isabelle de Portugal, les parents d'Isabelle la Catholique. Remarquable monument funéraire, devant le maître-autel.

Monasterio de las Huelgas ☆
1 km au S-O de Burgos ☎ (947) 20.16.30 Ouv. lun-sam 11 h-14 h, 16 h-18 h ; di et jours fériés 11 h-14 h.
Seules les filles très bien nées étaient admises comme religieuses dans ce couvent influent appartenant à l'ordre cistercien. La construction est principalement gothique, des XIIe-XIIIe siècles, bien que des ajouts ultérieurs trahissent une allégeance aux styles roman et mujédar. Dans l'église, des statues d'Aphonse VIII et d'Eléonore d'Angleterre, fondateurs et bienfaiteurs du couvent.
Lerma *(37 km au S de Burgos, sur la route de Madrid)*. Les fortifications d'une cité médiévale couronnent une hauteur surgie de la plaine. La vieille ville, dans les murs d'enceinte, mérite une excursion.

Landa Palace
Carretera Madrid-Irun, km 236 ☎ (947) 20.63.43 39 39
A 2 km au S de Burgos. Un château improbable se profile sur le chemin de Madrid. Derrière les lourdes portes de chêne, la grande salle seigneuriale de cet hôtel de luxe dégage une ambiance à la fois élégante et rustique. Piscines couverte et en plein-air. Bien qu'un peu éloigné du centre ville, le restaurant vaut le déplacement : il n'y a rien de mieux dans le voisinage.

Rien à voir avec le luxe du Landa Palace, mais leur avantage est d'être situés au centre de la ville : le **Condestable** *(Victoria 8 ☎ (947) 20.06.44 à)* est un hôtel traditionnel, construit il y a quarante ans. S'il n'y a pas de place, essayez l'**Almirante Bonifaz** *(Vitoria 22 ☎ (947) 20.69.43)*, moderne et bien tenu.

Casa Ojeda
Vitoria 5 ☎ (947) 20.59.04 à AE DC MC VISA
Dernières comm. 23 h. Fermé juin-oct di. soir ; oct-juin lun.
Voici un établissement qui ne laisse rien au hasard. Des *tapas* particulièrement appétissantes sont présentées sur un grand bar, il y a une boutique pour acheter des produits régionaux et une salle à manger à l'étage. Au menu, des plats castillans traditionnels tels que *sopa castellana*, *cordero asado* et *alubias con chorizo* (haricots rouges au chorizo).

Los Chapiteles
General Santocilde 7 ☎ (947) 20.59.98 AE DC
dernières comm. 23 h. Fermé di.
Restaurant local avec une certaine prétention. Menu traditionnel agrémenté de spécialités « internationales ». Service correct, joli décor. Excellentes *tapas* au bar, *menestra de verduras*, *cordero asado* et *rabo de buey* au menu.

Mesón del Cid
Plaza Santa Maria 8 ☎ (947) 20.59.71 AE DC MC
Dernières comm. 23 h 30. Fermé fév et di soir.
Dans une maison du XVe s., en face de la cathédrale. L'intérieur est resté authentique, avec un bar au rez-de-chaussée et quatre salles à manger réparties sur trois niveaux différents. Les serveuses sont en costume local et font diligence.

Caceres
Carte 6F3. Province de Caceres. 92 km au N-E de Badajoz, 301 km au S-O de Madrid. Population 58 900
Ancha 6.
On trouve ici des traces d'une population préhistorique non identifiée. Ensuite vinrent les Celtes, les Romains et les Goths. Les Maures ont apporté à la ville la plus grande partie de son identité actuelle, y compris l'origine de

son nom, « Qazris ». La vieille cité est entièrement ceinte de remparts — élevés, détruits, reconstruits et agrandis par les occupants successifs. A l'intérieur des murs, des maisons et églises d'une dignité austère, des flèches et des tours où les cigognes font leur nid, et pour ainsi dire pas la moindre trace d'une mentalité commerçante abusive.

A voir

Commencer la promenade depuis la Plaza del General Mola, du côté opposé aux arcades. Prendre à gauche sous l'Arco de la Estrella. Poursuivre tout droit jusqu'à la Plaza Santa Maria, bordée de nobles demeures du XVIe s., en particulier le **Palacio de Mayoralgo**. Au fond, l'**Iglesia de Santa Maria**, gothique avec des ajouts Renaissance sur le portail central et dans la *capilla mayor*.

Continuer sur la droite. Le **Palacio de los Golfines de Abajo** servait de résidence à Ferdinand et Isabelle quand ils venaient dans la région pour mater les velléités d'indépendance de la noblesse locale. La rue étroite s'élève vers un double escalier qui mène à l'**Iglesia de San Francisco Javier**, édifice jésuite et, sur sa gauche, au **Colegio de Luisa Carjaval**.

Remonter la rue à droite de l'église et passer devant la **Casa de las Cigüeñas**, caserne modeste depuis cinq siècles. Derrière se dresse la belle **Casa de las Veletas**, qui comporte des éléments d'un palais maure du XIIe s. et une citerne plus ancienne. C'est aujourd'hui un petit **musée archéologique** *(ouv. juin-sept mar-sam 10 h-14 h, 17 h-20 h, di et vacances 10 h-14 h ; oct-mai 10 h-14 h ; fermé lun.)* qui abrite des vestiges celtes et romains.

L'église de **San Mateo** domine la place du même nom, édifice essentiellement gothique construit entre le XIIIe et le XVIe s. La nef est d'une hauteur inhabituelle, et le maître-autel somptueusement baroque. Tourner à droite (N) après l'église et prendre à gauche la Calle Anacha.
Au bout, après plusieurs demeures imposantes, se trouve l'***Hosteria Nacional***, établie dans le **Palais de Torreorgaz** (XIVe s.). Continuer tout droit. Au bout de la courte Calle Condes se dresse le **Palacio de los Golfines de Arriba**, avec sa tour à horloge carrée du XVe s., ornée d'un balcon et construite en pierre ocre.

Cette promenade permet de voir la plupart des bâtiments importants et des rues agréables. Mais on peut également visiter l'**Iglesia de Santiago** (gothique), à l'E de la vieille ville, et le **Palacio de Godoy**, juste en face, ainsi que l'**Arco de Cristo**, le seul arc romain conservé dans les murailles de la cité.
Le **musée de Caceres** *(Plaza de los Veletos 1 ☎ (927) 21.26.03)* présente une section d'archéologie et d'ethnologie ; section des beaux-arts dans la Casa del Mono (☎ (927) 21.29.37).

Ⓡ **Hosteria Nacional del Comendador**
Ancha 6 ☎ (927) 21.30.12 Dernières comm. 23 h.
A l'intérieur des murs de la vieille ville, une halte bienvenue après la visite du quartier. Décor et cuisine, sans surprendre, sont d'excellente qualité.

Cadaqués

Carte 16B3. Province de Gérone. 74 km de Gérone, 35 km de Port-Bou (frontière avec la France).
Population : 1 670 habitants. ℹ Cotche 2 ☎ (972) 25.83.15.
Situé au fond d'une petite baie, cet ancien village de pêcheurs est devenu un haut lieu du tourisme. La

beauté du site, le pittoresque des lieux, la lumière aussi ont attiré de nombreux artistes (Dalí s'est installé dans le petit village de **Port Lligat**). Dominant les maisons blanches de Cadaqués, l'**église paroissiale**, un édifice baroque, accueille en été le **Festival international de la musique**. Le petit Museo Municipal de Arte Contemporáneo expose, entre autres, des œuvres de **Dalí**.

Ⓡ **La Galiota** (*Narcis Monturios 9 ☎ (972) 25.81.87* ▥) sert des spécialités catalanes ; ne manquez pas de goûter le poisson.

Excursions

Rosas *(Roses)*
20 km au S de Cadaqués
Fondée au VIe s. av. J.-C. par les Grecs qui la nommèrent Rhoda, la ville s'étend le long d'une baie de 4 km. Très belles plages, vestiges archéologiques et église romane, **Santa María**.

El Port de la Selva
📷 13 km au N de Cadaqués
Charmant petit port de pêche sur le cap de Creus. A 7 km à l'intérieur des terres, dans un site merveilleux, sur fond de mer, monastère cistercien de **San Pere de Roda**, où l'on retrouve des influences architecturales romanes, arabes et carolingiennes.

Ampurias *(Empuries)*
L'une des plus anciennes colonies grecques de cette partie de la Méditerranée, peuplée ensuite par les Romains. Ruines grecques et romaines tout au long de la côte, presque jusqu'au village voisin de L'**Escala** où l'on trouve également des vestiges grecs et romains.

Ⓗ **Nieves Mar** *(Paseó Maritimo 8, L'Escala ☎ (972) 77.03.00)* moderne, avec de bonnes installations ; 80 chambres, salon.

Ⓡ **Nieves Mar** *(même adresse que l'hôtel)*. Grande tradition locale. Spécialité de poisson et de langouste, *suquet de pescado*.

Cadix *(Cádiz)*

Carte 6I3. Province de Cadix. 124 km au S-E de Séville, 121 km au N-O d'Algésiras. Population : 157 000 ℹ Calderon de la Barca 1 ☎ (956) 21.13.13.

La ville s'étend sur un rocher relié à la terre ferme par un isthme qui ferme, au S, la baie de Cadix. On y trouvera des ruines pré-romaines, des belvédères donnant sur la mer, une bonne plage, trois églises et un *barrio antiguo* au charme discret.

Cadiz a derrière elle une longue histoire. Les commerçants phéniciens s'y établirent au XIIe s. av. J.-C., suivis par les Grecs, les Carthaginois, les Romains et les Maures. C'est là que Jules César décida d'accorder la citoyenneté romaine aux habitants de la colonie ibérique. La ville perdit de son prestige sous les Arabes, mais elle redevint influente au XVIe s., avec l'afflux des galions rentrant des Amériques. Elle fut la cible des Anglais entre le XVIe et le XIXe siècle. Sir Francis Drake l'attaqua en 1587, brûlant les vaisseaux destinés à l'Armada, et Nelson la fit bombarder en 1805.

A voir

Catedral Nueva †
Plaza de Pio XII
Plus de cent ans furent nécessaires pour terminer la « nouvelle » cathédrale (1720-1838). Les styles ne s'étant pas superposés, elle demeure de pur baroque. On s'intéressera surtout à la coupole

recouverte de tuiles ambrées et au tombeau du compositeur Manuel de Falla.

Museo de Cádiz
Plaza del Generalisimo 5 ☎ (956) 21.43.00 ◐ Ouv. 9 h 30-13 h 30. Fermé di, lun.
Le bâtiment abrite en fait deux musées. Au rez-de-chaussée, le **Museo Arqueologico**, avec des objets phéniciens et romains. A l'étage, le **Museo de Pinturas** possède des œuvres intéressantes de Murillo, Zurbaran et Ribera.

🄷 Ne jugez pas la chaîne *parador* d'après son exception, le **Parador Nacional Atlantico** *(Parque Genovès 9 ☎ (956) 21.23.01 ▥)*, immeuble banal à plusieurs étages qui n'a rien à voir avec les autres paradores. C'est cependant le moins mauvais choix dans une sélection médiocre. Certaines chambres ont vue sur la mer, et le parc est le plus grand de la ville. Sinon, l'**Isecotel** *(Paseo Maritimo s/n ☎ (956) 23.54.01 ▥)*, sans service, et le **Regio** *(Ana de Viya 11 ☎ (956) 27.93.31 ▥)*, récemment construit.

🅁 **El Anteojo** *(Alameda Apodaca 22 ☎ (956) 21.36.39 ▥)* propose de bonnes *tapas* au bar du rez-de-chaussée, une vue superbe de la salle à manger du premier étage et de beaux plats de fruits de mer. Dans la vieille ville, **El Faro** *(San Felix 15 ☎ (956) 21.10.68 ▥)* est également spécialisé dans les produits de la mer.

Calatayud

Carte 13D7. Province de Saragosse. 87 km au S-O de Saragosse, 91 km au S-E de Soria. Population : 19.000
ℹ Ayuntamiento (mairie)

Son nom vient du Maure « Kalat Ayub », allusion au **château d'Ayub** dont les ruines se dressent encore au-dessus de la ville. Les tours mujédares, rehaussées de bandes de mosaïque carrelée, dominent les toits pointus. A l'E de la ville, vestiges d'un site romain, **Bilbilis**. A Calatayud même, l'église collégiale **Santa Maria la Mayor** (XIIIe s.) conserve des éléments de la mosquée qui occupait précédemment le site. **Santo Sepulcro** est une ancienne église des templiers, construite au XIIe s. et rénovée au XVIIe.

🄷 **Calatayud** *(Garcia Olaya 17 ☎ (976) 88.13.23 ▥)* est un hôtel confortable, agréablement situé à l'E de la ville, sur la route de Saragosse.

🅁 En dépit de son nom, **Lisboa** *(Paseo de Calvo Sotelo 10 ☎ (976) 88.25.35 ▥)* offre une cuisine typiquement aragonaise.

Carthagène (Cartagena)

Carte 9H8. Province de Murcie. 241 km au N-O d'Almeria, 110 km au S-O d'Alicante. Population : 158.000.

L'ancien port carthaginois est protégé à la fois de la mer et de la terre. Sa baie est quasi circulaire, et l'étroite ouverture sur la mer est contenue par un long quai. Quatre châteaux en gardent l'entrée et les hauteurs. Il y a un arsenal du XVIIIe s. et une base navale très active. Le trafic commercial maritime porte sur l'exportation de minerais — plomb, fer et zinc en provenance de la *sierra* voisine — et l'importation de pétrole brut pour la raffinerie d'Escombreras.

Les ruines d'un forum, d'un amphithéâtre et d'une nécropole attestent de l'occupation romaine.

A voir

Au sommet du promontoire, à l'O de l'entrée du port, se dresse le **Castillo de las Galeras**, et, juste en face, le **Castillo de San Juan**. Sur la plus haute des collines dominant la ville, le **Castillo de la Concepción** est aujourd'hui un jardin plus qu'un fort. La cathédrale en ruine sur la route menant à ce château, **Santa Maria la Vieja**, fut construite au XIIIe s. mais gravement endommagée pendant la guerre civile. Devant le port, près de l'hôtel de ville, est exposé le sous-marin inventé en 1888 par un ingénieur local, Isaac Peral. Le port s'étend derrière, protégé par deux digues. La **Torre Ciega**, au N de la gare, est un monument romain du Ier s.

Ⓗ La plupart des touristes préfèrent habiter les hôtels qui longent Mar Menor, curieuse baie presque fermée qui couvre 30 km au N-E de la ville, pour la bonne raison qu'il n'y a presque pas d'hôtels corrects dans le centre. On peut choisir entre le **Cartagonova** *(Marcos Redondo 3 ☎ (968) 50.42.00 ▥ à ▥)* et le **Mediterráneo** *(Puerto de Murcia 11 ☎ (968) 50.74.00 ▥)*.

Ⓡ L'hôtel **Mediterráneo** possède un bon restaurant, le **Chamonix** *(même adresse et ☎ ▥)*.

Castellón de la Plana

Carte 9F9. Province de Castellón. 66 km au N-O de Valence, 121 km au S-E de Tortosa. Population : 110.000 ℹ Paseo Maria Agustina 5 ☎ (964) 22.77.03.

Le détour n'est pas indispensable. Le paysage alentour est sans intérêt, tout comme la ville, gravement endommagée par la guerre civile. Les hôtels sont aussi ordinaires que les restaurants. Si vous devez néanmoins passer une heure ou deux dans cette capitale de province, allez directement à la Plaza Mayor. Côté E, l'**Iglesia de Santa Maria** est une reconstruction datant de l'après-guerre civile, remplaçant l'édifice d'origine du XVIe s. Tout près, la **Torre del Reloj** (Tour d'horloge), du XVIe s., a échappé à la destruction. Plus à l'O l'**Ayuntamiento** du XVIIIe s. et, quatre rues plus haut, vers le N dans la Calle Mayor, la Diputación Provincial abrite le **Museo Provincial de Bellas Artes** *(☎ (964) 22.38.00)* : œuvres de Francisco Ribalta et José Ribera.

Ⓗ Le **Mindoro** *(Moyano 4 ☎ (964) 22.23.00 ▥ à ▥)* est un hôtel moderne et confortable, mais pas très gai. Le **Myrian** *(Obispo Salinas 1 ☎ (964) 22.21.00 ▥)* est petit, propre et calme.

Ⓡ **Casino Antiguo** *(Puente del Sol 1 ☎ (964) 22.28.64 ▥ à ▥)* est un club privé, mais le public est admis dans la salle à manger fraîche. Excellente *paella de mariscos.*

Excursion

Benicasim *(14 km au N de Castellón)*. Seuls charmes : ceux que l'on peut trouver à une station balnéaire avec plage et palmiers.

Ⓗ Parmi les hôtels, très fonctionnels : **Azor** *(Paseo Maritimo s/n ☎ (964) 30.03.50 ▥)*, **Tres Carabelas** *(Av. Salvador Ferràndiz s/n ☎ (964) 30.08.50 ▥)*, et **Orange** *(Gran Av. s/n ☎ (964) 30.06.00 ▥)*, qui est le plus grand et le mieux équipé en distractions.

El Grao *(4 km à l'E de Castellón)*. Une importante flotte de cargos et de chalutiers peut jeter l'ancre dans le port. Une plage de 4 km s'étend vers le N, la **Playa del Pinar**, appelée à un développement immobilier et touristique certain.

🄷 **Del Golf** *(☎ (964) 22.19.50 ▥)*. Juste sur la Playa del Pinar. Nombreux sports possibles.

🄁 Poissons et fruits de mer chez **Rafael** *(Churruca 26 ☎ (964) 22.20.88 ▥)* et **Arrantzale** *(Av. Buenavista 36 ☎ (964) 23.00.51 ▥)*.

Nouvelle-Castille *(Castilla La Mancha)*

Carte **8***F6&7. Au centre de la Péninsule.*

Cette région (dont l'appellation espagnole vient de changer de Castilla la Nueva en Castilla La Mancha) occupe la partie méridionale du plateau formant l'intérieur du pays, la Meseta. Bien qu'elle ne soit pas particulièrement hospitalière — peu d'eau et de ressources minérales, climat rude —, elle n'en est pas moins le site de la capitale : d'abord *Tolède*, puis *Madrid*. Au Moyen Age, les souverains, qui ne parvenaient pas à asseoir leur autorité, durent céder des fiefs sur lesquels leurs rivaux construisirent de nombreux châteaux — d'où le nom de Castilla.

Les provinces formant cette région sans accès à la mer sont Cuenca, Guadalajara, Ciudad Real, Tolède et Albacete, chacune portant le nom de sa ville principale. Deux fleuves traversent la Nouvelle-Castille, le Tage et le Guadiana. Plusieurs chaînes de montagnes s'y dressent, en particulier les Gredos à l'O de Madrid, la Guadarrama au N et la Serrania de Cuenca à l'E. Cultures principales : raisin et maïs ; élevage de moutons.

Vieille-Castille *(Castilla León)*

Carte **12***D6. De la côte cantabrique au centre de l'Espagne. Aéroports : Santander, Valladolid.*

Comme la Nouvelle-Castille, qui la borde au S, cette région (Castilla la Vieja, devenue Castilla Léon) est principalement constituée d'un plateau : la partie N de la Meseta. Le paysage change de manière spectaculaire, de la côte cantabrique à un désert plat et ocre, une fois que l'on a traversé une chaîne de montagnes bleu-vert. Le lien naturel, quoique approximatif, entre les deux Castilles est formé des Sierras de Gredos et de Guadarrama. Même avec huit provinces — Santander, Burgos, Logroño, Palencia, Soria, Segovia, Valladolid et Avila —, la population totale n'est même pas égale à celle de Madrid.

Vu le climat continental extrême qui y règne, mieux vaut éviter la région en juillet-août et en décembre-février. Les ressources principales sont les céréales, l'élevage de moutons, et le mercure.

🄷 **Parador Nacional de Gredos** *(63 km au S-O d'Avila ☎ (918) 34.00.48 ▥ à ▥)* : ancien pavillon de chasse, avec une vue superbe sur la Sierra de Gredos. Excellente base pour un tour de la région.

Catalogne (*Cataluña en castillan, Catalunya en catalan*)

Carte **15***D10. La région la plus proche de la France, à l'extrémité N-E de l'Espagne. Aéroports : Barcelone, Gérone, Tarragone.*

De spectaculaires chaînes de montagnes encastrent des

vallées fertiles, une côte découpée abrite de nombreuses plages, trois grandes rivières fournissent suffisamment d'énergie pour l'industrie et d'eau pour l'agriculture : voilà une région qui bénéficie d'assez d'avantages naturels pour maintenir un bon niveau de prospérité. Raisins, olives et blé sont cultivés en abondance. On y fabrique des moteurs, du matériel de bureau, des tissus et de l'équipement lourd. Le commerce international et l'édition sont florissants.

Les quatre provinces de Gérone, Lérida (Lleida), Barcelone et Tarragone, nommées d'après le nom de chaque ville principale comme c'est la coutume en Espagne, sont liées par une histoire commune qui remonte à Charlemagne : ayant chassé les Maures, celui-ci annexa la région à son empire. Au XIe s., les comtes de Barcelone acquirent de l'importance, et la Catalogne gagna son indépendance et forma un parlement. L'esprit séparatiste a souvent pris la forme d'une rébellion ouverte, mais un statut autonome, obtenu de l'actuel régime démocratique, a calmé cette agitation.

Les provinces catalanes sont également liées par un héritage folklorique et artistique commun, ainsi que par la langue. Certaines villes, rues et places ont été rebaptisées récemment en catalan, et il n'est pas toujours aisé de retrouver son chemin.

Cazorla (Sierra de)

Carte 8H6. 80 km à l'E de Jaén.

Un des endroits les plus abrupts d'*Andalousie*. On y trouve la **réserve de chasse** la plus importante d'Espagne. Le village qui porte le même nom que la chaîne de montagne a conservé un aspect à la fois arabe et moyenâgeux, avec ses petites maisons accrochées à la colline et ses deux forteresses.

Ⓗ Le **Parador Nacional El Adelantado** *(à 27 km ☎ (953) 72.10.75)*, de construction moderne, est situé en pleine montagne. C'est le rendez-vous des fanatiques de la chasse.

Ciudad Real

Carte 7F5. Province de Ciudad Real. 192 km au N de Jaén ; 116 km au S de Tolède. Population : 46.000

ℹ Alarcos 31

Il est possible que cette capitale provinciale et poussiéreuse, à l'écart de la route Madrid-Grenade, ait été autrefois aussi prestigieuse que l'affirme Cervantes. Aujourd'hui, cela semble moins évident. Village fortifié à l'origine, il ne reste plus de l'ancienne enceinte que la **Puerta de Toledo** (XIVe s., de style mujédar). Beau retable Renaissance dans la cathédrale gothique.

Ⓗ Le **Castillos** *(Av. Rey Santos ☎ (926) 21.36.40 ▥□)* est avant tout un hôtel pour hommes d'affaires, dans le centre de la ville. **El Molino** *(Carretera de Carrión ☎ (926) 22.30.50 ▥□)* est petit, sur la route, avec un restaurant acceptable.

Ⓡ Le **Miami Park** *(Ronda de la Ciruela 48 ☎ (926) 22.20.43 ▥□)* est à la fois traditionnel et pratique.

Excursion

Almagro *(22 km au S-E de Ciudad Real ℹ Jose Antonio 11)*. La *plaza mayor* du XIVe s., avec ses colonnes de pierre supportant des balcons de bois, et le **Corral de Comedias** (XVIe s.), invitent à la flânerie. On a donné, et on donne encore, dans ce dernier des représentations de pièces classiques du répertoire espagnol. Voir également le **Convento de la Asunción de Calatrava** (XVIe s.), aujourd'hui monument national.

🄷 On a relevé en 1979 les ruines d'un autre couvent pour créer le **Parador Nacional de Almagro** *(Ronda de San Francisco s/n ☎ (926) 86.01.00 ▥)*, largement supérieur à la plupart des *paradores* par son confort et son élégance.

Ciudad Rodrigo

*Carte **10**E3. Province de Salamanque. 155 km au N de Caceres, 89 km au S-O de Salamanque. Population : 14.000 ℹ Plaza Mayor 1.*

Cet avant-poste proche de la frontière fut fortifié par les seigneurs espagnols contre les incursions belliqueuses de leurs ennemis venus du Portugal, du Sud mauresque et du Nord de l'Europe. La forteresse dominant l'Agueda fut achevée au XIIe s., mais il est probable que d'anciennes fondations romaines furent utilisées pour sa construction. Toute la ville a été classée monument historique.

A voir

Cathédrale †

Casco Viejo. Ouv. 8 h-12 h, 16 h-20 h.

Romane à l'origine (XIIe-XIIIe s.), elle a pris un caractère gothique avec des ajouts et des réparations ultérieurs. On remarquera même certaines décorations baroques. Le **cloître** du XIVe s. *(entrée par le mur N)* est attribué à l'architecte Benito Sanchez. Les panneaux des stalles du chœur ont été sculptés par Rodrigo Alemán.

A voir également

Egalement dans le Casco Viejo : la **Casa de las Aquilas** *(fermée au public)* est une demeure du XVIe s. de style plateresque. Sur la place principale, d'autres maisons du XVIe s., dont l'**Ayuntamiento**. Sur une place proche, le **Palacio de los Castros**, où Wellington aurait passé plusieurs nuits.

🄷 **Parador Nacional Enrique II**

Plaza del Castillo 1 ☎ (923) 46.01.50 ▥ 🛏 28 ➡ 28 🅿 🍽 AE DC MC VISA

Domine la rivière, l'Agueda. La forteresse du XIIe s. fut détruite par Wellington pendant les guerres napoléoniennes. Aujourd'hui, le donjon, les remparts et les salles sont admirablement restaurés, il y a une cour paisible, et l'on peut se promener sur le chemin de ronde. Le restaurant est le meilleur de la ville.

🄷 S'il n'y a pas de place au *parador*, choisissez le **Conde Rodrigo** *(Plaza de San Salvador 7 ☎ (923) 46.14.04 ▥)*, vieil établissement très soigné, près de la cathédrale.
🅁 Cet hôtel propose un restaurant tout à fait convenable.

Cordoue (Córdoba)

*Carte **7**H5. Province de Cordoue. 138 km au N-E de Séville ; 170 km au N-O de Grenade. Population : 255 000 ℹ Hermanos González Murga 13, et Plaza de Judá Leví s/n*

Il faut entrer dans Cordoue par le S., en empruntant le pont romain qui aboutit à la muraille de la Mezquita, une mosquée au volume élégant qui reste un des plus beaux monuments d'Espagne. L'histoire de Cordoue est aussi longue et prestigieuse que celle d'autres grandes cités, mais la ville a été éclipsée par Séville et Madrid après la défaite des Maures. Les Romains s'y installèrent au IIe s. av. J.-C. et en firent la capitale de la Bétique. La ville sombra dans la médiocrité après l'arrivée des Wisigoths, au Ve s.

Avec les Arabes, elle reprit de l'influence, devenant un califat, cité souveraine de l'Espagne mauresque. Les richesses de l'empire d'Islam y déferlèrent, attirant plus d'un demi-million d'habitants — le double de la population actuelle. Parmi ses habitants, le grand philosophe et théologien juif Moïse Maimonides.

Le déclin commenca après 1031, quand les factions maures se querellèrent. Ferdinand III prit la ville en 1236, et les monuments et mosquées (environ 3 000 alors) furent détruits ou laissés à l'abandon. Ce n'est qu'avec le XXe s. que Cordoue a retrouvé un semblant de prospérité, grâce à l'introduction de nouvelles industries et au développement immobilier.

Cordoue a l'aspect plus africain que toute autre ville d'Andalousie ; ses rues ou plutôt ses ruelles, dont le pavé tumultueux ressemble au lit de torrents à sec, toutes jonchées de la paille courte qui s'échappe de la charge des ânes, n'ont rien qui rappelle les mœurs et les habitudes de l'Europe. (...) Les Mores, s'ils pouvaient y revenir, n'auraient pas grand-chose à faire pour s'y réinstaller.

Théophile Gautier, *Voyage en Espagne*

A voir

Alcázar ☆

Amador de los Rios s/n ◐ *Ouv. mai-sept 9 h 30-13 h 30, 17 h-20 h ; oct-avril 9 h 30-13 h 30, 16 h-19 h.*

Derrière le palais, d'admirables jardins en terrasses (illuminés de mai à sept) animés de ruisseaux. Ils donnent, au S, sur le Guadalquivir. Les bâtiments que l'on voit ont été commençés XIIIe s. et terminés pour Alphonse XI en 1328 : les cours mauresques de la citadelle antérieure furent incorporées, ainsi que les mosaïques romaines encore plus anciennes qui y figuraient, et un sarcophage du IIIe siècle.

Juderia

De petites maisons blanches avec des grilles aux fenêtres et des pots de fleurs constituent un quartier qui répond parfaitement à l'idée que l'on peut avoir de l'Andalousie. Il y a chaque année un concours pour désigner le plus joli patio, et les visiteurs sont accueillis à bras ouverts.

La Sinagoga *(Judios s/n ; ouv. en été 16 h-18 h, en hiver 9 h-14 h, 16 h-18 h)*. L'une des trois synagogues qui restent en Espagne. Petite pièce toute simple avec un minuscule balcon, on ne saurait à la voir deviner quelle était sa fonction d'origine. La **Calleja de las Flores** est un ravissant cul-de-sac abondamment fleuri d'où se détache la tour de la cathédrale.

Mezquita-catedral ⛩ † ★★★

Torrijos s/n ● *Ouv. 10 h 30-13 h 30, 16 h-20 h.*

Le témoignage le plus imposant, avec l'Alhambra de *Grenade*, des réalisations architecturales des califes et de leurs sujets. Mais comme l'Alhambra, elle a été abîmée par les modifications qu'y apportèrent les chrétiens. La salle de prière, l'une des plus grandes du monde islamique, est rectangulaire, entourée d'un mur à contreforts. Il y a plusieurs entrées, mais il faut choisir celle du N-O., la **Puerta del Perdón**, flanquée d'un minaret. Elle donne sur le **Patio de los Naranjos** (l'orangeraie), orné de palmiers et de jets d'eau.

Traverser la cour et franchir la porte qui vous fait face. Derrière, une vaste salle faiblement éclairée contenant 800 piliers, soutenant des arcs doubles. C'est la fameuse « forêt de colonnes ». La plupart des colonnes sont en marbre, d'autres en pierre, certaines même en bois ; toutes sont différentes. Dans le mur du fond est le *maqsûra*, vestibule pour la niche sacrée où était déposé le Coran, le *mihrab*. Trois coupoles admirablement sculptées, serties de mosaïques, de couleur dorée dominent le tout.

Brisant l'harmonie somptueuse de la forêt de colonnes, les évêques de l'Eglise catholique triomphante construisirent au XVIe s., au centre de la mosquée, leur **cathédrale**. Triste illustration des excès du gothique-baroque-rococo, généralement considérée comme une agression injustifiable contre l'environnement musulman. La cathédrale regorge de volutes, de frises, de chérubins replets, de saints sculptés, de plafonds à caissons, de peintures et de stucs, d'argent, d'albâtre, de marbres de jaspes.

Museo Arqueológico Provincial
Plaza Jerónimo Paez 7 ☎ (957) 22.40.11 ◐ Ouv. 10 h-13 h 30, 17 h-19 h. Fermé lun.
Le beau **Palacio de Jerónimo Paéz**, de style Renaissance, abrite aujourd'hui le **musée archéologique provincial**, où sont présentés de manière très recherchée des objets allant de l'ère préhistorique à l'époque gothique ; mosaïques romaines, objets d'art du Moyen Age chrétien, reliques mauresques.

Plaza del Potro
La petite place, avec sa fontaine ornée d'un poulain en bronze, se trouve juste au N. du Paseo de la Rivera. Sur le côté O., une auberge que Cervantes aurait citée dans *Don Quichotte*. Juste en face, de l'autre côté de la place, le **Museo Provincial de Bellas Artes**, *☎ (957) 22.13.14 ◐ Ouv. 10 h-13 h 30, 17 h-19 h, fermé lun)* contient des tableaux de Goya, Murillo, Zurbarán, Ribera et d'autres artistes plus récents. La maison voisine (vers le N) est un **musée** *(ouvert 10h-13h30)* consacré aux œuvres du peintre contemporain Julio Romero de Torres.

Excursion

Medina Azahara
6 km au N-O de Cordoue ☎ (957) 22.51.03 ◐ Ouv. en été 10 h 30-12 h, 17 h 30-19 h ; en hiver, 10 h 30-12 h, 15 h 30-18 h. Fermé mar.
Les fouilles et les reconstructions partielles de ce palais mauresque donnent une idée de l'énorme ensemble de jardins, arsenaux, écuries, bassins, mosquées, thermes, écoles et divers établissements où vécut une population de 20 000 habitants, peut-être plus. L'endroit fut rasé par une faction maure rivale en 1013, moins de quatre-vingts ans après le début des travaux.

Ⓗ Le seul véritable inconvénient du **Gran Capitán** *(Av. de América 5 ☎ (957) 22.19.55)*, c'est qu'il est loin de la Juderia et de la Mezquita. Sinon, établissement moderne et fonctionnel, avec un service satisfaisant. Le **Maimónides** *(Torrijos 4 ☎ (957) 22.38.56 à)* est extrêmement confortable et à bonne distance des endroits à visiter. Le **Meliá Córdoba** *(Jardines de la Victoria ☎ (957) 29.80.66)* est anonyme et international, mais à quelques minutes de la Mezquita et très bien équipé. Le **Parador Nacional de la Arruzafa** *(Av. de la Arruzafa s/n ☎ (957) 27.59.00)*, est l'un des *paradores* les plus modernes, à 4 km au N de Cordoue, avec de grands salons, une terrasse agréable, un beau jardin et des installations confortables.

Ⓡ **El Caballo Rojo**
Cardenal Herrero 28 ☎ (957) 22.38.04 MC VISA.
Dernières comm. 23 h 30.
Ne mérite que des louanges. Vieux *mesón* à l'origine,

l'établissement actuel comporte des bars, une terrasse et plusieurs salles à manger sur trois niveaux. Le menu traditionnel offre des spécialités espagnoles — *rape mozárabe, rabos de toros, cordero a la miel*—, mais aussi des plats étrangers. Bonne cave et service efficace.

▣ A une rue de l'Alcazar, dans une ancienne école donnant sur une charmante cour, l'**Almudaina** *(Plaza de los Santos Martires 1 ☎ (957) 22.43.36* ▥□), a pour spécialités tous les poissons possibles ; excellente cave et bar très en vogue. **El Churrasco** *(Romero 16 ☎ (957) 29.08.19* ▥□) offre un choix tentant de *tapas*, qui peuvent former un repas à elles seules, mais il y a également une salle à manger traditionnelle, avec d'excellentes viandes rôties.

La Corogne (La Coruña)

*Carte **10**B2. Province de la Corogne 65 km au N de Saint-Jacques-de-Compostelle, 325 km à l'O d'Oviedo. Population : 208 000 ℹ Darsena de la Marina ☎ (981) 22.18.22.*

Cette capitale de province est établie sur une péninsule en forme de champignon qui s'avance dans l'Atlantique à l'extrémité N-O de l'Espagne. Son double port naturel attira inévitablement l'attention des Romains, qui érigèrent un phare au IIe s., la **Torre de Hércules**. L'aspect extérieur en a été modifié au XVIIIe s., mais il est encore en activité.

La côte N de l'isthme est une plage populaire en forme de croissant, en bordure de laquelle se trouve le principal quartier commercial de la ville. La côte S longe un port actif qui se prolonge vers l'E en un quartier ancien, la **ciudad vieja**, dont on fait facilement le tour en une heure ou deux.

Le trait d'architecture le plus spécifique de cette ville réside dans des balcons étroits et hauts, constitués de baies vitrées protégeant du vent et de la pluie — abondants dans la région —, tout en laissant passer les rayons du soleil. Des rues entières sont ainsi des sortes de verrières, d'autant que les immeubles modernes ont reproduit ce trait typique, répandu dans toute la Galice, mais nulle part autant qu'à La Corogne.

Manifestation En août, festival avec concerts, pièces de théâtre, courses de taureaux et concours de danse.

A voir

Il faut visiter la vieille ville à pied. Commencer le tour par la **Plaza de Maria Pita**, place fermée qui porte le nom de celle qui donna l'alarme contre l'attaque britannique de 1589. Menée par Sir Francis Drake, l'invasion était censée consolider l'avantage acquis avec la défaite de l'Invincible Armada, qui était partie de ce port l'année précédente. Du côté N de la place, le **Palacio Municipal** est une construction néoclassique très ornée, surmontée de trois coupoles, qui abrite une galerie d'art contemporain. Tout de suite à l'O, à un niveau plus élevé, se dressent deux églises du XVIIIe s., l'**Iglesia de San Jorge** et l'**Iglesia de San Nicolas**.

Quitter la place par l'arcade de l'angle S-E. En montant un peu, on se trouve directement devant l'**Iglesia de Santiago**, terminée aux XIIe-XIIIe s., remarquable pour sa triple abside et son étincelant trésor. Suivre le mur N jusqu'à la **Plaza del General Azcarraga**, agréable en dépit de la présence, côté S, d'un grand bâtiment militaire (La Corogne est une ville de garnison importante). Quitter la place par l'angle S-E, traverser deux rues, tourner à droite dans la Calle Zapateria, puis aussitôt à gauche dans la

Calle Sinagoga : on découvre alors l'**Iglesia de Santa Maria del Campo**, construite aux XIIIe-XIVe s. Puis longer vers l'E la Calle de Santa Maria jusqu'à la **Plaza Santa Barbara**, sur laquelle donne le couvent du même nom, où l'on joue des concerts de musique classique pendant les week-ends d'été.

Continuer dans la même direction : Calle de San Francisco, puis **Jardin de San Carlos**, où Sir John Moore est enterré ; commandant des armées anglaises pendant les guerres napoléoniennes, il fut tué en 1809 lors d'une retraite devant les forces françaises, plus nombreuses. Au-delà des murs de la ville, le **Castillo de San Anton**, qui abrite le **musée historique et archéologique** *☎ (981) 20.59.94)* : histoire et archéologie de la ville, en particulier un trésor celte. Le **Museo de Bellas Artes** *(Plaza Pintor Sotomayor s/n ☎ (981) 20.56.30)*, installé dans un édifice du XVIIIe s., présente des toiles, des sculptures, des céramiques, une collection numismatique, etc.

Ⓗ A la frontière de la vieille ville et du port, le **Finisterre** *(Paseo del Parrote s/n ☎ (981) 20.54.00 ▥ à ▥)* a une situation idéale. Excellent spécimen de la chaîne Husa, pourtant inégale, il est bien équipé. L'**Atlantico** *(Jardines de Mendez Nunes s/n ☎ (981) 22.65.00 ▥)* ne peut rivaliser avec lui pour le confort de son installation, mais il bénéficie d'une situation comparable et de chambres confortables.

Ⓡ **Finisterre** *(même adresse et ☎ que l'hôtel ▥)* : exception à la règle selon laquelle les salles à manger d'hôtels proposent une nourriture ennuyeuse à des prix trop élevés ; sa cuisine peut rivaliser avec les meilleures de la ville. Les autres bons établissements sont : **El Rapido** *(Estrella 7 ☎ (981) 22.42.21 ▥ à ▥)*, un établissement plus que quadragénaire qui offre surtout des poissons grillés et des fruits de mer variés, tout comme son voisin le **Coral** *(Estrella 5 ☎ (981) 22.10.82 ▥ à ▥)*. Le **Duna II**, également voisin *(Estrella 2 ☎ (981) 22.70.23 ▥ à ▥)*, fait des expériences de nouvelle cuisine, tentant, d'ajouter un zeste de finesse française aux recettes de Galice. **Os Arcados** *(Playa Club Riazor ☎ (981) 25.00.63 ▥)* est la salle à manger d'un club de plage, ouverte au public, avec des spécialités locales et internationales.

Excursions

Les **Rias Altas**, à l'E et au N de la ville, sans être aussi saisissantes que celles qui longent la côte O de la Galice, offrent une excursion idéale d'une journée à partir de La Corogne. Rejoindre l'*autopista* à la sortie S de la ville en suivant les panneaux « El Ferrol del Caudillo », et la prendre jusqu'au bout (23 km). Continuer ensuite jusqu'à **Betanzos**, un endroit idéal pour une promenade, avec des rues étroites et une belle église. Puis prendre la route de Puentedeume, vers le N, traverser à Fene le pont qui enjambe la *ría* et entrer dans **El Ferrol del Caudillo**. Si la ville n'a rien de particulier pour séduire les voyageurs, elle possède un *parador nacional* où l'on peut déjeuner.

La route C 646, qui va vers le N à **Cedeira**, est spectaculaire. La ville s'étend au bord d'une baie abritée. Plusieurs restaurants sans prétention servent des poissons et fruits de mer locaux. Quitter Cedeira par la même route, en direction du N-E, traverser Mera et rejoindre la jolie station balnéaire d'**Ortigueira**. Eucalyptus et sapins donnent une couleur gris-vert aux collines qui bordent la route de **Vivero** (bourré de vacanciers en juil-août). A la fin de l'été, lors d'une fête, on célèbre dans ce port les richesses de la mer — particulièrement généreuse en sardines. On peut visiter ce qui reste des fortifications du XVIe s., ainsi que l'église gothique.

Une route mal entretenue suit la côte jusqu'à Foz, puis tourne vers le S-O en direction de **Villalba**, où un autre *parador* est installé dans la partie restaurée d'un ancien château. Poursuivre pendant 16 km, tourner à droite (O) sur la route NVI et rouler encore 46 km pour rejoindre La Corogne.

Costa del Azahar

*Carte **14**EF9. La côte centrale de la Méditerranée, entre l'embouchure de l'Ebre et Sagunto. Aéroport : Valence.*

Surnommée « la côte des orangers en fleur » à cause de la culture locale. De longues plages de sable coupées d'installations touristiques denses, à Benicarlo, *Peñiscola*, Oropesa del Mar, Benicasim et Sagunto.

Costa Blanca

*Carte **9**G9 H8. La côte S-E de la Méditerranée, de Denia à Aguillas. Aéroports : Alicante, Santiago de la Ribera (près de Carthagène).*

Saisissante pour sa lumière, d'une clarté et d'un éclat exceptionnels, cette côte offre de larges plages de sable fin bordées d'une plaine, sur arrière-fond de montagnes douces. Les deux villes principales, *Benidorm* et ***Alicante***, sont séparées l'une de l'autre par des douzaines de petits villages.

Costa Brava

*Carte **16**. La côte N-E de la Méditerranée, de la frontière française à Blanes. Aéroports : Barcelone, Gérone, Perpignan.*

Une côte très découpée avec des falaises escarpées et de nombreuses petites plages et criques rocheuses. Les stations balnéaires se sont développées rapidement, en même temps que la construction des hôtels, dont certains donnent déjà des signes de décrépitude. Parmi les plus importantes : *Ampurias*, *Cadaqués*, *Rosas*, *Figueras*. La région reste attirante à bien des égards. Très chaude et très peuplée en juil. et août.

Costa Dorada

*Carte **15**E10. De Blanes à l'embouchure de l'Ebre. Aéroports : Barcelone, Tarragone.*

La côte dorée est le paradis des caravanes allemandes et des campeurs français et scandinaves. Les plages se succèdent quasiment sans interruption, longues, larges et relativement peu peuplées, sauf en août. Ville principale : *Tarragone*.

Costa de la Luz

*Carte **6**I3. La côte S-O de l'Atlantique, du détroit de Gibraltar à la frontière portugaise. Aéroport : Jerez de la Frontera.*

Les familles et les campeurs choisissent souvent la solitude relative de cette côte tranquille, dont la ville principale est le port de *Cadix* charmant quoique industriel. L'Atlantique se refroidit plus tôt dans la saison que la Méditerranée, mais le climat est comparable à celui des autres côtes.

Costa del Sol

*Carte **7**I5. La côte S, de Cabo de Gata à Algésiras. Aéroport : Malaga.*

Bien que les limites de cette côte restent imprécises, la ville principale est en tout cas certainement *Malaga*, *Torremolinos* demeurant le grand centre touristique et *Marbella* la station chic. La mer est idéale entre avril et octobre. Si la côte est gâchée par une multitude de stations balnéaires et commerciales, on trouve dans les terres des villages intacts et les centres de la culture mauresque, *Séville*, *Grenade* et *Cordoue*.

Costa Verde

*Carte **11**B4-5. La côte cantabrique (golfe de Biscaye) de Vivero à Santander. Aéroports : Gijón, Salinas, Santander.*

La régularité des pluies atlantiques assure à cette côte accidentée une végétation toujours verte, en même temps qu'un climat frais pendant neuf mois de l'année. Prolifération de terrains de camping, avec des routes d'accès étroites et difficiles. Les villes principales sont *Santander* et *Gijón* ; nombreux villages charmants.

Cuenca

*Carte **13**E7. 163 km au S-E de Madrid, 201 km au N-O de Valence. Population 37 000 ℹ Colón 34 ☎ (966) 22.22.31 et Dalmacio Garcia Izara 8.*

Un accident géologique a soulevé la pointe de terre sur laquelle se dresse cette ville grimpant le long d'une forte pente jusqu'à dominer un précipice de 182 m. Deux rivières traversent les gorges et se rejoignent à la frontière S-O de ce qui est maintenant la vieille ville. Les maisons sont accrochées au bord de la falaise ; les belvédères, les restaurants et un musée exceptionnel ont ainsi une vue unique.

A voir

Casas Colgadas et **Museo de Arte Abstracto Español** 🏛 ★

Canonigos s/n ☎ (966) 21.29.83 ◐ ▭ Ouv. 11 h-14 h, 16 h-18 h. Fermé lundi.

Les « maisons suspendues » sont pour ainsi dire en équilibre au-dessus des gorges du Júcar, exploit réalisé par des architectes du XIVe s. Mais, outre son paysage exceptionmel, l'intérêt de Cuenca réside dans la formidable collection de tableaux modernes qu'abrite son musée. Les amateurs d'art moderne en reconnaîtront la qualité. L'art espagnol contemporain y est représenté par Luis Feito, Antonio Tapies, Zobel, Eduardo Chillida et Antonio Saura, ainsi que d'autres peintres et sculpteurs plus jeunes.

Cuenca est également un lieu saisissant sur le plan architectural. Les passages étroits s'élargissent en de grandes galeries à plusieurs niveaux, qui se rétrécissent à leur tour pour former des culs-de-sac ou des recoins inattendus. Plate-formes, balcons et escaliers s'imbriquent en un dessin étrange. Les fenêtres ouvrant sur les gorges offrent un spectacle vertigineux.

Cathédrale †

Plaza Pio XII. Ouv. 10 h-13 h, 17 h-18 h.

La façade de cette cathédrale des XIIe-XIIIe s. occupe le côté E de la place principale, en pente, de la vieille ville. Une partie du mur et de la tour s'est effondrée en 1902. L'édifice est principalement de style gothique français, ce qui est inhabituel dans la région. Dans le **trésor** ◐, deux toiles du Greco et des tapisseries flamandes.

A voir également

Au nord des ***Casas Colgadas***, un pont réservé aux piétons permet d'accéder au **couvent de San Pablo** (XVIe s.). Ce parcours n'est pas recommandé aux visiteurs sujets au vertige. De l'autre côté de la vieille ville, le **Convento de Descalzas**, d'où l'on a une vue saisissante sur les gorges du Júcar.

Excursion

Ciudad Encantada

A 36 km au N de Cuenca ◐ ⛏

La « cité enchantée » a été créée par le vent et l'eau, et non par l'homme. Les motifs sculptés par l'érosion dans la roche suggèrent des maisons, des habitants, des animaux.

🄷 Dans la ville nouvelle, **Torremangana** *(San Ignacio de Loyola 9 ☎ (966) 22.33.51 ▥ à ▥)* est un hôtel fonctionnel, efficace et confortable. Parmi les autres, le meilleur est l'**Alfonso VIII** *(Parque de San Julian 3 ☎ (966) 21.25.12 ▥)* qui donne sur un grand parc, ou encore le **Xucar** *(Cervantes 17 ☎ (966) 22.45.11 ▥)*, près de la route Madrid-Valence. Tous deux sont assez petits. Sur la route de Buenache, à 7 km à l'E de Cuenca, un manoir restauré du XVIᵉ s. appelé **Cueva del Fraile** *(☎ (966) 21.15.73 ▥ à ▥)*, auberge charmante et tranquille dont le seul inconvénient, pour certains, sera l'absence d'air conditionné (l'été, il fait chaud !).

🅁 Dans les ***Casas Colgadas***, le **Mesón Casas Colgadas** *(Canónigos s/n ☎ (966) 21.18.22 ▥ à ▥)* est un établissement assez formel, avec un bar à un niveau inférieur. On peut y déjeuner, par exemple, après la visite du ***Museo de Arte Abstracto***, en choisissant une table sur un balcon, avec vue sur les gorges du Júcar. C'est la meilleure cuisine du vieux quartier.

Dans la nouvelle ville, le restaurant de l'hôtel ***Torremangana***, **La Cocina** *(même ☎ et adresse que l'hôtel ▥)* est très apprécié localement ; plats régionaux et espagnols. L'hôtel ***Xucar*** *(même ☎ et adresse que l'hôtel ▥)* possède également un restaurant traditionnel.

Ecija

*Carte **6**H4. Province de Séville. 87 km à l'E de Séville, 51 km au S-O de Cordoue. Population 35 000.*

Ecija a probablement été fondée par les Grecs puis occupée, selon l'ordre habituel, par les Romains, les Wisigoths et les Maures, qui, les uns après les autres, ont laissé leur empreinte : des clochers mudéjars, gothiques et baroques étincèlent au-dessus des toits. Mais les églises auxquelles ils appartiennent sont souvent en ruines, ou en cours de restauration. Il fait horriblement chaud en été : tenez-en compte avant d'organiser votre séjour.

A voir

Iglesia de Santa Cruz ⛩ †

La superposition des cultures y est évidente : une représentation chrétienne de *Nuestra Senora del Valle*, une tour et des inscriptions mujédares. L'église proprement dite ne fut terminée qu'au XIXᵉ s.

Iglesia de Santiago ⛩ †

Eglise gothique du XVIᵉ s. qui comporte des parties d'un édifice mudéjar antérieur et un retable isabélin, plusieurs peintures gothiques et un patio Renaissance.

Palacio de Peñaflor

Le plus remarquable des beaux palais qui subsistent dans cette ville, avec une façade ornée de fresques et de fer forgé et une entrée Renaissance classique.

🄷 Légèrement au N de la ville, sur la grande route, l'**Astigi** *(Carretera Cordoba ☎ (954) 83.01.62 ▥)*, un établissement modeste et de petites dimensions, est doté d'un avantage considérable : l'air conditionné.

Elche

*Carte **9**G8. Province d'Alicante. 24 km au S-O d'Alicante, 60 km au N-E de Murcie. Population : 153 000 ℹ Parque Municipal ☎ (965) 45.27.47.*

Cette ville très industrialisée, située à l'extrémité S-E de la Péninsule, est remarquable à deux égards. D'abord, c'est ici que l'on découvrit, au XIXe s., un étonnant buste de femme ibère coiffée d'un casque d'orfèvrerie, datant du Ve s. av. J.-C., **la dame d'Elche**, témoignage de la sophistication culturelle des peuples de l'époque préromaine (elle se trouve actuellement au ***Museo Arqueológico de** Madrid*). Ensuite, Elche est le site de la plus grande palmeraie d'Europe. Plantée à l'origine par des commerçants grecs ou phéniciens, elle entoure presque toute la ville. 120 000 dattiers.

Manifestation Au milieu du mois d'août, drame sacré exécuté dans la Basílica de Santa María (voir ci-après).

A voir

Il ne faut manquer ni la **Basílica de Santa María**, édifice du XVIIe s. dont la façade baroque est due à Nicolàs de Bari, ni la **Huerta del Cura** *(Federico G. Sanchiz s/n ◐ ouv. avril-sept 8 h-21 h, oct-mars 8 h-19 h)*, jardin rempli de fleurs au milieu de la palmeraie. Parmi les arbres, un palmier « impérial » de cent cinquante ans. **Museo Arqueológico Municipal** *(Parque Municipal ☎ (965) 45.13.13)* : expose les fragments extraits lors des fouilles.

🄷 Conçu pour profiter le plus possible de l'environnement de magnifiques arbres et de jardins, le **Huerto del Cura** *(Av. Federico G. Sanchiz 14 ☎ (965) 45.80.40 [price symbol] à [price symbol])* est constitué de bungalows séparés. Il n'appartient pas à la chaîne des *paradores*, mais il y est associé et répond à ses normes de qualité.

🅁 Les repas à l'***Huerto del Cura*** *(même adresse et ☎ que l'hôtel [price symbol])* sont en général excellents. Le **Parque Municipal** *(Paseo Alfonso XIII s/n ☎ (965) 43.34.15 [price symbol])* bénéficie également d'une situation idéale au milieu des palmiers, avec une terrasse ouverte dès que le temps le permet. On y sert surtout des poissons et des plats régionaux à base de riz.

Escurial

*Carte **12**E5. Province de Madrid. 55 km au N-O de Madrid ; 50 km au S de Ségovie. Population : 8 000*
ℹ Floridablanca 10 ☎ (91) 890.15.54.

L'Escurial, ou monastère de San Lorenzo, a été construit au pied des monts Guadarrama par Philippe II en témoignage de reconnaissance pour sa victoire sur les Français à Saint-Quentin dans les Flandres, en 1557. C'est de là que ce souverain ascétique gouverna le royaume pendant les quatorze dernières années de sa vie, et c'est là qu'il mourut en 1598. Conçu par Juan Bautista de Toledo et terminé par son disciple Juan de Herrera, cet imposant édifice suit la forme d'un grill, l'instrument de supplice de Saint-Laurent, à qui il est dédié.

A peine moins grand que saint Pierre et le Vatican, le colossal ensemble que forment le monastère et le palais est avant tout porteur de l'esprit de la Contre-Réforme. Si d'aucuns admirent sa grandiose austérité, il n'en reste pas moins qu'avec ses 2 673 fenêtres étroites l'Escurial évoque plus une forteresse qu'un palais.

Une petite ville s'est développée sur ce site. Avec ses hôtels et ses restaurants, elle est parfaitement équipée pour recevoir les visiteurs du dimanche venus de Madrid.

Manifestation Le 10 août, fête de Saint-Laurent : courses de taureaux et festivités dans les rues.

A voir

Casita del Principe *(Pavillon du Prince)*

Au S-E, sur la route qui mène à la gare ◐ Ouv. mi-avril à mi-sept 10 h-12 h 30, 15 h-19 h ; mi-sept à mi-avr 10 h-12 h 30, 15 h-18 h. Fermé vacances.

Charles III commanda à la fin du XVIIIe s. la construction de la Casita à Juan de Villanueva pour le prince des Asturies, futur Charles IV. Construction légère et gracieuse, dépourvue de la grandeur de l'Escurial, la Casita reflète le goût raffiné du prince : murs tendus de soieries, tapis, mobilier élégant, horloges, porcelaines et nombreuses œuvres d'art.

Le monastère ⛩ ☆

◐ mais ○ pour les cours et jardins. Ouv. mi-avril à mi-sept 10 h-13 h, 15 h-19 h ; mi-sept à mi-avril 10 h-13 h, 15 h-18 h. Fermé vac.

Jouxtant l'église, le **Palais** (appartements royaux) ☆ , qui servit aux Habsbourg puis aux Bourbons d'Espagne, occupe un quart environ de l'édifice. Dans les grandes salles et les interminables couloirs sont accrochées plus de trois cents tapisseries somptueuses, d'origine espagnole (provenant de la Real Fábrica de Tapices) et flamande. Les plus lumineuses ont été réalisées d'après des cartons de Goya représentant des scènes pastorales.

Les **appartements de Philippe II** offrent un contraste frappant avec les autres salles. Il s'agit de petites pièces quasi monastiques au décor austère. C'est dans son modeste bureau qu'il apprit la défaite de l'Armada, et dans la chambre voisine, dont une fenêtre donne sur le maître-autel de l'église, qu'il mourut. On remarquera dans ces pièces un tableau célèbre de Jérôme Bosch, le *Char de foin*, et la chaise à porteurs dans laquelle le souverain se déplaçait lorsqu'il était trop faible pour marcher.

L'église ☆ suit le plan d'une croix grecque. De dimensions imposantes, elle comporte quatre énormes piliers soutenant une coupole qui s'élève à 92 m. Des marches de marbre rouge mènent au sanctuaire et au maître-autel, dont les colonnes de jaspe, onyx et marbre rouge sont dues à Herrera. De part et d'autre, les stalles royales, et, dans les oratoires, deux groupes de statues de bronze doré représentant Charles Quint et sa famille.

L'entrée du **Panteon de los Reyes** (Panthéon royal), de forme octogonale, se fait par un escalier étroit qui part du Patio de los Evangelistas. Vingt-six sarcophages de marbre gris foncé et de bronze sont alignés derrière le maître-autel. Sauf Ferdinand VI, Amédée de Savoie et Alphonse XIII, tous les souverains espagnols depuis Charles Quint ont été enterrés ici.

Les **Nouveaux Musées** ☆, installés dans l'ancien palais d'été de Philippe II, abritent des tapisseries et des tableaux autrefois accrochés aux murs de l'Escurial. Dans la pinacothèque, d'importants tableaux religieux de Titien *(Mise au tombeau, Christ en croix)* et d'autres œuvres italiennes des XVIe-XVIIe s. : *Marie-Madeleine pénitente* par Tintoret ; *Annonciation*, *Descente aux Limbes*, par Véronèse ; les *Pèlerins d'Emmaüs* par Giacopo Bassano... L'école espagnole est représentée par Ribera (*Saint François*), Velázquez — en particulier la *Tunique de Joseph* —, et le Greco, dont une salle porte le nom : le *Songe de Philippe II*, *Saint Pierre*, *Saint Eugène* et deux *Saint François*. Dans les salles voûtées du sous-sol, une exposition intéressante de documents concernant la construction du monastère.

Un escalier partant de la cour des Rois mène à la **Biblioteca** *(bibliothèque des imprimés)*, somptueuse salle décorée de fresques de Tibaldi. Elle abrite 40 000 volumes dont le journal de Sainte Thérèse, le livre de prière de Charles Quint, richement enluminé, et la grande mappemonde qui appartint à Philippe II.

Excursion

Valle de los Caidos

14 km au N-E de l'Escurial ☎ (91) 896.02.02 Ouv. été 10 h-19 h ; hiver 9 h 30-18 h 30.

Dans un site splendide, au cœur des montagnes de

Guadarrama, un monument dédié à la mémoire des victimes franquistes de la guerre civile de 1936. La basilique a été taillée dans le roc par les prisonniers républicains. Elle est dominée par une immense croix : 150 m de haut. La nef (262 m) est plus longue que celle de Saint-Pierre de Rome. Une galerie souterraine mène à la crypte où reposent 40 000 soldats franquistes tués pendant la guerre. Le général Franco y est inhumé aux côtés de José Antonio Primo de Rivera, fondateur de la Phalange.

🄷 Le **Victoria Palace** *(Juan de Toledo 4 ☎ (91) 890.15.11 ▥)* a un jardin agréable, une piscine et un restaurant.

🅁 La meilleure cuisine se trouve à la **Fonda Genera** *(Plaza de San Lorenzo 2 ☎ (91) 896.02.91 ▥)*, installé dans le théâtre royal de Charles III (XVIIIe s.). Etablissements plus modestes, servant de la cuisine régionale : **Casa Cipriano** *(Juan de Toledo 48 ☎ (91) 890.17.83 ▥)* et le **Mesón de la Cueva** *(San Anton 4 ☎ (91) 890.15.16)*, très économique.

L'Estrémadure

*Carte **6**G4. A l'O, contre la frontière portugaise.*

Cáceres et Badajoz sont les deux seules provinces de cette région éloignée, mais il faut presque une journée pour la traverser. Les visiteurs se laissent souvent décourager par sa réputation de chaleur torride et d'aridité extrême, ce qui est regrettable. Il y a une certaine grandeur dans ce paysage de plaines vides sur fond de montagnes majestueuses.

Les agglomérations sont éloignées les unes des autres. Des villes telles que *Guadalupe*, *Mérida*, *Trujillo*, *Cáceres* et *Badajoz* furent le berceau de plusieurs conquistadores, vraisemblablement poussés vers le Nouveau Monde par la désespérante pauvreté de leur région. Beaucoup revinrent couverts d'or et firent bénéficier leur ville natale de cette prospérité. Elles apparaissent vierges de tout dégât touristique et fidèles à leur héritage.

De la fin mai à la fin septembre, l'Estrémadure est assommée par un soleil d'une telle force qu'il est impératif d'effectuer de longues siestes. En décembre et janvier, la température est glaciale. On pratique communément la pêche à la truite et la chasse au chamois et au sanglier.

Formentera (île)

*Carte **9**J8. 175 km au N-E d'Alicante, 180 km au S-E de Valence. L'été liaison quotidienne par bateau à partir d'Ibiza. Population : 4 200.*

La préférée des fanatiques de la solitude. Cette minuscule île en forme de point d'interrogation est la moins habitée des Baléares, l'histoire l'ayant quasiment ignorée et les hôteliers ne l'ayant pas remarquée. La capitale, si l'on peut dire, est ***San Francisco Javier***, qui possède deux églises du XIXe s. et quelques moulins à vent. Abondance de longues plages vides.

🄷 Le confort de **La Mola** *(Playa Mitjorn ☎ (971) 32.00.50 ▥)* dépasse nettement les besoins de l'île. Autre choix possible : **Club Punta Prima** *(Es Pujols ☎ (971) 32.03.69 ▥)*.

Fuengirola

Carte 7I5. Province de Malaga. 32 km au S-O de Malaga ; 27 km à l'E de Marbella. Population : 25 700
ℹ Plaza de España

Ce n'est pas la plus somptueuse des stations balnéaires de la *Costa del Sol* — pour le panache, mieux vaut choisir *Marbella*. Le tourisme de masse y est particulièrement prospère, et des panneaux indiquant en huit langues les restaurants, les excursions et les *fiestas* sont plantés à tous les coins de rues. Les plages sont surpeuplées. Seul élément culturel : un château du Xe s. en ruine, de style mauresque, à l'ouest de la ville.

🄷 **Las Palmeras** *(Paseo Principe de España ☎ (952) 47.27.00 ▥ à ▥)*, **Las Pirámides** *(Paseo Marítimo s/n ☎ (952) 47.06.00 ▥ à ▥)*, **El Puerto** *(Paseo Marítimo s/n ☎ (952) 47.01.00 ▥)* ont tout le confort, y compris de grandes chambres souvent avec balcon.

🅁 L'**Europa** *(Paseo Marítimo, Los Boliches ☎ (952) 47.05.91 ▥)* est le restaurant le plus sophistiqué de l'endroit, avec un décor recherché, de la musique d'orgue pendant les week-ends et un menu international. Les propriétaires allemands de **La Langosta** *(Francisco Cano 1, Los Boliches ☎ (952) 47.50.49 ▥)* offrent à la clientèle internationale une nourriture variée allant de la langouste sous toutes les formes possibles au délicieux steak aux herbes. **Mamma Mia** *(Italia s/n ☎ (952) 47.32.51 ▥)* est un endroit bruyant et chaotique, mais les pizzas et les pâtes sont excellentes. Spécialités grecques à **Sin Igual** *(Carretera de Màlaga ☎ (952) 47.50.96 ▥)*, basques à **El Caserio** *(Plaza Nueva ☎ (952) 46.24.74 ▥)*, chinoises et indonésiennes à **China** *(Ramon y Cajal 27 ☎ (952) 47.29.93 ▥)*. Abondance de restaurants de poisson le long du Paseo Marítimo, avec des tables en terrasse. Voir ***Migas*** pour d'autres adresses.

Vie nocturne

Le Paseo Marítimo et la Calle Ramón y Cajal sont bordés de bars à l'intention des touristes de toutes nationalités. La plupart d'entre eux offrent de la musique la nuit. La discothèque à la mode, pour l'instant, est le **Pomelo** *(Paseo Marítimo s/n ☎ (952) 47.53.42)*.

La Galice

*Carte **10**B3. A l'extrémité N-O de la péninsule, au N du Portugal. Aéroports : La Corogne, Saint-Jacques-de-Compostelle, Vigo.*

Constituée des quatre provinces du N-O — Orense, Lugo, Pontevedra et La Corogne —, la Galice est aussi verte que l'Irlande, recevant également de la pluie tout au long de l'année. La côte rocheuse est entaillée de profonds estuaires et de baies allongées, les *rías*, qu'encadrent de basses montagnes couvertes de pins et d'eucalyptus.

L'occupation des Maures a duré à peine trente ans dans cette région, mais les Phéniciens, les Grecs, les Romains et les Wisigoths y sont tous passés pour commercer, piller ou fonder une colonie. Dès la fin du VIIIe s., la Galice est restée résolument chrétienne. Son héritage celte survit dans la plainte morbide des *gaitas* (cornemuses).

Des maisons de granit sont agglutinées aux pentes qui s'élèvent du rivage, leurs jardins souvent agrémentés de vignes. Derrière ces maisons, des constructions ressemblant à des sarcophages : ce sont des greniers, les *horreos*. Dans les *rías*, des plates-formes flottantes sont amarrées en permanence, formant de curieuses flottilles : ces *bateas* servent à la pêche aux coquillages.

Gandia

*Carte **9**G8. Province de Valence. 109 km au N-O d'Alicante, 68 km au S de Valence. Population : 48 000 ℹ Padre Leandro Calvo s/n.*

La cité proprement dite est à 4 km dans les terres, mais elle doit sa prospérité à son extension du bord de mer, **Grao de Gandia**. Elle est entourée d'*arrozales* et de *huertas* où sont cultivés riz et oranges que l'on expédie du port installé à l'embouchure du Serpis. La **Playa Dorada** s'étend au N du port.

Il reste quelques vestiges des fortifications anciennes, mais le grand intérêt historique de Gandia est qu'elle fut la capitale d'un duché appartenant aux XVe-XVIe siècles aux Borgia (en espagnol, Borja). Saint François Borgia, plus vertueux que le reste de la famille, vécut dans le **Palacio de los Duques** *(Plaza de San Francisco Borja ☎ (96) 284.12.03. Ouv. 11h-12h, 16h30-17h30. Se renseigner auprès du bureau de tourisme, à Rinconada del Padre Leandro Calvo ☎ (96) 287.35.36 pour les heures d'ouv.)*, bel édifice gothique-Renaissance avec de somptueux salons et une galerie d'art. Non loin du palais ducal, l'**Iglesia Colegial** gothique, en cours de restauration.

🄷 Dirigez-vous vers les hôtels du bord de mer, car ceux du centre ville sont médiocres. Au **Bayren 1** *(Passeig Maritim Neptú s/n ☎ (96) 284.03.00 ▥)*, un établissement bien équipé, on dîne sur la terrasse de la piscine qui donne sur la plage ; orchestre pour danser. **Los Robles** *(Menorca s/n ☎ (96) 284.21.00 ▥)* et le **Madrid** *(Castilla la Nueva s/n ☎ (96) 284.15.00 ▥)* sont bien plus modestes.

🅁 Comme souvent dans les stations balnéaires, aucun ne vous laissera un souvenir inoubliable. Choisir les plats de poisson simples à **La Gamba** *(Carretera Nazaret-Oliva ☎ (96) 284.13.10 ▥)* et **As de Oros** *(Passeig Marítim Neptú s/n ☎ (96) 284.02.39 ▥)*. Bœuf et porc dominent le menu de **Celler del Duc** *(Plaza Castell s/n ☎ (96) 284.20.82 ▥)*.

Gérone *(Gerona)*

*Carte **16**D2. Province de Gérone. 96 km au N-E de Barcelone, 92 km au S-O de Perpignan. Population : 75 000 ℹ Ciudadanos 12 ☎ (972) 20.16.94.*

Capitale de la province du même nom, Gérone, désservie par l'*autopista* A17 (Perpignan-Barcelone), à proximité d'un aéroport, est l'un des points d'accès à la *Costa Brava*. La ville est située au confluent stratégique de deux rivières, le Ter et l'Oñar. Elle était déjà très importante bien avant l'arrivée des Romains, et l'on peut voir, incorporés dans ses remparts, des blocs gigantesques d'origine incertaine. Elle a subi trois sièges, le plus célèbre en 1809 contre l'armée française.

La vieille ville est un labyrinthe de ruelles étroites et escarpées, bordées d'anciennes maisons de pierre aux fenêtres munies de barreaux. Gérone possède l'un des quartiers juifs les mieux conservés d'Espagne.

Manifestation Pendant la Semaine Sainte, procession de pénitents, pieds nus et la tête recouverte d'un capuchon noir, qui portent des cierges allumés.

A voir

Baños Arabes

◐ *Ouv. mar-sam été 10h-13h, 16h-19h, hiver 10h-14h ; di et vacances 10h-13h. Fermé lun.*

Juste au N de la cathédrale, les bains mauresques du XIIe s. sont parmi les mieux préservés d'Espagne. Ils contiennent un grand bassin entouré de colonnes et des salles plus petites pour les bains chauds et les bains de vapeur.

Cathédrale †

Très imposante, elle se dresse en haut d'un escalier de quatre-vingt-dix marches (XVIIe s.). La façade baroque est percée d'une seule mais très belle rosace ovale. Le reste de l'édifice est gothique, datant de 1316, bien que la légende veuille que sa fondation par Charlemagne remonte à 786. La grande tour octogonale et le campanile sont également datés de cette époque. La nef grandiose mesure 60 m de long, 23 m de large et 34 m de hauteur. Dans le sanctuaire, le maître-autel est orné d'un somptueux retable en argent et pierres précieuses, représentant des scènes de la vie du Christ.

Le **trésor** ☆ *(ouv. mars-juin, oct 10h-13h, 16h-19h ; juil-sept 10h-19h ; nov-fév sam et vacances 10h-13h)* abrite des œuvres d'art exceptionnelles. Entre autres, des pièces d'or et d'argent, un coffret arabe du Xe s., la Bible de Charles V de France, des tapis d'autel richement brodés des XIIe-XVe s. et la célèbre *Tapisserie de la Création*, datant de 1100 environ.

A voir également

En dehors de la vieille ville, il y a l'ancienne **église collégiale de San Feliu**, aux fondations romanes, et le **musée archéologique provincial** *(« San Pedro de Galligans », Subida de Santa Lucia 1 ☎ (972) 20.26.32)*. Tous deux proches de la cathédrale. Le **Museó de Arte** *(Plaza de los Apostoles s/n ☎ (972) 20.19.58)* présente une intéressante collection de peintures, céramiques, orfèvrerie et vestiges archéologiques d'Ampurias.

🄷 Les meilleurs sont le **Costabella** *(2 km après la sortie de Gérone, sur la N11 ☎ (972) 20.25.24 ▥□)* et, en ville, **Inmortal Gerona** *(Carretera de Barcelona 31 ☎ (972) 20.79.00 ▥□)* ainsi que l'**Ultonia** *(Av. de JaumeI 22 ☎ (972) 20.38.50 ▥□)*, dans un site pittoresque.

🅁 Le restaurant le plus sophistiqué de la région est l'**Ampurdán** *(près de Figueras, sur la N11, km 763 ☎ (972) 50.06.62 ▥□)* ; on y goûtera des mousses de poisson variées, des grillades au feu de bois et, parmi les desserts, l'admirable sorbet à la menthe. Deux établissements plus simples offrent des produits de la mer et des spécialités locales : **Cal Ros** *(Cort Real 9 ☎ (972) 20.10.11 ▥□)* et **Cipresaia** *(Peralta 5 ☎ (972) 21.56.62 ▥□)*.

Excursion

Figuéras *(37 km au N de Gérone)*. C'est là qu'est né Salvador Dali. Un **musée** lui est consacré *(Plaza de Gala y Salvador Dali s/n ☎ (972) 50.56.97) ouv. lun-ven 11h-12h30, 16h30-19h30, di et vacances 11h-13h30, 17h30-19h30)*.

Gibraltar

Carte 6/4. 21 km à l'E d'Algésiras, 70 km au S-O de Marbella. Demander les heures d'ouverture de la frontière (à pied seulement) à ℹ Muelle, Algésiras ☎ (956) 65.67.61. Population : 25 000. ℹ Cathedral Sq. ☎ (95-67) 46.23.

Possession britannique depuis 1704, lorsque l'amiral Rooke s'en empara pendant la guerre de la Succession d'Espagne, le rocher est une anomalie pittoresque. Si les lois et les coutumes restent délibérément anglaises, les habitants sont principalement de souche méditerranéenne et parlent le patois andalou autant que l'anglais.

Le régime franquiste ferma la frontière de La Linea en 1969, mais elle fut rouverte aux voyageurs à pied par Felipe Gonzalez en 1982.

Considéré comme l'une des Colonnes d'Hercule, par les Anciens, le rocher fut habité dès la préhistoire. Le nom vient d'une altération du nom du premier conquérant arabe, Jabal Tariq, et ce sont probablement les Maures qui introduisirent les fameux singes qu'on y voit encore.

La ville de Gibraltar s'étend le long de la baie, face à *Algésiras*. Des maisons de style victorien avec des ajouts typiquement espagnols, tels les balcons de fer forgé, s'entassent dans des rues en pente remplies de voitures. On accède au sommet du rocher par un funiculaire. La **Grotte de Saint-Michel** est une basilique naturelle : en été concerts et spectacles de son et lumière.

Sur le versant E du rocher, un petit village, **Catalan Bay**. A la pointe S, dite **Pointe de l'Europe**, on peut voir, du haut du phare, la côte d'Afrique. Là se trouve la chapelle de **Nuestra Señora de Europa**. On comprendra le tracé des tunnels creusés par les soldats anglais à la fin du XVIIIe s., en regardant la maquette du **Gibraltar Museum**.

Dans la mesure où Gibraltar couvre un peu moins de 6 km^2, on peut envisager un séjour de courte durée ; à deux, ou plus, un taxi à la journée n'est pas trop onéreux.

H L'**Holiday Inn** *(Governor's Parade ☎ 70.500 ▥)* est typique de la chaîne internationale, confortable et sans surprises. Le **Rock** *(3 Europa Rd. ☎ 73.000 ▥)* a besoin d'un sérieux ravalement, mais est bien équipé et offre de belles vues. Parmi les établissements moins onéreux, le **Queen's** *(Boyd St. ☎ 74.000 ▥)* et le **Bristol** *(Cathedral Sq. ☎ 29.62 ▥)*.

R Vous serez peut-être content d'échapper aux gazpachos, et paellas du continent et de prendre un repas économique dans un des pubs de la rue principale. La salle à manger du ***Rock*** *(même adresse et ☎ que l'hôtel ▥)* est réputée pour son bœuf, **La Bayuca** *(21 Turnbull's Lane ☎ 51.19 ▥)* propose des plats espagnols et étrangers, **Tony's** *(24 Main St. ▥)* est une imitation de trattoria napolitaine.

Shopping

Les heures d'ouverture sont à peu près les mêmes que sur le continent. Les banques, cependant, ouvrent du lundi au vendredi de 9h à 15h30. Les devises anglaises sont acceptées aussi bien que l'argent local.

Gibraltar est un port libre, mais on ne fait pas d'économies spectaculaires sur les marchandises hors taxes. Les produits anglais, le matériel électronique et les appareils photographiques sont les plus avantageux.

Gijón

Carte 11B5. Province d'Oviedo. 28 km au N-E d'Oviedo, 195 km à l'O de Santander. Population : 257 000
ℹ Magnus Blikstad 9

Le plus grand port des Asturies. Datant probablement de l'époque préromaine. Ni les Romains ni les Wisigoths n'y ont laissé beaucoup de traces, et les raids des Maures, au VIIIe s., ne durèrent pas longtemps. Les vestiges du Moyen Age se trouvent dans le barrio Cimadevilla, labyrinthe d'allées étagées et de maisons penchées, qui occupe le promontoire nommé Santa Catalina au N de la ville nouvelle. A l'O, un port actif qui dessert l'industrie du charbon et les fonderies.

Au S et à l'O, une large bande de sable attire chaque année des dizaines de milliers d'Espagnols et de touristes étrangers, ce qui favorise l'éclosion d'un grand nombre de bars et de night-clubs de styles variés.

A voir

Museo-Casa Natal de Jovellanos

Plaza Jovellanos ☎ (985) 34.63.13. Ouv. lun-ven 10h-14h, 16h-20h, sam, di 10h-13h.

Gaspar Melchor de Jovellanos, poète et homme politique du XVIIIe s., est né dans cette maison. Restaurée, elle est devenue un musée. Y sont exposés des tableaux et des sculptures de bois polychromes dus à des artistes régionaux, ainsi qu'une maquette de la vieille ville.

Termas Romanas

Camp Valdés s/n 𝟙 *peut être organisée par le musée (voir ci-dessus).*

Ces thermes souterrains proches de l'extrémité O de la plage de San Lorenzo, en-dessous du quartier Cimadevilla, sont les principaux vestiges de l'occupation romaine.

A voir également

Sur la Plaza del Marqués, l'**Iglesia de San Juan Bautista**, église collégiale construite entre le XVe et le XVIIIe s., et le **Palacio del Conde de Revillagegido**, résidence du XVIe s. rénovée à la fin du XVIIe s.

🄷 Comme son nom l'indique, le **Parador Nacional Molino Viejo** *(Av. Fernandez Miranda ☎ (985) 37.05.11 ▥)* était autrefois un moulin. L'édifice actuel est moderne, avec peu de chambres, un parc et une plage à proximité. Toutes les chambres du **Principe de Asturias** *(Manso 2 ☎ (985) 36.71.11 ▥ à ▥)* donnent sur la plage et la salle du petit déjeuner, au dernier étage, a une vue magnifique. Le **Hernán Cortés** *(Fernandez Vallin 5 ☎ (985) 34.60.00 ▥ à ▥)* est un hôtel central construit dans les années 50 ; confort traditionnel.

🅁 On goûtera des recettes sophistiquées, à base de produits de la mer, à la **Casa Victor** *(Carmen 11 ☎ (985) 35.00.93 ▥)*, qui possède une cave excellente. **El Retiro** *(Enrique Cangas 28 ☎ (985) 35.00.30 ▥)* est très apprécié des autochtones pour sa cuisine régionale. Le propriétaire de **Casablanca** *(Av. Garcia Gernardo s/n ☎ (985) 36.58.69 ▥)* en est encore à tenter des expériences, mais il est toujours amusant d'aller voir les dernières inventions du chef. **Juan del Man** *(Paseo de Begoña 30 ☎ (985) 35.00.73 ▥)*, plus ancien, est toujours capable d'innover. La **Casa Tino** *(Alfredo Truan 9 ☎ (985) 34.13.87 ▥ à ▥)* plaira à tous.

Grenade *(Granada)*

Carte 7H6. Capitale de province. 126 km au N-E de Malaga, 169 km au N-O d'Almeria. Population 230 000
ℹ Casa de los Tiros, Calle Paivaneras 19
☎ (958) 22-10-22.

Longtemps capitale mauresque, Grenade a bénéficié de la lenteur de la Reconquête chrétienne. Lorsque *Cordoue* tomba aux mains de Ferdinand II en 1236, ses meilleurs artisans et ses grands commerçants allèrent se réfugier dans la dernière grande ville mauresque de la péninsule, Grenade. La cité profita de cet afflux de nouveaux talents et demeura florissante pendant trois siècles.

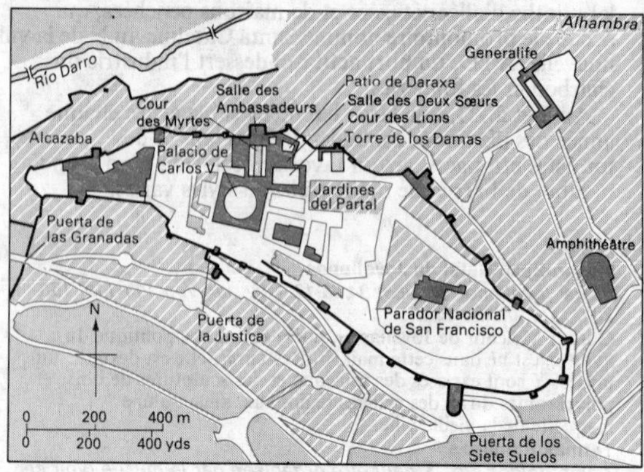

Les dynasties almoravide et nasride avaient tout le temps et l'argent requis pour construire des mosquées et des palais exquis, dont la plupart furent ensuite rasés ; d'abord parce que les souverains musulmans avaient coutume de détruire les monuments élevés par leurs prédécesseurs, ensuite parce que les rois catholiques se montrèrent particulièrement virulents pendant la Reconquête. Le fait que l'*Alhambra* ait survécu n'en est que plus précieux. Cette sublime réalisation de l'art architectural mauresque rivalise d'exubérance quasi mystique avec le Taj Mahal, le Parthénon et Tikal, la métropole maya. Ce n'est pas un simple édifice mais un ensemble à plusieurs niveaux regroupant des châteaux, des églises, des fortifications et des résidences royales reliés par d'imposantes portes, des jardins, des couloirs et des escaliers.

Regroupée au bord d'une plaine bien irriguée, au pied de la Sierra Nevada dont les sommets restent couverts de neige jusqu'à la fin avril, la ville offre un paradoxe intéressant : pendant une bonne partie de l'année, on peut skier le matin dans la Sierra et nager l'après-midi dans la Méditerranée, car il y a à peine plus d'une heure de voiture entre les deux. La véritable raison d'un séjour à Grenade reste néanmoins la visite de l'Alhambra.

Manifestations En janvier, célébration de la Reconquête chrétienne de 1492. Fêtes importantes pendant la Semaine Sainte. Fin juin ou début juillet, festival de musique et de danse.

A voir

Albaicín

Le vieux quartier maure grimpe le long de la pente qui part d'une rivière étroite, le Darro, et monte jusqu'à l'***Alhambra***. Les maisons pittoresques, agrémentées d'un patio, de ce quartier naguère pauvre, sont aujourd'hui restaurées pour des bourgeois aisés.

Alhambra ⛩ ★

☎ (958) 22.72.27 ● Entrée du Generalife comprise dans ce prix ◐ et ○ les après-midi et di pour les jardins ⚲ Ouv. juin-sept 9h-19h, oct-mai 10h-18h. Certains soirs, visites de l'Alhambra illuminé (demander au bureau d'informations touristiques).

Les Maures furent enchantés, en arrivant sur la péninsule Ibérique, de découvrir qu'ils pouvaient avoir de l'eau en abondance. Ils en firent un usage particulièrement généreux à l'Alhambra.

Vu d'en haut, l'ensemble de constructions entouré d'une muraille ressemble à un index pointé. A l'extrémité, l'**Alcazaba** du IXe s., construite sur les fondations d'un château plus ancien. Du belvédère ménagé sur le toit de sa tour de guet, on a une vue admirable sur la ville, la plaine et les montagnes.

La **Casa Real** est le joyau de l'Alhambra. Il est recommandé d'y arriver dès l'ouverture, le matin, pour l'admirer dans une relative solitude. De l'autre côté du petit **Patio del Cuarto Dorado** s'ouvre la **Salle de la Barque** (de la Baraka), antichambre de la **Salle des Ambassadeurs** où l'émir, deux fois par semaine, accordait une audience. C'est la plus belle pièce du palais, spectaculaire à cause de son plafond en bois de cèdre dont la voûte s'élève à 18 m du sol. Les nombreuses fenêtres donnent sur les collines et les remparts. Les murs sont décorés de motifs arabes sculptés, formant un entrelacs compliqué, et les soubassements revêtus de carrelages de céramique vernie (azulejos) reflétant la lumière diffuse.

La porte de droite ouvre sur une loggia qui mène à une cour ponctuée de haies de myrtes, ornée en son milieu d'un long bassin. C'est la **Cour des Myrtes**. A l'extrémité, une autre ouverture, sur la gauche, mène, à travers une forêt de colonnes d'une extrême finesse, à la **Cour des Lions**, l'endroit le plus célèbre de ce palais. Au centre, la fontaine aux douze lions est de facture assez rustique, tandis que l'environnement est d'un incroyable raffinement. Tout autour de la cour, une colonnade de marbre soutenant des arcs ouvragés s'interrompt, à chaque extrémité, pour faire place à deux portiques qui s'avancent vers la fontaine.

Donnant sur la cour des Lions, la **Salle des Deux Sœurs** est connue pour les milliers de motifs sculptés descendant en stalactites du plafond. Elle est constituée de deux salles jumelles au magnifique décor de stucs, avec des soubassements revêtus d'azulejos. De là, un escalier mène aux bains carrelés. Après la salle des Deux Sœurs, ayant franchi la salle des Ajimeces, on débouche sur le **Patio de Daraxa**. De là, on rejoint les appartements de Charles Quint qui ont beaucoup souffert des incendies, des vagabonds, et de l'usure du temps (c'est là que Washington Irving rédigea ses *Contes de l'Alhambra*). On a depuis peu entrepris de les restaurer.

Traverser à nouveau le Patio de Daraxa et tourner à gauche dans les **Jardines del Partal**. Sur la gauche se trouve une tour trapue, la **Torre de la Damas**, dont le portique ouvert donne sur un bassin rectangulaire flanqué de deux lions faisant office de fontaine. Traverser vers le sud les jardins en terrasses et les bassins et revenir sur le **Palacio de Carlos V** (le palais de Charles Quint). Ce bâtiment Renaissance, inachevé, possède une remarquable cour circulaire à deux étages de galeries. Commencée en 1526, sa construction fut finalement abandonnée au XVIIe s. Le bâtiment abrite deux musées *(ouverts 10 h-14 h, fermés di et vacances ◐)* : le **Museo di Arte Hispano Musulman** *(☎ (958) 22.62.79)*, qui présente divers objets venant de l'Alhambra, et le **musée des beaux-arts** *(au premier étage ☎ (958) 22.48.43)*, intéressant pour sa collection de peintures religieuses et de sculptures fin XVe-XVIe s., principalement de l'école grenadine.

Baños Arabes

Carrera del Darro 31 ◯ Ouv. 9 h-18 h.

Ces bains arabes du XIe s. sont parmi les rares vestiges d'architecture mauresque que l'on puisse trouver en dehors de l'Alhambra.

Capilla Real † ☆

Plaza de la Lonja ◐ Ouv. avr à mi-oct 10 h 30-13 h, 16 h-19 h ; mi-oct à mars 10 h 30-13 h, 15 h 30-18 h. Entrée par l'allée qui part de la Gran Via de Colon, trois rues au N du carrefour des Reyes Católicos.

Ferdinand II d'Aragon et Isabelle de Castille commandèrent ce mausolée à Enrique de Egas après avoir repris Grenade aux Maures, mais ils moururent avant qu'il soit terminé et furent temporairement inhumés au **Convento de San Francisco** dans l'***Alhambra***, qui est aujourd'hui un *parador*. Construite en deux ans, la Capilla Real est un édifice d'une rare harmonie, tant à l'intérieur qu'à l'extérieur, de style isabélin (gothique fleuri) pur.

Les tableaux de la collection de la reine Isabelle sont présentés dans la **sacristie** : *Oraison dans le jardin des oliviers*, attribué à Botticelli ; *Saint Jean l'Evangéliste* de Pedro Berruguete ; *Pieta* de Rogier van der Weyden, et des œuvres de D. Bouts, H. Memling, etc. On y voit aussi la couronne, le sceptre et le coffret à bijoux d'Isabelle, l'épée du roi Ferdinand, des tapisseries.

Dans la chapelle proprement dite, magnifique retable orné de sculptures représentant des scènes de la vie du Christ. Les statues agenouillées de part et d'autre de l'autel sont les rois catholiques. Leurs cénotaphes en marbre, ainsi que ceux de Philippe le Beau et de Jeanne la Folle se trouvent dans le chœur, isolés par une remarquable grille de fer forgé, avec chérubins, aigles et lions couchés, par le maître Bartolomé de Jaén.

L'Arabie est son aïeule.
Les Maures, pour elle seule,
Aventuriers hasardeux,
Joueraient l'Asie et l'Afrique (...)

Victor Hugo, *Les Orientales*, (1829)

Cartuja

Real de Cartuja s/n ☎ (958) 23.19.32 ◐ Ouv. juin-sept 10 h-13 h, 16 h-18 h ; oct-mai 10 h-13 h, 15 h-18 h.

Ce monastère de l'ordre des chartreux, construit aux XVIe-XVIIe s., se trouve au N de la ville. L'église est baroque, les salles, gothiques. A visiter surtout pour la **sacristie** ☆ , de style baroque churrigueresque, complètement extravagante.

Casa de los Tiros

Santa Escolástica. Ouv. 9 h-13 h, 17 h-19 h.

Cet édifice mudéjar du XVIe s. abrite le bureau de tourisme et un **musée d'art grenadin** consacré à l'histoire et aux arts locaux.

Cathédrale †

◐ Mêmes horaires que la Capilla Real, par où se fait l'entrée.

Commencé dans le style gothique en 1521, c'est un édifice largement Renaissance, dont les travaux furent terminés en 1714. Sans doute la moins réussie des grandes cathédrales espagnoles, mais la **capilla mayor** mérite qu'on s'y attarde : au-dessus du maître-autel, une coupole soutenue par une double rangée de colonnes à chapiteau corinthien. De part et d'autre de l'entrée, les statues des rois catholiques agenouillés en prière. Les reliefs sculptés au-dessus des deux chaires représentent Adam et Eve.

Generalife ☆

● Même billet d'entrée et mêmes horaires que pour l'Alhambra.

Il ne reste pas grand-chose de la résidence d'été des émirs de Grenade, mais les jardins à l'andalouse et les fontaines sont magnifiques. Après avoir visité l'Alhambra, au lieu de revenir vers le palais de Charles Quint, longer le mur qui part de la Torre de las Damas. Le pont qui marque la fin du chemin donne sur les jardins. Le premier jardin et les fontaines se trouvent derrière le théâtre en plein air. Mieux vaut y aller le matin, car l'eau est souvent coupée l'après-midi. Des escaliers et des terrasses conduisent à un deuxième jardin, qui comporte un bassin étroit, des jets d'eau et un pavillon à chaque extrémité. Vue superbe.

Monasterio de San Jerónimo

Rector Lopez Argüeta 9 ◐ Ouv. en été lun-sam 10 h-13 h, 16 h-18 h 30, di et vacances 11 h 30-13 h 30, 15 h-18 h.

Dans l'église, un retable d'une remarquable complexité, avec des sculptures polychromes dans des niches à piliers qui se superposent jusqu'au plafond. L'un des deux cloîtres est

Renaissance, avec une grande cour, et l'autre un mélange de styles gothique, mujédar et Renaissance.

Museo Arqueológico Provincial
Carrera del Darro 43 ☎ (958) 22.66.03 Ouv. juin-sept mar-sam 10 h-14 h, 18 h-20 h, oct-mai mar-sam 10 h-14 h, 16 h-18 h ; lun 10 h-14 h. Fermé di et vacances.
Installé dans la **Casa Castril**, construction Renaissance, ce musée possède une collection de vestiges archéologiques grecs, romains et mauresques.

Hôtels

Alhambra Palace
Peña Partida 2 ☎ (958) 22.14.68 Tx 78400 124 124
A mi-chemin de la colline en descendant de l'Alhambra. Le roi Alphonse XIII, grand-père de Juan Carlos, inaugura l'hôpital qui est aujourd'hui devenu cet hôtel. L'édifice imite le style mauresque, avec des salons et des chambres spacieux. De partout, on a une vue splendide.

Luz Granada
Av. de Calvo Sotelo 18 ☎ (958) 20.40.61 Tx 78424 174 174
Dans le quartier N-O, sur la route de Cordoue. Ce qui est peu pratique, et même un sérieux inconvénient, à moins de ne rester qu'une nuit ou deux. Sinon, envisager le taxi pour aller dans le centre et revenir. Du restaurant, au dernier étage, la vue est particulièrement admirable. Très bien installé, service impeccable, chambres assez petites mais agréables.

Parador Nacional de San Francisco
Recinto de la Alhambra ☎ (958) 22.14.93 32 32
Dans l'Alhambra. Il est normal que, dans une mosquée transformée en couvent, les chambres soient meublées simplement et les salons sans faste. La terrasse où la reine Isabelle fut un temps enterrée est plaisante, mais le grand intérêt de ce *parador* réside dans son décor. Dehors, les vignes vierges grimpent au mur et les bancs croûlent sous les feuillages. Les cours, jardins et palais des émirs arabes sont à quelques pas.
Les trente-deux chambres de l'établissement ne suffisent pas ; réserver plusieurs mois à l'avance.

Parmi les autres hôtels possibles : **Carmen** *(Av. José Antonio 62 ☎ (958) 25.83.00)* ; **Guadalupe** *(Av. de los Alijares s/n ☎ (958) 22.34.23)* ; **Kenia** *(Molinos 65 ☎ (958) 22.75.06)* ; **Meliá Granada** *(Angel Ganivet 7 ☎ (958) 22.74.00)* ; **Washington Irving** *(Paseo del Generalife 2 ☎ (958) 22.75.50)*.

Hôtel en dehors de Grenade

Parador Nacional Sierra Nevada
Carretera de Sierra Nevada, km 36 ☎ (958) 48.02.00 à 33 33
Dans la montagne, à 35 km au S-E de Grenade, sur une route qui monte jusqu'à un des points les plus élevés d'Europe, souvent caché par les nuages. Ce prototype de chalet alpin s'écarte résolument des normes du *parador*.
On peut souvent skier jusqu'au mois d'avril.

Le restaurant du *parador* est exceptionnel. D'une immense baie vitrée les clients peuvent bénéficier d'une vue époustouflante en goûtant d'exquises spécialités, comme le chevreau rôti sauce à l'ail, entre autres.

Restaurants

Cunini
Pescadería 9 ☎ (958) 22.37.27
Dernières comm. 23 h 30.
Fermé di soir.
Poissons et fruits de mer à profusion sont les spécialités de ce bar-restaurant traditionnel. Grand choix de *tapas* au rez-de-chaussée. Cuisine sans sectarisme régional : poisson frit de Malaga, ou une solide soupe-ragoût du pays Basque, ou encore un poisson grillé à la catalane.

Sevilla
Oficios 14 ☎ (958) 22.12.23
Dernières comm. 23 h.
Ouvert depuis plus de cinquante ans, cet établissement est un des plus sûrs de Grenade. Ce n'est jamais sublime, mais jamais décevant non plus. Le meilleur bar à *tapas* de la ville, et des plats typiques (poisson, agneau, poulet) dans la salle à manger ou sur la terrasse.

Hostal América *(Real de la Alhambra 53 ☎ (958) 22.74.71)* : repas abondants et sans prétention ; **Los Leones** *(Av. José Antonio 10 ☎ (958) 25.50.07)* est simple et de bonne qualité ; **Torres Berjemas** *(Plaza Nueva 5 ☎ (958) 22.31.16)* est plus ambitieux pour le décor et le service, mais la cuisine n'est pas toujours à la hauteur.

Vie nocturne

La nuit à Grenade est concentrée dans le quartier gitan de Sacro Monte, la colline en face du ***Generalife*** (habitations troglodytiques). Là, dans des salles creusées à même le flanc de la colline, on peut assister à des spectacles impromptus de flamenco. Prix exorbitants pour boire un verre.

Grottes d'Altamira

Voir Santillana del Mar.

Guadalajara

*Carte **12**E6. Capitale de province. 56 km au N-E de Madrid, 265 km au S-O de Saragosse. Population : 50 000 ℹ Travesía del Belodiez 1*

Etablissement ibère à l'origine, cette petite capitale de province a été victime de sacs et de bombardements répétés au cours des siècles, plus particulièrement en 1809, de la part des Français, et pendant la guerre civile. Il ne reste pas grand-chose de son héritage culturel. C'est maintenant une cité industrialisée, dominée par sa voisine, Madrid.

A voir

Palacio del Infantado
A l'entrée N de la ville ◐ Ouv. 10 h-13 h, 16 h-18 h.
Les dommages de la guerre ont beaucoup abîmé l'intérieur, qui a perdu sa grandeur d'autrefois. Plusieurs parties de ce palais ducal du xve s. ont été reconstruites, et les restaurations se poursuivent. Remarquable façade de pierres taillées en pointe de diamant, avec des fenêtres mujédares. Le patio intérieur a retrouvé, après restauration, son style isabélin d'origine.

Etablissement fort pratique sur la route Madrid-Saragosse-Barcelone : le **Pax** *(Carretera Madrid-Barcelona km 57 ☎ (911) 22.18.00 à)*.

Minaya *(Av. del Generalisimo Franco 23 ☎ (911) 21.22.53)*, **El Ventorrero** *(Lope de Haro 4 ☎ (911) 21.22.51)* et le **Mesón Hernando** *(N11, km 52 ☎ (911) 22.20.17 sur la route Madrid-Saragosse au S-O de la ville)*, de style régional, proposent tous des repas castillans traditionnels ; spécialité de viande rôtie.

Dans les environs

Mar de Castilla (51 km S-E de Guadalajara). Cette « mer de Castille » est constituée d'une série de lacs artificiels formés par des digues sur le Tage. La route menant à **Sayaton** longe la rive O. De là, prendre vers l'E la route qui conduit à **Buendia**. Tout au long de cette promenade, nombreux points de vue admirables.

Guadalupe

Carte 6F4. Cáceres. 129 km au S-E de Cáceres, 181 km au S-O de Tolède. Population : 2 800.

Les steppes arides d'*Estrémadure*, vastes et majestueuses, sont quasi désertes. Et pourtant, nombre de villages et villes, complètement isolés, sont d'un intérêt considérable ; négligés par les touristes, ils sont demeurés intacts. Le tout premier, Guadalupe, est accroché au flanc de la sierra de Guadalupe.

Dominant les maisons aux toits orangés se dresse un formidable **monastère-forteresse** dont les donjons à créneaux, les tourelles pointues, les beffrois et les tours octogonales se découpent sur le ciel de façon spectaculaire. L'architecture en est remarquable, et les richesses qu'il abrite méritent qu'on s'y arrête.

A voir

Monastère ⛩ † ★
☎ (927) 36.70.00 ◐ 🅸 Ouv. avr-oct 9 h-13 h 30, 15 h 30-19 h30 ; nov-mars 9 h-13 h 30, 15 h 30-18 h 30.

Le sanctuaire d'origine a été construit à l'endroit où, en 1300, serait apparue la Vierge Marie. Entrer par la Plaza Mayor, en haut d'un escalier à balustre. Deux tours qui conviendraient parfaitement à un château encadrent une façade stricte, dotée d'un portail gothique dont les vantaux de bronze sont sculptés de scènes de la Bible. Une superbe grille de fer du XVIᵉ s. protège la **Capilla Mayor**, dont le retable (XVIIᵉ s.) a été partiellement sculpté par le fils du Greco, Jorge Manuel Theotokopoulos.

Le **cloître mudéjar** est un grand patio avec des orangers et des haies soigneusement taillées, entouré de deux rangées de galeries aux arcs en fer à cheval. Au centre, un sanctuaire orné, mélange de styles mudéjar, gothique et Renaissance. Sur la gauche, un **musée des broderies**.

La longue **sacristie** au plafond voûté est décorée de motifs d'or sur des stucs, d'azulejos, de marbres et de sculptures sur bois qui servent d'écrin à huit célèbres tableaux de Zurbarán. D'autres œuvres du peintre sont dans le **chapitre**.

Au premier étage, le **trésor** (Camarin) abrite des tableaux de Luca Giordano et la célèbre statue en bois de **N-D de Guadalupe**, vêtue d'une cape somptueusement brodée. Il y a également des sculptures polychromes et des crucifix précieux.

Demander au guide de faire un détour par le **cloître gothique** du XVIᵉ s.

🄷 **Parador Nacional Zurbarán**
Marqués de la Romana 10 ☎ (927) 36.70.75 🅆 🛏 20 ➡ 20 🅿 🚗
🍽 AE DC MC VISA

Près de la Plaza Mayor. Ancien hôpital du XVᵉ s. dont le toit est parsemé d'étincelantes cheminées chaulées. A l'intérieur, une jolie cour. 🏊 📺 📞 ✈ ♣ 🏊 🍸

🅁 Le ***Parador*** *(même adresse et ☎ que l'hôtel* 🅆*)* propose de l'agneau et du porcs rôtis, mais il vaut mieux choisir la spécialité du jour. A l'**Hospederia del Real Monasterio** *(Plaza Juan Carlos 1 ☎ (927) 26.70.00* 🅆*)*, ancien monastère, les spécialités sont nombreuses et succulentes. Autre possibilité : **Mesón El Cordero** *(Convento 11 ☎ (927) 36.71.31* 🅆*)*.

Guernica

Carte 13B7. Province de Biscaye. 36 km à l'E de Bilbao, 84 km à l'O de Saint-Sébastien. Population : 18 000.
Si Guernica a été une ville animée, seuls les vieillards s'en souviennent. On l'a toujours considérée comme la capitale spirituelle des Basques, et c'est pourquoi elle fut ignoblement bombardée en 1937, un jour de marché, par l'aviation nazie qui soutenait les phalangistes. Ce fut le premier bombardement systématique de population civile. La ville présentait en effet fort peu d'intérêt sur le plan stratégique, et le seul but de ce raid était de terroriser la population civile et de démoraliser les loyalistes. Deux mille personnes, soit environ 20 % de la population, périrent dans cette opération. Le tableau peint par Picasso pour commémorer ce drame, *Guernica*, est aujourd'hui exposé au Casón del Buen Retiro, à *Madrid*.

Actuellement, la ville tente de retrouver son ancienne animation, mais en vain. Un chêne historique, dont il ne reste qu'un morceau de tronc, marquait l'endroit où les seigneurs de Biscaye se réunissaient pour délibérer des affaires du gouvernement. Il symbolise le nationalisme basque. Un nouveau chêne a été planté tout à côté, au XIXe s., tandis qu'un vestige de l'arbre d'origine est conservé à la **Casa de Juntas**, où se trouve la salle de réunion de l'ancien parlement.

Ⓡ Guernica se trouvant près de la mer cantabrique, il faut prendre du poisson chez **Arrien** *(El Ferial 2 ☎ (94) 685.10.07 ▥◻)* ou **Zimela** *(Carlos Gangoiti 57 ☎ (94) 685.10.12 ▥◻)*.

Huelva

Carte 6H3. 87 km à l'O de Séville, 60 km à l'E de la frontière portugaise. Population : 112 000 ℹ Plus Ultra 10
Ce port sur l'Atlantique, en pleine prospérité, exporte du cuivre et des métaux divers et importe du pétrole brut pour les raffineries voisines. En 1755, le tremblement de terre de Lisbonne a dévasté cette ville qui remontait au moins aux Phéniciens, et il ne reste presque rien de la période romaine ni de celle, plus récente, où les conquistadores l'utilisaient comme base de départ pour les Amériques.

A voir

Deux églises du XVIe s. ont été épargnées par le tremblement de terre. Dans l'**Iglesia de la Concepcion**, deux tableaux de Zurbaran. L'**Iglesia de San Pedro** est construite sur une ancienne mosquée. Le **Museo de Huelva** *(Alameda Sunheim 13 ☎ (955) 22.20.24 ◐ mais ○ le sam. Ouv. 10 h-14 h, fermé lun)* possède des souvenirs des mines de cuivre romaines de Tharsis, ainsi qu'une collection de tableaux et d'objets d'art médiévaux et Renaissance.

Excursion

La Rábida
4 km au S-E de Huelva ℹ Ouv. 10 h-13 h. 16 h-19 h.
Monastère franciscain fondé au XVe s.. Selon la légende, Christophe

Colomb s'y serait réfugié, affamé, en 1491, et aurait trouvé auprès du frère prieur le soutien nécessaire pour convaincre la reine Isabelle du bien-fondé de ses théories. Un musée abrite des souvenirs relatifs à la première expédition de Colomb.

🄷 **Luz Huelva** *(Alameda Sundheim 26 ☎ (955) 25.00.11 ▥ à ▥)* établissement à quatre étoiles ; tout le confort traditionnel.

🄷 Le **Parador Nacional Cristobal Cólon** *(Carretera Mazagón-Moguer ☎ (955) 37.60.00 ▥)* A Mazagon, à 23 km au S-E de Huelva. Un *parador* moderne très agréable, dont le parc planté de pins descend vers une plage quasi déserte.

🅁 Un bol de gazpacho glacé est l'entrée idéale d'un repas à **Los Gordos** *(Carmen 14 ☎ (955) 24.77.83 ▥)*, qui peut se poursuivre avec des légumes variés accompagnés de jambon ou de merlu grillé. Les produits sont toujours frais et de qualité.

Huesca

Carte 14C8. Huesca. 71 km au N-E de Saragosse, 120 km au N-O de Lleida. Population : 38 000 ℹ Coso Alto 21 ☎ (974) 22.57.78.

Après avoir expulsé les troupes rivales de Silla, le général romain Quintus Sertorius fit de cette ville la capitale d'un Etat autonome et y fonda en, 76 av. J.-C. environ, une école qui allait devenir une université de lettres ; il fut assassiné par ses hommes quelques années plus tard. En 1096, Pierre Ier reprit la ville aux Maures, qui la tenaient depuis plus de trois siècles. Puis les phalangistes l'occupèrent pendant la plus grande partie de la guerre civile, et elle subit deux ans durant les bombardements répétés des loyalistes. Mais elle demeure agréable.

A voir

La **cathédrale** du XVIe s (Plaza de la Catedral), de style gothique fleuri, possède à l'O une façade du XIVe s. surmontée d'une galerie mudéjare aragonaise. La plus ancienne église de la ville est l'**Iglesia de San Pedro El Viejo** *(Cuarto Reyes ◐ Ouv. lun-sam 9 h-13 h 30, 16 h-18 h, di 10 h-13 h 30)*, édifice du XIIIe s. laborieusement restauré, mais bel exemple du style roman. Sur les chapiteaux du cloître, scènes aux personnages inquiétants.

Le **musée provincial** *(Plaza de la Universidad ◐ Ouv. mar-sam 9 h-14 h, 16 h-18 h, di 10 h-14 h ; fermé lun)* est installé dans l'ancienne université reconstruite au XVIIe s. et abrite une collection de tableaux aragonais des XIIIe-XVIe s. provenant de la cathédrale, ainsi que des lithographies de Goya sur la tauromachie.

Dans le **Pabellón de Deportes**, un grand parc de fontaines, de bordures de fleurs et de paons, des tables sont disposées dans des patios abrités du soleil ; des orchestres y jouent en été.

🄷 **Pedro I de Aragón** *(Av. Parque 34 ☎ (974) 22.03.00 ▥)*, proche du parc, est le meilleur hôtel de Huesca.

🅁 Crustacés et bœuf sont les spécialités de **Navas** *(San Lorenzo 15 ☎ (974) 22.47.38 ▥)*.

Ibiza (île)

Carte 9I8. 260 km au S de Barcelone ; 112 km au S-O. de Palma. Aéroport au S de la ville d'Ibiza. Population : 50 000.

La troisième des ***îles Baléares*** par la dimension. Beaucoup plus petite que *Majorque*, elle rivalise cependant avec elle pour l'importance touristique. Le premier établissement reconnu fut effectué par des commerçants phéniciens, au Xe s. av. J.C. ; les Carthaginois et les Romains prirent la suite. Après avoir consolidé leurs possessions sur le continent, les Maures occupèrent l'île au VIIIe s. La ville a conservé un aspect africain. Les maisons carrées, avec des toits plats qui permettent de recueillir l'eau de pluie, sont peintes d'un blanc éclatant qui réfléchit le soleil, aidant ainsi à garder l'intérieur plus frais. Ibiza est surnommée Isla Blanca.

L'île s'est trouvée sous l'autorité des divers souverains chrétiens qui succédèrent aux Arabes mais parvint à ne pas être impliquée dans leurs guerres. Elle resta tranquillement somnolente jusqu'au milieu des années 60, époque à laquelle elle a commencé à voir déferler des flots de touristes. Ecrivains et artistes apparurent les premiers, suivis par les hippies et les voyages organisés.

Mesurant à peine plus de 570 km², l'île ne peut s'offrir que deux villes d'une certaine importance : **Ibiza**, sur la côte E, et **San Antonio**, à l'O; mais près des plages de cette côte découpée s'agglutinent les hôtels. Le terrain irrégulier est parsemé d'oliveraies, de figuiers, d'amandiers et de pins. Voilier, natation, golf, tennis, équitation et surf.

Ibiza (ville)

Carte 9/8. Population : 25 000 ℹ Plaza Vara del Rey 13 ☎ (971) 30.19.00.

En saison, il y a jusqu'à soixante avions Jumbo qui arrivent chaque jour, et la population de cette ville et de sa banlieue décuple comme un rien. Le vieux barrio de **Dalt Vila**, protégé par des fortifications du XVIe s. au milieu de la colline sur laquelle la ville est construite, a conservé tout son charme arabe. En-dessous, la marina, avec l'habituel étalage de boutiques, bars et restaurants, identique à celle qu'on trouve dans n'importe quel port de vacances en Méditerranée.

A voir

Barrio de la Penya

Le quartier des pêcheurs, à l'E du port proprement dit, avec un labyrinthe de maisons qui fait penser à un souk marocain.

La cathédrale †

Plaza de la Catedral ⚡

Le clocher du XIVe s., visible de tout point de la ville, est un vestige de la cathédrale-forteresse du Moyen Age. La restauration intérieure, commencée au XIVe s., a duré jusqu'au XVIIIe s., et il en résulte un fâcheux ensemble baroque. Derrière, à l'E, une grande terrasse offre un panorama inoubliable.

Museo de Ibiza

Plaza de la Catedral 3 et Via Romana s/n ☎ (971) 30.12.31 ◐ comprend l'entrée à la nécropole de Puig des Molins, à l'O de la vieille ville. Ouv. 10 h-13 h. Fermé di et vacances.

L'un des rares musées d'Espagne où l'on puisse voir des objets intéressants de l'époque carthaginoise. Dans les galeries, des sculptures en terre cuite, de la verrerie, des bijoux et quelques objets romains découverts au cours de fouilles sur l'île. La **nécropole** toute proche est un stupéfiant exemple d'habitat remontant aux temps les plus éloignés de notre histoire.

Museo de Arte Contemporaneo

Ronda del Pintor Narciso Puget s/n ☎ (971) 30-27-23 horaires irréguliers.

Œuvres de peintres et sculpteurs espagnols contemporains.

Ⓗ Les hôtels de luxe sont peu nombreux. Attendez-vous à des installations simples avec un confort minimum — en l'occurrence, piscines et jardins de fleurs tropicales. **Los Molinos** *(Ramón Muntaner 60 ☎ (971) 30.22.50 ▥ à ▦)* et **Torre del Mar** *(Playa d'En Bossa ☎ (971) 30.30.50 ▥ à ▦)*, construits il y a une dizaine d'années à peine, sont très similaires, avec air conditionné et à proximité des plages du S de la ville d'Ibiza. A San Antonio, le **Palmyra** *(Av. Dr Fleming s/n ☎ (971) 34.03.54 ▥ à ▦)* bien situé sur la baie, est confortable. En dehors du village de San Miguel, l'**Hacienda** *(Na Xamena s/n ☎ (971) 33.30.46 ▦)* est beaucoup plus cher et luxueux, terriblement chic et souvent complet : réserver à l'avance.

Ⓡ Dans la ville d'Ibiza, il y a des restaurants à tous les coins de rue, mais de gastronomie fort peu. Parmi les exceptions : **El Sausalito** *(Plaza Garijo 5 ▥)* s'adresse à une clientèle élégante ; menu simple, mais exécuté avec raffinement, et une touche de goût international. **El Brasero** *(Barcelona 4 ☎ (971) 30.71.68 ▥)* bénéficie d'un chef jeune qui a travaillé à l'étranger et aime essayer des recettes insolites ; cela, allié à un décor séduisant, en fait un lieu très recherché. Le **Grill San Rafael** *(Carretera San Antonio, km 6 ▥)* offre un menu très varié, une décoration ravissante, un service au-dessus de tout reproche et une exquise terrasse.

A San Antonio, **Raco de's Pins** *(Port de's Terrent ▥)* propose de la cuisine typique d'Ibiza, à base essentiellement de poissons divinement frais. A Santa Eulalia del Rio, **Can Pau** *(Santa Gertrudis s/n ▥)*, à l'origine une ferme, offre aujourd'hui plusieurs salles agréables et une terrasse où l'on peut dîner. Clientèle élégante d'habitués, et remarquables entrées catalanes.

Vie nocturne

Ibiza est très animée la nuit. Pour les bars, essayer le **Zoo**, **Los Valencienos** et **Graffitti**, proches les uns des autres, au cœur de la ville. **La Tierra** *(Callejón Trinidad)* est pour l'instant la boîte à la mode, aussi les consommations sont-elles chères. Autre possibilité : le **Casino de Ibiza** *(Paseo Maritimo ☎ (971) 30.48.50)*, ouvert de 21h à 5h du matin.

Iles Baléares

*Carte **9**I8-9. Dans la Méditerranée, à 160 km au S-E de Barcelone. Aéroports : Ibiza, Minorque, Palma de Majorque. Liaisons par bateau avec Alicante, Barcelone, Valence, et entre les îles mêmes, Ibiza, Majorque et Minorque. Population : 560 000.*

Archipel constitué de quatre grandes îles et de nombreuses îles plus petites, les Baléares forment une province en soi. La capitale, **Palma**, se trouve sur la plus grande île, *Majorque*. Viennent ensuite, par ordre de dimension décroissant, *Minorque*, *Ibiza* et *Formentera*. Le tourisme est concentré à Majorque et à Ibiza. On y parle surtout le majorquain, dialecte apparenté au catalan. Et la plupart des noms ont deux orthographes. Il n'y a pas de marchand, de conquérant ou de brigand, depuis l'âge du Bronze, qui ne se soit arrêté aux Baléares, laissant des traces de son installation. Les olives, les fruits et les amandes sont les principales productions agricoles. (Voir également les rubriques individuelles correspondant à *Formentera*, *Ibiza*, *Majorque* et *Minorque*.)

Jaca

*Carte **14**C8. Province de Huesca. 91 km au N de Huesca, 111 km au S-E de Pampelune. Population : 11 500 ℹ*

Plaza Calvo Sotelo ☎ *(974) 34.20.37.*
Prise par les Maures en 716, Jaca n'est pas restée longtemps sous leur domination : quarante-cinq ans plus tard, les Aragonais battirent les envahisseurs ; ils ne cédèrent plus jamais leur ville, bien que l'emprise mauresque sur la péninsule ait encore duré sept siècles de plus. En récompense, Jaca reçut le statut de royaume.

La ville possède encore des restes de fortifications romaines remontant au IIe s. av. J.-C., mais l'enceinte que l'on voit actuellement étinceler sur le flanc de la colline date du Moyen Age. Sur la route de *Saint-Jacques-de-Compostelle*, Jaca reste une halte agréable pour les voyageurs qui traversent le col du Somport.

Manifestation Le premier vendredi de mai, célébration du rôle que les femmes de Jaca jouèrent dans la défense de leur ville contre l'attaque des Arabes en 795.

A voir

Les deux endroits à visiter sont le **Castillo de San Pedro** (XVe s.), dont le plan est un pentagone, et la **cathédrale** romane du XIe s., qui a conservé toute la grâce de son style roman d'origine, malgré quelques rénovations ultérieures.

Excursions

Santa Cruz de la Serós

16 km au S-O de Jaca, sur la route de Pampelune.
Du monastère du Xe s. abandonné au XVIe s., il ne reste qu'une église romane d'une admirable simplicité.

Le **Parque Nacional Ordesa** est un des plus beaux de la péninsule ; flore très variée et nombreux chemins d'excursion.

Ⓗ **Gran Hotel** *(Paseo del Generalísimo Franco 1* ☎ *(974) 36.09.00* ▮▮▮▯ *à* ▮▮▮▮ *)* : essaye d'être digne de son nom ; plus confortable que la plupart des établissements de la région, avec un service attentif. Le **Conde Aznar** *(General Franco 3* ☎ *(974) 36.10.50* ▮▯ *à* ▮▮▯*)*, petit et utilitaire, est la solution de rechange.

Ⓡ **La Cocina Aragonesa** *(Cervantes 5* ☎ *(974) 36.10.50* ▮▯ *à* ▮▮▯*)* change de menu avec les saisons et offre chaque jour une spécialité différente selon ce qu'offre le marché. **José** *(Av. Domingo Miral 4* ☎ *(974) 36.11.12* ▮▯ *à* ▮▮▯*)*, de qualité et prix égaux ; paellas.

Jaén

Carte 7H5. Capitale de province. 96 km au N de Grenade, 109 km au S-E de Cordoue. Population : 96 000 **i** *Arquitecto Bergès 1* ☎ *(953) 22.27.37.*
Le nom de cette capitale de province vient du maure *Gaen*, « la route de la caravane ». Au S la Sierra de Jabalcuz, et au N une plaine ondoyante qui s'étend du Guadalquivir à la Meseta. Jaén a été soumise successivement aux Carthaginois, aux Romains et aux Maures. C'est aujourd'hui un centre animé, entouré de quartiers résidentiels, qui se fond à la périphérie dans les oliveraies.

A voir

Cathédrale †

Plaza de la Catedral. Ouv. 10 h 30-12 h 30, 16 h 30-18 h.
Cette cathédrale massive du XVIe s. est de style essentiellement Renaissance, contrairement à la plupart des cathédrales espagnoles, généralement de styles mélangés. Les deux tours surmontées d'une coupole qui flanquent la façade principale mesurent près de 61 m de haut. Elles furent terminées en 1688 par

des ajouts de colonnes flûtées, de portes et fenêtres à arc de plein cintre, de statues dans des niches, de balustrades et de balcons. A l'intérieur, dans le déambulatoire qui court derrière le maître-autel, un tabernacle abrite le linge dont sainte Véronique se serait servie pour essuyer le visage du Christ pendant la montée au Golgotha. Le **Musée** (◐), dans la sacristie, abrite des tableaux de Ribera et de Sebastián Martinez.

A voir également
Le **Museo de Jaén** *(Av. de Madrid ☎ (953) 21.03.20 ◐ ouv. 10 h-14 h, fermé lun)* possède un sarcophage paléo-chrétien, des mosaïques romaines et des céramiques grecques. La plus ancienne église de la ville, l'**Iglesia de la Magdalena** est de style gothique. On peut visiter le **Monasterio de Santa Clara**, dont la chapelle présente un plafond *artesonado*, joli cloître. Le **Castillo de Santa Catalina**, situé sur la hauteur à l'O de la ville, n'est plus que ruines ; admirables points de vue depuis ses terrasses. Une partie, reconstruite, abrite maintenant un *parador*.

H **Parador Nacional Castillo de Santa Catalina**
☎ *(953) 23.22.87* *43* *43* P AE DC MC VISA
Sur une falaise qui domine la ville. Installé dans les ruines d'un château mauresque du XIIIe s., sur une hauteur battue par les vents, à l'écart du monde. Vue admirable sur la région alentour. Chambres spacieuses et bien tenues, cuisine est correcte.

H **Condestable Iranzo** *(Av. Generalísimo 32 ☎ (953) 22.28.00)* est une haute bâtisse construite en 1975, avec beaucoup de confort et peu de cachet. Egalement central et sans surprises : **Xauen** *(Plaza Deán Mazas 3 ☎ (953) 23.40.91)*

Hôtel proche
Bailén *(39 km au N de Jaén)*
Halte agréable sur la route Grenade-Madrid : le **Parador Nacional de Bailén** *(☎ (953) 67.01.00)*.

R Le **Jockey Club** *(Paseo de la Estación 20 ☎ (953) 21.10.18)* (rien à voir avec celui de Madrid), fait de louables efforts. Les spécialités rendent compte de toute la palette espagnole, avec en plus quelques plats français et italiens. A **Los Mariscos** *(Nueva 2 ☎ (953) 23.19.10)*, les crustacés sont admirables.

Jerez de la Frontera

*Carte **6**I3. Province de Cadix. 36 km au N-E de Cadix, 90 km au S de Séville. Population : 167 000 ℹ Alameda Cristina ☎ (956) 34.20.37.*

Les Maures appelaient leur ville blanche Sherish, que les Chrétiens transformèrent en Jerez. Et l'on comprend que les marchands britanniques qui vinrent au XVIIe s. pour produire et commercialiser le fameux vin aient appelé celui-ci sherry. De nombreuses *bodegas* portent encore le nom de leurs fondateurs anglais : Sandeman, Williams & Humbert, Osborne et Duff Gordon. Les autres noms célèbres sont Gonzalez Byass et Pedro Domecq. Jerez demeure le centre de la production de sherry en Espagne. Aucun autre pays jusqu'ici n'a été capable de l'imiter. Pour en savoir plus sur le sherry et les *bodegas*, voir *Vins d'Espagne*.

Manifestations En avril, Feria del Caballo, avec concours de dressage et courses de chevaux. En sept, Fiesta de la Vendimia. Fête du vin très animée pour célébrer les vendanges, avec flamencos et sevillanas.

A voir

Au-dessus de la **cathédrale** *(Plaza de la Incarnación)*, Renaissance-baroque des XVIIe-XVIIIe s., se dresse l'**Alcazar** mauresque du XIIe s. *(Fortún de Torres)*, entouré de jardins. Sur la Plaza de la Asunción, une demeure du XVIe s. *(ouv. 10h-13h, fermé août et di.)* abrite une **bibliothèque publique** et un **musée archéologique** contenant des collections de vestiges préhistoriques et d'antiquités grecques et romaines. L'**Iglesia de Santiago** *(Plaza de Santiago)*, de style gothique-baroque, est remarquable pour le décor isabélin très compliqué de sa façade principale.

[H] **Jerez** *(Av. Alcade Alvaro Domecq 35 ☎ (956) 33.06.00 ▥ à ▥)* est un établissement moderne muni d'une sensationnelle terrasse autour d'une piscine : de loin le meilleur de la ville. Sinon, choisir le **Capele** *(General Franco 58 ☎ (956) 34.64.00 ▥)*, d'une absolue simplicité.

[R] Il est curieux que la plus grande région viticole d'Espagne ne possède pas plus de restaurants exceptionnels. Le plus remarquable est **Gaitán** *(Gaitán 3 ☎ (956) 34.58.59 ▥)*, avec d'authentiques plats régionaux à base de fruits de mer et de viande rôtie. Sinon, **El Bosque** *(Av. Alcade Alvaro Domecq 28 ☎ (956) 33.33.33 ▥)*, très élégant, plats régionaux et étrangers, dîner dans le jardin quand il fait beau. Ou encore **El Ancia** *(Beato Juan Grande 13 ☎ (956) 34.03.52 ▥)*, recommandé surtout pour son excellent bar à *tapas*.

Jerez, comme toutes les petites villes andalouses, est blanchie à la chaux des pieds à la tête, et n'a rien de remarquable en fait d'architecture que ses *bodegas*, ou magasins de vins, immenses celliers aux grands toits de tuiles, aux longues murailles blanches privées de fenêtres. La personne à qui nous étions recommandés était absente, mais la lettre fit son effet, et l'on nous conduisit immédiatement à la cave. Jamais plus glorieux spectacle ne s'offrit aux yeux d'un ivrogne ; on marchait dans des allées de tonneaux disposés sur quatre ou cinq rangs de hauteur. Il nous fallut goûter de tout cela, au moins les principales espèces, et il y a infiniment de principales espèces. Nous suivîmes toute la gamme, depuis le *jerez* de quatre-vingts ans, foncé, épais, ayant le goût de muscat et la teinte étrange du vin vert de Béziers, jusqu'au *jerez* sec couleur de paille claire, sentant la pierre à fusil et se rapprochant du sauternes. Entre ces deux notes extrêmes il y a tout un registre de vins intermédiaires, avec des tons d'or, de topaze brûlée, d'écorce d'orange, et une variété de goût extrême (...).

Théophile Gautier, *Voyage en Espagne*.

León

Carte 11C4. Capitale de province. 317 km au N-O de Madrid, 118 km au S d'Oviedo. Population : 132 000 ℹ Plaza de la Regla 3 ☎ (987) 23.70.82.

La Legio Septima, VIIe légion romaine, fonda au Ier s. de notre ère cette cité qui compta aussitôt 15 000 soldats, marchands et autres individus attachés aux camps. La vieille ville se blottit sur la rive E du rio Bernesga et offre tout ce qui peut intéresser un touriste, alors que la rive O, moderne, est la preuve d'une prospérité due au développement du charbon et des minerais.

Les fortifications ponctuées de tours demi-circulaires datent du IIIe s. Elles n'empêchèrent pas les Goths de conquérir la ville au VIe s. ni l'intrépide Al Mansour, émir maure, de la mettre à sac en 996. Longtemps capitale du royaume de León, elle fut une halte importante sur la route de *Saint-Jacques-de-Compostelle* au Moyen Age.

A voir

Basilica de San Isidoro † ☆

Plaza de San Isidoro ○ Ouvert 10 h 30-13 h 30, 16 h-18 h.

Une partie de l'enceinte de la ville fut incorporée à cette église romane au XIe s., et l'on peut encore voir des éléments de la structure d'origine, en particulier à l'entrée principale (S) et sur le portique situé à l'O. Le reste de l'édifice date principalement du XIIe s. avec des ajouts gothique et Renaissance, y compris la **Capilla Mayor** due à Juan de Badajoz, également responsable du ***Monasterio de San Marcos***. Le **panthéon**, à gauche de l'entrée principale, possède des fresques à la voûte du XIIe s. et des chapiteaux avec sculptures de motifs floraux et animaliers et de scènes de l'Ancien et du Nouveau Testament. La pièce majeure du **trésor** est un calice du XIe s. créé pour doña Urraca et constitué de deux coupes romaines en onyx réunies dans une monture en or rehaussée de pierres précieuses.

Cathédrale † ★

Plaza de Regla ○ Ouvert 8 h 30-13 h 30, 16 h-20 h.

Cette splendide cathédrale gothique est connue sous le nom de Pulchra Leonina. Sa particularité : elle compte cent vingt-huit vitraux de grande dimension, qui compromettent la solidité de l'ensemble de la construction. D'importantes restaurations sont en cours, critiquables sur le plan tant esthétique que pratique.

Remarquez la très belle rosace du XIIIe s. surmontant le grand portail O et les deux tours qui flanquent la façade, la plus ancienne étant celle de gauche. La flèche ajourée, au S. est un véritable filigrane de pierre. L'élégante custode d'argent ciselé, dans la **Capilla Mayor**, contient les reliques de saint Froilàn. Derrière, des scènes de la vie du saint sont représentées dans le triptyque peint au XVe s. par Nicolas Francès.

Les admirables portes de bois sculpté du transept N conduisent au **cloître** dont les murs du XIVe s., sous un plafond Renaissance en voûte, sont décorés de fresques à demi effacées. Si ces portes sont fermées, on peut accéder au cloître par le musée (voir ci-après).

Monasterio de San Marcos † ☆

Plaza de San Marcos ◐

La façade plateresque, richement décorée, est spectaculaire. Commandé par le roi Ferdinand en 1513 en l'honneur de l'ordre de Saint-Jacques, protecteur des pèlerins et grand soutien de la Reconquête, ce monastère fut terminé en 1549. Le bâtiment est très long ; sa portion centrale comporte deux étages, surmontés d'un fronton baroque ajouté au XVIIIe s. Pilastres et colonnes de part et d'autre des fenêtres et des niches, frise de médaillons sculptés et guirlandes de pierre s'équilibrent de façon harmonieuse pour former l'une des façades les plus accomplies de la Renaissance espagnole. Au-dessus de l'entrée principale se détache un haut-relief représentant l'intervention miraculeuse de saint Jacques lors de la bataille de Simancas contre les Maures. A l'extrémité E du monastère, église gothique inachevée, de proportions assez maladroites.

Museo Arqueológico et Sacristie †

Entrée par l'église du monastère de San Marcos. Musée ◐ pour la sacristie. Ouv. lun-sam 10 h-14 h, 17 h-19 h, di et vacances 10 h-14 h.

Parmi les objets d'art et peintures religieux, on distinguera particulièrement un ivoire sculpté du XIe s. représentant le Christ en croix. L'imposante sacristie voûtée, construite au XVIe s. par Juan de Badajoz, abrite une collection d'objets religieux, des reliefs du XIIIe s., des statues de saints.

Musée de la cathédrale
◐ *Ouv. lun-sam 9 h-14 h, 16 h-19 h, di 9 h-14 h. Sortir de la cathédrale par le portail principal, à droite, puis à gauche.*
Il abrite des sculptures — Vierge à l'enfant en terre cuite polychrome, *Christ en croix* de Jean de Joigny —, des tableaux (Bassano et Caravage), une Bible enluminée du Xe s. et une lettre de 1494 signée des rois catholiques.

A voir également

Ceux qui aiment l'architecte catalan Antonio Gaudí verront avec intérêt la **Casa de Botines** néo-gothique qu'il a construite sur la Plaza de Santo Domingo, même si elle annonce à peine le style qui devait le rendre célèbre plus tard. Du côté N-E de la même place, le **Palacio de los Guzmanes**, édifice italianisant construit en 1560, aujourd'hui bâtiment municipal. Tout près, l'**Iglesia de San Marcelo**, également du XVIe s., contient les reliques du saint. L'**Ayuntamiento**, sur la Plaza Mayor, est de 1667.

Hôtels

Conde Luna
Independencia 7 ☎ (987) 20.65.12 Tx 89888 à 152 152 P AE DC MC VISA
Près de la Plaza Santo Domingo. Sans pouvoir rivaliser en splendeur avec le ***San Marcos***, le Conde Luna demeure un établissement de haut niveau, avec une piscine couverte, une salle de bingo et un sauna. Service impeccable.

Quindós
Av. José Antonio 24 ☎ (987) 23.62.00 à 96 96 P MC VISA
Trois rues au S de la Plaza de San Marcos. Bien que fort ordinaire à bien des égards, le Quindós peut en remontrer pour le décor à bien des hôtels plus prétentieux. Le propriétaire, grand amateur d'art contemporain, a accroché des gravures et collages aux murs de toutes les chambres, par ailleurs soignées mais assez banales.

Parador San Marcos ✲
Plaza de San Marcos 7 ☎ (987) 23.73.00 Tx 89809 à 258 258 P AE DC MC VISA
Sur la rive E du rio Bernesga. Le monastère de San Marcos était l'endroit rêvé pour ce genre de transformation, puisqu'il avait été conçu partiellement comme un hospice pour les pèlerins. L'extérieur de style plateresque, les plafonds à caissons et les grands escaliers sont restés intacts. Tous vos besoins ou désirs sont comblés. Voici un établissement qui doit obligatoirement figurer sur la liste des grands hôtels d'Espagne. Il appartient à la chaîne des *paradores*.

Restaurants

Adonias
Santa Nonia 16 ☎ (987) 20.67.68 AE DC VISA
Dernières comm. 23 h. Fermé di.
Tout est extrêmement soigné, du poisson fumé sur place à la viande grillée exactement comme vous le souhaitez. Parmi les spécialités : *chuleton* et *entremeses ahumados*.

Bodega Regia
Plaza de San Martin 8 ☎ (987) 23.94.90 MC VISA
Der. comm. 0 h. Fermé di soir.
Le bâtiment du XIIIe s. est décoré dans un style castillan assez curieux, mais le cadre est parfait néanmoins pour goûter des spécialités régionales : *perdiz estofada*, *sopa de ajo* et *lubina*. Ne vous laissez pas intimider par la salle de devant, effroyablement bruyante.

Novelty
Independencia 4 ☎ (987) 25.06.12 MC VISA Dernières comm. 23 h 30.

Juste équilibre de modernisme et de plats traditionnels. Essayez le *jabali* ou la *morcilla* avec une bouteille de bon vin : la cuisine le mérite, et la cave est largement pourvue en excellents Riojas.

Ⓡ Les établissements cités ci-dessus, les salles à manger des hôtels recommandés et les bar à *tapas* de la Plaza de San Martin et alentour devraient suffire pour un séjour normal. Sinon, il y a encore :

Grandiglione *(Arco de Animas 1 ☎ (987) 20.85.11 ▥)*, qui fait une bonne cuisine italienne ; **Patricio** *(Condesa de Sagasta 24 ☎ (987) 24.16.51 ▥)*, pour ses plats internationaux, et **Las Redes** *(Astorga 22 ☎ (987) 30.00.03 ▥)* pour ses spécialités de poisson — mais il y a aussi de la viande pour ceux qui préfèrent. Téléphoner à l'avance, car les restaurants sont souvent fermés le dimanche et le lundi.

Excursion

Astorga *(47 km au S-O de León)*. Cette ville fortifiée, l'une des étapes sur la route de *Saint-Jacques-de-Compostelle*, a conservé de beaux **murs romains**, une ***cathédrale*** de la fin du XVᵉs., avec un musée exposant surtout des objets d'art religieux du Moyen Age, un **Ayuntamiento** du XVIIᵉ s. et un **Palacio Episcopal** néogothique conçu par Gaudí mais terminé par Ricardo Guereta. Elle bénéficie d'une situation magnifique en face des montagnes du León.

Ⓗ A 5 km au N sur la route Madrid-La Coruña, **Pradorrey** ☎ *(987) 61.57.29 ▥)* n'a rien d'un motel typique, bien qu'il se présente ainsi. Imitation d'un manoir médiéval à l'intérieur comme à l'extérieur, il offre en tout cas les diverses formes du confort moderne.

Ⓡ **La Peseta** *(Ovalle 6 ☎ (987) 61.53.00 ▥)* propose de solides plats traditionnels.

La pierre est un front où gémissent les rêves sans y trouver d'eau courbe ou de cyprès glacés.
La pierre est une échine à soulever le temps et ses arbres de pleurs, ses rubans, ses planètes.

Federico Garcia Lorca, *Corps présent*

Le León

Carte 11C4. Au N-O, contre la frontière du Portugal.

L'ancien royaume de León est aujourd'hui représenté par les provinces de Zamora, Salamanca et León, partie septentrionale de la Meseta. Aride sur presque toute sa longueur, cette province devient escarpée en se rapprochant des *Asturies*. La nature y est rude, la végétation pauvre, mais les quelques rivières de ce pays suffisent à irriguer des cultures de céréales. Bœufs et moutons y paissent depuis des siècles, et les taureaux de Salamanque sont très appréciés des amateurs de corridas.

Salamanque (Salamanca), siège d'une université médiévale qui a influencé toute l'Europe, est un modèle d'architecture romane, Renaissance et churrigueresque. *Zamora* est réputée pour ses constructions romanes et pour ses fêtes de Semaine Sainte. *León*, la capitale, pour sa cathédrale aux magnifiques vitraux.

Après que les Asturies furent libérées des Maures, au IXe s., les chrétiens continuèrent d'avancer vers le S. Les conflits qui surgirent avec d'autres royaumes catholiques retardèrent la Reconquête, et, à la suite d'alliances mouvantes, le León fut rattaché à la Castille.

Lérida (Lleida)

Carte 14D9. Capitale de province. 156 km à l'O de Barcelone, 144 km à l'E de Saragosse. Population : 110 000 ℹ Avenida Blondel 1.

L'histoire militaire de cette capitale de province aujourd'hui industrialisée est longue et douloureuse. Il y a par conséquent peu à y voir dans les domaines culturel ou historique. Les Romains, les Maures, les Catalans rebelles et les Français se battirent pour la conquérir. Le centre de la cité s'étend sur la rive O du rio Segre et monte le long de la colline jusqu'aux fortifications, dont les restes abritent la **Seu Vella**, la vieille cathédrale. Cette construction gothique, édifiée entre le XIIe et le XIVe s., fut la cible de bombardements constants. Elle perdit son caractère d'édifice religieux entre la guerre de Succession de 1707 et 1948, ayant servi de caserne.
Au **Museo Arqueológico** *(Avenida Blondel 62 ☎ (973) 22.17.66)*, préhistoire et archéologie de la région.

Ⓗ A la sortie Lleida de l'*autopista* A2, on trouvera le **Leida** ☎ *(973) 11.60.23* ▥ *à* ▥ *)*, très confortable. Plus près de la ville, sinon, il y a le **Condes de Urgel II** *(Av. Barcelona 17 ☎ (973) 20.23.00* ▥ *)*, parfaitement fonctionnel.

Ⓡ **Forn del Nastasi** *(Salmeron 10 ☎ (973) 23.45.10* ▥*)* propose une cuisine ambitieuse et créative qui justifie un détour : homard aux épinards, mousse d'aubergine ou loup de mer sauce champagne. Le cadre et le menu du **Sheyton Pub**, *(Av. Prat de la Riba 39 ☎ (973) 23.81.97* ▥ *à* ▥ *)*, imitent le club anglais.

Logroño

Carte 13C7. Capitale de province. 128 km à l'E de Burgos, 92 km au S de Vitoria. Population : 108 000 ℹ Miguel Villanueva 10 ☎ (941) 21.54.97.

Capitale de province et centre de distribution des produits de la **Rioja**, Logroño ne possède pas le charme que l'on pourrait attendre dans cette grande région viticole. Les industries, textiles et autres, lui ont apporté la prospérité, mais c'est tout. Les vins de Rioja, quoique parmi les meilleurs du monde, sont assez peu connus à l'extérieur. Ils sont cultivés depuis le XIIe s., peut-être même avant. Les asperges, les olives et d'autres légumes poussent également en abondance dans la région.

Manifestation En septembre, fêtes des vendanges.

A voir

Le décor baroque de l'extérieur de la **Catedral de Santa Maria de la Redonda** *(Plaza del Mercado s/n)* compense la banalité de l'intérieur, de style gothique catalan du XVe s. On remarquera un étonnant portail churrigueresque, et une chapelle XVIIIe s.
L'**Iglesia de Santa Maria de Palacio** *(Marqués de San Nicolás)*, du XIIe s., faisait autrefois partie d'un palais royal. Les diverses restaurations qu'elle a subies n'ont pas nui à son aspect gothique.
Le **Palacio del Espartero** *(Plaza de San Agustin s/n ◐ ouv. 9 h-14 h, fermé lun)*, baroque du XVIIe s., est devenu un **musée provincial** *(☎ (941) 22.27.35)*.

[H] Le **Carlton Rioja** *(Rey Juan Carlos 1 ☎ (941) 24.21.00 ▥ à ▥)* et **Los Bracos** *(Bretón de los Herreros 29 ☎ (941) 22.66.08 ▥ à ▥)*, tous deux modernes, sont bien situés dans le centre.

[R] **Mesón de la Merced** *(Marqués de San Nicolás 136 ☎ (941) 22.10.24 ▥)* est une ancienne *bodega* réaménagée, où les plats castillans sont préparés avec une délicatesse et un éclat peu communs ; grand choix de vins de Rioja, et service incomparable. Sinon, essayer le **San Remo** *(Av. Espana 2 ☎ (941) 23.08.38 ▥)* pour des recettes locales de viande et poisson.

Lugo

*Carte **10B3**. Capitale de province. 95 km au S-E de la Corogne ; 96 km au N d'Orense. Population : 74 000 ℹ Plaza España 27 ☎ (982) 21.13.61.*

Les Celtes s'y installèrent ; les Romains puis les Arabes en firent un centre agricole. Il reste de l'occupation romaine une remarquable enceinte fortifiée, longue de 2 km. A l'intérieur des remparts (presque 9 m d'épaisseur) se trouve un charmant vieux quartier de maisons des XVIe-XVIIIe s., avec un **Ayuntamiento** baroque et le **Palacio Episcopal** du XVIIIe s., ainsi qu'une **cathédrale** du XIIe s. Antiquités romaines dans le **musée provincial** *(Plaza de la Soledad 6 ☎ (982) 21.10.99)*. Il n'y a à peu près rien à voir au-delà des murailles.

[H] **Lugo Husa** *(Av. Ramón Ferreiro s/n ☎ (982) 22.41.52 ▥)* offre un service compétent et tout le confort souhaitable. **Méndez Nuñez** *(Reina 1 ☎ (982) 21.57.40 ▥)* est bien aussi.

[R] Il y a des gens branchés, dans la région, qui affirment que, contre toute attente, le meilleur restaurant est celui du **Terminus des cars** *(Plaza Lopez Pérez ☎ (982) 22.39.68 ▥)*, au-dessus de l'arrêt). **Mesón de Alberto** *(Cruz 4 ☎ (982) 22.83.10 ▥)* est très bien aussi et propose de grands plats de fruits de mer variés, grillés. A quelques mètres, **Verruga** *(Cruz 12 ☎ (982) 22.98.55 ▥)* a un bar à *tapas* et des plats régionaux traditionnels, sans fantaisie.

Madrid

*Carte **2-3**, **12E6**. Capitale. 62[illegible] km au S-O de Barcelone ; 346 km au N-O de Valence. Population : 3 200 000 ℹ Plaza Mayor 3 ☎ (91) 266.48.78. Duque de Medinacelli 2*

Bien qu'habitée dès les âges préhistoriques et occupée successivement par tous les envahisseurs de la péninsule, Madrid est restée dans l'ombre tandis qu'au gré des monarques successifs le siège du gouvernement était transféré de *Tolède* à *Séville* puis à *Valladolid*. Elle ne commença à bénéficier des largesses royale, qu'en 1561, lorsque Philippe II en fit sa capitale. C'est à partir de ce moment seulement qu'elle est devenue la première ville d'Espagne, dépositaire de ses plus grands chefs-d'œuvre.

En effectuant ce choix, Philippe II obéissait à des considérations politiques, mais ne négligeait pas pour autant le climat clair et sec de la région. Dans son esprit, une capitale située au centre du pays permettrait de mieux contrôler les régions agitées.

La croissance de Madrid s'est faite plus nette à partir de la guerre civile, pendant laquelle la ville a été soumise au siège des nationalistes. Bombardée, elle fut très abîmée pendant les deux ans et demi que dura le conflit. Les parcs se transformèrent en bivouacs, les églises furent désacralisées, les palais et les musées furent pillés. Mais la plupart ont été restaurés ou reconstruits et les monuments des XVIe-XVIIIe s. ont survécu.

Pas de cathédrale digne de ce nom, mais de larges avenues, des fontaines, des immeubles néoclassiques élégants et plus de quarante musées. Cette ville cosmopolite, riche en hôtels et restaurants, s'est surtout agrandie vers le N et le S, où de nouveaux quartiers de grands immeubles se sont formés. Le quartier N-E est constitué de banques, sièges de sociétés et autres gratte-ciel de verre et d'acier qui n'existaient pas il y a vingt ans. C'est là que se trouve le Palais des expositions et des congrès, avec une façade de Miró.

Madrid est le point de départ normal d'excursions vers des villes plus petites et plus anciennes (voir ***Excursions***). On peut skier dans la Sierra de Gredos, et il y a beaucoup d'endroits dignes d'intérêt dans la campagne.
Les Madrilènes, en août, laissent la ville aux touristes. De nombreux restaurants et magasins sont alors fermés.

Manifestations En mai, à partir du 15, fête de la San Isidro, le saint patron de la ville ; corridas, fêtes foraines *(verbenas)*, représentations théâtrales, concerts...

Le 15 août, fête de la Paloma (la plus traditionnelle) dans le district Centre de la ville, qui englobe les quartiers les plus populaires.

Chaque quartier de la capitale a sa fête, le plus souvent entre juin et septembre. En outre, nombreux événements artistiques, musicaux, théâtraux... tout au long de l'année, qui font de Madrid une des villes d'Europe la plus intéressantes sur le plan culturel et pour les distractions. Les offices de tourisme, les quotidiens et l'hebdomadaire *Guía del Ocio* fournissent toutes informations sur ces manifestations.

Fin mai - début juin, foire du livre dans le parc du Retiro. Pendant l'année, nombreuses foires commerciales et manifestations scientifiques et culturelles sur le champ de foire d'Ifema, dans la Casa de Campo.

A voir

Casa de Campo

A l'origine parc royal où Philippe II chassait, il fut agrandi et amélioré par ses successeurs. Ses 1 747 hectares s'étendent à l'O du rio Manzanares, aujourd'hui canalisé, qui délimite à l'O le centre-ville. On y trouvera un **parc d'attractions** *(☎ (91) 463.29.00 ◐ ouv. avr-oct lun-ven 11h-16h, sam. 11 h-13 h ; nov-mars samedi 11 h-20 h, fermé lun-ven)* et un **jardin zoologique** *(☎ (91) 711.99.50 ● Ouv. avril-sept 10 h-21 h ; oct-mars 10 h au coucher du soleil)*, le plus intéresssant d'Espagne, célèbre pour son couple de pandas.

Casón del Buen Retiro ☆

Carte 3D5. Felipe IV 13 ☎ (91) 230.91.14 ● Ouv. mar-sam. 9 h-19 h ; di, fêtes 9 h-14 h. Fermé lun. Métro Antón Martín.

Ce vilain bâtiment néoclassique, en face du **parc du Retiro**, est à quatre rues à l'E du musée du ***Prado***. Son immense mérite est d'abriter le célèbre tableau de Picasso, *Guernica*, féroce condamnation du bombardement de la cité basque pendant la guerre civile, traitée dans les gris et les noirs, et qui est restée quarante ans au musée d'Art moderne de New York. Il fut rapporté en Espagne, selon la volonté du peintre, quand la démocratie fut réinstallée, après la mort de Franco. Le reste de la collection a trait à la peinture espagnole du XIXe s.

Convento de las Descalzas Reales

Carte 2D3. Plaza de las Descalzas 3 ☎ (91) 222.06.87 ◐ 🅸 Ouv. lun-jeu 10 h 30-13 h 30, 16 h-18 h ; ven-di 10 h 30-13 h 30. Métro Sol.

Couvent du XVIe s. connu pour sa riche collection de tapisseries, peintures et sculptures, et son somptueux escalier baroque bordé de marbres rares dont le pied est surchargé de sculptures décoratives polychromes. Les bienfaiteurs d'origine aristocratique qui vinrent jadis chercher ici la paix spirituelle n'ont de toute évidence pas éprouvé le besoin de se condamner pour autant à la sobriété et à l'austérité qui vont de pair avec ce genre d'établissement.

Ermita de San Antonio

Glorieta de San Antonio de la Florida ☎ (91) 247.79.21 ◐ Ouv. lun-mar, jeu-sam 11 h-13 h 30, 15 h-19 h ; di et vacances 11 h-13 h 30. Fermé mer. Métro Norte.

Construit en 1797 par un architecte italien, l'ermitage doit sa notoriété à la présence de fresques peintes par Goya sur la coupole, représentant le *Miracle de saint Antoine de Padoue* (terminées en 1789). Le peintre est enterré ici.

Estudio y Museo Sorolla

Martínez Campos 37 ☎ (91) 410.15.84 ◐ Ouv. 10h-14h Fermé lun, fêtes, août. Métro Rubén Darío.

La maison de Joaquin Sorolla y Bastida, artiste originaire de Valence, a été préservée en l'état, comme elle était lorsqu'il cessa de peindre, en 1923. De grands paysages et des tableaux figuratifs sont présentés avec goût dans les pièces où il vécut et travailla.

Museo de la Academia de Bellas Artes de San Fernando

Carte 3D4. Alcalá 13 ☎ (91) 276.25.64 ◐ Fermé momentanément pour travaux. Métro Sevilla. Le fonds du musée est provisoirement exposé à la Biblioteca Nacional (Paseo de Recoletos 10)

Certaines parmi les œuvres les plus célèbres de Goya, correspondant à ses dernières années, plus « expressionnistes », sont accrochées ici, en particulier un *Autoportrait* de 1815, la *Course de taureaux dans un village* et l'*Enterrement de la sardine*. Plusieurs siècles de peinture espagnole sont illustrés : Murillo, El Greco, Vicente López, Ribera et Sorolla, mais aussi des œuvres de l'école italienne (Bellini, Corrège) et flamande (Rubens).

Museo de América ☆

Reyes Católicos 6 ☎ (91) 243.94.37 ◐ Ouv. 10 h-14 h. Fermé lun et certains jours fériés. Métro Moncloa.

L'Amérique latine est à l'origine de la majeure partie de cette collection, qui inclut de surcroît des objets d'artisanat des Philippines. L'art maya de Palenque est représenté par des stèles et un calendrier plus précis que ceux que les Européens firent ensuite ; le Pérou par des reliques funéraires ; la Colombie par des statuettes d'argile et toutes les anciennes colonies par des objets d'art folklorique.

Museo Arqueológico Nacional ☆

Carte 3B5. Serrano 13. ☎ (91) 403.65.59 ● Ouv. 9 h 30-13 h 30. Fermé pendant certaines vacances. Métro Colón.

A gauche de l'entrée et en bas de l'escalier, dans une grotte artificielle, une reconstitution des fresques d'Altamira (voir *Santillana del Mar*). Cela vaut la peine, d'autant que les grottes véritables sont fermées au public. Les autres salles du sous-sol sont consacrées à la préhistoire, avec des collections d'une formidable variété et richesse : poteries grecques, art funéraire égyptien, archéologie aux Baléares, aux Canaries.

Au rez-de-chaussée sont exposées principalement des antiquités ibériques et romaines. Le joyau de la collection est sans conteste la **Dame d'Elche**, buste de femme étonnamment sophistiqué, orné d'un collier en forme de serpent et d'un casque d'orfèvrerie, datant du IVe s. avant notre ère.

Dans les salles suivantes, sculptures, mosaïques, bijoux, poteries et bronzes d'Osuna appartiennent à l'époque romaine. L'aile qui abrite les vestiges wisigothiques est momentanément fermée. Les salles du premier étage sont consacrées au mobilier de la Renaissance et à l'art musulman.

Museo Cerralbo

Carte 2B2. Ventura Rodriguez 17 ☎ (91) 247.36.46 ◐ Ouv. 9 h-14 h. Fermé mar, août. Métro Plaza de España.

Le marquis de Cerralbo était un collectionneur infatigable. Sa demeure est remplie d'œuvres d'art qu'il légua à l'Etat après sa mort, survenue en 1922. Quoique désordonnée, il s'agit d'une collection impressionnante : armes celtes de la péninsule ibérique, céramiques grecques, tapisseries des Flandres, bijoux, horloges, tableaux de Zurbarán, Van Dyck et Greco, dessins de Goya et Tintoret.

Museo del Ejército ☆

Carte 3D5. Méndez Nuñez 1 ☎ (91) 222.06.28 ◐ Ouv. mar-sam 10 h-17 h, di et vacances 10 h-13 h 30. Fermé lun. Métro Banco.

Le Musée de l'Armée est installé dans un bâtiment du palais du Buen Retiro (XVIIe s.). Des milliers d'armes et autres objets d'intérêt militaire y sont exposés, fascinants surtout pour les spécialistes, mais on admirera des poignards maures en ivoire et argent et une épée qui serait celle du Cid.

Museo Español de Arte Contemporáneo

Av. Juan de Herrera 2 ☎ (91) 449.71.50 ◐ Ouv. mar-sam 10 h-18 h, di et vacances 10 h-14 h. Fermé lun. Métro Moncloa.

L'art contemporain, ici, commence avec les derniers romantiques du milieu du XIXe s. ; il inclut les « abstraits » espagnols du milieu des années 60, comme Antonio Tapies. Des œuvres d'Eduardo Vicente, Saura, Juan de Echevarria, Solanà et Rosales illustrent tous les mouvements d'art moderne importants en Espagne. Peu d'œuvres de Picasso en revanche (*Femme en bleu*, de 1901), mais plusieurs Miró et Dali.

Museo Lázaro Galdiano ☆

Serrano 122. ☎ (91) 261.60.84. ◐ Ouv. mar-di 10 h-14 h. Fermé lun et certains jours fériés. Métro Rubén Dario.

L'hôtel particulier du XIXe s. fut légué à la ville par le célèbre homme de lettres, qui y réunit une considérable collection d'émaux et d'ivoires sculptés. On remarquera également dans le musée des portraits de Gainsborough et Reynolds, un *Ecce Homo* de Jérôme Bosch, un portrait par Rembrandt, des tableaux de Velazquez, Zurbarán, Greco et Goya.

Museo Municipal

Carte 3B4. Fuencarral 78 ☎ (91) 221.66.56 ○ Ouv. mar-sam 10 h-14 h, 17 h-21 h ; di 10 h-15 h. Fermé lun. Métro Tribunal.

Installé dans l'ancien hospice (XVIIIe s.) de San Bernardo. Le portail baroque, très chargé, contraste avec la simple façade de brique. Cartons pour tapisseries, quelques peintures et objets concernant l'histoire de la ville, cartes et maquettes.

Museo Nacional de Artes Decorativas ☆

Carte 3D5. Montalbán 12 ☎ (91) 221-34-40 ◐ Ouv. mar-ven 10 h-17 h, sam-di 10 h-14 h. Fermé lun, certains jours fériés.

Quatre siècles de vie quotidienne sont représentés dans des salles consacrées à l'art gothique, baroque, mudéjar, levantin et folklorique. On y verra des poteries, de la porcelaine, des cuirs de Cordoue, du mobilier, des vêtements, des verreries, de la dentelle et des bijoux. Une cuisine décorée d'azulejos, au second étage, mérite un détour spécial.

Museo del Prado

Carte 3D5. Paseo del Prado s/n ☎ (91) 468.09.65 et 230.62.54 ● ○ pour les Espagnols avec DNI. Ouv. mar-sam 9 h-19 h, di 9 h-14 h. Fermé lun. Métro Banco, Atocha et Antón Martín.

Le fonds du musée du Prado, l'un des musées les plus prestigieux du monde, est exposé dans trois bâtiments proches les uns des autres: le musée principal, appelé Juan Villanueva et généralement connu comme le Prado ; le **Casón del Buen Retiro**, qui abrite la peinture du XIXe s. et du début du XXe s. et où l'on pourra voir le *Guernica* de Picasso ; le **Palacio de Villahermosa**, le dernier inauguré, consacré aux expostions à caractère monographique.

Le bâtiment principal, œuvre de l'architecte Juan de Villanueva, était destiné à l'origine à devenir un musée des sciences naturelles. Sa construction a commencé en 1785, sous le règne de Charles III de Bourbon. C'est en 1819 qu'il fut inauguré comme musée de peinture. Depuis, son fonds s'est considérablement enrichi et il présente aujourd'hui un vaste panorama de la peinture européenne.

Depuis quelques années ont été entrepris de grands travaux de modernisation dont l'objectif principal est l'installation de l'air conditionné afin d'éviter la détérioration des toiles liée aux variations importantes de la température ambiante et à l'afflux de visiteurs. De ce fait, les salles sont souvent réorganisées, les tableaux changent de place, et il est donc impossible de présenter un guide complet et fiable. On ne peut que donner quelques indications générales pour faciliter la visite, tout en conseillant de se procurer un plan à l'entrée du musée.

L'entrée des visiteurs se fait par la **Puerta de Goya**, où trône une sculpture représentant le peintre, sur la façade N de l'édifice. A droite et à gauche de la rotonde immédiatement après l'entrée, plusieurs salles dédiées aux expositions temporaires.

Au rez-de-chaussée, après la rotonde, une grande salle est consacrée à la **peinture espagnole** des XVe s. et XVIe s. à thème religieux. A gauche, dans la salle 55-B, *Artémise*, œuvre de jeunesse de Rembrandt (1606-1669). De l'autre côté de la salle centrale, plusieurs salles (59 à 63 B) exposent des œuvres des **peintres flamands** du XVe s. ; parmi elles, de Rubens (1577-1640), *Trois Grâces*, tableau dans lequel le peintre figure son archétype du corps féminin, *Jardin de l'amour* et l'*Adoration des mages*. Tableaux aussi de Van Dyck (1599-1641), Teniers (1610-1690) et Jordaens (1593-1678), autres artistes flamands.

A l'extrême S du rez-de-chaussée (salles 66 et 67), on pourra voir de très intéressants dessins et gravures de Goya (1746-1828), entre autres la série des *Désastres de la guerre* et *La Tauromachie* ; en raison de leur grand nombre (près de cinq cents) et des risques de détérioration, ces œuvres sont présentées par roulement. Les Peintures noires, ainsi nommées à cause des tons dans lesquelles elles ont été exécutées, correspondent aux dernières années d'activité du peintre (1819-1823). Réalisées initialement sur les murs de la propriété du peintre près de Madrid (la Quinta del Sordo), ces peintures empreintes d'un profond pessimisme sont chargées de symbolisme. Elles reflètent la fantastique force créatrice de leur auteur. Parmi les plus célèbres d'entre elles, citons *Aquelarre* et *Saturne dévorant son fils*.

A l'étage principal, auquel on montera par l'escalier le plus proche de l'extrémité S, est exposé le reste de l'œuvre de Goya : ses portraits de rois, dont la *Famille de Charles IV* (salle 32), percutante étude psychologique ; la *Maja nue* et la *Maja vêtue* (salle 38), pour lesquelles on a affirmé faussement que le modèle avait été la duchesse d'Albe ; les *Fusillades du 3 mai* 1808 et la *Charge des Mamelouks* (salle 39), expression de toute l'horreur qu'inspira au peintre la guerre d'Indépendance et l'écrasement de l'insurrection populaire contre les troupes de Napoléon. Dans les salles 19, 20, 21, 22 et 23 sont exposés des *cartons* que Goya exécuta pour la manufacture royale de tapisserie ; ce sont des peintures à l'huile qui servirent de modèles aux lissiers pour les tapisseries destinées aux appartements royaux — thèmes familiers, comme la *Partie de colin-maillard* ou le *Parasol*, ou allégories, autour des quatre saisons par exemple. L'ensemble de l'œuvre du peintre sera prochainement transféré au ***Palacio de Villahermosa***

Toujours à l'étage principal, au-delà des salles Goya (en allant du S au N), plusieurs salles consacrées au grand peintre espagnol Vélasquez (1599-1660), peintre préféré de Philippe IV. Les *Ménines*, aussi appelées la *Famille de Philippe IV* (salle 15), mêle le monde réel et le monde peint : au centre du tableau l'infante et ses deux ménines (les demoiselles d'honneur), en retrait, l'artiste en train de peindre le roi et la reine dont on voit le reflet dans un miroir. En salle 15, outre les portraits des bouffons, on verra l'une des rares toiles de Vélasquez représentant un paysage : le *Jardin de la villa Medicis*. Puis (salle 12) ce sont les portraits équestres et une toile à thème mythologique, les *Forges de Vulcain*. Mythologie encore avec les *Fileuses* (salle 11), inspirées d'un passage des *Métamorphoses* d'Ovide.

En salle 16 est exposé un superbe portrait de Charles Quint à la bataille de Mühlberg par le Titien (1490-1576). La peinture espagnole est largement représentée dans les salles 25 à 28, avec des œuvres de Greco, de Murillo, Sanchez Coello et Carreño Miranda, entre autres.

On pourra voir bien d'autres chefs-d'œuvre encore, en particulier une collection importante de primitifs flamands, parmi lesquels le *Jardin des délices* de Jerôme Bosch, dont les scènes hallucinantes n'ont pas fini de faire couler de l'encre. Ou des peintures italiennes des XVe s et XVIe s (Fra Angelico, Botticelli, Raphaël...), des œuvres d'Albert Dürer, de Watteau... Les trésors du Prado sont immenses et méritent plus qu'une visite rapide. A vous de les découvrir, nous ne vous avons donné là que quelques fils conducteurs.

Palacio Real ★

Carte 2C2. Plaza de Oriente ☎ (91) 248.74.04 ● Quatre billets différents sont nécessaires pour accéder aux appartements, aux salles où sont exposés les tableaux, à la Bibliothèque royale et à l'Armurerie royale. Ouv. 10 h-13 h, 15 h 30-17 h 30. Fermé di et cérémonies officielles.

Cet imposant bâtiment néoclassique longe le côté N d'une grande cour entourée de galeries et de communs. Il fut terminé en 1764, l'année même où Charles III s'y installa. On ne peut visiter qu'une cinquantaine de pièces sur les deux mille que compte le palais.

La façade principale est relativement modeste. Le rez-de-chaussée, en blocs de granit, est surmonté de colonnes corinthiennes, de pilastres et d'un balcon à balustrade. Mais l'intérieur exprime toute l'extravagance des derniers temps de l'ère baroque, une explosion flamboyante de style rococo. Le double escalier de marbre accède au premier étage sous un tableau de plafond très luxuriant, peint au XVIIIe s. par l'Italien Conrado Giaquinto. Des fenêtres circulaires et des arches éclairent la coupole, incrustée de médaillons, de chérubins de stuc, de guirlandes sculptées et peintes d'or et de blanc.

Le **Salón de Albarderos** tient son nom de la garde royale qui y avait établi ses quartiers. Des tapisseries espagnoles du XVIIIe s. illustrent des épisodes de la vie de Salomon, Joseph et David. Viennent ensuite : le **Salón de Columnas** et les appartements privés de Charles III et de sa famille ; la **Saleta de Gasparini**, du nom de son architecte, de style rococo, avec de beaux lustres, des miroirs à cadre doré et un sofa circulaire, cadeau du roi de France. Dans une antichambre, portraits de Charles IV et de la reine Marie-Louise par Goya. Le **Salón de Gasparini** croule sous les guirlandes de stuc peintes en relief, qui grimpent le long des murs et s'entrecroisent au plafond.

Tout aussi surprenante, la **Sala de Porcelana** (cabinet de porcelaine), où quatre cents panneaux de porcelaine, aux délicieuses scènes peintes à la main, ont été assemblés pour recouvrir les murs et le plafond. Plus grandiose encore, la **salle à manger de gala**, au plafond peint, avec une grande table pouvant accueillir cent quarante-cinq convives, dont la vaisselle à filet d'or étincelle sous quinze lustres somptueux.

Après avoir traversé des salles où sont exposées des collections d'éventails, d'horloges et d'argenterie, on arrive à la **Capilla Real** (chapelle royale), terminée en 1757. Sous la coupole, des colonnes de marbre noir à chapiteaux dorés, des statues de saints et des peintures de Giaquinto. Enfin, la **Salle du trône**, toujours utilisée par les souverains actuels.

Dans les galeries de peintures, deux curiosités : un portrait dont le visage et les mains sont par Greco, mais dont le reste a été terminé par son fils, et un cheval cabré par Velazquez, qui était destiné à faire partie d'un portrait équestre. L'artiste est mort avant d'avoir pu peindre son royal modèle.

On revient dans le hall d'entrée. En sortant par la porte O, prendre à droite en direction de la **Biblioteca Real**, qui abrite des cartes, des gravures, des instruments de musique de la Renaissance et trois mille volumes. Pour rejoindre l'**Armeria Real**, à partir du hall d'entrée, il faut tourner à gauche et traverser la grande cour. Une centaine de magnifiques armures y sont exposées, avec heaumes à panache, arbalètes, lances, boucliers, etc., et les épées royales.

Palacio de Villahermosa

Carte 3D5. Plaza de las Cortes 6. Ouv. mar-sam 9 h-19 h ; di et fêtes 9 h-14 h. Fermé lun. Métro Banco.

Depuis 1984, ce très bel édifice néoclassique en pierre et en brique appartient au musée du Prado. Expositions de peinture et, dans le futur, les Goya exposés actuellement au Prado

Autres musées

Casa-Museo Lope de Vega *(Cervantes 11 ☎ (91) 222.88.25 ◐)*, reconstitution minutieuse de la maison que le dramaturge habitait au XVIIe s. Le petit **Museo de Carrozas** *(Paseo Virgen del Puerto s/n, Campo del Moro ☎ (91) 248.74.04 ◐ ouv. lun-sa 10h-13 h 30, 15 h 30-17 h 15 ; di et vacances 10 h-13 h 30)* expose des carrosses, harnais et équipages divers. Au **Museo de Cera**, *(Paseo de Recoletos 41 ☎ (91) 419.22.82 ● ♘ ouv. 10 h 30-14 h, 15 h-20 h)*, plus de trois cents personnages de cire représentant des personnalités historiques. Au **Museo de Ciencias Naturales** *(José Gutiérrez Abascal 2 ☎ (91) 261.86.07 ◐ ouv. lun-sam 10 h-14 h, 15 h-18 h, di et fêtes 10 h-14 h. Fermé certains jours fériés)*, collections de géologie, entomologie, paléontologie et zoologie, avec des animaux naturalisés. **Museo-Convento de La Encarnación** *(Plaza de la Encarnación 1 ☎ (91) 247.05.10. Ouv. lun-sam 10 h 30-13 h 30, 16 h-18 h. Fermé di après-midi)*, installé dans un couvent construit au début du XVIIe s., expose des peintures italiennes et espagnoles des XVIe et XVIIe s. et de belles sculptures en bois.

Le **Museo Naval** *(Montalbán 2 ☎ (91) 221.04.19 ◐ ouv. 10 h 30-13 h 30, fermé août, lun)* expose de très beaux modèles réduits de navires et une carte du Nouveau Monde établie en 1500 par Juan de La Cosa. Le **Museo Romantico** *(San Mateo 13 ☎ (91) 448.10.45 ◐ ouv. mar-sam 10 h-18 h, di et jours fériés 10 h-14 h ; fermé août à mi-sept et lun)*, installé dans un palais du milieu du XIXe s., contient des tableaux, objets et meubles de la fin de l'époque romantique. Annexe de la Plaza de toros de Las Ventas, le **Museo Taurino** *(Plaza Monumental de Las Ventas, entrée par le Patio de Caballos, Alcalá 237 ☎ (91) 255.18.57 ◐ ouv. mar-sam 10 h-13 h, 15 h 30-18 h 30, di et jours fériés 10 h-13 h ; les jours de corrida, jusqu'à une heure avant la course ; fermé lun)* relate l'histoire de la tauromachie au moyen d'expositions de documents concernant la carrière des toréadors célèbres.

A voir également

Parque del Oeste : le plus beau parc de Madrid, avec une reconstitution du **Templo de Debod**, temple égyptien du IVe s. av. J.-C. que l'on a transféré ici pour le protéger des crues provoquées par la construction du barrage d'Assouan. Un autre parc, **El Retiro**, était au temps de Philippe IV le site d'un palais aujourd'hui disparu. On y admirera des jardins fleuris, des allées ombragées, un lac artificiel, des fontaines, un extravagant pavillon, le Palacio Velázquez, le Palais de cristal, où l'on peut voir des expositions artistiques ou scientifiques. Sur la **Plaza de la Cibeles** se trouve la plus belle des nombreuses fontaines de la capitale. Elle représente la déesse Cybèle conduisant un char attelé de cheveaux. Du côté S-E de la place, le **Palacio de Comunicaciones**, incroyable construction néobaroque, abrite la poste. La **Plaza Mayor**, réservée aux piétons, est le centre d'activité du vieux Madrid. Au centre, statue équestre de Philippe III. On y donne toujours des festivals de musique, des pièces de théâtre et autres manifestations culturelles.

Hôtels

Barajas
Av. de Logroño 305, Madrid 22
☎ *(91) 747.77.00* Tx *22255* 230 230 AE DC MC VISA

Près de l'aéroport, 14 km du centre ville. L'un des meilleurs hôtels modernes de luxe qu'on puisse trouver en Espagne, avec tous les équipements possibles, du gymnase au cours de golf. Parfait pour ceux qui disposent d'une voiture, d'une note de frais illimitée pour les taxis ou pour une nuit.

Castellana
Paseo de la Castellana 49. ☎ *(91) 410.02.00* Tx *27686.* 331 AE DC MC VISA

Près des Nuevos Ministerios. Bénéficie d'une situation magnifique, dans l'un des plus beaux quartiers de Madrid. Toutes commodités.

Convención
O'Donnell 53. ☎ *(91) 274.68.00* Tx *23944* 779 AE DC MC VISA

Près du parc d'El Retiro. Un édifice moderne bien conçu, avec de belles installations. Traduction simultanée et salle de 900 places.

Cuzco
Paseo de la Castellana 133. ☎ *(91) 456.06.00* Tx *22464* 330 330 AE DC MC VISA

Dans la partie N de la Madrid moderne, près du palais des expositions, des ministères et d'une zone commerciale. De nombreuses réunions s'y tiennent.

Eurobuilding
Padre Damián 23, Madrid 16
☎ *(91) 457.17.00* Tx *22548* 412 412 AE CB DC MC VISA *Métro Tetúan.*

Dans le N de la ville. Dans un gratte-ciel moderne, dont il ne faut attendre ni charme ni chaleur. Deux piscines, un gymnase, des saunas, des boutiques, un coiffeur, quatre bars et quatre restaurants.

Liabeny
Carte 2C3. Salud 3, Madrid 13
☎ *(91) 232.53.06* Tx *49024* 158 158 AE
Métro Sol.
Près de la Puerta del Sol. Le mobilier des chambres est lourd mais confortable et le salon est spacieux. Bar américain très animé, restaurant et snack-bar. La Plaza Mayor et les bars à *tapas* sont à proximité.

Luz Palacio
Paseo de la Castellana 57 ☎ *(91) 442.51.00* Tx *27207* 182 182 AE DC MC VISA

Au centre, près des ministères. Un établissement de taille moyenne de grande qualité.

Meliá Madrid
Carte 2B2. Princesa 27, Madrid 8 ☎ *(91) 241.82.00* Tx *22537* 250 250 AE DC MC VISA *Métro Ventura Rodriguez*
Près de la Plaza de España. L'architecture et l'accueil, plutôt froids, ne sont pas vraiment des inconvénients. Tout le confort moderne, salle de projection, coiffeur, barbier, sauna et salle de conférence avec matériel audiovisuel.

Miguel Angel
Miguel Angel 31, Madrid 10 ☎ *(91) 442.00,22* Tx *44235* 307 307 AE CB DC MC VISA *Métro Ruben Darió*

Au N du centre-ville, près du très élégant Paseo de la Castellana. Il y a tout ce qu'il faut dans cet hôtel de luxe à cinq étoiles : piscine couverte, sauna et boutiques. Le service est idéal, les chambres décorées de couleurs discrètes et tissus simples, les tapis épais et le mobilier plaisant. Réserver.

Mindanao.
Paseo San Francisco de Sales 15 ☎ (91) 449.55.00 Tx 22631 à 289
AE DC MC VISA

A l'O de Madrid, près de la cité universitaire. Un hôtel de première catégorie, avec de nombreux services et commodités, dont les prix restent raisonnables.

Holiday Inn
Avda. General Perón s/n ☎ (91) 456.70.14 et 456.40.14 Tx 44709 313 P
AE DC MC VISA

Tout près du palais des expositions. Le plus récent de tous les hôtels cités ici. Installations modernes et fonctionnelles, en plein dans la zone de commerces et de distractions d'Azca.

Palace
Carte 3D4. Plaza de las Cortes 7, Madrid 14 ☎ (91) 429.75.51 Tx 22272 520 520 P AE VISA Métro Sevilla.

A trois rues du Prado. Seul le ***Ritz*** le surpasse dans la catégorie des hôtels de très grande classe. L'établissement évoque la splendeur, les intrigues, la diplomatie, les affaires de l'Etat. Il fut le QG du parti socialiste qui en 1982 gagna les élections. Clientèle prestigieuse : toréros, artistes, chefs d'entreprise et musiciens de rock. Le service est parfois incohérent en raison du gabarit de l'établissement : trois fois plus grand que le Ritz.

El Prado
Carte 3D4. Prado 11, Madrid 14 ☎ (91) 429.35.68 45 45 P AE VISA Métro Antón Martín.

Situé près de la Plaza de Santa Ana. Le musée du Prado et la Plaza Mayor sont à dix minutes à pied. Salons élégants ornés de reproductions d'œuvres de grands peintres espagnols.

Princesa Plaza
Princesa 40 ☎ (91) 242.21.00 Tx 44377/8 406
AE DC MC VISA

Dans le quartier d'Argüelles, près de la Plaza de España. Un grand hôtel dans un édifice moderne, dans une zone très commerçante et centrale. Tous types de services ; jardin.

Ritz
Carte 3D5. Plaza de la Lealtad 5, Madrid 14 ☎ (91) 221.28.57 Tx 43986 156 156 P AE VISA Métro Bancó

A deux rues au N du Prado. Depuis 1910, l'élite financière et artistique du monde entier y bénéficie d'un service admirable et d'un somptueux décor de style édouardien ; 230 domestiques prennent soin des 306 clients (au maximum), dont les moindres souhaits sont évidemment exaucés. Chacun met un point d'honneur à connaître le nom de tous les clients. Il n'y a jamais le moindre faux pas. Très peu d'hôtels, dans toute l'Espagne, sont capables d'offrir un séjour aussi accompli.
60

Villa Magna
Carte 3A6. Paseo de la Castellana 22, Madrid 1 ☎ (91) 261.49.00 Tx 22914 à 194 194 AE Métro Colón.

A mi-chemin entre le quartier N et le centre-ville. Cet hôtel a la prétention d'offrir une version moderne de l'aristocratique ***Ritz***, et il y parvient assez bien. Des jardins impeccablement entretenus encadrent cette tour de verre et d'acier. Décor des salons XVIIIe s., chambres spacieuses et salles à manger somptueuses.

Wellington.
Velázquez 8 ☎ (91) 275.44.00 et 275.52.00 Tx 22700 à 325 AE DC VISA

Dans le quartier de Salamanca, près d'El Retiro. Bien que dans une zone assez animée, cet hôtel est tranquille. Il possède un jardin intérieur. A la saison des corridas, il n'est pas rare d'y rencontrer des aficionados, des critiques, bref, toutes sortes de personnes qui évoluent autour du toréro.

Nous recommandons également : **Aitana** *(Paseo de la Castellana, 152 ☎ 250.71.07 Tx 49186 111 AE*

DC 24) ; **Alcalá** *(Alcalá 66 ☎ (91) 225.16.50 TX 48094* 153 AE VISA*)* ; **Centro Norte** *(Mauricio Ravel 10 ☎ (91) 733.34.00 TX 42598* 179 AE DC VISA*)* ; **Gran Hotel Colón** *(Doctor Esquerdo 119 ☎ (91) 273.08.00 TX 22984* 390 AE DC VISA*)* ; **Escultor** *(Miguel Angel 3 ☎ (91) 410.42.03 TX 44385* 82 AE DC MC VISA*)* ; **Los Galgos** *(Claudio Coello 139 ☎ (91) 262.66.00 TX 43957* 360 AE DC VISA*)* ; **Plaza** *(Plaza de España 2 ☎ (91) 247.12.00 TX 27383* 306 AE DC MC VISA*)* ; **Sanvy** *(Goya 3 ☎ (91) 276.08.00* à 141 AE DC MC VISA*)* ; **Suecia** *(Marqués de Casa Riera 4 ☎ (91) 231.69.00 TX 22313* 64 AE VISA*)* ; **Gran Hotel Velazquez** *(Velázquez 62 ☎ (91) 275.28.00 TX 22779* 130 AE DC MC VISA*)* ; **Gran Hotel Victoria** *(Plaza del Angel 7 ☎ (91) 231.45.00* 110 AE DC MC VISA*)*

Restaurants

Al Mounia
*Carte **3**C5, Recoletos 5 ☎ (91) 275.01.73 et 435.08.28* AE DC VISA *Ouv. midi et soir jusqu'à 0 h. Fermé di, lun midi, août. Métro Colón et Banco.*

Une ambiance agréable grâce à un décor arabe exquis et un service impeccable. Le meilleur restaurant de cuisine maghrébine de Madrid. Etablissements frères et portant le même nom à Paris et à Casablanca. Le choix est difficile, tous les plats sont délicieux, peut-être plus encore les spécialités.

El Amparo
Callejón de Puigcerdá 8. ☎ (91) 431.64.56 AE VISA *Ouv. midi et soir jusqu'à 23 h 30. Fermé sam. midi, di, Semaine Sainte et août. Métro Serrano.*

Installé dans une ruelle qui donne sur la Calle Jorge Juan, l'établissement est bien signalé à l'extérieur. C'est l'un des temples de la cuisine à Madrid, et ce depuis bien longtemps. Une cuisine basque-française avec, pour spécialités, le feuilleté d'escargots en sauce bourguignonne, la terrine de foie de canard frais et la charlotte d'agneau aux aubergines. Comme la qualité, les prix atteignent des sommets.

La Ancha
Príncipe de Vergara 204 ☎ (91) 457.02.23 AE *Ouv. midi et soir. Fermé mar.*

Idéal pour qui cherche à bien manger pour un prix raisonnable. Quelques spécialités à la carte : colin sauce chipirones et sorbets variés (selon la saison) absolument délicieux.

Botín
*Carte **2**A3, Cuchilleros 17 ☎ (91) 266.42.17* AE CB DC MC VISA *Ouv. t.l.j. midi et soir jusqu'à 0 h. Métro Tirso de Molina.*

Fondé en 1726, l'établissement devient restaurant en 1870. Bien que très fréquenté par les touristes, il maintient un bon niveau de qualité pour la nourriture comme pour le service. Cuisine castillane.

Cabo Mayor.
Juan Hurtado de Mendoza 11-13 ☎ (91) 250.87.76 à AE DC VISA *Ouv. midi et soir jusqu'à 0 h. Fermé di, Semaine Sainte, Noël, 15-30 août. Métro Cuzco.*

Cuisine savoureuse. Spécialités de poisson, accommodé de mille et une façons, toutes plus imaginatives les unes que les autres. Essayez le bar à la mousseline de tomate ou la soupe d'huîtres au safran.

Casa Ciriaco
*Carte **2**A3, Mayor 84. ☎ (91) 248.50.66.* . *Ouv. midi et soir jusqu'à 0 h. Fermé mer, août. Métro Sol.*

Un restaurant simple par l'ambiance et le décor, mais d'un haut niveau pour la cuisine et le service. Clientèle de politiciens, d'artistes, de gens de lettres. Cuisine bourgeoise : potages, colin au four, perdrix...

Club-31
Carte 3C5, Alcalá 58 ☎ (91) 231.00.92 et 221.16.22 ▥ à ▥ □ ▥ P ♚ AE DC MC VISA Ouv. t.l.j. midi et soir jusqu'à 23 h 45. Fermé août. Métro Retiro y Banco.

Un restaurant de grande classe qui a su maintenir son prestige et sa clientèle au fil des ans. A midi, fréquenté presque exclusivement par des hommes d'affaires. Cuisine de type international. Parmi les spécialités : feuilleté de langoustines sauce fruits de mer, suprême de bar sur une mousse de chou.

La Dorada
Orense 64-66 ☎ (91) 270.20.02 et 270.20.04 ▥ □ ♚ ▥ P AE DC VISA Ouv. midi et soir jusqu'à 0 h 30. Fermé di et août.

La carte est une déclinaison de poissons sublimes, préparés en friture, au sel ou à la marinière. L'endroit est vaste, mais il est toujours plein, et il est déconseillé d'y aller si l'on recherche la tranquillité. Ne pas manquer la friture malagena ou la daurade au sel.

Edelweis
Carte 3D4, Jovellanos 7 ☎ (91) 221.03.26 ▥ □ ▥ AE DC MC VISA Ouv. midi et soir jusqu'à 0 h. Fermé di et août. Métro Sevilla.

Spécialité de cuisine allemande. Très bonne qualité et portions confortables pour des prix corrects. Résultat : il est difficile d'y trouver une table, à moins de s'armer de patience.

La Fuencisla
Carte 2B4. San Mateo 4 ☎ (91) 221.61.86 et 222.72.92 ▥ ▥ ♚ AE DC Ouv. midi et soir jusqu'à 0 h. Fermé di, Semaine Sainte, août. Métro Tribunal.

Un restaurant familial sans luxe de décor. Cuisine bourgeoise d'excellente qualité, prix en conséquence. Ambiance très agréable.

La Gabarra
Santo Domingo de Silos 6 ☎ (91) 458.78.97 et 250.92.74 ▥ ▥ P ♚ Y AE DC MC VISA Ouv. midi et soir jusqu'à 1 h. Fermé sam. midi, di, août. Métro Lima.

Bien que récent, cet établissement a déjà la réputation d'être un des meilleurs restaurants de Madrid. Cadre et clientèle exquis, produits d'excellente qualité préparés de main de maître. Parmi les spécialités : haricots à la toulousaine, morue au pil-pil et colin.

Casa Gades
Carte 3C5, Conde de Xiquena 4 ☎ (91) 232.30.51 ▥ □ ■ VISA Y Ouv. t.l.j. midi et soir jusqu'à 0 h.

Un restaurant italien qui appartient à la famille du danseur Antonio Gades. Cadre agréable, sans luxe, clientèle variée. On y est bien reçu.

Gure Etxea.
Carte 2E2, Plaza de la Paja 12 ☎ (91) 265.61.49 ▥ □ ♚ ▥ AE DC VISA Ouv. midi et soir jusqu'à 0 h. Fermé di, août. Métro Latina.

Un des meilleurs restaurants basques traditionnels. Service attentif et préparation soignée. L'établissement est situé sur une charmante place du vieux Madrid, ce qui ne gâche rien !

Horcher
Carte 3C6, Alfonso XII 6 ☎ (91) 221.07.31 ▥ ▥ P ♚ AE DC Ouv. midi et soir. Fermé di.

Un des cinq meilleurs restaurants de Madrid. C'est un établissement de luxe où se retrouvent les hauts fonctionnaires, les membres du gouvernement et les hommes politiques. Cuisine traditionnelle d'Europe centrale. Spécialité : le gibier.

El Horno de Santa Teresa
Carte 3B4, Santa Teresa 12 ☎ (91) 419.02.45 ▥ ▥ ♚ AE DC VISA Ouv. midi et soir jusqu'à 23 h. Fermé sam, di, août.

Une cuisine familiale sans prétentions ni plats sophistiqués, bien agréable. Spécialités asturiennes essentiellement, avec une excellente *fabada*, bar au four ; plats d'autres régions à la carte.

Jockey
Carte 3B5, Amador de los Rios 6 ☎ (91) 419.24.35 ▥ ▥ P ♚ AE DC VISA Ouv. midi et soir jusqu'à 0 h. Fermé di, fêtes, août.

Un des plus grands à Madrid. Il a même été longtemps considéré comme le meilleur. Les prix aussi sont à la hauteur. Les spécialités portent des noms sophistiqués aux sonorités recherchées : *lubina sobre lecho de setas de cardo de Semiramis* ou *perdiz de Castilla a la prensa*. Les soufflés de fruits chauds et froids sont divins.

Lhardy
Carte 3D4, Carrera de San Jerónimo 8 ☎ (91) 413.99.27 et 413.99.28 ▥ □ ▥ ♟♟ Ouv. midi et soir jusqu'à 23 h. Fermé di, soir fêtes, et 1er août-11 sept. Métro Sevilla.

Fondé au milieu du siècle dernier, le Lhardy fut le rendez-vous du monde des arts, des lettres et de la politique ; ses murs ont vu bien des conspirations se préparer. Tout ici a un fumet de tradition, comme le bouillon servi avant le repas. Spécialité : *cocido* (pot-au-feu) madrilène, mais on pourra aussi déguster des plats plus élaborés.

La Máquina
Sor Angela de la Cruz 22 ☎ (91) 270.61.05 et 279.59.33 ▥ □ ♟♟ ▥ P AE DC VISA Ouv. midi et soir jusqu'à 0 h. Fermé di. Métro Cuzco.

Un restaurant asturien. *Fabada*, poisson au cidre, viande au fromage... Des plats savoureux... déconseillés aux estomacs fragiles.

Nicolasa
Velázquez 150 ☎ (91) 261.99.85 ▥ □ ▥ P ♟♟ AE DC MC VISA Ouv. midi et soir jusqu'à 0 h. Fermé di, août.

Un bon restaurant basque où les plats traditionnels se mêlent aux préparations sophistiquées de la nouvelle cuisine basque. Cadre agréable, service par des femmes en costume folklorique. Goûter les poissons, surtout daurade et bar.

Solchaga
Carte 3A-B4, Plaza de Alonso Martinez 2 ☎ (91) 447.14.96 ▥ à ▥ □ ♟♟ ▥ AE DC MC VISA Ouv. midi et soir jusqu'à 0 h. Fermé sam. midi, di, Semaine Sainte. Métro Alonso Martinez.

Installé dans un appartement dont on a conservé la distribution : plusieurs salles desservies par un couloir, ce qui donne un charme particulier à l'endroit. Décoration de bon goût, pleine de petits détails exquis, service et cuisine soignés.

La Taberna del Alabardero.
Carte 2D2, Felipe V 6 ☎ (91) 241.51.92 ▥ à ▥ ▥ □ ♟♟ Y AE DC VISA Ouv. t.l.j. midi et soir jusqu'à 0 h. Fermé 15-31 août. Métro Opera.

Une apparence de restaurant de luxe, avec un service raffiné dans un cadre chic, mais les prix ne sont pas excessifs. Plein les soirs de concert : le Teatro Real est tout près. Spécialité : daurade au four.

La Trainera
Lagasca 60 ☎ (91) 435.89.54 ▥ ▥ P ♟♟ VISA Ouv. midi et soir jusqu'à 0 h. Fermé di, août. Métro Velázquez y Serrano.

L'un des plus sûrs parmi les multiples restaurants de poisson madrilènes. De même pour les fruits de mer. Amateurs de luxe et de raffinement s'abstenir ! On vient ici pour la nourriture uniquement.

Viridiana
Fundadores 23 ☎ (91) 246.90.40 ▥ ▥ □ ♟♟ AE DC MC VISA Ouv. midi et soir jusqu'à 0 h. Fermé di et août. Métro Manuel Becerra

Un restaurant de nouvelle cuisine qui a un succès fou. Son seul inconvénient : sa situation ; mais il devrait déménager sous peu à la Calle Juan de Mena 14 (Carte ***3D5***).

Zalacaín
Alvarez de Baena 4 ▥ ♆ □ ♟♟ ▥ P AE Ouv. midi et soir jusqu'à 23 h 45. Fermé sam midi, di, Semaine Sainte, août.

Considéré par beaucoup d'experts en gastronomie comme le meilleur restaurant d'Espagne et l'un des meilleurs d'Europe. Tout ici est d'un raffinement extrême, la cuisine, le cadre, le service, la vaisselle et les prix.

Nous recommandons également : **Alkalde** *(Jorge Juan 10 ☎ (91) 276.33.59 et 276.41.30, cuisine basque ▥*

AE DC VISA fermé août) ; **Asador Donostiarra** *(Pedro Villar 14, ☎ (91) 279.62.64 et 279.73.40, cuisine basque fermé di soir, août)* ; **Basque** *(Alcála 66 ☎ (91) 431.10.60, cuisine internationale et basque* AE CB MC VISA *fermé di soir, août)* ; **El Bodegón** *(Pinar 15 ☎ (91) 262.88.44 cuisine espagnole et française* AE DC VISA *fermé di et août)* ; **Café de Oriente** *(Plaza de Oriente 2 ☎ (91) 241.39.74, cuisine basque et française* AE VISA *fermé sam midi, di, août)* ; **Casablanca** *(Barquillo 29 ☎ (91) 221.15.68, cuisine internationale* AE DC MC VISA *ouv. jusqu'à 1 h, fermé di et sam midi)* ; **La Colorada** *(Santa Engracia 49 ☎ (91) 445.01.45 cuisine bourgeoise fermé di soir, août)* ; **Las Cuatro Estaciones** *(General Ibañez Ibero 5 ☎ (91) 253.63.05, cuisine internationale* AE DC VISA *fermé sam, di, août)* ; **La Curia** *(San Vicente Ferrer 86 ☎ (91) 232.25.19 cuisine bourgeoise à* AE VISA *ouv. soir jusqu'à 1 h 15, fermé di)* ; **De Funy** *(Serrano 213 ☎ (91) 259.72.25 cuisine libanaise* AE DC VISA *fermé lun)* ; **El Espejo** *(Paseo de Recoletos 31 ☎ (91) 410.25.25, cuisine internationale* AE DC MC VISA *fermé di)* ; **Fass** *(Rodriguez Marín 64 ☎ (91) 457.22.02 et 457.00.24, cuisine allemande* AE DC MC VISA*)* ; **La Fonda** *(Principe de Vergara 211 ☎ (91) 250.61.47 cuisine catalane* AE DC MC VISA*)* ; **Francisca** *(Bailén 14 ☎ (91) 265.11.32, cuisine basque française* AE DC MC VISA *fermé lun)* ; **El Inca** *(Gravina 23 ☎ (91) 232.77.45, cuisine péruvienne* AE VISA *fermé di, lun midi, août)* ; **La Marmite** *(San Amaro 8 ☎ (91) 279.92.61 cuisine française* AE DC VISA *fermé di)* ; **O'Pazo** *(Reina Mercedes 20 ☎ (91) 253.23.23 et 234.37.48, cuisine galicienne* AE MC VISA *fermé di)* ; **El Pescador** *(José Ortega y Gasset 75 ☎ (91) 402.12.90, poisson, fruits de mer fermé di, 10 août-15 sept)* ; **Rugantino** *(Velázquez 136 ☎ (91) 261.02.22, cuisine italienne à* AE DC MC VISA*)* ; **Senorio de Bertiz** *(Comandante Zorita 6 ☎ (91) 233.27.57, cuisine basque* DC VISA *fermé sam midi, di, août)* ; **La Txalupa** *(Serrano ☎ (91) 413.99.27 et (91) 413.99.31, rotisserie basque* AE DC 24) ; **La Zamorana** *(Galileo 21 ☎ (91) 448.40.99, cuisine bourgeoise à fermé di soir, lun, août).*

Bars à tapas et fruits de mer

Il est à Madrid une multitude d'établissements où l'on peut, à midi, dans l'après-midi ou dans la soirée, prendre un verre de vin et des *tapas*. Nous en avons sélectionné quelques-uns.

Près de la Plaza Mayor *(Carte* ***2D2-3****)* : **Casa Paco** *(Puerta Cerrada 11)*, un jambon étonnant ; **La Cruzada** *(Amnistia 8)*, chorizo-frites ; **El Anciano Rey de los Vinos** (*Bailén 19*), vins doux et tapas de jambon et de fromage. Près des Cortes *(carte* ***2D4****)* : **Cervecería Alemana** *(plaza de Santa Ana 6)*, bière et fruits de mer ; **Manolo** *(Jovellanos 4)*, croquettes et chorizos succulents ; **La Venencia** *(Echegaray 7)*, vins fins et olives de toutes sortes.

Près de la Plaza de Santa Barbára *(carte* ***2B4****)* : **Los Pepinillos** *(Hortaleza 59)*, vieux d'un siècle, vins et cornichons préparés de sept manières différentes ; **Santander** *(Augusto Figueroa 2)*, pinchos chauds à vous couper le souffle ; **Cervecería Santa Bárbara** *(Plaza de Santa Bárbara 8)*, cerveza blonde et brune, fruits de mer abordables ; **La Taberna de Antonio Sánchez** *(Mesón de Paredes, 13, carte* ***2E3****)*, la plus ancienne de Madrid, presque une relique qui peut mériter le détour.

Pour les fruits de mer : **Bar Cantábrico** *(Padilla 39)* ; **Kuliska** *(Santa Engracia 173)* ; **La Bilbaina** *(Marqués de Urquijo 27)* ; **Ostras** *(Rios Rosas 49)* ; **Portobello** *(Capitán Haya 55)*.

Pour les spécialités andalouses, vins fins et friture de poisson : rue Hartzenbusch *(carte* ***2A4****)*, on aura le choix.

Lorsqu'il fait très chaud, on pourra déjeuner d'une salade avec une omelette ou du poulet rôti, par exemple, à l'une des terrasses installées sur **Las Vistillas**, près du Viaducto de la Calle Bailén *(carte* ***2E2****)* ou à la **Casa Mingo** *(Paseo de la Florida 2)*, un bar à cidre traditionnel près du Manzanares.

Vie nocturne

Au cours des dernières années se sont ouverts un peu partout dans Madrid nombre d'établissements très animés tous les jours de la semaine, mais surtout le vendredi et le samedi. Plus que dans n'importe quel autre secteur, ces établissements sont liés aux modes, mais ceux que nous indiquons ici ont, en principe, montré leur capacité à tenir la distance. Ce qu'à Madrid on appelle la *movida* — cette ambiance nocturne animée de jeunes vêtus à la dernière mode, ou à la future mode, et où la musique tient une place essentielle —, cette ambiance-là se trouve dans plusieurs quartiers : autour de la Gran Via, le quartier de Chueca, la Calle de las Huertas et les rues avoisinantes, le quartier d'Argüelles ou la Calle Orense et ses alentours. Là, on pourra prendre un verre en écoutant des disques ou assister à un spectacle en direct (jazz, musique moderne ou classique).

Les bars ouvrent de 19 h à 2 h-2 h 30 en général ; les discothèques de 19 h à 22 h puis de 23 h 30-24 h à 4 h-5 h *(prix : entrée donnant droit à une consommation, en général).*

Discothèques

Au **El Baile** *(Calle de la Reina 2)*, musique actuelle dans un décor de garage, on pourra danser ou discuter devant un verre. La **Sala Universal** *(Doctor Esquerdo 2 ☎ (91) 401.86.89)*, dirigée par le chanteur de rock Miguel Rios, présente de très bons concerts en direct. C'est une des dernières discothèques ouvertes dans la capitale, un cinéma reconverti pouvant accueillir 2 500 personnes. Le **Joy Eslaya** *(Arenal 11 ☎ (91) 266.37.33)*, lui, est un ancien théâtre dont on a gardé les fauteuils et la scène ; l'orchestre est devenu piste de danse ; spectacles de lumière avec rayons laser et projections de vidéo. Autre théâtre transformé, **El Sol** *(Jardines 3)* accueille des gens de tous âges, avec malgré tout une dominante jeune.

Au **Pacha** *(Barceló 11 ☎ (91) 446.01.37, ex-cinéma)*, bar carré au centre, sièges en tube métallique sur les côtés, cabine de disc-jockey au fond et barres lumineuses grimpant jusqu'au toit, autour d'une grande piste de danse. Plus classique dans le cadre et l'ambiance, le **Bocaccio** *(Marqués de la Ensenada 16 ☎ 419.10.08)* reste une tradition de la nuit madrilène ; fauteuils et tables basses pour discuter à l'étage, discothèque au rez-de-chaussée.

Retour au décor d'avant-garde avec le **Bailas Carol ?** *(Princesa 3, ouv. jusqu'à 8 h)*, où l'on rencontrera les vedettes des nuits de la capitale, des créateurs de la mode actuelle aux artistes en tous genres, fanatiques de rock et noctambules professionnels. Autres discothèques : **Sala Morasol** *(Pradillo 4 ☎ (91) 415.57.42)* jeune, bonne musique moderne ; **Windsor** *(Raimundo Fernandez Villaverde 65 ☎ (91) 455.58.14 et 455.69.43)* ; **Xenón** *(sous le cinéma Callao, Plaza de Callao 3 ☎ (91) 231.97.94)* ; **Cleofás** *(Goya 7 ☎ (91) 276.45.23)* ; spectacle humoristique après 0 h au Windsor, au Xenón et au Cleofás.

Spectacles de flamenco

Il est conseillé de réserver ; on peut dîner, mais les prix sont élevés. **El Corral de la Moreria** *(Moreria 7 ☎ (91) 265.84.46 et 265.11.37)* ; **Café de Chinitas** *(Torija 7 ☎ (91) 248.51.53)* ; **El Corral de la Pacheca** *(Juan Ramón Jimenez 26 ☎ (91) 415.30.65 et 458.26.72)* ; **Torres Bermejas** *(Mesonero Romanos 11 ☎ (91) 232.33.22 et 231.03.53)* ; **La Venta del Gato** *(dans les environs, carretera de Burgos 214, 7,700 ☎ (91) 776.60.60 et 202.34.27).*

Dîners-spectacles

Parmi les établissements proposant un dîner-spectacle, signalons le **Scala Meliá Castilla** *(Rosario Pino 7 ☎ (91) 450.44.00* P ▥ AE DC MC VISA *Ouv. jusqu'à 4 h ; spectacle 20 h 30, 0 h 45, di après midi)*, le plus important de Madrid, avec un spectacle pour lequel on n'a pas été chiche de moyens. Près du parc du Retiro, le **Florida Park** *(Parque del Retiro, entrée Av. Menendez Pelayo, face à la Calle Ibiza ☎ (91) 273.78.04 et 273.78.05* P AE DC VISA □ *) ouv. jusqu'à 3 h 30 ; fermé di ; spectacle à partir de 23 h)* a une piste de danse avec orchestre. La **Terraza de Mayte** *(Plaza de la República Argentina 5 ☎ (91) 261.86.06* AE DC MC VISA □ ⌒*)*, un restaurant célèbre pour sa clientèle de politiciens, possède une piste de danse.

Bars

Ils sont en général ouverts jusqu'à 2 h, parfois jusqu'à 3 h. Il est impossible de donner une liste fixe de bars, certains ferment, d'autres ouvrent tout au long de l'année. Néanmoins, on peut tenter de citer les principaux. Un bar classique de style vaguement anglais à l'ambiance sérieuse sans être triste : **Oliver** *(Conde de Xiquena 3 ☎ (91) 221.01.47)*. Dans la même rue, **El Angar** est déconseillé à ceux qu'attire le calme : la musique y est très forte. Un peu plus loin, le **Café Universal** *(Fernando VI 13 ☎ (91) 419.60.31)*, cadre moderne ; on peut y discuter. Le **Pub Santa Bárbara** *(même rue)*, le premier du genre qui s'est ouvert à Madrid, reçoit une clientèle d'âge moyen. En restant dans ce coin, on trouvera de nombreux bars dans la Calle de Barquillo et dans celles avoisinantes ; quelques bars gays.

Le quartier de Malasaña, autour de la Plaza del 2 de Mayo *(carte **2B3**)*, fut il y a plusieurs années le centre de la vie nocturne madrilène. Bien que cela ne soit plus vrai, il reste une référence quasi obligée. Au **Café Maravillas** *(San Vicente Ferrer 33 bis ☎ (91) 232.79.87, ouv. jusqu'à 3 h)*, on peut manger après minuit, accompagné par des musiciens. Musiciens également au **Café Manuela** *(San Vicente Ferrer 29 ☎ (91) 231.70.37, ouv. jusqu'à 3 h)* ; billard américain et terrasse découverte au **Sol de Mayo** *(Plaza del 2 de Mayo)* ; clientèle particulièrement jeune aimant la musique moderne à plein tube à **La Vía Lactea** *(Velarde 18)*.

Les alentours de la Plaza Santa Ana *(carte **3D4**)*, près de la Puerta del Sol, sont très fournis en cafés et en bars ouverts la nuit. Au **Café Central** *(Plaza del Angel 10 ☎ (91) 468.08.44)*, style café d'antan, jazz en direct. Décor classique, avec néanmoins quelques concessions au modernisme, au **Salón del Prado** *(Prado 4 ☎ (91) 429.33.61)*, où l'on peut écouter de la musique de chambre. Musique classique en direct à **La Fidula** *(Huertas 57 ☎ (91) 429.29.47)*. Dans les rues Huertas et juste à côté, Santa Maria, succession presque ininterrompue de bars, de cafés, de crêperies, tous très animés.

La Plaza de Oriente *(carte **2C-D2**)*, face au palais royal et près du Théâtre Royal, dans l'un des plus beaux quartiers de Madrid, accueille un café au décor raffiné, le **Café de Oriente** ; terrasse sur la place même.

Enfin, il est une tradition bien agréable, après une nuit dehors : le *chocolate con churros* (chocolat et beignets). Deux établissements se sont fait un nom sur cette tradition : la **Chocolateriá de San Ginés** *(Arenal 18, carte **2D3**)*et la **Chocolateriá Iglesia** *(Eloy Gonzalo 36)*, toutes deux ouvertes à partir de 5 h du matin.

Spectacles et distractions

Nous ne parlerons ici que des principaux spectacles et distractions. Les autres, vous les découvrirez vous-même, au hasard de vos promenades et en vous aidant de la presse du *Guía del Ocio*.

Automobile et moto

Au **Circuito del Jarama** *(Carretera N-VI km 28)*. Compétitions toute l'année *(Informations : José Abascal 20 ☎ (91) 447.32.00)*.

Casino

Le **Casino de Juego Gran Madrid** *(carretera N-VI km 28, Torrelodones ☎ (91) 859.12.62. Ouv. 17h-4h)* propose à ceux qui veulent tenter le sort, roulette américaine et française, black-jack et toutes sortes de machines et de jeux.

Corridas

Le **Monumental de Las Ventas** est une des arènes les plus importantes d'Espagne et ses aficionados passent pour être très connaisseurs et très exigeants. La saison des courses de taureaux s'ouvre début mars et se prolonge jusqu'à la mi-oct. ; les meilleures corridas ont lieu pendant la Feria de San Isidro, en mai-juin. Madrid compte deux autres arènes : celle de **Vista Alegre**, dans le quartier de Carabanchel, et celle de **San Sebastian de los**

Reyes, à 15 km de la ville. *(Informations et réservations pour les courses : Victoria 3, carte* ***2D3****, ou aux arènes le jour même.)*

Courses de chevaux

A l'**Hipodromo de la Zarzuela**, dans un site agréable dans les environs de Madrid *(accès par la carretera N-VI)*. Saison de sept au début du printemps.

Football

Chacune des deux équipes de la ville a son stade. Le Real Madrid est au **Bernabeu** *(Paseo de la Castellana 140* ☎ *(91) 250.06.00)*, l'Athlético au **Vicente Calderón** *(Avenida del Manzanares s/n* ☎ *(91) 266.28.68)*. Football toute l'année.

Galeries d'art et expositions

La principale salle d'exposition dépendant du ministère de la Culture se trouve dans la **Biblioteca Nacional** *(Paseo de Recoletos 20)*. Le ***Palacio de Velázquez*** et le ***Palacio de Cristal***, dans le parc du Retiro, abritent également des expositions temporaires artistiques et culturelles, même que le **Centro Cultural Conde Duque** *(Conde Duque 11)*, installé dans un bel édifice baroque et le **Centro Cultural de la Villa de Madrid** *(Plaza de Descubrimiento)*.

Les principales salles privées sont la **Fundación Juan March** *(Castelló 77)*et la **Caja de Pensiones La Caixa** *(Paseo de la Castellana 51)*.

Quant aux galeries d'art, on les trouve surtout autour de la Plaza de la Independencia *(carte* ***3C5****)*, dans les rues Villanueva, Jorge Juan, Claudio Coello, Lagasca et Serrano. Le *Guia del Ocio* vous donnera toutes informations sur les expositions.

Pour les amateurs de ventes d'art et d'antiquités : **Durán** *(Serrano 12)*, **Christie's** *(Casado del Alisal 5)*, **Sotheby's** *(Plaza de la Independencia 8)* et **Berkowitsch** *(Velázquez 4)*.

Marché du livre neuf et d'occasion tous les jours, particulièrement fréquenté le dimanche *(Cuesta de Moyano, le long du Jardin botanique, carte* ***3E5****)*.

Shopping

Le **Rastro** *(Carte* ***2E-F3****)*, le marché aux puces, est un véritable spectacle. Le dimanche et les jours de fête, le matin (le samedi il ne fonctionne que partiellement), la Ribera de Curtidores, depuis la Plaza de Cascorro jusqu'à la Ronda de Toledo, se couvre de myriades de stands où l'on vend de tout, des vêtements neufs ou d'occasion, des objets de cuir, de l'artisanat, des bijoux, des livres anciens, des instruments de musique... sans oublier les escargots, les oiseaux ou l'eau minérale !

Une partie importante du marché est consacrée aux meubles et aux antiquités, plus ou moins authentiques et plus ou moins anciennes. On peut encore y faire de bonnes affaires, si l'on arrive à se frayer un chemin, ce qui, le dimanche matin, tient de l'exploit. Le marchandage est de rigueur. Attention aux pickpokets.

Artisanat

Madrid a une grande tradition artisanale. Aux échoppes anciennes s'ajoute un **artisanat** nouveau qui se consacre essentiellement à la réalisation d'accessoires décoratifs pour l'habillement. Outre au **Rastro**, on trouvera ces produits artisanaux au **marché de la Plaza Santa Ana** *(Carte* ***3D4****, le sam. après midi)*. Ou encore au centre commercial **Madrid 2** *(La Vaguada, quartier d'El Pilar)*. Les magasins **Artespaña** *(Plaza de las Cortes 3, Gran Via 32, Velazquez 140, Hermosilla 14 et centre commercial Madrid 2)* offrent une bonne sélection d'articles, pas toujours très bon marché. **Ars 31** *(Divino Pastor 16)*, le **Bazar de Doña Pila** *(Divino Pastor 31)* et la **Tierra** *(Almirante 38)* vendent de l'artisanat espagnol et latino-américain. L'artisanat traditionnel — poterie, orfèvrerie, tonnellerie, guitares, etc. — est dispersé un peu partout dans la ville, avec cependant une concentration importante d'ateliers autour de la **Puerta del Sol**, de la **Plaza Mayor** *(carte* ***2D3****)* et du Rastro. Fin 1986 va s'ouvrir un marché d'artisanat et d'antiquités permanent, dans un bâtiment proche de la **Puerta de Toledo** *(carte 2F2)*.

Enfin, on trouvera dans les **rues del Prado** et **Santa Catalina** *(carte 3D4)*, près de la Plaza de las Cortes, des boutiques d'antiquités, de restauration d'objets d'art et des orfèvreries.

Vêtements, bijoux, parfums

Pour les boutiques de luxe, il faut aller à la Calle Serrano et dans les rues adjacentes, dans le quartier de **Salamanca**. Les grands noms de l'Espagne y sont installés : **Loewe** (maroquinerie, vêtements de cuir), **Durán**, **Luis Sanz** et **Melerio** (bijoux), **Adolfo Domínguez** et **Enrique P.** (stylistes), entre autres. Les maisons étrangères aussi y sont représentées : **Hermes**, **Jaeger**, **Charles Jourdan**, **Fancy**, **Yves Saint Laurent**, **Ted Lapidus**, **Stéphan Kelian**...

Autre quartier riche en commerces, surtout de vêtements mais plus « branché » : autour de la **Calle Almirante** *(carte 3C5)*. **Calle Princesa** *(carte 2B2 et 2A1)* et dans les rues voisines : mode encore, et articles pour cadeaux. Autour de la Puerta del Sol *(carte 2D3)* plusieurs rues piétonnes sont dédiées exclusivement au commerce. Non loin de là, la **Calle Príncipe**, qui part de la Plaza Santa Ana *(carte 3D4)* compte la plus grande densité de magasins de fourrure de Madrid ; on y trouve aussi une boutique spécialisée dans la cape espagnole. Typiquement espagnols aussi, les commerces de chapeaux et bérets, d'uniformes, d'ornements d'église et de tissus pour les habits religieux installés sur la Plaza Mayor et alentour *(carte 2D3)*.

Hors de ces zones commerciales, signalons près de la Glorieta de Alonso Martínez *(carte 3A-B4-5)*, dans un quartier résidentiel, des boutiques de luxe : **Elena Benarroch** (pelleterie, *Montesquinza 18*), **Bottega Veneta** (maroquinerie et chaussures, *Zurbarán 16*), **Agatha Ruiz de la Prada** (styliste d'avant-garde, *Fernando el Santo*).

Enfin, comme toute ville importante, Madrid a ses grands magasins : **El Corte Inglés** *(Calle Preciados et Goya, Paseo de la Castellana et Princesa)*, **Galerias Preciados** *(Plaza del Callao, Arapiles, Goya et La Vaguada)*et **Cortefiel** *(Serrano et Paseo de la Castellana)*sont les principaux. **Madrid 2** *(La Vaguada)*, le plus grand centre commercial de la ville, est installé dans un édifice moderne de l'architecte canarien Cesar Manrique.

Excursions

Aranjuez, Avila, Cuenca, l'Escurial, Sévogie et *Tolède* sont à une ou deux heures de voiture de Madrid.

Alcalá de Henares *(31 km à l'E de Madrid)*. Une université avec d'importantes bibliothèques et d'admirables bâtiments fut fondée en 1498 en ce lieu, faisant de la ville un centre intellectuel exceptionnel. Mais l'université fut transférée à Madrid en 1836. Alcalá a été gravement endommagée pendant la guerre civile. Il faut voir la **Casa de Cervantes** *(Mayor 48)*, où naquit l'écrivain, l'ancienne **Universidad Complutense** *(Plaza de San Diego ☎ (91) 888.22.00, ouv. t.l.j. 11 h-13 h, 18 h-20 h)* édifice Renaissance avec une belle façade plateresque.

🅁 Reliée à la chaîne nationale des *Paradores*, l'**Hosteria Nacional del Estudiante** *(Colegios 3 ☎ (91) 888.03.30 ▥)*enchante les visiteurs avec ses poutres sombres, ses lanternes de verre et d'étain et son exquise cuisine castillane.

Chinchón *(52 km, au S-E de Madrid)*. Les deux châteaux gothiques et une église du XVIe s. sur une ravissante Plaza Mayor justifient tout à fait que l'on s'écarte de la route principale Madrid-Valence.

🄷 **Le Parador Nacional de Chinchón** *(Av. del Generalísimo 1 ⓉⓍ 8940836 ▥)* est un bâtiment historique qui a été amplement restauré pour installer 38 chambres et une piscine.

Rascafría *(94 km au N de Madrid)*. Au pied des collines verdoyantes qui s'élèvent vers la Sierra de Guadarrama, on peut voir le **Monasterio del Paular** (XIVe s.).

Ⓗ Une partie du monastère a été convertie, en 1970, en l'hôtel **Santa María del Paular** *(Carretera de Cotos s/n ☎ (91) 869.32.00 ▥)*. Les 42 chambres donnent sur une cour intérieure d'une admirable sérénité. Le restaurant est excellent.

Majorque *(Mallorca)*

Carte 9I9. 180 km au S-E de Barcelone, 325 km au N-E d'Alicante. Reliée par bateau à Alicante, Barcelone, Ibiza, Valence. Aéroport : Palma. Population : 525 000 ℹ Consolat del Mar 3 ☎ (971) 21.60.92, et Avenida Jaime III 8 ☎ (971) 21.20.22.

La plus grande des *Iles Baléares* : 3 639 km^2 de montagnes et de plaines fertiles et une côte festonnée de plages. La ville la plus importante, et capitale de province, est *Palma de Mallorca*, au S-O de l'île. Blé, olives, amandes et raisins sont les productions principales, mais la grande industrie reste le tourisme. Le climat y est exquis.

Les stations sont concentrées à proximité de Palma, autour de la baie de Pollensa, au N, et le long de la côte S-E. Une chaîne de montagnes, dont le point le plus élevé atteint 1 444 m suit la côte N-O, parallèlement à une ligne de collines plus basses qui longe la côte opposée. Entre les deux, une plaine fertile.

A Majorque, le silence est plus profond que partout ailleurs. Les ânesses et les mules qui passent la nuit au pâturage l'interrompent parfois en secouant leurs clochettes, dont le son est moins grave et plus mélodique que celles des vaches suisses.

George Sand, *Un hiver à Majorque*

Cabo de Formentor

Carte 9I9. 78 km au N-E de Palma ; 20 km au N-E de Puerto de Pollensa.

Suivez la route escarpée menant à la pointe de la péninsule, vous serez récompensé : la vue sur la mer et les collines couvertes de pins et de cyprès est splendide.

Ⓗ **Formentor**

Puerto de Pollensa ☎ (971) 53.13.00 Tx 68523 ▥ 131 ▥ AE DC MC VISA

Dans la Baie de Pollensa, à mi-chemin du cap. Mieux encore que son grand rival, le ***Son Vidal*** à *Palma*. C'est un hôtel sublime, avec des jardins luxuriants s'étageant en terrasses depuis la mer jusqu'au pied des montagnes, en toile de fond. Ski nautique, surf, voile, pêche, équitation, tennis (deux courts éclairés) et danse : les activités ne manquent pas. Les chambres sont confortables, sans charme spécial, mais avec vue sur la mer ou les montagnes, avec des bougainvillées au premier plan.

Cala Ratjada

Carte 9I9. 80 km au N-E de Palma.

Cet ancien port de pêche est devenu une station balnéaire internationale. A l'E de la ville, un phare sur un promontoire, d'où l'on a une vue exceptionnelle sur la côte. Mais l'endroit est venteux, et l'on ne peut pas nager en dehors de l'été.

A voir dans les environs

Les grottes d'Artá

12 km au S de Cala Ratjada ◐ Ouv. avr.-oct 9 h 30-19 h ; nov-mars 9 h 30-17 h. Fermé Noël.

Ces vastes grottes creusées dans la falaise par l'érosion marine forment un étonnant site naturel.

Ⓗ Ses Rotges

Alsedo ☎ (971) 56.31.08 ▢ 12 12 VISA Fermé nov-mars.

A droite de la C 715, juste avant le centre-ville. Auberge de campagne de style rustique, avec poutres apparentes. Agréable contraste avec le reste du village, luxueux et pomponné.

Ⓗ Les chambres spacieuses du **Son Moll** *(Triton s/n ☎ (971) 56.31.00 ▢)*donnent sur la plage et la mer. **Aguait** *(Av. de los Pinos s/n ☎ (971) 56.34.08 ▢ à ▢)*, avec une installation confortable, bénéficie d'une situation similaire.

Ⓡ Ses Rotges

Même adresse et ☎ que l'hôtel. ▢ ▢ ■ Y VISA Dernières comm. 23 h. Fermé nov-mars.

Le chef français prépare des plats français et espagnols à base d'ingrédients locaux excellents. Essayez le *conejo a la mostaza*, les *mejillones con salsa Poulette*, le *gallo San Pedro a la parrillada*, le *pollo al vino* ou la terrine maison. Tout est excellent.

Inca

Carte 9/9. 28 km au N-E de Palma, 24 km au S-O de Pollensa.

Situé sur la route qui relie Palma à Pollensa, Inca possède une église baroque du XVIIIe s., **Santa Maria la Mayor**.

Ⓡ Dans un cadre plaisant, **Celler C'an Amer** *(Miguel Durân 39 ☎ (971) 50.12.61 ▢)* cuisine locale classique de très bonne qualité.

Palma de Majorque

Carte 9/8. 30 km au S de Soller, 49 km à l'O de Manacor. Population : 292 000 ℹ Av. Jaime III 56 ☎ (971) 21.22.16.

En dialecte local *Ciutat de Mallorca*. Abritant la moitié des habitants des Baléares, Palma est située au bord d'une large baie fermée au N par un crochet de rochers et de sable qui s'aplatit au S-E pour devenir une plaine côtière. La promenade le long du port est fort agréable, dominée par la cathédrale, avec des yachts à l'ancre, des bateaux de pêche, des alignements de palmiers et quelques moulins à vent typiques de l'île.

Chaînon important du royaume d'Aragon, Palma a bénéficié du XIIIe au XVIe s. d'une influence particulière ; c'est alors que l'on vit apparaître des demeures de style italien construites par les nobles et les marchands qui profitaient de la prospérité de l'île.

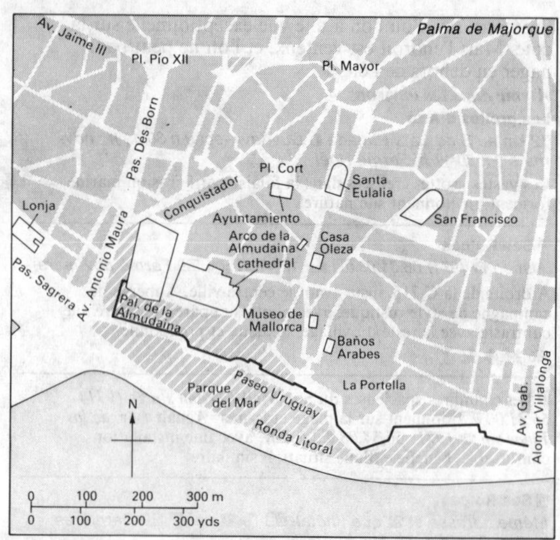

A voir

Baños Arabes

Serra 7 ◐ Ouv. été 10 h-13 h 30, 16 h-19 h ; hiver 10 h-13 h 30, 16 h-17 h. Fermé di et vacances.

Le seul bâtiment mauresque encore visible à Palma, mais intact.

Barrio Antiguo

Un tronçon de l'ancienne enceinte mauresque longe encore la côte du ***Palacio de la Almudaina*** et de la ***cathédrale*** jusqu'à l'Avenida Gabriel Alomar Villalonga. La vieille ville se trouve juste derrière. Pour s'y rendre, passer sous l'arc qui se trouve au milieu du Paseo de Uruguay : on se trouve dans l'ancien quartier juif, **La Portella**. Suivre ensuite la Calle Portella jusqu'au **Museo de Mallorca** *(☎ (971) 21.23.01 ◐ Ouv. 10 h-13 h, 16 h-18 h, fermé di et vacances)*, sur la gauche : des tableaux de la Renaissance et sculptures religieuses.

Tourner à droite après le musée, puis à gauche au croisement suivant. A l'angle de la rue suivante se dresse la **Casa Oleza**, résidence du XVIIe s. agrémentée d'une cour de belles proportions. Tourner à droite (N) dans la Calle Morey. Sur la gauche, on voit l'**Arco de la Almudaina**. La rue débouche sur la Plaza de Santa Eulalia (juste en face, l'église gothique du même nom) ; sur la gauche, bel **Ayuntamiento** Renaissance. Passer à droite de l'Ayuntamiento pour rejoindre la Plaza Cort. La rue à gauche permet de revenir vers la cathédrale, en traversant une petite place bien ombragée où quelques tables de café ont été disposées.

Basilica de San Francisco †

Plaza de San Francisco ○ ouv. 9 h-13 h.

Au XVIIe s., une façade baroque a été ajoutée à cette grande église gothique. A l'intérieur, le tombeau du philosophe et théologien Ramón Llull (1235-1315).

Castillo de Bellver ☆

Prendre la route à péage dans Calvo Sotelo dans le quartier Terreno ◐ 🐎 ⁂ Ouv. de 9 h au coucher du soleil. Fermé certains jours fériés.

Dominant une colline au N-O, ce fort circulaire d'un type peu habituel a une vue splendide sur Palma et le port. Entouré d'un fossé profond, il compte trois tours semi-circulaires et un donjon cylindrique séparé et plus élevé. Dans la cour circulaire ouverte, un puits ancien et plusieurs statues romaines. Le **Museo Municipal de Historia** *(☎ (971) 23.06.57)* présente des vestiges archéologiques et des céramiques anciennes de Majorque. Il est recommandé d'y aller au coucher du soleil.

Cathédrale ☆

Plaza Almoina ○ ◐ pour le musée. Ouv. 10 h-13 h, 15 h-18 h.

Cette imposante cathédrale des XIIIe-XVIe s. bénéficie d'un site spectaculaire au-dessus de la ville. De la pierre calcaire couleur de miel a été utilisée pour la façade, très découpée sur les tours jumelles de la façade O qui flanquent une très belle rosace. Des arcs-boutants aériens, surmontés de clochetons, donnent un volume particulier à l'abside. Au-dessus du maître-autel, un sublime **baldaquin** de fer du XIXe s., dessiné par Antonio Gaudí, assez étrange dans une basilique de cette époque.

Dans le petit **musée** *(◐ ouv. 10 h-13 h, 15 h-18 h, fermé di et vacances)* qu'abrite le **chapitre**, des tableaux fin gothique - début Renaissance, de l'argenterie religieuse et séculière, des pièces de monnaie anciennes et des objets préhistoriques.

Lonja ☆

Paseo Sagrera ○ Ouv. seulement pendant expo.

La bourse du commerce fondée au XVe s. par Guillermo Sagrera doit beaucoup au style gothique ecclésiastique et militaire, avec ses tourelles, ses faux remparts et ses contreforts. Elle n'avait pourtant pas d'autre fonction que commerciale. Aujourd'hui, on l'utilise pour organiser des expositions.

Palacio de la Almudaina

Plaza Almoina ☎ (971) 22.71.45 ◐ Ouv. 10 h-13 h, 15 h-18 h. Fermé di et vacances.

A l'intérieur des murs austères de cet ancien château arabe, on découvre avec surprise des voûtes et des motifs gothiques datant des rois chrétiens du XVe s.. Aujourd'hui, une partie de l'édifice a été réservée pour le **Museo del Patrimonio Nacional** *(☎ (971) 22.71.45 ; ouv. t.l.j. 10 h-13 h, 15 h 30-18 h ; fermé fêtes et sam. après midi)* : mobilier, tapisseries, tableaux et armures.

Pueblo Español ☆

Palacio de los Congresos ☎ (971) 23.70.70 ◐ Ouv. 9 h-18 h.

Semblable au Pueblo Español de Barcelone, cette habile accumulation de tous les styles architecturaux d'Espagne comprend des reconstitutions à échelle réduite de la Torre de Oro à Séville et d'une partie de l'Alhambra de Grenade. Sans égaler la dimension ni la finesse des constructions originales, elles illustrent cependant fort bien la diversité et la richesse de l'architecture espagnole, publique autant que privée. On y trouvera également des bars, un restaurant et de nombreuses boutiques d'artisanat et de souvenirs.

Hôtels

Maricel

Carretera de Andraitx, Palma de Mallorca 15 ☎ (971) 40.27.12 à 55 55 AE DC MC VISA

Sur la mer, à 15 km à l'O du centre-ville. Bien qu'un peu éloigné de tout ce qui est intéressant à Palma, c'est un hôtel charmant, avec un certain style évocateur d'une jolie résidence campagnarde.

Son Vida

Palma de Mallorca 13 ☎ (971) 23.23.40 Tx 68651 175 175 AE DC MC VISA

A 10 km au N-O du centre de Palma. L'un des hôtels les plus prestigieux d'Espagne, titulaire des très rares cinq étoiles Gran Lujo. Tout n'y est pourtant pas parfait. Les chambres ordinaires manquent d'élégance, souvent gâchées par un mobilier d'un goût douteux.

Le service est généralement impeccable, mais il peut y avoir des bavures. Les salons, cela dit, sont grandioses décorés de paysages du XIXe s., avec des bibelots anciens disposés çà et là. On n'a pas lésiné sur le marbre, les brocarts, les boiseries et le cuir.

Valparaiso Palace

Francisco Vidal 23, Palma de Mallorca 15 ☎ (971) 40.04.11

68754 · 150 · 150 · DC MC VISA
Dans le quartier de la Bonanova, à l'O de Palma. Insurpassé pour l'emploi généreux d'extravagances rococo des années 50. Les chambres sont immenses, donnant pour la plupart sur la ville et le port (vue exceptionnelle), les installations de premier ordre et le personnel plein d'attentions.

Victoria Sol
Av. Joan Miró 21, Palma de Mallorca 14 ☎ (971) 23.43.42 68558 171 171 AE CB DC MC VISA
A l'O de la baie, juste à la sortie du centre-ville. L'un des trois meilleurs hôtels de Palma : belle vue sur la baie, service soigné, chambres bien décorées (beaucoup avec des balcons croûlant sous la vigne). Bien que proche du quartier animé des night-clubs de la Plaza Gomila, l'endroit n'a rien de clinquant. Choisir une chambre donnant du côté opposé à la gigantesque boîte de nuit de Tito's. Deux piscines. On danse dehors en été.

Nous recommandons également : **Almudaina** *(Av. Jaime III 9, Palma 12 ☎ (971) 22.59.43)* ; **Bellver Sol** *(Paseo Marítimo 11, Palma 14 ☎ (971) 23.51.42)* ; **Cala Blanca-Sol** *(Paseo Duque de Estremera, Palma Nova ☎ (971) 68.01.00)* ; **Comodoro Sol** *(Paseo Casablanca, Palma Nova ☎ (971) 68.02.00 à)* ; **Coral Playa Sol** *(Goleta, Magaluf ☎ (971) 68.05.00)* ; **Delfín Playa Sol** *(Hermanos Moncada 32, Palma Nova ☎ (971) 68.01.00)* ; **Jaime III Sol** *(Paseo Mallorca 14, Palma 12 ☎ (971) 22.59.43)* ; **Melía Mallorca** *(Monseñor Palmer 2, Palma 14 ☎ (971) 23.37.40)* ; **Palas Atenea Sol** *(Paseo Marítimo 29, Illetas ☎ (971) 40.24.00)* ; **Saragota** *(Paseo Mallorca 6, Palma 12 ☎ (971) 22.72.40 à).*

Restaurants

Ancora
Ensenada C'an Barbara ☎ (971) 40.11.61 AE DC VISA Dernières comm. 0 h. Fermé di, lun midi
Au milieu des fleurs et des bateaux d'une petite crique. Service agréable et bonne carte de vins : l'un des restaurants les plus agréables (et les plus chers) de l'île. Plats locaux, avec quelques notions de nouvelle cuisine, à base de poisson et de volailles : *corzo a la pimenta roja* et *crêpes de verdura y pescados.*

Le Bistrot
Teodoro Llorente 4 ☎ (971) 28.71.75 Dernières comm. 23 h. Fermé di, juil.
Bistrot à la française. Plats traditionnels : escargots de Bourgogne, steack au poivre. L'atmosphère tente d'évoquer la Rive gauche parisienne.

Casa Eduardo
Industria Pesquera 4 ☎ (971) 22.11.82 Dernières comm. 23 h. Fermé mi-déc à mi-jan, di et lun.
La « Cantina de la Lonja de Pescados-Casa Eduardo » se trouve sur le quai principal du port de pêche. On y goûte des produits de la mer, frais, dans deux salles à manger donnant sur la baie et la cathédrale illuminée. Spécialités : *zarzuela, bullabesa, calamares « Mollet », rape en salsa, mariscos* et *mero Mallorquina.*

El Pilón
Cifre s/n ☎ (971) 22.60.34 MC Dern. comm. 0 h.
Au bout d'une allée peu engageante qui prend dans la Plaza Pio XII, cette petite *taberna* est surtout fréquentée par des Majorquins. On y goûte les meilleures *tapas* de l'île : champignons grillés, clams dans une sauce tomate épicée, grosses crevettes sautées et petites saucisses.

Plat Pla
Av. Joan Miró 50 ☎ (971) 23.20.66 AE DC MC VISA Dernières comm. 0 h Fermé les deux dernières sem. de nov., di et lun midi.
L'un des restaurants vraiment

chics de Palma. Ce qui compte, c'est le public, pas la nourriture. Plats d'inspiration essentiellement italienne : *dorada al limón, raviolis mantecados, escalopines a la romana.*

El Portalón
Bellver 9 ☎ (971) 23.78.66 ▮▮▮▯
□ ■ ☼ Y AE CB DC MC VISA
Dernières comm. 23 h 30.
Dans une cour intérieure romantique, couverte de plantes. Cela compense l'irrégularité de la cuisine. *Pastel de puerros y gambas con salsa marisquera* et *rape con salsa de cangrejos* figurent parmi les spécialités de la nouvelle cuisine espagnole.

® Nous recommandons

également : **Caballito de Mar** *(Paseo de Sagrera 5 ☎ (971) 22.10.74 ▮□ à ▮▮▮□)* ; **Fonda El Puerto** *(Paseo de Sagrera 3 ☎ (971) 21.35.37 ▮□ à ▮▮□)* ; **Gina** *(Plaza de la Lonja 1 ☎ (971) 21.72.06 ▮□ à ▮▮□)* ; **Mario's** *(Bellver 12 ☎ (971) 28.18.14 ▮▮▮□)* ; **El Patio** *(Consignatario Schembri 3 ☎ (971) 23.24.41 ▮▮▮□)* ; **Pizzeria El Padrino** *(Juan de Saridakis 2 ☎ (971) 40.19.62 ▮▮□)* ; **Porto Nova** *(Paseo del Mar 2, Palma Nova ☎ (971) 68.15.12 ▮▮□)* ; **Le Relais del Club de Mar** *(Paseo Marítimo ☎ (971) 40.36.11 ▮▮□)* ; **Rifiti** *(Av. Joan Miró 186 ☎ (971) 40.20.35 ▮▮□)* ; **Samantha's** *(Plaza Mediterraneo s/n ▮▮□)*.

Vie nocturne

Les boîtes de nuit sont regroupées autour de la Plaza Gomila, dans le quartier Terreno, très animé.

Ne manquez pas le **Tito's** *(☎ (971) 23.58.84)* : dans ce grand bâtiment de verre, les spectacles sont variés. **Jack el Negro's** bénéficie d'une abondante publicité. Jack chante avec son orchestre quand son humeur est bonne. Les jeunes gens préfèrent **Bésame Mucho** *(☎ (971) 28.36.16)* et le **Bar Bellver**, dont les tables sont disposées sur la place.

Le disco à la mode, pour l'instant, est le **Club de Mar** *(Muelle Pelaires)*, tandis qu'**El Hexagono** *(même adresse et ☎ que l'hôtel Palas Atenea Sol)*, plus calme, est plus élégant. Orchestre rock sans dancing au **Studio B** *(Av. Joan Miró 20)*. Le **Casino** se trouve juste à l'E de Palma *(Carretera Cala Figuera)*.

Porto Cristo

Carte 9I9. 62 km à l'E de Palma, 27 km au S-E de Cala Ratjada.

Ce port de pêcheurs de la côte E attire les visiteurs à cause de la proximité des **grottes de Drach** et de **Hams**.

Excursions

Auto Safari Mallorca ☆
11 km au N de Porto Cristo ● 🚗 🐴 Ouv. avr-oct 9 h-19 h ; nov-mars 9 h-17 h.
Les visiteurs, sans quitter leur voiture, longent pendant une heure une route sinueuse qui traverse une savane africaine, avec zèbres, autruches, impalas, antilopes, girafes, babouins, gnous, éléphants et flamants en liberté. Au bout du parcours, un petit zoo abrite des lémuriens, des perroquets et des tortues. Les animaux paraissent très sains.

Grottes de Drach
Juste au S de Porto Cristo. ● ℹ mai-oct di-ven 11 h-12 h, 14 h-15 h, sa 12 h-14 h ; nov-avr. 12 h-14 h ; visites en musique lun-ven à 12 h.
Découvertes il y a soixante ans seulement. Belles formations rocheuses et lacs cristallins, sur 2 km. A midi, un petit orchestre

joue de la musique en glissant sur l'eau, dans un petit bateau modestement éclairé.

Grottes de Hams

1 km au N-O des grottes de Drach ● 🅸 10 h-17 h

Il faut les visiter pour les magnifiques stalactites blanches de l'une des salles.

Puerto de Pollensa

Carte 9/9. 58 km au N de Palma, 6 km au N-E de Pollensa.

Ce village blotti dans l'un des recoins d'une baie rectangulaire, moins bruyant que ceux du S-O de l'île, est apprécié des visiteurs souhaitant séjourner un certain temps. L'eau couleur de cobalt accueille les surfers, les skieurs et les amateurs de voile.

🄷 **Illa d'Or** *(Paseo Colón s/n ☎ (971) 53.11.00 ▥)* et **Uyal** *(Paseo de Londres ☎ (971) 53.11.00 ▥)* sont tout à fait satisfaisants ; le **Daina** *(Teniente Coronel Llorca s/n ☎ (971) 53.12.50 ▥)*, plus petit, est agréablement installé.

🅁 Essayez les viandes grillées de **Bec Fi** *(Paseo Anglada Camarasa 91 ☎ (971) 53.10.40 ▥)* ou les fruits de mer de **Lonja del Pescado** *(Muelle Viejo ☎ (971) 53.00.23 ▥)*.

Excursions

Alcudia *(8 km au S de Puerto de Pollensa)*. Les ruines de l'amphithéâtre romain et des fortifications médiévales ont été admirablement restaurées. **Pollensa** *(6 km au S-O de Puerto de Pollensa)*. Ville à l'intérieur des terres, riche de nombreux bâtiments du XIVᵉ s. plus ou moins bien préservés, dont un ermitage surnommé *El Calvario* auquel on accède en gravissant 365 marches. Vue sublime en haut.

Sóller

Carte 9/8. 30km au N de Palma ℹ Plaza de Calvo Sotelo 1 ☎ (971) 63.02.00

Une route montagneuse descend vers Sóller au milieu des sapins, des vergers et des jardins en terrasses. **Puerto de Sóller**, à 4 km au N, est bordé de cafés et de petits hôtels. Un tramway pittoresque relie le port à la ville.

🄷 **Espléndido** *(Marina Es Traves 23 ☎ (971) 63.18.50 ▥)*, juste sur la baie, est agréable pour une nuit ou deux.

🅁 La cuisine typique de Majorque, à base de poisson, est servie simplement par les propriétaires d'**El Guía** *(Castañer 3 ☎ (971) 63.02.27 ▥)*.

Valldemosa

Carte 9/8. 17 km au N. de Palma.

Le plus joli village de l'île. Des allées soignées, des maisons en terrasses aux volets verts, une profusion de plantes et de fleurs. Près du centre, la **Cartuja** du XIVᵉ s. *(☎ (971) 61.21.48 ◐ Ouv. 9h30-13h30, 15h-18h ; fermé di)*, abandonnée par les moines au début du XIXᵉ s.. Chopin et George Sand y passèrent en 1838 un hiver peu réussi. On peut visiter les cellules qu'ils occupèrent, charmantes avec leurs terrasses donnant sur la montagne et meublées de souvenirs, y compris les deux pianos du compositeur.

Ⓡ A la sortie du village, **Ca'n Pedro** *(Av. Archiduque Luis Salvador s/n ☎ (971) 61.21.70 ▥)*est un restaurant familial simple, conventionnel, qui sert des plats espagnols typiques et des spécialités de Majorque.

Málaga

Carte 7/5. Capitale de province. 546 km au S de Madrid ; 207 km à l'E de Séville. Population 482 000 ℹ Larios 5 ☎ (952) 21.34.45.

Malaga bénéficie d'une position unique entre la mer et la montagne et d'un des climats les plus agréables d'Espagne. L'histoire de la cité commence il y a plus de trois mille ans et, bien avant l'époque phénicienne, elle fut un port important. L'un des épisodes frappants de son passé guerrier est le long siège prolongé qu'entreprit contre elle, en 1487, Ferdinand d'Aragon, comme préliminaire à l'expédition contre *Grenade*. Mais la ville ne présente pas un intérêt majeur sur le plan artistique et architectural : les vieux quartiers sont cernés par des immeubles modernes élevés et des usines. La Malaga que Garcia Lorca célébrait dans *Canto Nocturno* n'est malheureusement plus qu'un souvenir.

Manifestation En août, fêtes avec parades et corridas.

A voir

Alcazaba ⛩

Plaza de la Aduana ◐ Ouv. juil-sept lun-ven 11 h-13 h, 17 h-19 h ; oct-juin lun-ven 11 h-13 h, 16 h-18 h ; di et vacances 10 h-14 h.

L'Alcazaba et le Gibralfaro (la colline du phare, qui abrite aujourd'hui le *Parador)* étaient les deux forteresses jumelles d'où les Maures lancèrent leur dernière tentative désespérée de résistance à l'armée chrétienne qui les encerclait. Ce qu'il en reste actuellement couronne une colline de 130 m qui s'élève du centre de la ville, à laquelle on accède par une route sinueuse. A l'intérieur de l'Alcazaba, des **jardins mauresques**. L'ancien palais, qui possède deux patios décorés aux XIe et XIIe s., et une pièce au plafond *artesonado*, est devenu un musée archéologique où sont exposés des objets phéniciens, carthaginois, romains et arabes. Vue sensationnelle sur la ville et son port.

Cathédrale †

Molina Larios.

Commencée au XVIe s. dans le style Renaissance, il lui manque toujours la tour S, car les travaux ne furent jamais achevés. La nef centrale et les bas-côtés, soutenus par des colonnes corinthiennes, sont coiffés de coupoles décorées de feuilles de palmier et de coquilles. Il faut absolument voir les **stalles du chœur**, admirablement sculptées au XVIIe s. par Pedro de Mena. Egalement : tableaux d'Alonso Cano, l'architecte de la cathédrale, de Morales, de Van Dyck et d'Andrea del Sarto. Le **chapitre** possède un magnifique plafond *artesonado*.

Museo de Bellas Artes

San Agustin 8 ☎ (952) 21.83.82 ◐ Ouv. été mar-sam 10 h-13 h 30, 17 h-20 h ; hiver mar-sam 10 h-13 h 30, 16 h-19 h ; di et vacances 10 h-13 h 30. Fermé lun.

Cet ancien palais mauresque abrite des tableaux de Ribera, Murillo, Morales, Cano, Jordán, et d'artistes locaux du XIXe s. La bibliothèque est spécialisée dans les œuvres sur Picasso (Malaga était sa ville natale), dont quelques gravures et œuvres de jeunesse sont exposées.

A voir également

L'endroit le plus agréable pour se promener est le réseau d'allées étroites et de rues anciennes qui s'étend juste derrière le port, là où la plupart des cafés installent leurs tables sur le trottoir. Le port, qui accueille souvent des navires de guerre étrangers, mérite aussi d'être visité.

Parador Nacional de Gibralfaro
Gibralfaro ☎ (952) 22.19.02 12 12 AE DC MC VISA
A 3 km du centre-ville. Admirablement situé sur le Gibralfaro, dominant la ville et le port, avec une vue imprenable sur la mer, c'est l'endroit le plus calme et le plus pittoresque qu'on puisse trouver. Il est généralement difficile de réserver car il y a peu de chambres, mais cela vaut toujours la peine d'y aller déjeuner ou dîner sur une des terrasses en plein air. Eviter le dimanche, car tout Malaga a la même idée.

Casa Curro *(Sancha de Lara 7 ☎ (952) 22.72.00)* est un établissement moderne, confortable et bien situé, en plein centre. L'**Holiday Inn** *(Urbanización Guadalmar ☎ (952) 31.90.00)* est un hôtel de luxe avec jardin, courts de tennis, piscine et disco, juste à la sortie du centre ville. Le **Málaga Palacio** *(Cortina de Muelle 1 ☎ (952) 21.51.85)* est le plus grand et le plus élégant des hôtels de Malaga. Très agréable également, **Los Naranjos** *(Paseo de Sancha 29 ☎ (952) 22.43.16)*, relié par car au centre-ville.

Au **Café de Paris**, le service comme la cuisine — andalouse et autres — sont de premier ordre *(El Rincón de la Victoria, 10 km à l'E de Malaga ☎ (952) 40.10.50)* ; essayez la soupe froide de melon et crevettes, les hors-d'œuvre excellents, le poisson local ou le gibier, en saison. Donnant sur la mer, **Casa Pedro** *(Playa del Palá, immédiatement à l'E de la ville ☎ (952) 29.00.03)* est le restaurant préféré des Malagueños ; toujours plein, il propose une variété exceptionnelle de produits de la mer. L'**Escorpio**, plus sophistiqué, sert de la bonne cuisine française *(Ventaja Alta 12 ☎ (952) 25.84.94)*.

Shopping

Les meilleures boutiques se trouvent derrière le port. Les chaussures, comme partout ailleurs en Espagne, sont bien faites et pas très chères. Il ne faut pas manquer le grand marché en plein air, où les poissons, les légumes et les fruits sont variés et d'un prix avantageux. Vous y trouverez aussi, faciles à transporter en voyage, des épices fraîches. L'artisanat local offre de la poterie et du cuir ouvragé.

Marbella

*Carte **6**/4. Province de Malaga. 59 km au S-O de Malaga; 79 km au N-E d'Algésiras. Population: 54700*

La station la plus élégante de la *Costa del Sol*, rendez-vous des voyageurs sophistiqués, du jet-set international. On y trouve quelques-uns des meilleurs hôtels d'Espagne, des boutiques de luxe, des discos raffinées, des restaurants de premier ordre, des villas somptueuses et tout ce qu'il faut pour jouer au golf et au tennis. Seuls le vieux *barrio*, au N de la grande route, et le château mauresque qui le domine présentent vraiment de l'intérêt. Il y a des corridas toute l'année.

Puerto Banús (à 8 km à l'O du centre) étale une étonnante collection de Rolls-Royce, de Lamborghini et de yachts. Un casino, des bars et des bistrots en abondance. On peut louer un bateau pour pêcher le requin et chasser la perdrix et la caille dans la Sierra Blanca toute proche. Huit parcours de golf dans les environs et 28 km de plages pour ainsi dire ininterrompues.

Hôtels

El Fuerte
Castillano De San Luis ☎ (952) 77.15.00 Tx 77523 à 146 146 P AE DC VISA

En ville, près de la plage. Le meilleur des hôtels du centre. Rien à voir avec le luxe des établissements de l'E et de l'O, mais les prix sont raisonnables et les clients ne peuvent se plaindre du manque de confort.

Golf Hotel Nueva Andalucia
Urbanización Nueva Andalucia ☎ (952) 81.11.45 Tx 77082 à 21 21 P AE DC MC VISA

4 km à l'E de Marbella. Petit hôtel tranquille, à cinq étoiles, près du casino, ayant accès à deux parcours de golf.

Marbella Club
Carretera Cádiz-Málaga, km 184 ☎ (952) 77.13.00 Tx 77319 72 72 P AE CB DC MC VISA

A 3 km à l'O de Marbella. Le seul inconvénient de cette élégante retraite est la fraîcheur de l'accueil, à la réception. Dans un cadre superbe, avec jardins bien entretenus, et disposant, en plus des chambres normales, de 22 suites et 12 bungalows. Mêmes loisirs que le ***Puente Romano***.

Los Monteros
Urbanización Los Monteros ☎ (952) 77.17.00 Tx 77059 168 168 P AE CB DC MC VISA

A 5 km à l'E de Marbella. Des flamants roses se promènent dans le parc, et s'il fait trop frais pour se baigner dans une des piscines en plein air, il en existe une couverte.
Installations luxueuses : c'est le rival du sublime ***Puente Romano*** (voir restaurant ***El Corzo***.)

Puente Romano
Carretera Cádiz-Málaga, km 184 ☎ (952) 77.01.00 Tx 77399 200 200 P AE CB DC MC VISA

A 3,5 km à l'O de Marbella. Jusqu'ici, le meilleur hôtel de bord de mer en Espagne. L'extérieur est une imitation de village andalou : les bâtiments encerclent des jardins luxuriants, un ruisseau enjambé par le pont romain qui a inspiré le nom de l'hôtel.
Clientèle internationale, service incomparable, quatre chaînes de télévision dans un pays qui n'en compte que deux, deux piscines, un club de plage privée, quatre restaurants, sept courts de tennis, une succursale de **Régine** et des patrouilles de sécurité pour protéger ce beau monde. Si vous commandez votre petit déjeuner avant d'entrer sous la douche, il vous sera servi au moment où vous en sortirez.

Skol
La Fontanilla s/n ☎ (952) 77.08.00 320 320 P AE VISA

En ville, à deux rues de la plage. Si les établissements à cinq étoiles, vous paraissent trop éloignés du cœur de l'action, ou trop riches en installations ruineuses et superflues, ce charmant hôtel central doit vous convenir. Seulement en appartements : idéal pour une famille passant une semaine ou plus.
Service limité, prix diminués d'autant.

H Nous recommandons, en dehors de Marbella : **Andalucía Plaza** *(Carretera N 340 km 180 ☎ (952) 81.20.40 à)* ; **Artola** *(Carretera Cádiz-Málaga, km 201 ☎ (952) 83.13.90 à)* ; **Las Chapas** *(Carretera Cádiz-Málaga km 198 ☎ (952) 83.13.75)* ; **Don Carlos**

(Carretera Cádiz-Málaga, km 198 ☎ (952) 83.11.40 à) ; **Guadalpín** *(Carretera Cádiz-Málaga km 186 ☎ (952) 77.11.00)* ; **Marbella Binamar** *(Carretera Cádiz-Málaga, km 181 ☎ (952) 81.45.40 à)* ; **Meliá Don Pepe** *(Finca Las Marinas s/n ☎ (952) 77.03.00)*.

Restaurants

El Corzo
Même adresse et ☎ que l'hôtel Los Monteros Dernières comm. 23 h 30.

Sa réputation n'est pas usurpée. Les spécialités — *pastel de anguilas y salmón ahumado*, *carré de cordero chateaubriand* et *lubina al hojaldre* (bar en croûte) — sont exemplaires. Très joli décor de jardin. Même les clients de l'hôtel doivent réserver. (V. ***Los Montoneros***.)

La Fonda
Plaza Santo Cristo 9-10 ☎ (952) 77.25.12 Dernières comm. 23 h 30. Fermé midi, di, sept-juin.

Le patio est éclairé à la bougie, les fleurs embaument et la cuisine est beaucoup plus imaginative et raffinée que partout ailleurs dans la région : *sopa de melón*, *lenguado à la naranja* et *ragout de vieiras*. Réserver à l'avance et arriver tôt pour prendre un cocktail dans le salon édouardien.

Gran Marisqueria Santiago
Paseo Marítimo ☎ (952) 77.00.78 Dernières comm. 23 h 30.

L'un des meilleurs restaurants de poisson de la Costa del Sol : tous les crustacés et mollusques possibles et imaginables, y compris plusieurs variétés de homard. Assurez-vous à l'avance du prix, l'addition peut apporter des surprises.

La Hacienda
Carretera Cádiz-Málaga, km 200 ☎ (952) 83.12.67 Dernières comm. 23 h 30. Fermé mar oct-mai, lun et midi juin-sept.

Tout de suite à la sortie de Marbella, dans l'Urbanización Las Chapas, avec vue sur la côte africaine. Excellente réputation : mieux vaut réserver. Le chef (et propriétaire) belge prépare les plats français avec une finesse et une intuition remarquables. Essayez la mousse de poisson, la pintade et le mulet rouge.

Parmi les autres restaurants et bistrots : **El Beni** *(Muelle Benabola ☎ (952) 81.16.25)* ; **Don Leone** *(Muelle Ribera ☎ (952) 81.28.55)* ; **Mamma Rosa Old Spaghetti House** *(Paseo Marítimo ☎ (952) 77.63.89)* ; **Mena** *(Plaza de los Naranjos 10 ☎ (952) 77.15.97)* ; **Mesón del Conde** *(Av. José Antonio 18 ☎ (952) 77.10.57 à)* ; **Pepito** *(Muelle Ribera ☎ (952) 81.29.65)* ; **Plaza** *(Plaza de los Naranjos s/n ☎ (952) 77.18.19)* ; **La Poularde** *(Muelle Ribera ☎ (952) 81.27.57)*.

Vie nocturne

Il y a deux casinos à proximité de Marbella : le **Casino Nueva Andalucía** *(Puerto Banús ☎ (952) 81.13.44)* et le **Casino de Juego de Torrequebrada** *(Benalmádena ☎ (952) 44.25.45)*, assorti d'une boîte, **La Fortuna**. Le night-club le plus élégant, fréquenté par les célébrités, est le **Mau-Mau** *(Puerto José Banús Carretera N340, km 182)*. Egalement : **Vic y Peter** *(Puerto Banús ☎ (952) 81.21.03)* ; **Fiesta** *(Valentuñada ☎ (952) 77.37.43)*, avec spectacle de flamenco ; et un disco, **Kiss** *(Av. Ricardo Soriano y Ansol ☎ (952) 77.46.94)*.

Shopping

Marbella s'enorgueillit de nombreuses boutiques chic où l'on trouve des tenues de plage sophistiquées et des vêtements de sport. Ce n'est pas là que l'on fera des affaires.

Excursions

Estepona *(26 km au S-O de Marbella)*. Ville andalouse typique aux maisons chaulées, avec grilles de fer forgé et toits de tuiles orange donnant sur des rues sinueuses aboutissant à une place ombragée.

Ⓡ Une solide cuisine de bistrot est servie chez **Costa del Sol** ✽ *(San Roque s/n ☎ (952) 80.11.01 ▥)* ; **La Fuente** 🍴 *(San Antonio 48 ▥)*est un restaurant rustique tenu par un couple d'Anglais.

Ojén *(9 km au N de Marbella)*. Classique petit village blanc d'Andalousie, demeuré intact malgré la proximité de Marbella.

Ⓗ Ancien pavillon de chasse au milieu de ce qui est maintenant une réserve nationale de chasse, le **Refugio Nacional de Juanar** *(10 km au N-O d'Ojén ☎ (952) 88.10.00 ▥)*offre le confort d'un *parador* dans un décor sauvage.

San Pedro de Alcántara *(10 km à l'O de Marbella)*. Ancien petit village de pêcheurs qui brigue aujourd'hui une splendeur égale à celle de Marbella.

Ⓗ **Golf Hotel Guadalmina** *(Urbanización Guadalmina ☎ (952) 81.17.44 ▥ à ▥)*. Bien équipé pour le sport.

Mérida

Carte 6F3. Province de Badajoz. 201 km au N de Séville, 70 km au S de Cáceres. Population : 42 000 ℹ Teniente Coronel Asensio 9 ☎ (924) 30.21.61.

Les gitans campent sous le pont à quatre-vingt-une arches qui franchit le rio Guadiana, comme ils devaient déjà le faire du temps des Romains. Cette construction romaine sert toujours à ceux qui empruntent la route Madrid-Lisbonne, vestige remarquable de l'occupation de la péninsule ibérique.

Des Celtibères ont certainement occupé ce site, mais son histoire n'est nettement datée qu'à partir de 25 av. J.-C., quand Auguste en fit une colonie pour ses soldats à la retraite. Le pont déjà cité, un amphithéâtre, un aqueduc et un cirque furent alors construits dans les années qui suivirent. Ce n'est qu'au XXe s. que des fouilles permirent de mettre à jour cet extraordinaire patrimoine.

A voir

Alcazaba

◐ *Ouv. avril-sept lun-sam 8 h-13 h, 15 h-18 h ; di 8 h-13 h.*

A l'extrémité N du pont romain, les murs d'une forteresse érigée par les Maures sur un site précédemment utilisé par les Wisigoths et les Romains. Les Arabes n'ont pas laissé grand-chose, sinon des sols de mosaïques et des piliers décorés. Petit **musée**.

Anfiteatro ☆

Au croisement de Suárez Somonte et de J. Ramón Mélida ◐ *Ouv. lun-sam 8 h-19 h, di et jours fériés 8 h-12 h.*

Ces arènes en forme d'ellipse, construites pour organiser les jeux qu'appréciaient les Romains, pouvaient accueillir 14 000 spectateurs. Des prisonniers y étaient jetés vivants aux lions, des gladiateurs s'y affrontaient et des combats d'animaux s'y disputaient. La maçonnerie ornementale, terminée en l'an 8 av. J.-C., a disparu, ainsi que le mur d'enceinte. Mais avec un peu d'imagination, on évoquera les milliers de citoyens réunis là les jours de fête. Tout près, les restes d'une villa patricienne, avec de grands panneaux de mosaïques.

Museo Nacional de Arte Romano ★

Plaza Santa Clara 7 ☎ (924) 30.16.10. Ouv. lun 10 h-13 h, 15 h 30-18 h 30. Fermé di et fêtes après-midi, lun matin.

Installé dans un ancien couvent, ce musée contient essentiellement les vestiges romains trouvés lors des fouilles dans la ville de Mérida.

Teatro Romano † ★

Pour l'accès, voir l'Anfiteatro.

Suivre les panneaux sous une voûte de granit et tourner à droite derrière un portique de briques qui donne sur la piste. A main droite, deux étages de piliers de marbre blanc surmontés de chapiteaux corinthiens, alternant avec des statues. Les acteurs apparaissaient à ces balcons tandis que le chœur chantait dans la fosse en contrebas. Agrippa fit construire le théâtre en 23 av. J.-C., mais les colonnades furent ajoutées à la suite d'un incendie, pendant le règne d'Hadrien, au IIe s. de notre ère. Les gradins étagés, selon un plan semi-circulaire, pouvaient accueillir 6 000 spectateurs. Du dernier rang, vue magnifique de la ville et des autres ruines.

A voir également

A la sortie de la ville, le long de la route qui mène au N vers Cáceres, se trouve l'**Acueducto de los Milagros**. Il n'en reste pas grand-chose, mais on a une impression assez nette de ce qu'il était, par rapport aux quelques piliers qui subsistent de son jumeau sur la route de Trujillo, l'**Acueducto de San Lázaro**. Près de ce dernier, il subsiste quelques pierres et traces sur la terre du **Circus Maximus**, le Circo Romano, qui pouvait accueillir jusqu'à 30 000 spectateurs venus admirer des naumachies et des courses de chars. Près du musée archéologique, l'arc de triomphe de Trajan, l'**Arco de Santiago**.

🄷 **Parador Nacional Vía de la Plata**

Plaza de Queipo de Llano 3 ☎ (924) 31.38.00 ▥ à ▥ 🛏 50 ✚ 50 ▥ P 🚗 🍽 AE DC MC VISA

Au centre de la ville. Des piliers de marbre avec des inscriptions arabes entourent le patio intérieur dont le puits pourrait avoir été creusé par les Romains. Les parties les plus anciennes du *parador* ont servi de couvent, de prison et d'église. Parmi les nombreux salons, une ancienne chapelle. Certaines chambres sont très grandes. Jardin élaboré.

☎ ✈ ♣ Y

🄷 Sur la place principale, l'**Emperatriz** *(Plaza de España 19 ☎ (924) 30.26.40 ▥)* est une demeure du XVIe s. habilement restaurée.

Excursion

Medellín *(39 km à l'E de Mérida)*. Un château du XIVe s., en haut d'une colline se dressant derrière le village, a été construit sur des fondations romaines. La **statue d'Hernán Cortés**, né ici en 1485, a la réputation d'être extrêmement ressemblante.

Mijas

Carte 7I5. Province de Málaga. 9 km au N de Fuengirola, 30 km au S-O de Malága. Population : 11 000.

Accrochée à la montagne qui est en arrière-plan de la *Costa del Sol*, Mijas bénéficie de la proximité de toutes les stations balnéaires, cible privilégiée pour les touristes qui veulent visiter « une petite ville typique des collines d'Andalousie ». Résultat, elle a perdu toute authenticité. Ses rues sont bordées de boutiques croulant sous les articles de cuir et les souvenirs en poterie. Le village se cramponne néanmoins à son héritage dans les allées reculées et les *barrios* proches de la montagne. Plusieurs belvédères offrent une vue superbe sur les sommets et la côte, en particulier l'**Hermitage du Col**, proche d'arènes remarquables par leur forme carrée.

H Mijas
Urbanización Tamisa ☎ (952) 48.58.00 TX 77393 106 106 P après deux jours AE DC MC VISA

A la sortie de Mijas, à 8 km au N de Fuengirola. Bien que deux fois plus intéressant que la plupart des hôtels conventionnels de la Costa del Sol, le Mijas n'a pas le succès qu'il mérite. Tout y est calme et élégance, typiquement andalou mais sans les clichés. Plusieurs chambres bénéficient d'un balcon donnant sur *Fuengirola* et la Méditerranée. Le mobilier est recherché, la gestion exemplaire. Il n'y manque plus que l'air conditionné, mais les nuits sont fraîches en montagne.

R Mirlo Blanco
Plaza de la Constitucion 13 ☎ (952) 48.57.00 Pas de commandes après 23 h.

Authentique cuisine basque. Essayez les *chipirones*, le *bacalao*, le *cordero asado* ou les *almejas*.

R Molina del Cura
Carretera de Mijas ☎ (952) 48.58.13 P MC VISA Dernières comm. 23 h 30. Fermé lun et midi

Cet ancien moulin du XVIIe s. est le cadre idéal pour un dîner romantique. L'insuffisance de la cuisine est compensée par le décor et la chaleur de l'accueil. Très appréciés de la clientèle, le brunch du dimanche, ainsi que les concerts pendant le week-end. Spécialité : poulet farci aux épinards, champignons, fromage, noix et herbes variées.

R Valparaiso ✲
Carretera de Mijas ☎ (952) 48.59.96 P AE DC MC VISA Dernières comm. 23 h 30 oct-juin, ou juil-sept. Fermé di. et midi oct-juin.

Le bœuf est admirablement tendre, le cocktail de crevettes parfaitement composé. Une famille anglaise tient avec chaleur et générosité cette retraite dans les collines. Musique tous les soirs, plats copieux : moules farcies, canard à l'orange, veau au marsala et agneau sont délicieux.

Minorque *(Menorca)*

Carte 9I9. 37 km au N-E de Majorque ; 205 km au S-E de Barcelone. Aéroport : Mahón. Liaisons par bateau avec Barcelone et Palma de Majorque. Population : 55 000 ℹ Plaza de la Constitucion 15, Mahón ☎ (971) 36.37.90

La seconde des Baléares en dimension, Minorque ne mesure que moins de 50 km de long sur 15 km de large. Le paysage le plus intéressant est celui de la côte, très découpée. A l'intérieur, tout est plat. C'est une île encore peu abîmée, malgré les vagues de touristes.

Bien que tous les colonisateurs et marchands de l'Ancien Monde s'y soient arrêtés, ce sont les monuments et habitations des hommes de l'âge du bronze qui présentent le plus d'intérêt sur le plan architectural. On peut voir des structures de pierre en forme de cône, dont certains avancent qu'elles servaient de toit à des voûtes funéraires. D'autres affirment qu'elles servaient de piliers aux maisons, ou encore de hangars. Ce sont les *talayots*. Les *navetas* sont des empilements de pierres semblables à des bateaux retournés, la coque vers le ciel. Ils servaient probablement de tombeaux. On appelle *taulas* les grands blocs de pierre verticaux couronnés de pierres plates, supposés avoir eu une fonction religieuse. On voit de ces exemples de constructions mégalithiques partout dans l'île, de même que des habitations troglodytiques (certaines encore utilisées).

Mahón, au bout d'une baie étroite qui échancre la pointe E de l'île, est la capitale, avec une population de 25 000 habitants. Les Anglais l'occupèrent pendant presque tout le XVIIIᵉ s., et l'on retrouve leur empreinte : fenêtres à deux battants, sans volets, maisons géorgiennes, prééminence du gin comme alcool local... Un petit **musée archéologique** *(Plaza de la Conquista 8 ☎ (971) 36.39.64)* abrite des vestiges de l'époque préhistorique de l'île. La promenade le long du port, est très agréable, et il ne faut pas manquer le petit village de **Villacarlos.**

Ciudadela, à l'autre extrémité de l'île, est un village espagnol typique, protégé par d'importantes fortifications du XVIᵉ s., tandis que la baie de **Fornells**, sur la côte N, abrite un charmant village de pêcheurs.

Manifestations Fiestas tout au long de l'été, la plus remarquable étant le festival de musique de Mahón en sept.

H **Port Mahón** *(Paseo Maritimo s/n ☎ (971) 36.26.00 ▥)* : tout à fait confortable, ainsi que l'**Almirante Farragut** *(Los Delfines ☎ (971) 38.28.00 ▢)* à Ciudadela, qui doit son nom à l'amiral américain qui séjourna en ce lieu en 1868. **Cala Blanca** *(Urbanización Cala Blanca ☎ (971) 38.04.50 ▥)*, dans une station de vacances de style andalou, offre les mêmes avantages. *(Renseignements sur les hôtels le long de la côte ℹ Mahón ou ℹ Conquistador 81, Ciudadela ☎ (971) 38.11.74.)*

R A **Mahón**, le meilleur est **Rocamar** *(Fonduco 32 ☎ (971) 36.56.01 ▥)*, mais il faut avouer que la concurrence est faible. Service rustique, fruits de mer et poissons d'une fraîcheur absolue. **El Mero** *(Andén de Levante 227 ☎ (971) 36.78.04 ▥)* est spécialisé dans la cuisine basque, généralement avec succès. **El Greco** *(Dr Orfila 49 ☎ (971) 36.43.67 ▢)*propose des plats traditionnels de Galice et un bar sympathique. Soupe à l'oignon et steak au poivre sont les grandes spécialités de **Chez Gaston** *(Conde de Cifuentes 13 ☎ (971) 36.00.44 ▢)*, qui affectionne la cuisine provençale. A Ciudadela, **Casa Manolo** *(Marina 103 ☎ (971) 38.00.03 ▥)* est l'endroit idéal pour les poissons et crustacés.

Murcie *(Murcia)*

Carte 9H8. Province de Murcie. 84 km au S-O d'Alicante, 391 km au S-E de Madrid. Population : 262 700 ℹ Alejandro Serquer 4.

Cette région montagneuse et aride a été adoptée par les réalisateurs de westerns « spaghetti » en raison de sa ressemblance avec l'Arizona. La ville fut fondée par les Maures sur un site romain au VIIIᵉ s., à cheval sur le rio Segura. Il ne reste pas grand-chose du vieux Murcia, sinon la cathédrale et quelques maisons délabrées au bord de la rivière. C'est un centre commercial et industriel connu aussi pour son université.

Manifestations Pendant la Semaine Sainte, processions de pénitents en robe pourpre. La semaine après Pâques, batailles de fleurs et enterrement rituel d'une sardine pour symboliser la fin du Carême.

A voir

Cathédrale †

Plaza Cardenal Belluga

La construction commença au XIVe s., mais la magnifique façade baroque ne fut ajoutée qu'en 1737. L'intérieur est surtout gothique. Dehors, la magnifique **Capilla de los Vélez** possède une admirable voûte et des peintures murales dans le style Renaissance et mudéjar. Une très belle porte plateresque donne sur la **sacristie**, à l'intérieur de laquelle on admirera des boiseries sculptées plateresques et baroques. Du **beffroi**, vue panoramique sur la ville et la montagne.

Museo de Murcia

◐ *Ouv. mar-sam 10 h-14 h, 18 h-20 h ; di et jours fériés 11 h-14 h ; fermé lun.*

Sections d'archéologie et d'ethnologie *(Alfonso X 5 ☎ (968) 23.46.02)* et de beaux-arts *(Obispo Frutos 12 ☎ (968) 23.96.46).*

Museo Salzillo

San Andrés 1 ☎ (968) 23.18.99 ◐ Ouv. avr.-sept 9 h 30-13 h ; oct-mars 9 h 30-13 h, 15 h-18 h ; vacances 9 h 30-13 h. Fermé di.

Salzillo, sculpteur du XVIIIe s., a exécuté les sculptures les plus remarquables de la **cathédrale**. On trouvera dans ce musée des groupes de personnages de bois polychromes que l'on porte dans les processions de la Semaine Sainte, et plusieurs figurines de terre cuite représentant des épisodes de l'Evangile ou des scènes de la vie quotidienne des paysans de Murcie.

Musée du costume folklorique

Acisclo Diaz 8 ☎ (968) 24.69.97 ◐ Ouv. mar-sam 10 h-13 h 30, 17 h-20 h ; di et vacances 10 h-13 h ; fermé lun.

Installé dans le Collège de San Esteban, ce musée expose des costumes de la province de Murcie et de toute l'Espagne.

🄷 **Conde de Floridablanca** *(Corbalán 7 ☎ (968) 21.46.26 ▮▯)* : hôtel confortable dans un bâtiment historique ; **Fontoria** *(Madre de Dios 4 ☎ (968) 21.77.89 ▮▯)* a trois étoiles, mais pas de restaurants ; **Siete Coronas Meliá** *(Ronda de Garay 3 ☎ (968) 21.77.71 ▮▮▯)*, grand, moderne et confortable, le meilleur de Murcie.

🅁 **El Rincón de Pepe**

Apóstoles 34 ☎ (968) 21.22.39 ▮▯ AE DC MC VISA Fermé di. soir.

L'un des meilleurs restaurants d'Espagne, dans un hôtel à trois étoiles. Raimundo Frutos veille à l'absolue fraîcheur des ingrédients : les légumes, parfaitement naturels, viennent de la ferme du restaurant. Trois menus typiquement locaux, avec des plats tels qu'anguille en croûte, poisson cuit dans du gros sel, *menestra* et riz à la murcienne.

🅁 **Hispano** *(Lucas 7 ☎ (968) 21.61.52 ▮▯)*, un restaurant de premier ordre, avec un service rapide et efficace, offre comme spécialités : la *paella murciana*, la tourte de langoustines et de poireaux, le bar au four, l'agneau rôti et des tartes aux fruits variées. **Los Apóstoles** *(Plaza de los Apóstoles 1 ☎ (968) 21.21.97 ▮▯)* est un établissement agréable et familial, au cadre typique.

Nerja

Carte 7I5. Province de Malaga. 52 km à l'E de Malaga, 169 km à l'O d'Almeria. Population : 12 000 ℹ Puerto del Mar 4

Charmante petite ville dominant la mer, perchée sur les collines qui précèdent la Sierra Almijara. Son nom, en arabe, signifie « riche printemps ». De vieilles maisons côtoient des hôtels de vacances sur un petit plateau connu comme le Balcón de Europa. De part et d'autre, les plages. On visitera l'**Ermita de Nuestra Señora de las Angustias** (XVIIIe s.), qui abrite des tableaux du XVIIe s., et l'**Iglesia del Salvador** (XVIIe s.).

Excursion

Grottes de Nerja ☆

4 km au N-E de Nerja ☎ (952) 21.34.45 pour info. horaires de visites ◐

Dans ces grottes à stalactites, des traces d'habitat de l'âge de pierre, repérables en particulier dans les peintures murales. Les grottes servent d'auditorium pour des concerts ou des ballets. Un petit **musée** expose les poteries préhistoriques découvertes sur le site en 1959.

🄷 **Balcón de Europa** *(Paseo Balcón de Europa ☎ (952) 52.08.00 ▥ à ▥)* installations et mobilier un peu fatigués, mais les prix sont acceptables. Plus adapté au contexte de station balnéaire, le **Parador Nacional de Nerja** *(El Tablazo s/n ☎ (952) 52.00.50 ▥)* est mieux équipé pour les loisirs que la plupart des autres *paradores*. Admirable vue du jardin.

🄡 Il s'agit seulement de se nourrir et d'apprécier le paysage au **Rey Alfonso** *(Paseo Balcón de Europa ☎ (952) 52.01.95 ▥)*, qui sert une cuisine internationale.

Orense

*Carte **10**C3. Capitale de province. 105 km à l'E de Vigo, 17 km à l'O de Ponferrada. Population : 95 000* ℹ *Curros Enriquez 1 ☎ (988) 21.50.75*

Capitale de province renommée depuis des siècles pour ses sources d'eaux chaudes. Un pont romain qui franchit le rio Miño est le seul signe indiquant l'occupation romaine. Les Maures y restèrent le temps de détruire, mais ils n'édifièrent rien.

A voir

Cathédrale †

Plaza del Trigo s/n. Ouvert 10 h 30-13 h, 15 h 30-18 h 30.

Une première église fut élevée sur cet emplacement, au VIe s., par les Suèves convertis, prédécesseurs des Wisigoths, mais l'actuelle cathédrale date du XIIIe s. On entre par la porte du transept, car la façade principale a été occultée par des constructions ultérieures. Particulièrement remarquable : le **Pórtico del Paraiso**, à l'extrémité O, copié sur le **Pórtico de Gloria** de la cathédrale de *Saint-Jacques-de-Compostelle*. Dans la **Capilla Mayor**, un retable gothique du XVIe s., et dans le chapitre qui donne sur le bas-côté S, un petit **musée diocésain** ◐ dont le trésor contient une croix d'or ornée de pierreries.

Museo Provincial

Carrascosa s/n ☎ (988) 22.38.84

Dans ce palais épiscopal du XIIe s., des archives historiques, des poteries des objets archéologiques allant de l'ère néolithique à l'époque romaine, et de l'art religieux.

🄷 **Padre Fejioó** *(Plaza Eugenia Montes 1 ☎ (988) 22.31.00 ▥ à ▥)*, très bien pour passer une nuit. Le **San Martín** *(Curros Enriquez 1 ☎ (988) 23.56.11 ▥)*, dans le quartier ancien, est fonctionnel.

🄡 Le **Sanmiguel** *(San Miguel 12 ☎ (988) 22.12.45 ▥)* est très supérieur à ses concurrents locaux : décoration discrète, terrasse en été et plats raffinés de la Galice. **Martín Fierro** *(Sáenz Díez 65 ☎ (988) 23.48.20 ▥▢)* est de second plan, mais très correct, avec quelques viandes grillées à l'argentine pour relever le menu typique de la Galice.

Oviedo

Carte 11B4. Capitale de province. 118 km au N de León ; 29 km au S de Gijón. Population : 190 000 ℹ Cabo Noval 5 ☎ (985) 21.33.85.

Oviedo, capitale du royaume des Asturies, fut rasée au VIIIe s. pendant la Reconquête. Vite reconstruite, elle s'enorgueillit de plusieurs édifices des VIIIe -IXe s. typiques de ce qu'on appelle le style préroman des Asturies. Une révolte d'ouvriers en 1934, brève mais violente, endommagea gravement la cathédrale et l'université du XVIIe s. La ville moderne abrite un quartier ancien assez grand et un parc central tout à fait superbe.

Manifestation En sept., Día de Las Américas : danses, parades et corridas.

A voir

Cámara Santa ☆

Plaza Alfonso II ☎ (985) 22.10.30 ◐ 🚶 Ouv. été 10 h-13 h, 16 h-20 h ; hiver 10 h-13 h, 16 h-18 h. Entrée par la cathédrale.

Souvent endommagée, altérée et restaurée au cours des siècles, cette chapelle fut commandée au IXe s. par Alphonse II pour abriter les reliques chrétiennes de l'époque wisigothique. Les six doubles colonnes de l'entrée sont ornées des têtes sculptées des douze apôtres, très beaux exemples du style roman du XIIe s. Dans les coffrets du **trésor**, bijoux et objets précieux

Cathédrale ☆ †

Plaza Alfonso II ○ Ouvert 8 h-13 h, 16 h-19 h 30.

La façade asymétrique de cette cathédrale gothique flamboyant ne comporte qu'une seule tour. Les motifs ornementaux sont assez discrets, mais la flèche est fastueusement ajourée.

Museo Arqueológico

San Vicente 5 ☎ (985) 21.54.05 ○ 🚶 Ouv. 10 h-13 h 30, 16 h-18 h. Fermé lun., di et fêtes après-midi.

Installé dans un ancien couvent du XVe s. restauré au XVIIIe s., le musée abrite des objets d'art préhistoriques des Asturies, des sculptures préromanes et des fragments de constructions.

Museo de Bellas Artes

Santa Ana s/n ☎ (985) 21.02.01.

Dans un palais du XVIIIe très bien restauré. Bonne collection de peinture, en particulier salles consacrées aux peintres asturiens.

Excursion

Sur le mont Naranco, à 2 km au N-O du centre d'Oviedo, un village est accroché à la pente. On y trouvera **Santa María del Naranco** *(ouv. avr.-sept 10 h-13 h, 16 h-19 h, oct-mars 10 h-13 h)*, palais du IXe s. avec vue sur la ville et les sommets enneigés, les **Picos de Europa**. Trois rues plus haut, vers le N, l'**Iglesia de San Miguel de Lillo** *(mêmes horaires que Santa María del Naranco)*, construite sur ordre de Ramiro Ier, comme le palais. De fâcheuses restaurations furent entreprises au XVIIe s., mais les sculptures dans la pierre restent remarquables.

Ⓗ **La Reconquista**

Gil de Jaz 16 ☎ (985) 24.11.00 ⊠ 87328 ▥ 139 139 ▥ P 🍽 AE DC MC VISA

A trois rues au N du Parque de San Francisco. Dans un hospice du XVIIe s. généreusement restauré, tous les conforts de notre époque. C'est le genre d'hôtel où l'on a envie de s'attarder. Les gens du coin se retrouvent au bar et au restaurant.

Ⓗ Le décor reste sobre, la vue magnifique et le personnel tout à fait inefficace à **La Jirafa** *(Pelayo 6 ☎ (985) 22.22.44 ▥)* ; **Ramiro I** *(Av. Calvo Sotelo 13 ☎ (985) 23.28.50 ▥ à ▥)* est en haut de la colline, loin du centre d'Oviedo mais près de la route de Madrid ; le **Regente** *(Jovellanos 31 ☎ (985) 22.23.43 ▥)*, flambant neuf, est très conventionnel mais confortable, avec une belle vue.

Ⓡ **Casa Fermín**
Av. de Cristo 23 ☎ (985) 21.24.59 ▥ □ ■ AE DC MC VISA
Dernière comm. 0 h 30.
La Casa Fermín, que certains considèrent comme le meilleur restaurant d'Oviedo, a attiré pendant cinquante ans une clientèle fidèle. Parmi les spécialités : *lomo de merluza con salsa de almejas, entrecôte al queso, fabes con almejas.* Délicieux.

Ⓡ **Marchica**
Dr Casal 10 ☎ (985) 21.30.27 ▥ à ▥ □ ■ AE DC MC VISA
Dernières comm. 23 h 30.
Un bar à *tapas* très animé, deux salles à manger, et le type de repas que vous voulez, du snack rapide au menu gastronomique. Poissons et fruits de mer admirables, bœuf acceptable. Parmi les spécialités : *callos a la Asturiana*, (ragoût de tripes aux pieds de cochon, chorizo, jambon, poivrons, et ail) et *fabes con almejas.*

Ⓡ **Pelayo**
Pelayo 15 ☎ (985) 21.26.52 ▥ □ ■ AE DC MC VISA Pas de commande après 23 h 30
La cuisine est impeccable, surtout les solides spécialités asturiennes comme la *fabada*, la *lubina con verduras* et les *fabes con almejas.* Si seulement les serveurs pouvaient se rappeler ce que vous leur avez commandé !

Ⓡ Autres possibilités : **Casa Conrado** *(Argüelles 1 ☎ (985) 22.39.19 ▥)* ; **La Goleta** *(Alto de Buenavista s/n ☎ (985) 23.10.25 ▥)* ; **Principado** *(San Francisco 6 ☎ (985) 21.77.92 ▥).*

Pajares

*Carte **11**B4. Province de León et Oviedo. 59 km au S d'Oviedo, 59 km au N de León.*

Un parador et quelques maisons bordent ce passage dans les monts Cantabriques. Essayez d'arriver par le S, car la montée vers le plateau, à 1 379 m, est plus douce que la corniche abrupte du versant N, que l'on a intérêt à aborder à la descente. Dans les environs se trouve la station de ski de Parajes. Le col est indiqué par une curieuse **église collégiale** romane, à 1 km au S : le porche et la voûte sont des ajouts Renaissance, et les chapiteaux ont été sculptés de motifs inspirés de l'Extrême-Orient.

Palencia

*Carte **12**C5. Capitale de province. 84 km au S-O de Burgos, 44 km au N-E de Valladolid. Population : 72 000 ℹ Mayor 153 ☎ (988) 72.07.77.*

Palencia est à 10 km de la route Valladolid-Burgos. Ville animée, pleine de gens à toute heure du jour et de la nuit, elle ne présente pas grand intérêt pour les visiteurs, bien que capitale de province. L'unique musée est momentanément fermé. Les principaux monuments à visiter sont une cathédrale construite entre le XIVe et le XVIe s. dans le style transition et trois églises plus petites.

Ⓗ On a le choix entre le **Rey Sancho de Castilla** *(Av. Ponce de León s/n ☎ (988) 72.53.00 ▥ à ▥)* et le **Castilla la Vieja** *(Casado del Alisal 26 ☎ (988) 74.90.44 ▥).*

® **Lorenzo** *(Av. Casado del Alisal 10 ☎ (988) 74.35.45 ▥)* est le meilleur restaurant de Palencia.

Pampelune *(Pamplona)*

*Carte **13C8**. Province de Navarre. 94 km au S-E de Saint-Sébastien, 96 km à l'E de Vitoria. Population : 180 000 ℹ Arrieta 11*

Une ville rendue célèbre par le roman d'Ernest Hemingway, *le Soleil se lève aussi* : Jake Barnes, Lady Brett et leurs amis se pressaient à la **Feria de San Fermín** en juillet. C'est effectivement l'époque où il faut y être, car le reste de l'année, Pampelune est une ville industrielle sans âme. Pompaelo fut fondée au début de la période romaine et occupé par les Maures pendant une décennie, au VIIIe s. Charlemagne aida les Espagnols à les repousser, mais il mit ensuite la ville à sac et fit abattre ses murs. Elle fut la capitale du royaume de Navarre du Xe s. à 1512, quand Ferdinand II l'annexa.

Manifestation En juillet, Feria de San Fermín. Pendant quinze jours, parades, musique, feux d'artifice et le grand événement, le lâcher des taureaux, qui sont combattus l'après-midi dans l'arène. Une voie de 2 km est tracée dans la ville, rejoignant l'enclos où les bêtes (de 400 kg environ) ont été parquées la veille jusqu'à la Plaza de Toros. Le matin, les hommes prennent position le long de cette route, les plus audacieux près de la porte de l'enclos, les moins téméraires près de l'entrée des arènes. Une minute avant 7 h, un pétard éclate. Au second, la porte est ouverte. L'*encierro* a commencé. Tout l'art consiste à rester aussi près que possible des cornes pendant la durée du parcours. Lorsque les taureaux arrivent aux arènes, on les regroupe, pour les lâcher à nouveau dans l'après-midi à l'occasion de la corrida. En attendant, les hommes qui sont sortis intacts de la course dans la ville peuvent jouer au torero dans l'arène, avec des vaches dont on a protégé les cornes.

Ils étaient comme des fous, Platero ! Car le cœur du village ne bat plus que pour la corrida. Depuis l'aube la fanfare, qui maintenant détonne époumonée, joue devant les tavernes, tandis que voitures et chevaux montent et descendent (...). Derrière chez nous, dans la ruelle, on prépare pour la quadrille le « Canari », cette guimbarde jaune qui fait le bonheur des enfants. Déjà tous les patios se sont dépouillés de leurs fleurs pour les offrir aux présidentes. Juan Ramon Jimenez, *Platero y yo*

A voir

Cathédrale † ☆

Plaza de la Catedral

La cathédrale de style gothique français fut fondée en 1416 par Charles III. L'architecte Ventura Rodriguez a réalisé ensuite (XVIIIe s.) la façade O, somptueusement baroque. Le **cloître** est très représentatif du style gothique ouvragé. Le **musée diocésain** ☎ *(948) 21.49.80 (◐ ouvert mi-mai à mi-oct 10 h 30-13 h 30, 16 h-19 h)* abrite des sculptures gothiques polychromes représentant des scènes religieuses.

Museo de Navarra ☆
Santo Domingo s/n ◐ Ouv. lun-sam 10 h-14 h ; di et vacances 11 h-14 h. Fermé lun.
Collections de sculptures et de tableaux, vestiges archéologiques, mosaïques romaines, armes et armures, chapiteaux provenant de la cathédrale romane du XIIe s., qui fut remplacée par l'actuel édifice. On remarquera particulièrement un portrait par Goya.

Tres Reyes
Jardines de la Taconera s/n ☎ (948) 22.66.00 ☒ 37720 168 168
Au bord des Jardines de la Taconera. Le seul hôtel de luxe de Pampelune, adossé au grand parc, pas loin de la place centrale. Piscine chauffée, restaurant élégant et service attentif.

Ciudad de Pamplona *(Iturrama 21 ☎ (948) 26.60.11)* est le plus récent, installé un peu en dehors du centre-ville, dans un quartier moderne. Le **Nuevo Hotel Maisonnave** *(Nueva 20 ☎ (948) 22.26.00)*, très central, a une clientèle fidèle. **Orhi** *(Leyre 7 ☎ (948) 24.58.00)* se trouve tout près des arènes.

Hostal del Rey Noble
Paseo de Sarasate 6 ☎ (948) 21.12.85 Dernières comm. apr. 23 h. Fermé mi-juil mi-août, di.
L'un des deux établissements réputés de Pampelune. Cuisine basque de haut niveau. Essayez les plats typique, *ajoarriero con langosta* (langouste à la sauce à l'ail) et *cordero con chilindrón*.

Josetxo
Estafeta 73 ☎ (948) 22.20.97 Dernières comm. 23 h. Fermé août, di.
Les plats basques doivent une grande partie de leur raffinement à l'inspiration de la nouvelle cuisine française. Spécialités : *crema de cangrejos, merluza con salsa de salmón, lubina a la parrilla.*

Essayez les rôtis à la **Casa Angel** *(Abejeras 43 ☎ (948) 24.39.62)*, restaurant familial ; **Hartza** *(Juan de Labrit 29 ☎ (948) 22.45.68)* est connu pour ses portions généreuses ; **Rodero** *(Arrieta 3 ☎ (948) 24.93.42)* est moderne et bien tenu.

Excursions

Estella *(45 km au S-O de Pampelune)*. Halte sur la route de pélerinage de *Saint-Jacques-de-Compostelle*, c'était à l'occasion la résidence des rois de Navarre. On y trouve une quantité inhabituelle d'églises romanes et de palais Renaissance. Au S-E de la ville, un monastère bénédictin du XIIe s. le **Monasterio de Santa María de Irache**, qui fut université du XVIe s. à 1833. Le **musée Gustavo de Maeztu** est installé dans l'ancien palais des rois de Navarre, un édifice roman du XIIe s.

Roncevaux (Roncesvalles) *(47 km au N-E de Pampelune)*. Le col fut le cadre d'une bataille célèbre entre les Basques et l'arrière-garde de l'armée de Charlemagne en 778, glorifiée dans un poème épique, *la Chanson de Roland*. L'abbaye du XIIe s., restaurée, accueillait les pèlerins en route pour Saint-Jacques.

Pays Basque *(Vascongadas)*

*Carte **13-14**C7-8. Le long de la mer Cantabrique et de la partie occidentale des Pyrénées, de l'autre côté de la France. Aéroports : Bilbao, Vitoria.*
Le pays Basque inclut les trois provinces basques d'Alava, Biscaye et Guipúzcoa, autour du golfe de Biscaye.

Les origines de la langue basque, Euskara, n'ont jamais été vraiment identifiées, et l'on continue de parler huit dialectes différents. Leurs ancêtres ont probablement précédé les Indo-Européens qui ont fini par peupler le continent. Les Basques sont parvenus à repousser toutes les invasions — Romains, Maures, Vandales, Francs, armées de Charlemagne — mais ils ont dû plier devant les rois catholiques et leurs successeurs. Malgré les mesures récentes, et sans précédent, d'autonomie qui ont été concédées, l'esprit séparatiste continue de faire rage dans cette province.

Peñiscola

*Carte **14**E9. Province de Castellón. 124 km au S de Tarragone, 76 km au N de Castellón de la Plana. Population : 2 800.*

Sur un promontoire commandant un isthme étroit, ce bourg bénéficiait d'une situation prévilégiée pour les seigneurs féodaux. Les fortifications comprennent une enceinte et une **citadelle** du XIVe s. restaurée, jadis occupée par l'antipape Pedro de Luna. Les installations touristiques s'étendent le long de la plage et des rues escarpées du village.

🄷 Sur la route de Benicarlo, à 1 km vers le N, l'**Hosteria del Mar** *(☎ (964) 48.06.00 ▥)*est rattachée à la chaîne des *paradores* tout en bénéficiant d'une gestion privée. La qualité de l'ensemble, le décor austère et la tenue impeccable sont donc assurés.

Plasencia

*Carte **11**E4. Province de Cáceres. 79 km au N-E de Cáceres, 135 km au S-O de Salamanque. Population : 32 000*

La ville fut fondée par Alphonse VIII en 1180, mais le peuplement de ce site est plus ancien : romain d'abord, puis maure. Remarquable pour de nombreux édifices gothiques et Renaissance, à l'abri de l'enceinte médiévale.

A voir

Juste à la sortie de Plasencia, sur la route de Salamanque, se trouve un imposant **aqueduc** du XIIIe s., fort de cinquante-trois arches. Dans la ville même, une cathédrale du XVIe s. principalement, avec un portail plateresque. A l'intérieur, très belle voûte ; les sculptures des stalles du chœur (XVIe s.) et un retable (XVIIe s.) méritent d'être remarqués. A gauche du maître-autel, le tombeau de Ponce de León, l'explorateur qui découvrit en 1513 la Floride, alors qu'il cherchait la Fontaine de Jouvence. L'**Iglesia de San Nicolás** (XIIIe s.) se dresse sur une place bordée de demeures Renaissance ; côté N, le **Palacio del Marqués de Mirabel**, flanqué d'une grande tour et orné d'un balcon plateresque.

🄷 **Alfonso VIII**

Alfonso VIII 34 ☎ (927) 41.02.50 ▥ à ▥ 56 56 ▥

Sur le côté S de la Plaza Mayor. Sans rival. La salle à manger du dernier étage est très appréciée pour les réceptions. Les chambres et les salons sont de premier ordre.

🅁 Le menu de l'**Alfonso VIII** *(voir ci-dessus)* est dominé par les spécialités d'Estrémadure : *pierna de cabrito* (cuisseau de chevreau) et le *lagarto en salsa verde* (lézard sauce verte). A **La Caña** *(Reyes Catolicos ▥)*, on peut avoir un repas rapide ou un grand menu, ainsi qu'à **Mi Casa** *(Maldonado 13 ☎ (927) 41.14.50 ▥)*, tout près de là.

Ponferrada

*Carte **11**C4. Province de León. 105 km à l'O de León 170 km à l'E d'Orense. Population : 52 500.*

Ponferrada, au cœur d'une campagne verdoyante, a été un grand centre de pélerinage. Le château des templiers accueillait les pélerins se rendant à *Saint-Jacques-de-Compostelle.* Aujourd'hui, elle se consacre à l'extraction du minerai de fer et aux industries afférentes.

A voir

La **Basilica de Nuestra Señora de la Encina** (XVIe s.), de style gothique transition, possède une statue de la Vierge du XVe s. Le **Castillo de los Templarios** *(◐ ⚟ ouv. mai-sept 9 h-13 h, 15 h-19 h ; oct-avr. 9 h-13 h, 15 h-18 h ; fermé fév. mars)*est daté du XIIe s., des templiers, mais son origine remonte à bien plus loin — aux Maures, voire aux Romains. C'est un ensemble de ruines imposantes, d'où l'on a une vue magnifique sur la ville et la vallée.

Excursion

Iglesia de Santo Tomás de las Ollas †
1,5 km à l'E de Ponferrada, sur la NVI.

Eglise du Xe s., massive, créée par des artisans mozarabes, typique de l'architecture mauresque, avec arcs en fer à cheval et abside ovale.

🄷 **Del Temple** *(Av. Portugal 2 ☎ (987) 41.00.58 ▥ à ▥)*, de style médiéval, est parfait pour passer une nuit.

🅁 **Azul** *(Camino de Santiago 40 ☎ (987) 41.11.09 ▥ à ▥)* propose une nourriture simple.

Pontevedra

*Carte **10**C2. 57 km au S de Saint-Jacques-de-Compostelle, 25 km au N de Vigo. Population : 61 000*
ℹ General Mola 1 ☎ (986) 85.08.14

Cité ancienne, au fond de la Ría de Pontevedra, qui fut un port important jusqu'au XVIIe s., époque où l'estuaire commença à s'obstruer. En arrivant par le N ou le S, on verra des usines et de vilains ensembles d'habitations, mais il faut garder le moral : le vieux barrio près du pont del Burgo est admirablement conservé et digne d'une longue promenade. Très belles maisons de granit aux fenêtres vertes et aux grilles argentées, des arches, des loggias, des jardins et des fontaines surgissant de manière inattendue, et plusieurs bars et cafés sympathiques.

Manifestation Fin mai-déb juin, dans les monts d'Oya, le *ropa das bestas*, où l'on maîtrise des chevaux sauvages.

A voir

Commencer le tour du vieux quartier par la **Plaza de la Herreria**, grande place bordée d'arcades à l'O et par le **Convento de San Francisco** à l'E, qui est devenu une église. Au S, les jardins ombragés de vignes mènent à la **Capilla de la Peregrina**, église du XVIIIe s. avec une façade semi-circulaire étroite et deux tours jumelles.

Passer à nouveau devant le couvent et suivre la Calle Pasantería jusqu'à la **Plaza de la Leña**, résumé des spécialités architecturales locales. Du côté E, le **musée provincial** *(☎ (986) 86.14.55 ◐ ouv. lun-sam, en été 11 h-13 h 30, 17 h-20 h ; en hiver 11 h-13 h, 17 h-19 h 30 ; di. et vacances 11 h-13 h 30)*, formé de deux maisons du XVIIIe s. réunies par un pont, avec une terrasse couverte de vigne. Il est principalement consacré à l'histoire de la Galice, depuis les Celtes jusqu'au XIXe s., mais abrite aussi des collections d'objets maritimes.

Après le musée, tourner à gauche dans la Calle de Sarmiento et poursuivre vers l'O jusqu'à l'arrière de la **Basilica de Santa María** (XVIe s.). Contourner l'édifice : la façade est simple, ornée de manière presque rustique, lointaine inspiration du style plateresque habituellement très chargé. Descendre les marches et tourner à gauche dans la Calle Arzobispo Malvar. Un peu plus loin se dressent les ruines du **Convento de Santo Domingo** (XIVe s.). Une partie des collections du musée provincial sont abritées dans l'aile E, encore debout *(voir horaires du musée)*.

Parador Nacional Casa del Barón
Maceda s/n ☎ (986) 85.58.00 à 47 47 AE CB DC MC VISA

Près de l'extrémité O du pont del Burgo. Ce manoir seigneurial du XVIe s. présente une architecture intéressante, typiquement représentative du *pazo* galicien, avec une façade austère en granit et d'imposantes salles disposées selon un rectangle. Certaines fenêtres sont munies de balcons à balustre de pierre taillée. A l'intérieur, arcs et poutres en bois.

Autre possibilité : **Rías Bajas** *(Daniel de la Sota 7 ☎ (986) 85.51.00)*, moderne et central.

Casa Solla
Carretera de La Toja, 4 km ☎ (986) 85.26.78
Dernières comm. 23 h. Fermé jeu, di soir.

On entre par une cour fermée, couverte de vigne. La salle à manger est décorée de boiseries et on peut manger en terrasse.
Spécialités : *lenguado* et autres poissons des *rias*, ainsi que le *chuletón* et la *paella*. L'ensemble est convenable, plutôt au-dessus de la moyenne de la région.

Sinon : **Calixto** *(Benito Corbal 14 ☎ (986) 85.62.52)* et le **Parador** *(même ☎ et adresse que l'hôtel)*.

Excursion

La Toja *(33 km au N-O de Pontevedra)*. Les Romains utilisaient ces eaux thermales, qui attirent aujourd'hui des touristes soucieux de leur santé.

Le **Gran Hotel** ☎ *(986) 73.00.25* offre à peu près tous les services que l'on attend dans une station de ce genre, de même que le **Louxo** *(☎ (986) 73.02.00 à)*.

Ronda

Carte 6I4. Province de Malaga. 65 km au N-O de Marbella, 152 km au S-E de Séville. Population : 31 400 ℹ Plaza España 1 ☎ (952) 87.12.72.

En partant de la Costa del Sol, la route qui mène à Ronda, restaurée depuis peu, permet d'apercevoir les gorges et ruisseaux de la montagne. Ronda jouit réellement d'une situation exceptionnelle : la falaise au sommet aplati qu'elle occupe est séparée dans sa largeur par l'étroite gorge du Guadalevín, profonde de plus de 150 m. La partie O de la ville date des Maures. Dans la partie « moderne », la Plaza de Toros, construite en 1785, est une des plus anciennes d'Espagne ; elle porte le nom de Pedro Romero, un grand matador originaire de Ronda.

A voir

Empreinte des Maures, les **Baños Arabes** du XIIIe s. *(s'adresser au gardien)*. La **Casa de Mondragón,** de style Renaissance, ancienne résidence mauresque, fut convertie en demeure d'été des rois catholiques. De la terrasse, la vue est magnifique. Dans la **Colegiata de Santa María la Mayor** (XVe s.), deux arches, un minaret, un *mihrab* et quatre coupoles sont ce qui reste de la mosquée antérieure à l'église. Les nefs, en revanche, sont gothiques et le maître-autel plateresque. La **Plaza de Toros** *(ouverte 9 h-19 h)* serait la plus ancienne d'Espagne, mais celle de *Séville* lui dispute ce titre. L'intérieur néo-classique et le portail principal baroque sont magnifiques.

L'arène de Ronda fut construite vers la fin du XVIIIe siècle et elle est en bois. Elle s'élève au bord de la falaise et, après la corrida, une fois les taureaux dépouillés et leur chair envoyée dans des charrettes pour la vente, on traîne les chevaux morts jusqu'au bord de la falaise, et les choucas qui ont tourné tout le jour sur la ville, haut dans le ciel au-dessus de l'arène, fondent sur la nourriture.

E. Hemingway. *Mort dans l'après-midi*

Excursions

Grottes de Pileta

29 km à l'E de Ronda ℹ Visites généralement 10 h-13 h, 15 h-17 h. Ouv. du lever au coucher du soleil. Route de Jerez de la Fontera (N) pendant 14 km puis tourner direction S à la hauteur d'un panneau indiquant Montejaque ; ensuite, une route désolée pendant 15 km.

Les peintures murales et les poteries découvertes dans ces grottes sont les signes d'une occupation humaine qui remonterait à vingt-cinq mille ans.

Ronda la Vieja

Juste avant le tournant qui amorce la route des grottes de Pileta, prendre un chemin caillouteux vers le N. Parmi les ruines de la ville romaine d'Acinipo, un amphithéâtre bien préservé.

🄷 Dans la vieille ville, **la Reina Victoria** *(Jerez 25 ☎ (952) 87.12.40 ▥□)*, hôtel tranquille, une vue saisissante sur la vallée.

🅁 Les repas n'ont rien d'exceptionnel chez **Don Miguel** *(Villanueva 4 ☎ (952) 87.10.90 ▥□)*, mais l'établissement est admirablement situé sur le bord de la gorge. **Mesón Santiago** *(Marina 3 ☎ (952) 87.15.59 ▥□)* est simple et agréable, avec des spécialités régionales.

Saint-Jacques-de-Compostelle *(Santiago de Compostela)*

Carte ***10****B2. Province de La Corogne. 74 km au S de La Corogne, 91 km au N de Vigo. Population : 90 000 ℹ Plaza del Obradoira s/n*

Pour les catholiques, Saint-Jacques-de-Compostelle est l'ultime destination d'un pèlerinage au moins aussi important que celui de Rome ou de Jérusalem. Pour les autres visiteurs, c'est une ville aussi charmante que celles des circuits encombrés du S de l'Espagne.

L'isolement et le climat humide n'ont pas empêché des milliers de fidèles d'entreprendre le long parcours depuis le N et l'E que l'on appelle *El Camino de Santiago* (la route de Saint-Jacques). Entre la fin du IXe s et le milieu du XVIe s., près de deux millions de pèlerins sont venus chaque année prier sur le tombeau de saint Jacques le Majeur.

Selon la légende, le corps du saint aurait été découvert dans le voisinage de l'actuelle ville de Padrón. L'apôtre était venu passer quelques années en Espagne pour prêcher l'Evangile, puis avait regagné Jérusalem. Il mourut martyrisé par les Romains. Ses compagnons auraient ensuite raccompagné son corps en Galice. Toujours selon la légende, l'emplacement du tombeau aurait été perdu, jusqu'au jour où une étoile miraculeuse aurait permis de le retrouver. En 899, une cathédrale fut construite pour accueillir les reliques du saint. Rasée par l'envahisseur maure en 997, elle fut reconstruite entre le XIe et le XIIIe s.

Manifestation La fête de Saint-Jacques, le 25 juillet, donne lieu à des célébrations religieuses et des parades particulièrement élaborées. Lorsque le 25 tombe un dimanche, la Puerta Santa, du côté E de la cathédrale, est ouverte spécialement.

A voir

Cathédrale ⛩ † ★

○ *mais le musée, la salle du trésor et le chapitre sont* ◐ *Ouvert 10 h-13 h 30, 15 h 30-19 h 30.*

Alphonse II fit construire une chapelle modeste pour abriter la dépuille du saint, au début du IXe s., mais son successeur Alphonse III décida d'en faire une cathédrale, achevée en 899. Le chef maure Al Mansour fit tout détruire en 997 mais épargna le tombeau. La construction de la cathédrale actuelle fut commencée vers 1075 ; elle s'acheva en 1128. L'intérieur roman est entouré d'une enveloppe baroque. Au rez-de-chaussée, un escalier descend vers une crypte du XIIe s. L'entrée principale est surmontée d'une façade churrigueresque, montage exubérant de niches, arcades, tourelles, statues, obélisques et motifs floraux.

A l'entrée, le grand chef-d'œuvre subsistant de la cathédrale romane d'origine, le **Portico de la Gloria** ★ , sculpté par le célèbre Mateo. Il est formé de trois groupes de minces colonnes séparés par des arcs décorés de sculptures représentant *Les péchés et les vices*, face aux saints et à un *Christ* assis. Au-dessus de la colonne centrale, *Saint Jacques*, et, juste en-dessous, *Matthieu*. A la base, des monstres accroupis. Certaines sculptures portent encore des traces de peinture datant du XVIIe s.

La structure générale de la cathédrale, derrière le portique, est plutôt austère, ce qui fait d'autant mieux ressortir les ornements baroques des chapelles et l'étincelant **maître-autel** ☆ , rutilant d'argent, de pierres précieuses et d'orfèvrerie élaborée. Dans la chapelle principale, on remarquera également **la statue de saint Jacques assis.** Juste en face, dans le transept, en certaines occasions, parmi lesquelles la fête de saint Jacques, on célèbre pendant la messe une cérémonie particulière : le *botafumeiro*, où brûle l'encens, est balancé selon d'amples mouvements de pendule par huit hommes revêtus de capes rouge foncé.

Derrière l'autel, la **crypte** de saint Jacques et deux de ses disciples, saint Théodore et saint Athanase *(entrée par la gauche de l'autel)*. Les entrées de la **sacristie** et du **cloître** se trouvent dans le bas-côté droit. A l'extrémité N du cloître, une porte ouvre sur la **bibliothèque** et une autre sur le **chapitre**, ou salle capitulaire. Là sont accrochées des tapisseries flamandes et espagnoles du XVIIe s. A l'entresol, petit **musée archéologique** : pierres tombales et autres objets découverts lors de fouilles sous la cathédrale.

A côté de la salle capitulaire se trouve la **salle des reliques** et le **trésor** qui abritent, l'une de précieux reliquaires, l'autre une custode d'or et d'argent et un triptyque de l'école flamande.

A voir également

Il est préférable de faire à pied le tour de la **vieille ville**. Nous vous recommandons l'itinéraire suivant.

Commencer par la Plaza de España, connue aussi sous le nom de Plaza de Obradoiro, élégante place délimitée par quatre édifices importants. Sur la gauche quand on regarde la cathédrale, l'**Hospital Real**, du début du XVIe s., qui abritait jadis les pèlerins et fut transformé en hôtel de luxe en 1954. Sur la droite, le **Colegio de San Jerónimo** (XVIIe s.), avec un portail roman du XVe s., et juste en face de la cathédrale, le **Palacio de Rajoy** (XVIIIe s.), qui sert aujourd'hui d'hôtel de ville. Du côté N de la place, adossé à la cathédrale, le **Palacio de Gelmirez** *(◐ ouv. avr.-mi-oct 10 h-13 h 30, 16 h-19 h, fermé mi-oct-avr.)* est la résidence de l'évêque, dont on peut visiter les appartements datant du XIIe s.

Pour accéder au cœur de la vieille ville, tourner à droite (S) après l'entrée principale de la cathédrale et emprunter la Calle de Franco, qui passe devant la Plaza Fonseca, à gauche, et le Colegio Fonseca, à droite. Cafés et boutiques abondent jusqu'au croisement avec la Calle Bautizados et l'Avenida de Figueroa. De l'autre côté de l'avenue, un parc appelé **Paseo de la Herradura**. Reprendre la Calle Bautizados jusqu'à la Plaza del Toral, où les étudiants, les artistes et les marchands de glaces se pressent autour d'une fontaine centrale. La contourner par la gauche et s'engager dans la Rúa del Villar, bordée de maisons à arcades et de balcons vitrés, qui se termine à la Plaza de las Platerias où se dresse une fontaine ornée de quatre chevaux.

Continuer tout droit jusqu'à la **Puerta de las Platerías**, à l'angle S-E de la cathédrale. Ornée de sculptures romanes, elle est une des rares parties de l'édifice d'origine qui n'ait pas été cachée par les ajouts baroques du XVIIIe s. Dépasser la tour de l'Horloge (XVIIe s.) et entrer à droite sur la Plaza de la Quintana. Sur la façade E de la cathédrale, un autre portail (XVIIe s.) de Mateo, la **Puerta Santa**.

Continuer dans la même direction, en inclinant légèrement à gauche pour descendre un escalier. Sur le côté N de la Plaza de la Inmaculada, l'imposant **Monasterio de San Martín Pinario**, adossé à une église dont l'intérieur baroque est impressionnant. Revenir en arrière en passant devant la cathédrale et prendre cette fois à gauche la Rúa Nueva, qui est maintenant un passage piétonnier pittoresque dont chaque balcon et chaque loggia évoquent le Moyen Age. Un peu plus loin sur la gauche se dresse l'**Iglesia de Santa María Salome**, avec son portail roman. Plus bas encore, ayant traversé l'Avenida Calvo Sotelo, vous trouverez dans la Calle Castron d'Ouro l'**Iglesia Santa María del Sar** ☆, église collégiale du XIIe s. dont seul le portail roman subsiste dans une façade reconstruite au XVIIIe s.

Ⓗ **(Parador) Los Reyes Católicos** ✲

Plaza de España 1 ☎ (981) 58.22.00 ⓉⓍ 86004 ▥ à ▥ 159 159 Ⓟ ⓐⓔ ⓒⓑ ⓓⓒ ⓜⓒ ⓥⓘⓢⓐ

Près de la cathédrale. Un des meilleurs hôtels d'Espagne. Il appartient au réseau des paradores. Ancien Hospital Real de Peregrinos construit au début du XVIe s. sur ordre des rois catholiques, il était destiné à abriter les pèlerins. Entrée plateresque (1678) et quatre cours cloîtrées des XVIe-XVIIIe s., ornées de fontaines, gargouilles gothiques et buissons taillés. Chambres spacieuses, décorées de lits à baldaquin, de meubles et de tapis anciens. Service rapide, attentif et efficace.

Ⓗ Apparemment, les autres hôteliers de la ville ont vite compris qu'il était vain de vouloir rivaliser avec ***Los Reyes Católicos***. Les deux seuls établissements possibles sont le **Peregrino** *(Rosalía de Castro ☎ (981) 59.18.50 ▥)*, dans un haut immeuble moderne, assez confortable mais éloigné du centre-ville, et le **Compostela** *(Calvo Sotelo 1 ☎ (981) 58.57.00 ▥)*. Sommaire.

Ⓡ **Chitón**

Rua Nueva 40 ☎ (981) 58.51.44 ▥ ⓐⓔ ⓓⓒ ⓜⓒ ⓥⓘⓢⓐ
Dernières comm. 23 h. Fermé di. soir.

Restaurant familial installé dans une petite maison du XVIIe s., au cœur du vieux quartier. Le décor est sophistiqué, on peut avoir une table dans le jardin clos quand il fait beau. On y trouvera tous les exemples de la meilleure cuisine galicienne : *crema de nécoras, fideos con almejas, callos a la Gallega, caldeirada de pescados,* entrecôte et *chuletón de cebón.*

🅁 **Alameda** *(Av. de Figueroa 15 ☎ (981) 58.66.57* ▥ *)*est un café avec terrasse, où l'on mange généralement bien. **Anexo Vilas** *(Av. Villagarcia 21 ☎ (981) 59.83.87* ▥*)*propose de délicieuses spécialités de la Galice. **Don Gaiferos** *(Rúa Nueva 23 ☎ (981) 58.38.94* ▥*)*est résolument galicien tant par le décor que par sa cuisine vigoureuse. Autres choix possibles : **El Caserio** *(Bautizados 13 ☎ (981) 58.59.80* ▥ *à* ▥*)* ; **La Tacita de Oro** *(Av. General Franco 31 ☎ (981) 59.20.41* ▥*)* ; **La Trinidad** *(San Clemente 6 ☎ (981) 58.33.92* ▥*).*

Excursion

Rías Bajas ★ Santiago se trouve à 35 km dans les terres, mais les Rías Bajas sont suffisamment proches pour que l'excursion puisse être faite en une journée. Quitter la ville par la route de Pontevedra, qui est à deux voies. Après 20 km, on atteint **Padrón**, où les disciples de saint Jacques seraient arrivés quand ils rapportèrent son cercueil de Judée.

🅁 Excellent restaurant : **Fogar de Breogan** *(☎ (981) 81.11.34* ▥*, à 14 km au S de Saint-Jacques).* Le poulet à l'ail est parfait.

Après Padrón, un pont étroit reposant sur des fondations romaines traverse le río Ulla et mène à un joli village de pêcheurs nommé **Puentecesures**. Prendre la route de Villagarcía de Arosa. Au bout de 11 km, on arrive à **Catoira**, où se dressent encore les tours d'une forteresse construite pour se protéger des pirates barbares. De l'autre côté du pont qui traverse le río Ulla, déjà plus large, prendre à droite (N), puis à gauche (S-O) la route qui mène à Santa Eugenia de Riveira. Elle longe la Sierra de Barbanza d'une part et, d'autre part, la Ría de Arosa. En arrivant à la Puebla del Caraminal, s'engager sur la route étroite de Curota. Au bout de 6 km, dans la montagne, se dresse le **Mirador del Curota**, d'où l'on a une vue magnifique sur les Rías Bajas.

Reprendre la route qui va à la Puebla, tourner à droite (S-O) et continuer jusqu'à **Riveira**, communauté de pêcheurs. Suivre la route principale (N) vers Noya, en longeant la rive inférieure de la **Ría de Muros y Noya**. Plusieurs plages agréables où l'on peut nager tranquillement s'étendent le long de ce chemin. Arrivé à **Noya**, village assoupi typique de la région, on pourra décider de rentrer directement à Saint-Jacques par la C 543, ou de faire un détour le long de la ría (direction N) qui mène au charmant port de **Muros**.

Halte pour une nuit. Si l'on veut prolonger cette excursion et lui consacrer une journée supplémentaire, prendre la route qui longe la côte en direction de **Carnota**, village qui a la réputation de posséder l'*hórreo* (la grange) le plus long de Galice. La route mène jusqu'à **Corcubión**, agréablement situé sur la ría du même nom.

🄷 Pour une nuit, on peut s'arrêter au **Motel El Hórreo** *(Santa Isabel ☎ (981) 74.55.00* ▥*)* qui est confortable et proche de la plage.

De toute manière, poursuivre jusqu'au Cabo Finisterre (le bout de la terre), après avoir traversé le village de Finisterre. La route, terriblement étroite tout à coup, se termine au phare, d'où l'on a une vue saisissante sur la mer et les montagnes.

Retourner à Corcubión en se dirigeant vers le N, sur la route de La Corogne. A Berdoyas, tourner à gauche (O) vers **Mugía**, village de pêcheurs avec un phare et une jolie église, **Nuestra Señora de la Barca**. Revenir par la même route, tourner vers le N et aller jusqu'à **Cereijo**, où l'on peut s'arrêter pour regarder le *palacio*.

Un autre détour, après Cereijo, mène à Camarinas, sur le bord d'une ría, d'où une route part en direction de **Cabo Villano** (admirable panorama). Suivre la route qui revient à **Vimianzo**, où l'on verra un beau *castillo* restauré. Poursuivre en direction du N-E jusqu'à Bayo et s'engager sur la C 545 (peu fréquentée) pour rentrer à Saint-Jacques (55 km).

Saint-Sébastien *(San Sebastian)*

*Carte **13**B7. Province de Guipúzcoa. 54 km au S-O de Bayonne, 99 km à l'E de Bilbao. Population : 171 000*
i Andia 13 ☎ (943) 41.17.74.

Saint-Sebastien est la perle de la côte cantabrique. Ignorez la zone industrielle qui l'entoure et avancez directement jusqu'à la station proprement dite, qui s'étend entre deux promontoires, le long de la magnifique baie de La Concha. Derrière les deux grandes plages sableuses, des jardins, des promenades, d'élégants immeubles et hôtels blancs.

Ce qui reste de l'ancienne ville se trouve au pied du **Monte Urgull**. Ce quartier aux rues étroites, avec ses bars et ses petits restaurants, a un cachet considérable, bien que datant d'après 1813, tout le secteur ayant été détruit par le feu pendant la guerre d'Indépendance. Le Saint-Sébastien moderne est devenu un endroit à la mode à la fin du XIXe s., la famille royale d'Espagne puis Franco ayant choisi d'y passer des vacances.

C'est également, avec Bilbao, le centre gastronomique du Pays basque, riche en produits frais et variés : poissons du golfe de Biscaye, laitages et viandes des pâturages verdoyants. La ville s'enorgueillit de plusieurs confréries gastronomiques réservées exclusivement aux hommes.

Manifestations En août, Festival de musique. En sept., Semaine basque axée sur le folklore et les compétitions sportives ; Festival international de cinéma.

A voir

Castillo de Santa Cruz de la Mota

Monte Urgull ◐ ouv. été lun 15 h 30-19 h, mar-sam 10 h-13 h, 15 h 30-19 h ; hiver lun 15 h 30-17 h 30, mar-sam 10 h-13 h, 15 h 30-17 h ; vacances 10 h-13 h. Fermé di.

Le château domine le Mont Urgull, devenu un parc public. C'est maintenant un **musée militaire**. Au rez-de-chaussée, des pièces d'artillerie sont exposées tandis qu'à l'étage on peut voir des épées et des armes à feu datant des XVe-XVIIIe s.

Paseo Nuevo

Cette longue promenade contourne presque complètement le Mont Urgull, offrant d'admirables vues sur la baie et la mer, et se termine au **Palacio del Mar** *(ouv. été 10 h-14 h, 15 h 30-20 h 30 ; hiver 10 h-13 h 30, 15 h 30-20 h)*, qui comporte un musée océanographique et un aquarium.

Musée San Telmo
Ignacio Zuloaga s/n ☎ (943) 42.66.00 ◐ ouv. été lun 15 h 30-19 h, mar-sam 10 h-13 h 30, 15 h 30-19 h ; hiver lun 15 h-17 h 30, mar-sam 10 h-13 h 30, 15 h 30-17 h 30 ; vacances 10 h-13 h 30. Fermé di.
Dans la vieille ville, au pied du Mont Urgull, un monastère du XVIe s. abrite ce musée. Dans le cloître Renaissance, des croix funéraires basques des XVe et XVIIe s., et dans les galeries, des expositions de costumes traditionnels et de mobilier basques. Certaines salles contiennent des tableaux de peintres espagnols : Zuloaga, Ribera et le Greco.

Excursion

Monte Igueldo
4,5 km à l'O de Saint-Sébastien ◐
Au sommet, on trouvera une vue magnifique, un hôtel et un restaurant envahis par les touristes, ainsi qu'un parc de loisirs. La montée se fait par la route à péage ou par funiculaire.

H L'hôtel de luxe le plus récent de Saint-Sébastien est le **Costa Vasca** *(Pío Baroja 9 ☎ (943) 21.10.11 IIII)*, confortable mais dépourvu de caractère. Le **Londres y de Inglaterra** *(Zubieta 2 ☎ (943) 42.69.89 IIII)* a beaucoup de charme, une belle vue et un service excellent. (C'est là qu'est installé le **Casino :** roulette, boule, blackjack...). De plus, la cuisine de son restaurant, **La Pecera**, est très raffinée. Le **María Cristina** *(Paseo República Argentina s/n ☎ (943) 42.67.70 IIII)* est un hôtel à quatre étoiles dont le niveau a un peu baissé. **Orly** *(Plaza de Zaragoza 4 ☎ (943) 46.32.00 IIII)*, petit, dans le centre, n'a pas de restaurant, mais une cafétéria.

R **Akelarre**
Barrio Igueldo ☎ (943) 21.20.52 IIII IIII P AE DC MC VISA Dernières comm. 23 h. Fermé oct, Semaine Sainte, lun et di soir.
Situation pittoresque sur le flanc du Monte Igueldo. Le patron, Pedro Subijana, a été élu meilleur chef d'Espagne en 1979. Menu composé seulement de produits de saison, avec des spécialités telles qu'omelette aux gousses d'ail, filet de sole au Chacolí (vin local), tournedos au vin rouge, sorbets.

R **Arzak** ✲
Alto Miracruz 21 ☎ (943) 28.55.93 IIII IIII P AE DC MC VISA Dernières comm. 23 h. Fermé di, lun soir mi-juin à mi-juillet.
L'un des meilleurs restaurants non seulement du Pays basque, mais d'Espagne. Le chef et propriétaire, Juan Mari Arzak, est un des pionniers de la nouvelle cuisine. Essayez le foie, le poisson cuit à la vapeur avec des algues, le saumon de la Bidasoa en croûte, le coq de bruyère, le sanglier et tous les gibiers en saison, ainsi que les délicieux soufflés aux fruits et les sorbets.

R **Nicolasa**
Aldamar 4 ☎ (943) 42.09.57 IIII IIII AE DC MC VISA Dernières comm. 23 h. Fermé di.
Ce restaurant célèbre s'est ouvert au début du siècle et n'a jamais failli à sa réputation. La cuisine régionale est authentique et de qualité, en particulier les poissons, le poulet farci aux truffes, la pintade à l'armagnac. Quant aux légumes, ils sont simplement sublimes.

R Parmi les autres restaurants, tous d'excellent niveau : **Casa Paco** *(31 de Agosto 28 ☎ (943) 42.28.16 IIII)* ; **Chomín** *(Infanta Beatriz 14 ☎ (943) 21.07.05 IIII)* ; **Patxicu Quintana** *(San Jerónimo 22 ☎ (943) 42.63.99 IIII)* ; **Recondo** *(au Monte*

Igueldo ☎ (943) 21.29.07 ; **Salduba** *(Pescaderia 6 ☎ (943) 42.88.16*) ; **Urepel** *(Salamanca 3 ☎ (943) 42.40.40*). Les meilleures *tapas* se trouvent dans un bar tout à fait pittoresque, **L'Alcalde**.

Salamanque *(Salamanca)*

*Carte **11** D4. Capitale de province. 210 km au N-O de Madrid, 113 km au S-O de Valladolid. Population : 147 000 ℹ Gran Via 41 ☎ (923) 21.37.30.*

Salamanque est une cité à la fois intellectuelle et religieuse, ce qui provoque parfois des conflits. Elle est le site d'une université médiévale réputée, de monastères en activité et de deux cathédrales. Il en résulte un ensemble architectural rarement égalé en Espagne.

Hannibal fonda au début du III e s. av. J.-C. une florissante cité celtibère. Puis les Romains construisirent au-dessus du río Tormes un pont dont on se sert encore aujourd'hui. Les autres édifices du centre de Salamanque reflètent les styles roman, gothique, et surtout Renaissance espagnole. Avec la fondation de l'université, au XIII e s., d'importantes familles s'y établirent, se faisant construire de nobles demeures et contribuant à l'existence des collèges et des ordres religieux.

Au cours de la guerre d'Indépendance, particulièrement destructrice, ni les Français ni les Anglais ne parurent se soucier de l'héritage architectural irremplaçable de cette ville. La très sévère bataille de Salamanque, en juillet 1812, fut remportée par l'armée de Wellington.

A voir

Casa de las Conchas ☆

Rúa Mayor s/n. Momentanément fermée pour travaux de restauration.

La coquille Saint-Jacques, emblème des pèlerins de Saint-Jacques-de-Compostelle, fut adoptée par les Pimentel, importante famille de Salamanque. Plus de quatre cents coquilles de pierre sculptée ornent les murs extérieurs de leur demeure construite au XV e s., l'une des plus connues de la ville. On y voit également la fleur de lys, symbole des Maldonado, autre clan influent, car il y eut un mariage entre ces deux familles rivales. Les grilles de fer gothiques qui gardent les fenêtres du rez-de-chaussée et les décorations isabélines des étages apportent un charme supplémentaire à la construction.

Catedral Nueva ⛩ † ★

Plaza de Anaya Ouv. 9 h 30-13 h 30, 15 h-18 h.

La « nouvelle » cathédrale fut commencée en 1513 et utilisée dès 1560, mais elle fut consacrée seulement cent soixante-treize ans plus tard. C'est l'une des dernières constructions de pur style gothique qui ait été édifiée en Espagne. Si certains détails sont décevants, le portail O, en revanche, est une pure merveille : des scènes bibliques en relief sont entourées de bandes ornementales et d'arcs admirablement détaillés. Parmi les architectes de la Renaissance et du baroque qui contribuèrent à la construction pendant les dernières décennies, on compte les frères Churriguera, Rivero Rada et Juan Rodriguez.

Catedral Vieja ⛩ † ★

A côté de la Catedral Nueva Ouv. 9 h 30-13 h 30, 15 h-18 h.

De nombreux visiteurs préfèrent la vieille cathédrale, plus simple et de dimension plus modeste. Peut-être se recueille-t-on mieux dans l'ambiance austère que suscite le style roman de l'édifice. Entièrement construite au XII e s., elle a subi quelques infimes modifications ultérieures et fort peu souffert des intempéries, des années et du tremblement de terre de 1755.

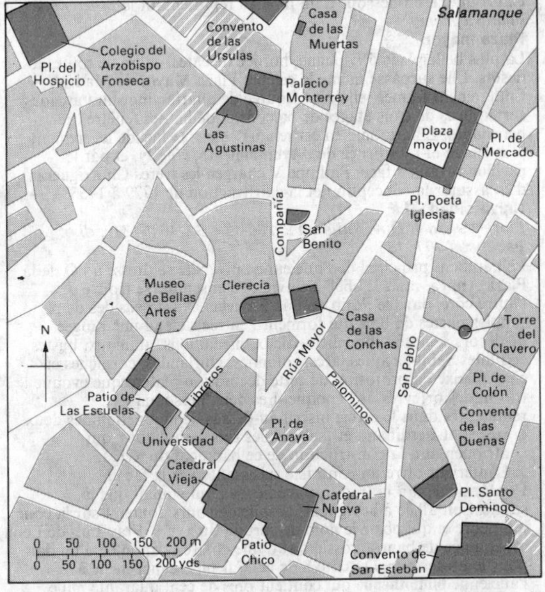

Bien que l'arc arrondi soit caractéristique du style roman, on observe curieusement ici, à la voûte, une croisée d'ogives qui annonce le gothique. Le retable du maître-autel est constitué de cinquante-trois tableaux peints par Nicolás Fiorentino, artiste du XVe s., et l'on remarquera au milieu, au-dessus de l'autel, une statue dorée de la *Virgen de la Vega* (XIIe s.). L'entrée du **cloître** se fait par le bras S du transept, où subsistent quelques éléments romans. Dans le chapitre, un **musée** abrite un intéressant triptyque par l'artiste salmantin Fernando Gallego.

Dehors, dans le Patio Chico, levez les yeux vers l'extrémité effilée de la **Torre del Gallo**, avec sa girouette, entourée de tourelles, de frontons et d'arcades. La tour de la nouvelle cathédrale, plus haute, se dresse derrière.

Colegio del Arzobispo Fonseca

Plaza del Hospicio ◐ Ouv. 10 h-13 h 30, 16 h-20 h.

Connu également comme Colegio de los Irlandeses car il accueillait les séminaristes irlandais. Magnifique cour Renaissance. Un portail plateresque ouvre sur une chapelle gothique du XVIe s. où les novices passaient dix heures par jour. Le retable est attribué à Alonso Berruguete.

Convento de San Esteban ☆

Plaza Santo Domingo ◐ Ouv. été 9 h-13 h, 16 h-19 h ; hiver 9 h-13 h, 16 h-18 h.

C'est plus une église qu'un couvent. Le portail principal, à l'O, est un superbe exemple de style plateresque, comparable à celui de l'***Université***. L'arc supérieur est divisé en trois parties. Au milieu, au-dessus de la porte, un portrait en relief de saint Stéphane. Au sommet, dans l'arc semi-circulaire, un *Calvaire* par Cellini, réalisé entre 1524 et 1610. A droite, le portique à dix arcades dessiné par Juan del Ribero, sous lequel se trouve l'entrée du couvent.

Dans le cloître, un grand escalier du XVIe s. mène à une galerie contenant une fresque de Palomino. Une porte du cloître ouvre sur le côté S de l'église. Là, on remarquera un retable de José

Churriguera, en-dessous d'un tableau représentant le *Martyre de saint Stéphane*.

Plaza mayor

La plus belle place d'Espagne, bordée de cafés, cadre de toutes les fiestas. Elle surpasse même la célèbre Plaza Mayor de Madrid. Entièrement fermée, elle est entourée de quatre-vingt-huit arcades surmontées de trois étages de balcons et de hautes fenêtres à persiennes. L'harmonie en est rehaussée par la façade légèrement plus élevée et plus ornée de l'**Ayuntamiento**, côté N, et par le **pavillon royal**, en face. Philippe V chargea les frères Churriguera d'en assurer la conception et la construction de 1729 à 1755.

Universidad ★

Libreros s/n ◐ Ouv. lun-sam 9 h 30-13 h 30, 16 h-18 h ; di et vacances 10 h-13 h.

Le bâtiment principal de l'ancienne université se dresse à l'O de la Plaza Anaya, mais le chef-d'œuvre de l'ensemble se trouve de l'autre côté, dans le Patio de Las Escuelas. Au-dessus des deux simples portes de bois qui forment l'entrée s'étend une rangée de décors sculptés : boucliers, dieux, médaillons, animaux, bustes, coquilles Saint-Jacques, arcs, colonnes, guirlandes, corniches et chapiteaux. La profusion de cette décoration plateresque évoque le travail des orfèvres de l'époque. Les deux personnages représentés dans le cercle inscrit au-dessus de la jonction des deux portes sont Ferdinand et Isabelle, les rois catholiques, qui contribuèrent à la construction de ce bâtiment du XVIe s.

L'intérieur offre un contraste saisissant avec la façade. Conformément à la tradition médiévale, qui voulait que la science soit alliée à la rigueur, la salle de cours donnant sur la cour intérieure et qui porte le nom de l'érudit du XVIe s. Fray Luis de León, est équipée de bancs grossiers et d'une chaire surmontée d'un dais pour le professeur. Du côté S de la cour un escalier mène à l'ancienne **bibliothèque** qui contient près de cent quarante mille volumes et manuscrits, dont certains datent du XIe s.

Au **Museo de Salamanca** *(Casa de los Doctores de la Reina, Patio Escuelos 2 ☎ (923) 21.22.35 ; ouv. 10 h-13h, 16 h-18 h)* Archéologie locale et sculptures de pierre et de bois du XVe au XIXe s.

A voir également

L'ancien collège, **Clerecía** *(Compañia, fermé momentanément pour travaux de restauration)* a des tours baroques du XVIIIe s., alors que le reste du bâtiment est du XVIIe s.. Le modeste **Convento de las Dueñas** *(Plaza de Santo Domingo ◐ ouv. été 10 h-14 h, 16 h-20 h ; hiver 11 h-13 h 30, 16 h-18 h 30)* a un cloître du XVIe s. avec de surprenants chapiteaux sculptés au premier étage. Le **Convento de las Ursulas**, du XVIe s. *(Compañia ◐ ouv. été 9 h 30-12 h 30, 16 h-20 h ; hiver 9 h 30-12 h 30, 16 h-18 h 30)* possède à l'angle S-E une tour circulaire soutenue par des contreforts assez courts. A l'opposé, la façade de la **Casa de las Muertas** est de style plateresque.

A l'extrémité S de la Calle de la Compañia se dresse l'église de **San Benito** (XVe s.), sur une petite place entourée de maisons de la même époque. L'église de **Las Agustinas** (XVIIe s.) *(Compañia, ouv. 9 h 30-12 h 30, 16 h-18 h)* abrite plusieurs tableaux de Ribera. Le grand **Palacio de Monterrey** *(Compañia)*, de style Renaissance, est actuellement en cours de restauration. La **Torre del Clavero** *(Plaza de Colón ◐ ouv. mar-ven 10 h-14 h, 16 h 30-18 h 30, sam-lun 10 h-14 h)* faisait partie à l'origine d'un fort. C'est aujourd'hui le musée historique de la ville.

Excursion

Alba de Tormes

19 km au S-E de Salamanque

Il reste une tour de la forteresse qui appartenait aux ducs d'Albe. Sainte Thérèse d'Avila y fonda un couvent que l'on peut encore voir et fut enterrée dans l'église attenante.

H Parador Nacional de Salamanca

Teso de la Feria s/n ☎ (923) 22.87.00 108 108 P
AE DC MC VISA

Au S du rio Tormes, face à la ville. Ce *parador* fut ouvert en 1981, devant la médiocrité d'ensemble des hôtels de Salamanque. Le haut niveau habituel aux *paradores* y prévaut. Les chambres sont agrémentées de balcons. Les salons bénéficient d'une vue superbe.

En dépit de son nom, le **Gran Hotel** *(Plaza Poeta Iglesias 3/5 ☎ (923) 21.35.00)* n'a rien de somptueux, mais il est bien situé, au cœur des monuments à visiter. Le **Monterrey** *(Azafranal 21 ☎ (923) 21.44.00)* a un équipement moderne, comme son voisin, l'**Alfonso X** *(Toro 64 ☎ (923) 21.44.01)*.

Chez Victor

Espozy Mina 16 ☎ (923) 21.31.23 AE VISA Dernières comm. 23 h 30. Fermé août, lun.

Surpasse nettement tous ses rivaux. Les tables sont bien isolées et agréablement éclairées, joliment décorées. Cuisine française et quelques plats espagnols. Spécialités : *solomillo* ou *estofado de rape*, impeccablement cuits selon votre goût. Les légumes gardent leur saveur et l'ensemble est présenté avec art. Essayez surtout le *pâté del chef* et le sorbet.

Venecia *(Plaza de Mercado 5 ☎ (923) 21.22.15)* se veut italianisant, mais il est plus prudent de choisir les plats espagnols. A la **Cafetería Las Torres** *(Plaza Mayor 26 ☎ (923) 21.44.70)* on peut prendre un repas léger face à la grande place. **La Covachuela** *(Plaza de Mercado 24)* est un bar exigu mais pittoresque, où l'on sert de bonnes *tapas*. On peut toujours, sinon, aller au **Parador** *(même adresse et ☎ que l'hôtel)*.

Vie nocturne

Rojo y Negro *(Espoz y Mina 10 ☎ (923) 21.88.94 ; ouv. jusqu'à 4 h)* est, comme son nom l'indique, un établissement rouge et noir, rutilant et cher. On y trouvera tard dans la nuit quatre bars, une discothèque au sous-sol et un pianiste de variétés au rez-de-chaussée.

Santander

*Carte **12**B6. 107 km à l'O de Bilbao, 205 km à l'E d'Oviedo. Population : 180 000 ℹ Plaza Velarde 1 ☎ (942) 21.14.17.*

La ville fut victime en 1941 d'une tornade meurtrière, et de nombreuses rues du quartier médiéval furent détruites par un incendie. La métropole moderne ne peut pas s'enorgueillir de nombreuses antiquités, mais il lui reste des vestiges préhistoriques retrouvés dans les fondations de l'hôtel de ville.

Les belles plages qui s'étendent à l'E et au N de la ville ont attiré de nombreux touristes depuis la fin du XIXe s. Le quartier résidentiel au N porte le nom d'**El Sardinero**. A la pointe E de la ville, la **Peninsula de la Magdalena** s'avance dans la mer. Le palais qui y fut construit en 1912 pour la famille royale fait maintenant partie de l'université.

Le cœur de Santander se situe à l'endroit où l'Avenida de Calvo Sotelo devient le Paseo de Pereda.

A voir

La **cathédrale-forteresse** gothique du XIIIe s., gravement endommagée pendant l'incendie de 1941, est aujourd'hui complètement restaurée. On entre par un passage voûté qui conduit à une ancienne crypte devenue église paroissiale. Dans la cathédrale, le tombeau de l'écrivain-historien Marcelino Menéndez y Pelayo (1856-1912). Au **Museo Provincial de Prehistoria y Arqueología** *(Diputación Provincial, Juan de la Cosa 1 ☎ (942) 21.50.00 ◐ ouv. lun-17 h-19 h, mar-ven 10 h-13 h 30, 17 h-19 h, sam-di 10 h-13 h 30)* sont exposés des stèles circulaires du paléolithique, des objets d'art romains, des bâtons préhistoriques taillés dans des bois de cerf, des bijoux de bronze et des reproductions de peintures murales découvertes dans des grottes. Le **Museo Municipal de Bellas Artes** *(Rubio 6 ☎ (942) 23.45.34 ; ouv. lun-sam 11 h-13 h, 17 h-20 h ; fermé di et vacances)*, riche en peinture italienne, espagnole et flamande des XVIIe-XVIIIe siècles, possède le portrait de *Ferdinand VII* par Goya et des tableaux de Zurbarán. Dans le même bâtiment, on trouvera la **Bibliothèque Menéndez y Pelayo** *(Rubio ◐ ouv. lun-sam 9 h-13 h 30 ; fermé di, vacances)*, contenant plus de quarante mille volumes, dont des éditions originales et des manuscrits légués par l'auteur à sa ville natale. La visite guidée comprend la maison de Menéndez y Pelayo, toute proche.

H Real

Paseo de Pérez Galdós 28 ☎ (942) 27.25.50 ▥ 124 124 P AE DC MC VISA Fermé mi-sept à juin.

Sur la plage la plus proche du centre-ville. Vue splendide sur la mer, environnement paisible, ravissants jardins en terrasses, personnel attentif et chambres moelleuses. L'hôtel n'est ouvert qu'en été. Créé dans les années 40, il garde le cachet de cette époque.

H La situation centrale du **Bahía** *(Av. de Alfonso XIII 6 ☎ (942) 22.17.00 ▥ à ▥)*compense la fraîcheur de l'ambiance et l'exiguïté des chambres. Le **Santemar** *(Joaquín Costa 28 ☎ (942) 27.29.00 ▥ à ▥)* est le plus récent et le plus grand des hôtels de la ville, bien situé près de la plage d'El Sardinero, sans charme mais muni de tous les équipements modernes. Le **Sardinero** *(Plaza de Italia 1 ☎ (942) 27.11.00 ▥)*, très animé surtout en été, est un autre bon choix.

R La Sardina ✲

Dr Fleming 3 ☎ (942) 27.10.35 ▥ □ ■ P VISA Dernières comm. 0 h. Fermé lun.

Pour le prix, il reste sans égal. Cuisine riche en innovations, excellente cave. Spécialités : *merluza al horno, pimiento relleno de pescado, lubina al vapor, pastel de pescado y gambas, nécoras, solomillo al vino tinto.*

R **Chiqui** *(Av. Manuel Garcia Lago s/n ☎ (942) 27.20.98 ▥)*a la chance d'être situé sur la plage, avec une décoration élégante, car la cuisine est médiocre ; prendre une table donnant sur la baie. Au **Bar del Puerto** *(Hernán Cortés 63 ☎ (942) 21.30.01 ▥)*, le poisson est d'une fraîcheur exemplaire, et la viande est également sans reproche. **La Cigalena** *(Daoíz y Velarde 19 ☎ (942) 21.30.62 13)*et **Maclem** *(Vargas 55 ☎ (942) 23.86.11 ▥)*ont tous deux une remarquable carte de vins et de la bonne viande. **Rhin** *(Plaza de Italia 2 ☎ (942) 27.30.34 ▥)*, près du casino, donne sur la baie et la plage ; le menu est particulièrement riche. **Canadio** *(Gómez Oreña 15 ☎ (942) 31.41.49 ▥)* est un petit restaurant de poisson, avec un bon bar à tapas.

Restaurant dans les environs

Puente Arce *(12 km au S-O de Santander)*

El Molino *(☎ (942) 57.40.00 ▥)* propose une excellente nouvelle cuisine dans un décor très élaboré ; admirable sélection de vins.

Excursions

Il y a de belles plages tout au long de la côte, à l'E comme à l'O de la ville, ainsi que des villages médiévaux, des estuaires et des ports. Chacun des itinéraires ci-après peut être effectué en une journée.

A l'est

Sortir de Santander par le S en prenant la N 634, qui se dirige ensuite vers l'E, et traverse la station de Solares. Après 21 km, prendre la route de **Santoña**, direction N, dont le fort donnant sur la baie fut construit par les troupes de Napoléon pendant la guerre d'Indépendance. On peut alors faire un détour vers l'O le long de la côte pour admirer les plages qui se succèdent entre **Noja** et **Isla**. Sinon, reprendre la N 634 et continuer vers l'E jusqu'à **Laredo**, station balnéaire qui a de plus en plus de succès, unissant des installations modernes à un vieux quartier pittoresque.

Ⓡ Il existe plusieurs bons restaurants, en particulier le **Mesón Sancho** *(Santa Maria 12 ☎ (942) 60.70.88 ▥▢)*, assez rustique.

Poursuivre en direction de l'E. jusqu'à **Castro Urdiales**, village de pêcheurs tranquille qui bénéficie d'une belle situation entre la baie et les montagnes. Se diriger vers les ruines du château, sur la pointe, pour faire un tour dans la vieille ville.

Ⓡ **Mesón Marinero** *(Correria 23 ☎ (942) 86.00.05 ▥▢)*. On a le choix entre un snack rapide et un grand menu très varié.

De là, on peut regagner Santander par la N 634.

Au sud-ouest

Quitter Santander par la N 611 en direction de Torrelavega qui passe par Puerte Arce. La vue sur les **Picos de Europa**, couverts de neige, est superbe. A Barreda, tourner vers l'O et prendre la C 6316, direction *Santillana del Mar* (O), route étroite et encombrée au milieu d'un paysage verdoyant animé de petits villages soignés et de criques abritées. Les terrains de camping commencent à pulluler lorsque l'on approche de **Comillas**, où les pavillons royaux et un curieux bâtiment dû à Gaudí retiendront le visiteur.

Ⓡ **Fonda Colasa** *(Antonio Lopez 9 ☎ (942) 72.00.01 ▥▢)* : convenable.

San Vicente de la Barquera se trouve à 10 km vers l'O. Très apprécié des Européens du Nord, avec sa longue plage, quelques vestiges d'une cité médiévale, un pont du XVe s. reposant sur plus de vingt arches et son site spectaculaire à l'embouchure d'un large estuaire.

Ⓡ Le meilleur endroit est le restaurant de l'hôtel **Boga-Boga** *(Plaza José Antonio 9 ☎ (942) 71.01.35 ▢ à ▥▢)*, spécialisé dans les fruits de mer.

On regagne Santander par la N 634.

San Feliu de Guixols

*Carte **16**D3. Province de Gérone. 35 km au S-E de Gérone, 100 km au N-E de Barcelone. Population : 15 000.*

San Feliu est le plus grand des ports de pêche de la *Costa Brava* qui soit aussi devenu une station touristique de vacances. Aisément accessible par l'*autopista*, c'est une bonne base de départ pour des promenades le long de la côte. Si le développement immobilier et l'affluence de touristes en été sont un véritable inconvénient, le village n'en a pas moins conservé un certain charme authentique.

A voir

Museo Municipal

Plaza del Monasterio ◐ Ouv. sam-di 11 h-13 h, 16 h-20 h ; fermé lun-ven.

Des objets ibères, grecs et romains sont exposés aux côtés d'œuvres d'art médiévales provenant du monastère qui existait autrefois dans le voisinage.

H Parmi les hôtels confortables : **Montjoi** *(Sant Elm s/n ☎ (972) 32.03.00 ▯ à ▯)* et **Murlá Park** *(Passeig del Guixols 22 ☎ (972) 32.04.50 ▯)*.

Hôtels dans les environs

Aiguablava *(Playa de Fornells, Begur ☎ (972) 62.20.58. ▯)*.

S'Agaro *(2 m au N-E de San Feliu)*

Hostal de La Gavina *(Plaza de la Roselada ☎ (972) 32.11.00 ▯)*. Très joliment arrangé par un industriel de Gérone, c'est devenu un des meilleurs hôtels de luxe d'Espagne. Les murs des chambres tendus de soie, les meubles anciens, le service impeccable et toutes les installations possibles assurent des vacances réussies. Le restaurant reste un des plus accomplis de Catalogne.

R **Can Toni** *(Garrofers 54 ☎ (972) 32.10.26 ▯)* : cuisine catalane, personnel stylé ; essayer en particulier le *bogavante* (grosse langouste), la *merluza* et le cochon de lait rôti. L'**Eldorado Petit** *(Rambla Vidal 11 ☎ (972) 32.10.29 ▯ à ▯)* est extrêmement bien tenu, avec un menu inventif qui fait appel à toutes les ressources de la cuisine européenne.

Excursions

Begur *(26 km au N-E de San Feliu)*. Un château en ruines domine une colline légèrement en retrait de la côte, et la vue que l'on a des remparts est saisissante. En ville, une église du XVIIIe s., intéressante.

Parador Nacional de la Costa Brava *(Playa de Aiguablava, Begur ☎ (972) 62.21.62 ▯ à ▯)*, le seul *parador* de cette côte, admirablement situé dans un cadre sauvage, sur une baie isolée.

R Parmi les restaurants, de bonne qualité : **Plaja** *(Calvo Sotelo 4 ☎ (972) 62.21.97 ▯)* ; **Sa Punta** *(Platja de Pais s/n ☎ (972) 62.23.89 ▯)*.

Blanes *(41 km au S-O de San Feliu)*. Des criques sableuses, une flottille de petits bateaux de pêche et des pointes déchiquetées qui s'avancent dans la mer : le paysage est pittoresque. On peut visiter le jardin botanique, le port, un chateau roman et un aquarium.

Lloret del Mar *(34 km au S-O de San Feliu)*. Station populaire, jolie plage en forme de croissant et petit port.

Palamós *(13 km au N-E de San Feliu)*. La fabrication de bouchons de liège et le tourisme sont les principales industries locales. Au **Museo Costa Brava**, exposition de céramiques anciennes et d'œuvres d'art contemporain.

Tossa de Mar *(22 km au S-O de San Feliu).* Il faut s'arrêter sur la route sinueuse qui mène à Tossa de Mar pour admirer une vue spectaculaire. La ville a conservé son enceinte du XIIe s. et quelques murs d'un **château** près du quartier de pêcheurs. Au **musée municipal** *(Plaza Roig y Soler s/n ☎ (972) 34.01.00)*, vestiges archéologiques

---

Ⓡ **Bahía** *(Paseo del Mar s/n ☎ (972) 34.03.22)* : poissons grillés et *zarzuela.*

Santillana del Mar

Carte 12B6. Province de Santander. 30 km au S-O de Santander ; 171 km à l'E d'Oviedo. Population ; 4 000 ℹ Bajos del Ayuntamiento

Jusqu'ici, le caractère de ce charmant village médiéval a résisté aux hordes de touristes qui y déferlent ; boutiques de souvenirs, bars et restaurants n'ont pas trop estropié le paysage. La rue pavée qui part de la grande route passe devant des demeures de pierre de belle allure, dont certaines garnies de balcons et de balustrades de bois ou de métal, la plupart portant un écusson.

A voir

D'un côté de la Plaza Mayor, la demeure du XVIe s. des Barreda-Brachos, devenue aujourd'hui un *parador*. En face, la **Torre de las Borjas**, du XVe s. L'**église collégiale** *(ouv. 9 h-13 h, 16 h-20 h ◐ pour le cloître)* est actuellement en cours de restauration. Cet édifice du XIIe s. est typique du style roman espagnol. Le retable sculpté et polychrome du maître-autel et le devant d'autel en argent repoussé paraissent somptueux dans ce décor austère.

Excursion

Grottes d'Altamira

2 km au S. de Santillana del Mar. Pour visiter, réservation à l'avance ☎ (942) 81.80.05.

Les célèbres peintures préhistoriques représentant des bisons, des cerfs et des chasseurs qui ornent les parois des grottes ont été découvertes par accident en 1879. Elles ont en moyenne été exécutées il y a quatorze mille ans. Malheureusement, le passage d'innombrables visiteurs et la détérioration de l'atmosphère sont devenus une menace pour les pigments. Les grottes ont été fermées un temps au public. Aujourd'hui, la visite est limitée à quelques visiteurs par jour, ce qui explique qu'il faille retenir son tour.

Ⓗ **Los Infantes**

Av. Le Dorat 1 ☎ (942) 81.81.00 à 30 30 P

Sur la route qui mène au village. Hôtel plein de charme, idéal pour un week-end romantique : persiennes de bois vernis, poutres au plafond, pots de fleurs et cheminée dans la salle à manger. La discothèque, au sous-sol, n'est pas trop bruyante. Réveil au son du chant du coq.

Ⓗ **Parador Nacional Gil Blas**

Plaza Ramón Pelayo 8 ☎ (942) 81.80.00 à 45 45 P

AE DC MC VISA

Sur la place principale du village. L'aristocratie castillane a choisi de s'établir dans ce village entre le XIIIe et le XVIIe s., mais aucun des palais qu'elle se fit alors construire n'égale celui-ci, avec ses chambres et son patio spacieux. Il serait dommage de ne pas y séjourner, si l'on va jusqu'à Santillana. Il faut réserver à tout moment de l'année, sauf peut-être en plein hiver.

🄷 L'**Altamira** *(Cantón 1 ☎ (942) 81.80.25 ▯)*est une solution très convenable quand on ne peut rester au **Parador** ou à **Los Infantes**. Mais si celui-ci aussi affiche complet, on pourra trouver des chambres propres chez l'habitant.

🅁 On peut prendre de solides repas dans les salles à manger des trois hôtels cités ci-dessus et à **Los Blasones** *(Plaza de Gándara ☎ (942) 81.80.70 ▯)*. Il y a également un bar à *tapas* sur la Plaza Mayor.

Santo Domingo de la Calzada

*Carte **12C6**. Province de Logroño. 67 km à l'E de Burgos, 47 km à l'O de Logroño. Population : 5 600.*

Un conte médiéval relate l'origine de la ville : ayant observé le flot de pèlerins vers *Saint-Jacques-de-Compostelle* au XIe s., un homme qui vivait reclus près du río Oja eut l'idée de construire un pont pour leur faciliter le passage. Puis il construisit une route et un hôpital, et transforma sa maison en auberge. L'ancien ermite, Dominique, fut canonisé et sa dépouille fut placée dans la cathédrale. On emprunte toujours le pont, et une partie des murs subsiste encore autour de la ville qu'il a fondée. Le nom de celle-ci signifie « Saint Dominique du Chemin » (de Santiago).

A voir

Cathédrale

Plaza del Santo. Ouv. 9 h-19 h. †

Commencée au XIIe s. dans le style roman, elle fut terminée au XIIIe, et le style gothique prédomine. La tour baroque, isolée, fut ajoutée au XVIIIe s.. Le tombeau (XVIe s.) de saint Dominique se trouve dans le bras S du transept. Les visiteurs constateront avec surprise la présence d'un coq et d'une poule vivants dans une cage, face au mausolée. Ils sont là en souvenir de la résurrection miraculeuse d'un pèlerin, sauvé par le chant d'un coq.

🄷 A l'origine du **Parador Nacional Santo Domingo de la Calzada** *(Plaza del Santo 3 ☎ (941) 34.03.00 ▯ à ▯)*se trouve l'hôtel fondé par saint Dominique. Sa caractéristique la plus remarquable est un salon de réception à colonnades et arcades, avec un plafond de verre de couleur.

🅁 Les légumes, l'agneau et le gibier sont particulièrement savoureux au **Parador** *(même adresse et ☎ que l'hôtel ▯)*. Au **Rincón de Emilio** *(Plaza de Bonifacio Gil 7 ☎ (941) 34.09.90 ▯)*, il faut essayer le mélange de légumes typiquement castillan appelé *menestra*, accompagné de porc ou de poisson. La ville se trouvant près des vignobles de Rioja, les vins sont corrects dans tous les restaurants, et parfois remarquables.

Saragosse *(Zaragoza)*

*Carte **14D8**. 150 km à l'O de Lérida ; 71 km au S-O de Huesca. Population : 540 000 ℹ Paseo de la Independencia 32 et Alfonso I 6.*

Importante capitale provinciale et industrielle. Les Romains la nommaient Caesaraugusta, les Maures en firent Sarakusta, qui a donné le nom actuel. C'est la cinquième ville d'Espagne, le long de la rive S du rio Ebro, dans une région agricole rendue depuis longtemps fertile par l'irrigation. Après l'expulsion des Maures en 1118, Alphonse Ier en fit la capitale du royaume d'Aragon. Saragosse garda sa position éminente jusqu'au mariage de Ferdinand d'Aragon et d'Isabelle la catholique, qui fit de la *Castille* le centre influent du pays.

Au XIXe s., lors de la guerre d'Indépendance, en 1808-1809, les Français tuèrent brutalement la moitié de la population civile au cours de deux longs sièges. La cité reconstruite est essentiellement moderne, avec de larges avenues et beaucoup d'architecture néoclassique.

Si la ville en elle-même n'est pas un but de promenade, elle offre une halte logique sur la route de Barcelone à Madrid ou des Pyrénées vers le Sud.

Manifestation En octobre, Fiesta de la Virgen del Pilar.

A voir

Aljaferia

Castillo s/n ◐ 🅸 Ouv. lun-sam 11 h-13 h 30, 16 h-18 h 00 ; di 11 h-13 h 30. Fermé jours fériés.

Il est étonnant que cet alcazár mauresque du XIe s. ait survécu à la ferveur chrétienne. Il est vrai qu'il ne reste pas grand-chose à l'intérieur. Mais les plafonds *artesonados* et l'autel, appelé **mihrab**, sont d'origine, ainsi que de nombreux panneaux décoratifs utilisant des motifs floraux et des inscriptions arabes. Par le passé, il a servi de quartier général de l'Inquisition, de caserne, d'hôpital et de prison. Des travaux de restauration sont en cours.

Basílica de Nuestra Señora del Pilar †

Plaza del Pilar

La nouvelle cathédrale de Saragosse a été construite aux XVIe-XVIIe s. à partir d'éléments appartenant à des églises qui s'étaient trouvées auparavant sur ce site. De forme rectangulaire, elle est flanquée d'un haut beffroi à chacun de ses angles et surmontée de dix coupoles revêtues d'*azulejos* colorés. A l'intérieur, Goya a peint l'une des fresques de la **Capilla de Nuestra Señora del Pilar**. En dessous, trois autels dont l'un possède une statue de bois de la Vierge, avec une cape et un halo de pierres précieuses autour de la tête. Elle représenterait une vision de saint-Jacques de Compostelle alors qu'il se rendait en Galice. Certaines peintures, sur la coupole, sont également de Goya.

Colección de Pintura

Don Jaime 18 ☎ 976.29.68.68

Collection de peinture qui a commencé à être réunie dans la dernière décade du XVIIIe s.

La Lonja

Plaza del Pilar. Ouv. pour certaines expositions.

Une superbe ornementation plateresque caractérise à la fois l'intérieur et l'extérieur de ce marché gothique-Renaissance. La grande halle est soutenue par deux douzaines de colonnes, avec une voûte gothique.

Museo Provincial de Bellas Artes

Plaza de José Antonio ◐ Ouv. mar-sam 11 h-13 h, 16 h-18 h ; di 11 h-13 h. Fermé lun.

On trouvera principalement des objets romains dans les galeries du rez-de-chaussée, alors que le premier étage est consacré à la peinture espagnole, avec des œuvres de Goya, Bayeu et Ribera.

La Seo † ☆

Plaza de la Seo

En 1120, quand Alphonse Ier eut battu les Maures, on rasa la mosquée pour construire la cathédrale. Terminée en 1520 seulement, celle-ci réunit, sur un fonds essentiellement gothique, tous les styles possibles, du mudéjar au baroque en passant par la Renaissance. La coupole qui surplombe la croisée du transept est du XVIe s., la tour de l'horloge du XVIIe s., le portail principal du XVIIIe s., alors qu'à l'intérieur les deux nefs et les chapelles entourent des stalles de chœur du XVe s., closes par une grille du XVIe s.
Dans la Capilla Mayor, la lanterne et le retable sont en albâtre du XVe s. Le **Museo de tapices** *(◐ ouvert 9 h-14 h, 16 h-18 h)* expose

des tapisseries gothiques et Renaissance, et le **trésor** *(mêmes horaires que le musée de la tapisserie)* possède une belle collection de reliques religieuses, de sculptures, de calices et de chasubles somptueusement brodées.

Hôtels

Gran Hotel
Costa 5, Zaragoza 1 ☎ (976) 22.19.01 Tx 58010 ▥ 169 169 ▥ P AE DC MC VISA

A trois rues à l'E du Paseo de la Independencia. Etablissement ancien et imposant où ont été réalisés récemment d'importants travaux de rénovation, dans le même esprit que le Ritz de *Barcelone* ou celui de *Madrid*.

Rey Alfonso I
Coso 17, Zaragoza 3 ☎ (976) 21.82.90 Tx 58226 ▥ à ▥ 117 117 ▥ AE DC MC

A l'O de la Plaza de España. Il n'est pas tout neuf, et cela commence à se voir. La cafétéria du rez-de-chaussée est bourdonnante d'activité, le bar-restaurant du premier étage toujours plein et il est très difficile de se garer dans les environs.

H Autres établissements recommandés : **Goya** *(Cinco de Marzo 5, Zaragoza 4 ☎ (976) 22.93.31* ▥ *à* ▥*)* ; **Palafox** *(Casa Jimenez s/n ☎ (976) 23.77.00* ▥*)* ; **Ramiro I** *(Coso 123, Zaragoza 1 ☎ (976) 29.82.00* ▥*)* ; **La Romareda** *(Asín y Palacios 11, Zaragoza 9 ☎ (976) 35.11.00* 15).

Restaurants

Los Borrachos ✲
Paseo de Sagasta 64 ☎ (976) 27.50.36 ▥ □ ■ ▥ P AE DC MC VISA *Dernières comm. 13 h 30. Fermé di, août.*

Caza, higado con uvas, mero a la piña, pâté de la casa et *lenguado* sont les spécialités courantes de cet établissement chaleureux et fantaisiste. Le rapport qualité-prix est excellent.

Costa Vasca
Coronel Valenzuela 13 ☎ (976) 21.73.39 ▥ □ ▥ DC MC VISA
Dernières comm. 23 h. Fermé di, Noël.

Le chef en tenue accueille les visiteurs pour les guider jusqu'à la salle à manger impeccable du premier étage. Des serveurs attentifs vous apportent aussitôt un cocktail à base de champagne et des petites saucisses pour l'apéritif. Les plats sont préparés avec soin — *solomillo, merluza* — et généreusement servis.

Mesón del Carmen
Hernán Cortés 4 ☎ (976) 21.11.51 ▥ □ ■ ▥ DC MC VISA
Dernières comm. 23 h 30.

Institution locale, ce restaurant aragonais est absolument authentique. Parmi les spécialités : *menestra de verduras, magras con tomate, ternasco al horno.*

R Autres restaurants fréquentables : **Casa Tena** *(Plaza de San Francisco 8 ☎ (976) 35.80.22* ▥*)* ; **Horno Asador Goyesco** *(Manuel Lasala 44 ☎ (976) 35.68.71* ▥*)* ; **Savoy** *(Coso 42 ☎ (976) 22.49.16* ▥*)*.

Restaurant dans les environs

Villanueva de Gallego *(14 km au N de Zaragoza)*.

La Casa del Ventero *(Paseo del 18 de Julio 24 ☎ (976) 11.51.87* ▥*)* est tenu par Tonio, l'Aragonais et Mireille, la Lyonnaise : il s'occupe de la salle à manger tandis qu'elle règne en cuisine. Le menu propose essentiellement des plats régionaux, mais aussi quelques spécialités françaises originales. Ainsi, le loup au fenouil, le saumon en croûte et l'épaule d'agneau farcie. La carte des vins est bonne et il est préférable de retenir sa table à l'avance.

Ségovie *(Segovia)*

*Carte **12D5**. Capitale de province. 88 km au N-O de Madrid, 111 km au S-E de Valladolid. Population : 53 500 ℹ Plaza del General Franco 8 ☎ (911) 41.16.02*

Au cœur de Ségovie se trouve un ancien village fortifié fondé par les Celtes et occupé dès 80 av. J.-C. par les Romains, qui construisirent un aqueduc encore utilisé de nos jours. Le caractère médiéval de l'ancienne ville apparaît dans plusieurs églises romanes et un château des XIVe-XVe s. C'est à Ségovie qu'Isabelle fut proclamée reine de Castille, et c'est là aussi que les *comuneros* organisèrent leur rébellion avortée contre l'autorité de Charles Quint.

Manifestation En juin, festivals en l'honneur de la Saint-Jean et de la Saint-Pierre.

A voir

Acueducto Romano

Deux étages d'arcades traversent la cité, partant de la vieille ville en direction de la montagne, à l'E. L'aqueduc est fait de blocs de granit assemblés sans mortier et mesure près de 6 552 m de long. La hauteur maximum atteint 27 m.

Alcázar

Plaza de Alcázar ☎ (911) 41.15.16 ◐ Ouv. mai-sept 10 h-19 h 30 ; oct-avr. 10 h-18 h. Fermé certains jours fériés.

Château médiéval dominant le confluent de l'Eresma et du Clamores. Il a avec ses tourelles couronnées de toits d'ardoises de forme conique, un vague air bavarois. Un incendie détruisit la plus grande partie de la forteresse au XIXe s., et seules les tours sont d'origine, le reste ayant été reconstitué il y a peine un siècle. Dans les salles, exposition d'éléments décoratifs du château d'origine, de peintures, d'armures et d'armes.

Cathédrale †

Plaza Mayor. Ouv. mai-sept 10 h-19 h ; oct-avril 10 h-13 h, 15 h-19 h.

La dernière grande cathédrale gothique construite en Espagne. La haute tour de l'horloge, surmontée d'une coupole, domine les environs. La construction date du XVIe s., et des éléments Renaissance sont visibles dans la tour principale et dans la coupole au-dessus de la croisée du transept. Le cloître ◐ en revanche, subsiste d'une église antérieure détruite pendant la révolte des *comuneros.* Il est de pur style gothique. Un **musée** abrite des objets religieux et des manuscrits enluminés. La **Sala Capitular**, avec ses tapisseries des Flandres (XVIIe s.) d'après des cartons de Rubens, est particulièrement intéressante.

Au Museo de Segovia *(San Agustin 8 ☎ (911) 41.23.09 ; ouv. 10 h 30-13 h 30, 16 h 30-18 h)*, archéologie et beaux-arts (en particulier, cristaux de La Granja).

A voir également

Les églises romanes sont très abîmées ou gâchées par des ajouts modernes. On peut voir l'**Iglesia de San Millán** *(Av. Fernández Ladreda)*et l'**Iglesia de San Esteban** *(Plaza San Esteban)*mais surtout se promener le long des rues sinueuses de la vieille ville.

Excursions

Le château de Coca

50 km au N-O de Ségovie ◐ Ouv. 10 h-13 h, 16 h-18 h.

Construite au XVe s. pour Mgr de Fonseca, archevêque de Séville, cette imposante forteresse représente l'accomplissement des Maures en matière d'architecture militaire.

La Granja de San Ildefonso

11 km au S-E de Ségovie ☎ (911) 47.00.19 ◐ Ouv. 10 h-13 h, 15 h-18 h. Fermé certains jours fériés.

Philippe V, petit-fils de Louis XIV, commanda ce palais parce qu'il avait la nostalgie de Versailles. Les jardins, certes, sont ravissants, avec des fontaines, des cascades, des statues, des allées de noyers et des massifs de fleurs, mais l'ensemble n'a rien à voir avec Versailles. De surcroît, les vingt-six fontaines ne fonctionnent que quelques jours en été. L'intérieur du palais est de style rococo, avec décor or et blanc, plafonds peints, lustres gigantesques, miroirs majestueux, tapisseries et murs tendus de soie et de velours.

Monasterio del Parral

1 km au N du centre-ville ◐ Ouv. mai-sept 10 h-13 h, 15 h-19 h ; oct-avr. 10 h-13 h, 15 h-18 h. Fermé en nov et lun.

Ce monastère transition gothique Renaissance, construit au XVe s., se trouve de l'autre côté de l'Eresma, face à l'Alcazar. L'église abrite un remarquable retable par Juan de Rodriguez (1528).

Riofrio

11 km au S de Ségovie ◐

On y accède par la N 603, qui relie l'*autopista* à la ville. La **palais** *(◐ ouv. mêmes horaires que la Granja de San Ildefonso)* a été construit pour Isabel Farnese, épouse de Philippe V. A l'origine pavillon de chasse, abrite aujourd'hui un **musée de la chasse** ◐. Certains appartements sont très bien préservés.

H **Parador Nacional de Segovia**

Carretera de Valladolid s/n ☎ (911) 43.04.62 80 80

AE DC MC VISA

Sur une colline, à 2 km au S de la ville. Ouvert en 1978 seulement, ce *parador* offre un exemple convaincant d'architecture moderne réussie. Des poutres de béton massives donnent une dimension de cathédrale aux salons, mais la brique et le marbre noir sont également utilisés. Des plantes vertes à profusion, des toiles, des gravures contemporaines adoucissent la sévérité du lieu. L'équipement est de premier ordre et la vue magnifique, surtout du restaurant (essayez le saumon à la sauce à l'orange).

H Avant l'ère du *parador*, le grand hôtel était **Los Linajes** *(Dr. Velasco 9 ☎ (911) 41.55.78)*, calme, traditionnel et bien situé en bordure du vieux quartier. L'**Acueducto** *(Av. del Padre Claret 10 ☎ (911) 42.48.00)* date un peu, mais il est confortable.

R **Mesón de Cándido**

Plaza del Azoguejo 5 ☎ (911) 42.81.02 à AE DC MC VISA *Dernières comm. 23 h.*

Une partie de ce célèbre restaurant traditionnel date de 1760. Les murs de la taverne, au rez-de-chaussée, et des cinq salles à manger, à l'étage, disparaissent sous un amoncellement de tableaux, de billets de banque encadrés, de bois de cerf, de chaudrons de cuivre, de pierres à fusil, de lettres de recommandation, de chapelets de gousses d'ail, d'assiettes peintes à la main et d'une foule d'autres souvenirs. On constatera en regardant les photos accrochées que parmi les anciens clients figurent Salvador Dali, Grace de Monaco, Juan Carlos l'actuel roi... Admirable *cochinillo asado*, et les *truchas frescas*.

R **Mesón Duque**

Cervantes 12 ☎ (911) 41.17.07 AE DC VISA *Dernières comm. 23 h.*

Un véritable débutant, comparé à **Mesón de Cándido**, puisqu'il a été fondé en 1895 seulement. Atmosphère pittoresque, avec des salles à plusieurs niveaux, un menu à peu près semblable et deux bars. Le plus rustique, en dessous, offre une sélection de *tapas* plus variée ; vieux four où l'on fait cuire les cochons de lait.

Seo d'Urgel *(La Seu d'Urgell)*

Carte **15**C10. *Province de Lérida. 133 km au N-E de Lérida, 20 km au S d'Andorre-la-Vieille. Population : 10 000.*

Une situation exceptionnelle dans la vallée du rio Segre, sur fond de montagnes. La région produit beaucoup de laitages, et ses fromages sont acheminés dans tout le pays. Une **cathédrale** romane du XIIe s. domine la ville, avec un joli **cloître** du XIIIe s. et un **musée** abritant des reliques religieuses et un manuscrit enluminé du XIe s.

🄷 Halte agréable pour une nuit, sur le chemin d'Andorre, qui n'est qu'à 9 km au N : soit au **Parador Nacional de Seo de Urgel** *(Santo Domingo s/n ☎ (973) 35.20.00 ▥▢)*, l'un des établissements modernes de la chaîne, très bien équipé ; soit au **Castell Motel** *(☎ (973) 35.07.04 ▥▢)*, à 1 km au S, sur la route de Lérida, d'où l'on a une très belle vue. On dîne mieux dans ces hôtels que partout ailleurs dans la région.

Séville *(Sevilla)*

Carte **6**H4 *Capitale de province 123 km au N de Cadix, 138 km au S-O de Cordoue. Population : 590 500* ℹ *Av. de la Constitución 21 et Plaza Nueva 8*

Les Ibères, peut-être même les Phéniciens, fondèrent au bord du Guadalquivir la cité que Jules César découvrit en remontant le fleuve en 45 av. J.-C. En dépit de six siècles d'occupation romaine, le transfert d'autorité aux Vandales puis aux Wisigoths se fit sans troubles apparents, au Ve s. de notre ère.

Les Maures conquirent la ville sans difficulté en 712, puis diverses factions arabes y régnèrent jusqu'au triomphe de Ferdinand III de Castille, en 1248. Pierre le Cruel exerça au XIVe s. un règne marquant, visible dans l'**Alcázar**, palais qui incorporait des parties d'un ancien château mauresque. La cité devint encore plus prospère avec la découverte du Nouveau Monde, car c'est dans son port qu'accostaient les gallions chargés de trésors. Un véritable âge d'or du commerce et des arts commença alors, qui permit l'éclosion d'artistes locaux tels que Velázquez, Zurbarán et Murillo. Cette période florissante prit fin avec les guerres répétées de Philippe IV et l'affaiblissement du contrôle sur les colonies.

Séville est aujourd'hui la première ville d'Andalousie et la quatrième d'Espagne. Ses conserveries et son industrie textile sont encore partiellement alimentées par le Guadalquivir. La ville enjambe le fleuve, mais ses principaux monuments, les quartiers d'affaires et le **Barrio de Santa Cruz** sont sur la rive E, tandis que les parcs de loisirs et les usines sont sur la rive O.

Manifestations Durant la Semaine Sainte, processions des anciennes confréries *(cofradias)*, associées aux cinquante-deux églises locales. Ces défilés solennels sont menés par des *pasos*, groupes sculptés de figurines reproduisant les étapes de la Passion. Les personnages de bois sont vêtus de somptueux vêtements. Derrière viennent les membres des confréries, habillés en pénitents. La plupart des hommes tiennent un cierge allumé, mais certains traînent tout le long du parcours de lourdes chaînes ou des croix de bois.

En avril, la célèbre Feria de Séville. Elle commence la deuxième semaine après la Semaine Sainte par une vente aux enchères de bétail. La foire dure environ une semaine, attirant des visiteurs de toute l'Espagne, et gagne la ville entière. Le long d'une avenue illuminée qui borde le champ de foire, les familles influentes, les cercles, les partis politiques louent les *casetas* (petites maisons) de toile, sortes de loges privées dont certaines sont réellement somptueuses. La plupart sont ouvertes aux passants. Dès le crépuscule, leurs occupants dansent un flamenco élaboré, la *sevillana*.

Les hommes, les garçons et quelques femmes portent le costume traditionnel composé d'une veste très courte, de jambières de cuir ouvragé et d'un chapeau noir à bords très plats. La plupart des femmes arborent les célèbres jupes à volants, châles à franges et œillets à la chevelure qui forment le costume folklorique andalou typique. En fin d'après-midi, les membres de l'aristocratie et les familles fortunées défilent dans des attelages luxueux, tandis que certains cavaliers prennent en croupe une jolie sévillane qui monte à l'amazone.

En juin, concours de danses folkloriques.

A voir

Alcázar ⛩★

Plaza del Triunfo s/n ☎ (954) 22.70.99 ◐ ⛏ Ouv. mai-sept 9 h-13 h 30, 16 h 30-19 h ; oct-mars 9 h-13 h, 15 h-17 h.

Il ne reste plus que quelques vestiges du palais des Almohades, et la plus grande partie de ce que nous en voyons aujourd'hui fut commandée par Pierre le Cruel au XIVe s. Son admiration pour l'Alhambra de Grenade apparaît nettement dans la ressemblance flagrante entre les deux constructions. L'entrée se fait par le côté S. de la Plaza del Triunfo et donne immédiatement sur le patio mauresque. On passe sous une arche et l'on pénètre dans le **Patio de la Monteria**. Juste en face s'élève la façade proprement dite de l'Alcazar, érigée en 1364. Sur la droite, le **Cuarto de Almirante** (Salle des Amiraux), commandé par Isabelle la Catholique pour accueillir les officiers chargés de préparer les voyages vers le Nouveau Monde.

A l'intérieur du palais, les **appartements royaux** sont remarquables pour leurs murs décorés d'azulejos, les détails de style mudéjar et les plafonds *artesonados*. Revenir vers la cour de la Monteria et entrer dans le palais par la porte principale, qui mène par un vestibule au **Patio de las Doncellas** (la Cour des Demoiselles), entouré de galeries à colonnades et décoré d'azulejos et de stucs ouvragés. Sur la droite, la plus belle salle de l'Alcázar est le Salon des Ambassadeurs, **Salón de Ambajadores**, surmonté d'une haute coupole très ouvragée.

On traverse ensuite une salle de banquets et les appartements de Philippe II, qui donnent sur le **Patio de las Muñecas** (la Cour des Poupées), dont les colonnes datent des califes de Cordoue. Descendre dans les bains arabes au plafond voûté et suivre une série de passages qui mènent aux **appartements de Charles Quint**. Le salon décoré d'azulejos contient les célèbres tapisseries de la conquête de Tunis, réalisation flamande du XVIe s. On admirera pendant cette visite la vue sur les jardins dessinés pour l'empereur.

Ayuntamiento

Plaza Nueva s/n.

La façade est un excellent exemple du style plateresque du XVIe s., à l'ornementation abondante.

Barrio de Santa Cruz ★

A l'E de la cathédrale, les maisons blanchies à la chaux de l'ancien quartier juif bordent de petits chemins sinueux, croûlant sous

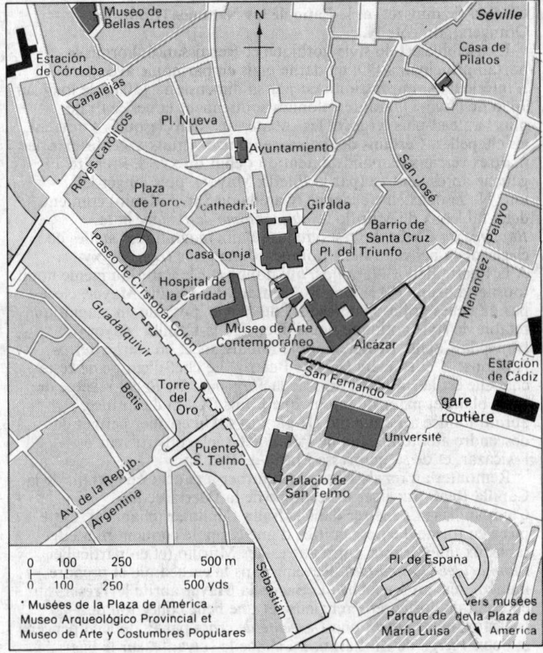

les fleurs en cascade. Les places sont ornées de fontaines et d'orangers. Jetez un coup d'œil aux patios intérieurs, remplis de plantes vertes et décorés d'azulejos aux couleurs vives.

Casa Lonja et Archivo General de Indias ☆

Plaza del Triunfo ◐ *Ouv. 10 h -14 h ; fermé lun.*

La Casa Lonja fut construite au XVIe s. par Juan de Herrera dans le style Renaissance classique. L'extérieur est austère, et il y a à l'intérieur un magnifique escalier monumental. Au premier étage sont conservées les archives des Indes, qui contiennent une collection importante de cartes et de documents concernant la découverte de l'Amérique, y compris des lettres signées de Christophe Colomb et de Magellan.

Casa de Pilatos

Plaza de Pilatos ☎ (954) 22.52.98 ◐ Ouv. en été 9 h-13 h, 15 h-19 h ; en hiver 9 h-13 h, 15 h-18 h.

Somptueuse demeure en style mudéjar, mais également gothique et Renaissance. Sa construction dura soixante ans, aux XVe-XVIe s. La légende veut qu'elle soit la réplique du palais de Ponce Pilate à Jérusalem. On entre par un magnifique portail principal qui ouvre sur l'Apeadero (XVIIIe s.). Vient ensuite le grand patio au riche décor mudéjar, célèbre pour ses exceptionnels azuléjos. Outre de splendides salons, une salle d'archives et un musée romain contenant de belles pièces justifient une visite approfondie.

Cathédrale ⛩ † ★

Av. de la Constitución. Ouv. été 10 h 30-13 h, 16 h-18 h 30 ; hiver 10 h 30-13 h, 16 h-17 h 30. Entrée façade O.

Seules Saint-Pierre de Rome et Saint-Paul à Londres sont plus grandes que cette imposante cathédrale. La mosquée qui se dressait à l'origine sur cet emplacement fut utilisée comme église après la Reconquête, en 1248, puis rasée en 1401 pour faire place à cet édifice. Il ne reste plus de l'ancienne mosquée que la

Giralda (le minaret) et le **Patio de los Naranjos** (Cour des Orangers), du côté N.

L'ensemble est de style gothique et Renaissance, hormis le portail principal, à l'O, moderne mais en harmonie avec le reste. L'intérieur est impressionnant par sa dimension : 130 m de long sur 76 m de large. Quarante colonnes soutiennent la nef centrale, plus haute et plus large, et les collatéraux, dans lesquels s'ouvrent les chapelles. Certains des soixante-quinze vitraux exécutés par des maîtres verriers flamands datent du début du XVIe s. Prendre à gauche après l'entrée (par la Puerta Mayor), puis longer le mur N : la deuxième chapelle (Capilla de San Antonio) contient deux tableaux de Murillo : *Saint Antoine de Padoue* et le *Baptême du Christ*. Poursuivre jusqu'aux magnifiques **stalles du chœur** de la nef centrale, entourées d'une grille (*reja*) du XVIe s. A la Puerta de los Naranjos, qui donne sur le Patio du même nom, tourner à droite (S) le long du transept. La **Capilla Mayor**, close par de belles grilles plateresques du XVIe s., possède un magnifique retable de style gothique fleuri. Derrière la Capilla Mayor se trouve la **Capilla Real** à coupole Renaissance, où sont enterrés Alphonse X et sa mère la reine Beatriz. Le chef-d'œuvre de cette chapelle est la statue en bois de la *Virgen de los Reyes* revêtue de satin blanc et parée de bijoux que Louis IX, roi de France, aurait donnée à Ferdinand III au XIIIe s. Un escalier permet de descendre aux tombeaux de Pierre le Cruel, constructeur de l'Alcázar, et de sa maîtresse Maria de Padilla.

Remonter au rez-de-chaussée, tourner à gauche en sortant de la Capilla Real, traverser le vestibule de la Puerta de las Campanillas et pénétrer dans la **Salla Capitular** (chapitre). Cette pièce en forme d'ellipse coiffée d'une coupole contient plusieurs tableaux intéressants, entre autres des Murillo (et en particulier l'*Immaculée Conception*). Revenir dans la cathédrale et prendre immédiatement à gauche : la **Sacristia Mayor** abrite le **Trésor**, qui contient de l'orfèvrerie religieuse et une belle collection de tableaux, entre autres une *Descente de croix* par P. de Kempeneer et deux *Vierge* de Zurbarán. La chapelle suivante, sur le bas-côté droit, donne dans la **Sacristia de los Cálices**, de style gothique, où l'on peut voir deux autres Murillo et des Goya.

La Giralda ⛩ ★

Plaza Virgen de los Reyes s/n ☎ (954) 21.49.71. ◐ Ouv. été 10 h 30-13 h, 16 h-18 h 30 ; hiver 10 h 30-13 h, 16 h-17 h 30.

Cette tour colossale de couleur ocre est l'ancien minaret de la grande mosquée. On a, d'en haut, une vue éblouissante sur la ville. Le tiers inférieur, en pierre, est typique du style des Almohades. La partie centrale, en briques (XIIe s.), est également décorée d'un assemblage d'arcs aveugles, de fenêtres mauresques et d'arcs entre des petites colonnes. Le style relativement fleuri de la partie supérieure signe une construction du XVIe s. ; la *giraldilla* renferme la cloche de l'horloge ; et couronnant le tout, la statue d'un ange représentant la Foi, une statue en bronze haute de 4 m qui s'élève à près de 100 m au-dessus du sol et tourne au gré des vents comme une girouette, d'où son nom de *giraldillo*

Hospital de la Caridad ☆

Temprado 3 ◐ ☎ (954) 22.32.32.

Hôpital créé au XVIIe s. pour les indigents. Agréable façade au bout d'un parc qui longe en bordure du fleuve le Paseo de Cristobal Colón. A l'intérieur, des tableaux de Valdés Leal et de Murillo, à qui l'on doit également les décors d'azulejos qui ornent la façade de l'église.

Museo Arqueológico Provincial

Plaza de América s/n ☎ (954) 23.24.01. ◐ Ouv. 10 h-14 h, fermé lun.

Installé dans un bâtiment conçu pour la foire ibérico-américaine de 1929. Découvertes archéologiques faites en Andalousie, en particulier à Italica, la ville romaine qui se trouvait au N-O de Séville, objets des périodes paléolitique, phénicienne, carthaginoise, grecque et mauresque, et surtout le fameux trésor d'El Carambolo, constitué d'objets en or.

Museo de Arte Contemporáneo

Santa Tomás 5 ☎ (954) 21.58.30. ◐ Ouv. mar-sam 17 h-21 h, dim 10 h-13 h. Fermé lun.

Dans un chapitre du XVIIIe s., près de l'entrée de l'***Alcázar***. Œuvres d'artistes espagnols des cent dernières années.

Museo de Arte y Costumbres Populares

Plaza de América s/n ☎ (954) 23.25.76. ◐ Ouv. mar-ven, dim 10 h-13 h, sam 16 h-19 h. Fermé lun.

Les arts populaires sont illustrés par des collections de costumes, ustensiles agricoles, instruments de musique, objets ménagers, selles, armes, vêtements et accessoires. Certains costumes typiques sont les mêmes que ceux portés pendant la Feria.

Museo Provincial de Bellas Artes

Plaza del Museo 9 ☎ (954) 22.18.29. ● Ouv. 10 h-13 h. Fermé lun.

La fierté de ce musée installé dans l'ancien couvent de la Merced (XVIIe s.) est une remarquable collection de peintures. Œuvres de Zurbarán, du Greco, de Murillo et de Vélasquez, Valdès Leal, Miranda, Rubens et Bosch ; tableaux d'artistes mineurs de l'école de Séville, céramiques et de nombreux azulejos. Des travaux de restauration sont en cours.

Palacio de San Telmo

Av. de Roma.

Sur la rive E du Guadalquivir, juste au S du pont de San Telmo. Cet ancien palais ducal a servi à l'enseignement dès qu'il fut achevé, en 1796. D'abord collège naval, aujourd'hui séminaire, il est remarquable par son entrée principale baroque.

Parque de Maria Luisa

Il s'étend le long du fleuve, depuis le ***Palacio de San Telmo*** dont il faisait partie à l'origine. La plupart des bâtiments de l'exposition ibéro-américaine de 1929 y furent édifiés. La plus imposante de ces constructions est le palais gouvernemental, semi-circulaire, du côté E du parc, qui donne sur la Plaza de España. Les allées sont bordées de fleurs et d'orangers ; promenades en bateau.

Plaza de Toros

Paseo de Cristobal Colón s/n ● Ouv. pour les corridas.

Ces arènes, appelées **La Maestranza**, sont parmi les plus belles du monde. La construction du XVIIIe s., un ovale parfait entouré de gracieuses arcades, apporte à la corrida proprement dite une dimension esthétique supplémentaire.

La lumière du ciel tombait le long des murs, accrochant dans sa chute les balcons à boules de cuivre où se pressaient les spectateurs appuyés sur des tapis verts ou rouges écussonnés d'armoiries en relief. A leurs pieds bougeait la ruée populaire qui s'efforçait de contenir son exubérance ; cette application n'en décelait que mieux la présence énorme. Mais Séville a le silence éloquent. Même les éventails parlent ; ils chuchotaient : « La plus belle cité du monde est ici, la plus belle semaine de l'année est la semaine sainte (...) ».

Paul Morand *Le Flagellant de Séville*

Torre del Oro ☆

Paseo de Cristobal Colón ◐ Ouv. 10 h-13 h. Fermé lun.

Nommée la tour de l'or en raison des tuiles dorées qui la recouvraient jadis, elle faisait partie des fortifications mauresques du XVIIIe s. Autrefois prison, elle est aujourd'hui un **musée de la marine**. Elle se dresse au bord de la rivière, à l'extrémité E du pont de San Telmo. Vue admirable d'en haut.

Universidad

San Fernando.

Séville est la cité de Carmen, héroïne d'une nouvelle et d'un opéra. Son modèle a travaillé dans la Fabrica de tabacos (fabrique de cigares) du milieu du XVIIIe s., aujourd'hui l'université.

Hôtels

Alfonso XIII
San Fernando 2, Sevilla 4 ☎ (954) 22.28.50 Tx 72725 à 148 148 P AE DC MC VISA

En face des jardins de l'Alcázar. Construit pour accueillir les invités de l'exposition ibéro-américaine de 1929, ce bâtiment néomauresque ressemble à un gigantesque palais. A l'heure des cocktails, la fontaine du hall d'entrée, entourée de tables, ainsi que le bar, sont le point de ralliement de la bonne société sévillane. Idéalement situé au centre-ville.

Colón
Canalejas 1, Sevilla 1 ☎ (954) 22.29.00 Tx 72726 à 261 261 P AE DC MC VISA

Près de la Plaza de Toros. La salle à manger est décorée de scènes de tauromachie. C'est le plus agréable et le mieux tenu des grands hôtels modernes de cette ville. Certaines chambres avec balcons ; air conditionné. Voir ***Restaurants***.

Doña María
Don Remondo 19, Sevilla 4 ☎ (954) 22.49.90 à 61 61 AE DC VISA

Dans le centre, près de la Plaza del Triunfo. Endroit enchanteur, dans une petite rue latérale, à quelques pas de la ***cathédrale***, de la ***Giralda*** et de l'***Alcázar***. Salons et chambres avec meubles anciens et des tableaux ; quelques lits à baldaquin. Service rapide et accompli. Bar dans l'entrée et piscine au dernier étage.

Inglaterra
Plaza Nueva 7, Sevilla 1 ☎ (954) 22.49.70 Tx 72244 à 120 120 P AE DC MC VISA

Au bord de la Plaza Nueva, proche de tout ce que la ville compte d'intéressant. Salons et chambres sont fonctionnels mais pas très gais.

Los Lebreros
Luis de Morales 2, Sevilla 5 ☎ (954) 25.19.00 Tx 72772 à 439 439 P AE DC MC VISA

Près du stade de football. Moderne et assez froid, peut accueillir plus de huit cents clients par nuit. Grands salons de marbre, mais chambres plutôt exiguës.

Luz Sevilla
Martín Villa 2, Sevilla 3 ☎ (954) 22.29.91 Tx 72112 à 142 142 P AE DC MC VISA

En plein centre, au N de l'Ayuntamiento. L'un des deux hôtels cinq étoiles de Séville. Aucun élément de confort n'est négligé et il y a même le téléphone dans les salles de bains. Au dernier étage, grill en plein air avec orchestre pour ceux qui veulent danser. Au rez-de-chaussée, nombreuses boutiques.

Nuevo Lar
Plaza de Carmen Benítez 3, Sevilla 3 ☎ (954) 36.07.00 Tx 72816 139 139 P DC MC VISA

A cinq rues au N du Barrio de Santa Cruz. Remarquablement pratique. Confort ultra-moderne, service attentif.

Et aussi : **Alcázar** *(Menéndez Pelayo 10, Sevilla 4 ☎ (954) 23.19.91)* ; **América** *(Jésús del Gran Poder, Sevilla 2 ☎ (954) 22.09.51 à)* ; **Bécquer** *(Reyes Católicos 4, Sevilla 1 ☎ (954) 22.89.00 à)* ; **Fernando III** *(San José 21, Sevilla 4 ☎ (954) 21.73.07)* ; **Macarena** *(San Juan Ribera 2, Sevilla 9, ☎ (954) 37.57.00 à)* ; **María Luisa Park** *(Carrero Blanco 26, Sevilla 4 ☎ (954) 45.60.11 à)* ; **Monte Carmel** *(Turia 9, Sevilla 11 ☎ (954) 27.10.04 à)* ; **Murillo** *(Lope de Rueda 7, Sevilla 4 ☎ (954) 21.60.95)* ; **Pasarela** *(Av. de la Borbolla 11, Sevilla 4 ☎ (954) 23.19.80)* ; **Porta Coeli** *(Av. Eduardo Dato 49, Sevilla 5 ☎ (954) 25.18.00)*

Restaurants

La Albahaca
Plaza de Santa Cruz 12 ☎ (954) 22.07.14 Ouv. midi et soir jusqu'à 0 h. Fermé di.
Dans une belle maison ancienne de la Plaza de Santa Cruz, en plein cœur de Séville. Ce restaurant agréable avec certaines touches de raffinement offre une carte limitée mais qui se renouvelle.

Bodegón el Riojano
Virgen de la Montaña 12 ☎ (954) 45.06.82 Ouv. midi et soir jusqu'à 0 h. Fermé di.
Beaucoup d'animation au restaurant et au bar. Spécialités de viandes et de pimientos farcis.

Don Raimundo
Argote de Molina 26 ☎ (954) 22.33.55 Ouv. midi et soir jusqu'à 0 h 30.
Une cuisine sévillane traditionnelle avec quelques incursions dans la gastronomie nouvelle. Spécialité de gibier l'hiver, pâtisseries d'inspiration arabe à base de miel, de dattes et de noix.

La Dorada.
Virgen de Aguas Santas 6 ☎ (954) 45.51.00 Ouv. midi et soir jusqu'à 23 h 30. Fermé di.
Toutes sortes de fruits de mer et de poissons frits ou à la malagueña. Parmi les spécialités : daurade au sel, soupe de fruits de mer, rougets et anchois frits.

Enrique Becerra
Gamazo 2 ☎ (954) 21.30.59 à
Un établissement situé dans le centre historique de la ville, qui propose une cuisine traditionnelle. Le bar est toujours plein, la petite salle à manger dégage une atmophère intime. Spécialité : *merluza* (colin) *al modo andaluz*.

Figón del Cabildo
Plaza del Cabildo s/n ☎ (954) 22.01.17 Ouv. midi et soir jusqu'à 0 h 30. Fermé di. soir.
Sa localisation dans le centre historique de Séville et sa cuisine préparée à partir de produits de toute première qualité valent à cet établissement une clientèle chic de connaisseurs. Terrasses.

Jamaica
Jamaica 16 ☎ (954) 61.12.44 Ouv. midi et soir jusqu'à 0 h. Fermé di. soir.
La cave du Jamaica passe pour être l'une des meilleures de la capitale andalouse. Parmi les spécialités de ce restaurant gastronomique : *lubina* (bar) *tropical* et viandes.

La Isla
Arfo 25 ☎ (954) 21.53.76 à Ouv. midi et soir jusqu'à 0 h. Fermé août.
Ici, pas de luxe ni de recherche excessive dans le service, mais des produits de qualité garantie, surtout pour les préparations au gril : bons poissons et bonnes viandes.

Paco Ramos
Reyes Católicos 25 ☎ (954) 21.75.85 à
Ce restaurant est conçu pour une clientèle de haut niveau, composée surtout d'hommes d'affaires. Un cadre élégant dans un immeuble cossu, face au pont de Triana. Plusieurs petites salles à manger, et une nourriture que l'on classera dans la catégorie nouvelle cuisine basque.

El Rincón de Curro
Virgen de Luján 45 ☎ (954) 45.02.38. Ouv. midi et soir jusqu'à 23 h 30. Fermé di.
Il est impossible d'être déçu par cet établissement considéré comme l'un des meilleurs de la ville, tant à cause de la qualité des plats typiquement sévillans — *frito sevillano, almejas con langostas* — ou, pour certains, franco-italiens, que du raffinement du cadre.

San Marcos
Cuna 6 ☎ (954) 21.24.40
Autre établissement de luxe, au décor et à l'ambiance raffinés. La cuisine, imaginative, se

renouvelle constamment. Il est particulièrement agréable de déjeuner ou dîner dans le patio.

Ⓡ Nous recommandons également : **El Abuelo**, *(Alvaro de Bazán, au coin de Santa Clara ☎ (954) 38.34.51)*, spécialité de poisson et salades ▥ ; **Bar Giralda**, *(Mateos Cago 1)*, cuisine familiale et ambiance d'étudiants et d'étrangers ▥ ; **Mamma Mia**, *(Betis 33)*, à côté du Guadalquivir, cuisine italienne ▥ à ▥ ; **Bar Manolo**, *(San Jorge 16 ☎ (954) 33.32.08)*, cuisine familiale et sévillane ▥ ; **La Parra**, *(Gustavo Gallardo 14 ☎ (954) 61.29.59)*, spécialités de viande, patio agréable en été ▥ à ▥ ; **El Rinconcillo**, *(Gerona 42 ☎ (954) 22.31.83)*, spécialité de jambon surrano, ouv. jusqu'à très tard la nuit ▥ ; **San Francisco**, *(Plaza de San Francisco 10 ☎ (954) 22.20.56)*, spécialité de vins, cuisine internationale, vue sur l'Ayuntamiento et la Giralda ; **La Traviata**, *(Recaredo 43 ☎ (954) 41.90.52)*, italien par la cuisine et l'ambiance ▥.

Dans les environs de Séville, on trouve de nombreux restaurants simples et agréables, les *ventas*, parmi lesquelles nous recommandons : **Real Venta de Antequera** *(Avenida de Jerez s/n, Bellavista ☎ (954) 69.06.60)*, avec sa propre plaza de toros ; **El Porrito**, *(à Alcalá del Rio, près de Sevilla)*, bon marché, spécialité d'anguille ; **Real Venta de Pillin**, *(Avenida Garcia Morato s/n, ☎ (954) 42.58.26)*, cuisine familiale bon marché ; **El Ventorillo Canario**, *(Avenida de Extremadura 13, Santiponce ☎ (954) 39.29.61)*, face aux ruines d'Italica, piscine, cuisine canarienne et viandes grillées sur la braise.

Vie nocturne

Les meilleurs spectacles de flamenco sont donnés à **Los Gallos** *(Plaza Santa Cruz 10 ☎ (954) 21.21.54)* et à **La Trocha** *(Ronda de Capuchinos 23 ☎ (954) 35.50.28)*, où il est recommandé d'arriver après 0 h si l'on veut éviter le « spécial-touristes » !

On peut aussi tout simplement prendre un verre et écouter de la musique. L'**Area 2** *(Marques de Parados)* est réservé aux amateurs de musique « techno ». Le **Bestiario** *(Calle Zaragoza, sur la Plaza Nueva)*, avec une musique actuelle et une décoration d'avant-garde, est le rendez-vous nocturne des artistes et des gens « in ». **Betis 63** *(Calle Betis 63)* est plus tranquille, la musique n'étouffe pas les conversations ; terrasse agréable en été. Au **Botas Negras** *(Juan Ramón Jimenez)*, billard américain.

Au **Dragón** *(Betis 59)*, bar-discothèque, on danse sur une musique stridente. Le **Piruetas** *(Asunción 1)* est un ancien cinéma reconverti en discothèque, avec projections de vidéo-clips. La **Sala Arenal** *(Federico Sanchez Beoloya)* est la discothèque des noctambules sévillans, la dernière à fermer ; bonne musique.

Shopping

La **Calle de las Sierpes** *(rue des Serpents)*, vers le N, de la Plaza San Francisco à la Plaza Campana, est une zone piétonnière excellente pour le shopping. Si l'on ne tient pas compte des vilains magasins de souvenirs, le **Barrio de Santa Cruz** possède aussi plusieurs boutiques intéressantes. Chez **Ceramicas Sevilla** *(Pimiento 9 ☎ (954) 21.57.49)* ; poteries et azulejos typiques.

Excursions

Carmona *(33 km à l'E de Séville)*. Nombreux vestiges des civilisations romaine et arabe, en particulier une **nécropole** romaine à l'O, un **Alcázar** arabe, un **couvent** mudéjar et les ruines d'une **forteresse** mauresque réhabilitée en *parador*.

Ⓗ Sur l'emplacement de l'Alcázar de Pierre le Cruel, au bord d'un plateau *(mesa)* et entouré de fortifications du XVIe s. en ruines, le **Parador Nacional Alcázar del Rey Don Pedro** *(☎ (954) 14.10.10 ▥)* offre des chambres impeccables mais sans originalité.

Itálica *(9 km au N.O de Séville)*. Les amateurs d'archéologie se passionneront pour cette ville fantôme du IIIe s. av. J.-C. qui conserve quelques sols de mosaïques et les restes d'un amphithéâtre.

Sigüenza

*Carte **13**D7. Province de Guadalajara. 129 km au N-E de Madrid, 96 km au S de Soria. Population : 6 000.*

La ville s'élève en terrasses à flanc de colline, entre le rio Henares et un château mauresque. Bien que très endommagée pendant la guerre civile, Sigüenza a conservé son charme. **Cathédrale fortifiée** connue pour être l'une des plus belles d'Espagne ; la *plaza mayor* entourée d'arcades et bordée de maisons à balcon ; **Ayuntamiento** du XVIe s. Le **Castillo de los Obispos** (XIIe s.) est devenu un *parador* à quatre étoiles.

A voir

Cathédrale †

Ouv. 10 h 30-14 h, 16 h 30-20 h. Si les portes sont fermées aux heures d'ouverture, se renseigner à la sacristie.

La construction de cette cathédrale ayant duré deux siècles, elle couvre deux styles architecturaux, le roman (XIIe s.) du début et le gothique (XIVe s.) de la fin, qui se fondent dans une harmonie parfaite ; les ajouts ultérieurs, mudéjars, Renaissance ou plateresques, se mélangent agréablement à l'ensemble. La nef est divisée en trois parties par d'énormes piliers surmontés de minces colonnes. Sur la gauche (N), le portail d'une chapelle qui unit des motifs gothiques, Renaissance et mudéjars. Dans le transept gauche, la chapelle de Santa Librada abrite le tombeau de la patronne de la ville. Sur la droite (S) en suivant le transept, on trouvera le sanctuaire, avec deux chaires jumelles en albâtre, et la **chapelle d'El Doncel**, le commandeur Martín Vasquez. Le **cloître**, gothique tardif, donne du côté N de la nef. Belles tapisseries flamandes (XVIIe s.) dans une des chapelles.

Museo Catedralico

Ouv. mai-sept 11 h 30-14 h 30, 17 h-19 h ; oct-avr. 11 h 30-14 h 30, 16 h-18 h 30.

Intéressant pour une *Annonciation* de Greco et une *Immaculée Conception* de Zurbarán ; crucifix et sculptures religieuses.

🄷 Ce qui est aujourd'hui le **Parador Nacional Castillo de Sigüenza** *(☎ (911) 39.01.00 ▥ à ▥)* représentait au Moyen Age à la fois le château et la résidence de l'évêque. On a veillé à en garder le caractère lors des travaux de restauration.

🅁 Les chefs des cuisines du **Parador** *(même adresse et ☎ que l'hôtel ▥)* font preuve d'une inventivité et d'un talent remarquables. Par ailleurs, on trouvera dans la Calle General Mola deux auberges voisines, à la fois simples et convenables : essayez le perdreau chez **El Moderno** *(☎ (911) 39.00.01 ▥)*, ou le cochon de lait rôti chez **El Doncel** *(☎ (911) 39.10.90 ▥ à ▥)*, qui possède également 16 chambres *(▥)*.

Sitges

*Carte **15**D10. Province de Barcelone. 53 km au N-E de Tarragone, 43 km au S-O de Barcelone. Population : 12 000.*

Sitges fut pendant longtemps une agréable station balnéaire suffisamment proche pour que les Barcelonais fortunés aillent y passer le week-end. Aujourd'hui, des milliers de touristes venus d'Europe du Nord y déferlent tout l'été. La plupart des pêcheurs sont allés se réfugier dans des ports plus tranquilles. Les rues en bordure de plage ne sont plus qu'une longue file de boutiques de souvenirs et de snack-bars. Mais derrière, on voit encore les demeures somptueuses que se firent construire des familles aisées au début du siècle. Le meilleur moment pour s'y rendre reste début juin ou septembre.

Manifestations Fin mai, fiesta. Les rues sont recouvertes d'un tapis de fleurs. En sept, fêtes des vendanges.

A voir

Museo del Cau Ferrat
Fonollar 25 ☎ (93) 894.03.64 ◐ Ouv. 10 h-13 h 30, 16 h-18 h. Fermé lun.
En vedette, deux tableaux de Greco, qui tranchent particulièrement sur les collections d'objets d'art et d'artisanat catalans dans ce musée qui fut la demeure de l'écrivain et artiste catholique Santiago Rusiñol. On y trouvera donc des photos et des autographes en même temps que des vestiges archéologiques, des dessins et des céramiques.

Museo Maricel de Mar
Fonollar 25. Pour les horaires, voir à Museo del Cau Ferrat.
Ce beau bâtiment, à côté du Museo Del Cau Ferrat, est utilisé surtout comme annexe de celui-ci, mais il se spécialise plutôt dans les dessins et les objets d'art du Moyen Âge et de la période Renaissance-baroque.

Museo Romántico Provincial
San Gaudencio 1 ☎ (93) 894.29.69 ◐ Ouv. 10 h-13 h 30, 16 h-18 h. Fermé lun.
Les collections de l'époque romantique sont en harmonie avec la demeure fin XVIIIe s. qui les abrite : horloges, mobilier, instruments de musique, dioramas, boîtes à musique, porcelaines et vêtements sont intéressants, mais la vedette revient à un choix exquis de poupées et de mannequins anciens.

H **Calípolis**
Passeig Maritim s/n ☎ (93) 894.15.00 Tx 57599 à 179 179 AE CB DC MC VISA Fermé nov-mars.
Sur la route en face de la plage. Demandez une chambre devant si vous souhaitez avoir une jolie vue, mais choisissez plutôt l'arrière si vous aimez le silence et la tranquillité. Pas de piscine privée, mais la plage est vraiment de l'autre côté de la rue, et il existe une piscine municipale non loin de là. La clientèle bénéficie de tarifs avantageux au club de golf local. Salle à manger convenable. Réserver les chambres.

H **Terramar**
Passeig Maritim s/n ☎ (93) 894.00.50 à 209 209 DC MC VISA Fermé oct-mai.
Sur la route de la plage, près du club de golf. Hormis un service abominablement lent et un décor sans intérêt, tout est réuni pour satisfaire un visiteur énergique voulant profiter à la fois des courts de tennis, du parcours de golf, des chevaux et de la mer. C'est à l'extrémité O de la plage centrale, donc pas dans le brouhaha du centre-ville.

H Pour ce qui est des autres hôtels, le meilleur est l'**Antemare** *(Nuestra Señora de Montserrat 48-50 ☎ (93) 894.06.00 à)*, petit établissement tranquille à quelques pas de la mer. **Los Pinos** *(Passeig Maritim s/n ☎ (93) 894.15.50 à)*, plus petit encore, offre les mêmes avantages.

Ⓡ La Masia ✲
Carretera Villanueva, km 38 ☎ (93) 894.10.76 ▥ □ ■ ⅱ ⌒ P Y DC MC VISA
Auberge rustique à la sortie de la ville. Les fantaisies de la cuisine catalane, alliées à des prix raisonnables et d'excellents vins, en font une très bonne adresse. Si vous êtes saturé de cuisine conventionnelle, essayez la *cazuela de conejo con caracoles* et le *cabrito.*

Ⓡ Mare Nostrum
Passeig de la Ribera 60-62 ☎ (93) 894.33.93 ▥ □ ■ ⌒ Y DC VISA Fermé mi-déc – mi-jan, mer.
Directement sur le bord de mer. Très populaire, réputation solidement établie. On dîne dehors en été. Poissons et fruits de mer sont souvent subtils et raffinés. La viande vient au second plan. Essayez la *sopa de mariscos*, le *lenguado* et les *higos frescos.*

Ⓡ Le poisson sous toutes ses formes et le steack aux poivrons sont délicieux chez **Fragata** *(Passeig de la Ribera 1 ☎ (93) 894.10.86 ▥).* **El Greco** *(Passeig de la Ribera 72 ☎ (93) 894.29.06 ▥)* essaie de créer une ambiance anglaise. Tables à l'extérieur.

Soria

Carte 13D7. Capitale de province. 106 km au S de Logroño, 226 km au N-E de Madrid. Population : 29 000 ℹ Plaza Ramón y Cajal ☎ (975) 21.20.52.

Capitale de province réputée pour son climat extrêmement froid, dans un paysage sauvage, battu par les vents. On ne sait pas grand-chose des débuts de la ville, sinon que les Romains et les Maures l'occupèrent, puis qu'elle fut reconquise par Alphonse VII au xᵉ s. Elle a assez bien résisté au passage des siècles, et plusieurs édifices romans sont restés intacts.

A voir

Le cloître roman de San Pedro jouxte la **cathédrale** gothique de Soria *(Plaza de San Pedro s/n ◐ ouvert en été 8 h 30-14 h, 16 h 30-19 h ; en hiver 8 h 30-10 h 30, 18 h-20 h)*, où l'on remarquera, dans la Capilla Mayor, un intéressant retable sculpté par Francisco de Rio. De l'autre côté du rio Duero (le Douro) se dressent les ruines d'un monastère roman du XIIIᵉ s., dont le **Claustro de San Juan de Duero** *(Carretera de Almajano)* est le bâtiment le plus intéressant. Cet ensemble bâti par les chevaliers de Saint-Jean-de-l'Hôpital comprenait également une église qui abrite un **musée** : mosaïques romaines, objets incrustés de pierreries servant pour les cérémonies, reliques archéologiques. Il ne reste du cloître qu'une galerie à arcades.

Les deux belles églises romanes de Soria sont l'**Iglesia de San Juan de Rabanera** *(Caballeros s/n)*, au magnifique portail, à la façade très bien préservée, aux retables de styles variés et à la coupole byzantine, et l'**Iglesia de Santo Domingo** *(Plaza Condes de Lérida s/n)*, commandée par Alphonse VIII et Eléonore d'Angleterre et inspirée d'une église de Poitiers.

Des découvertes effectuées sur le site de ***Numance*** peuvent être admirées au **Museo de Soria** *(Paseo del General Yagüe s/n ☎ (975) 22.14.28 ◐ ouv. juil-sept 10 h-13 h 30, 16 h 30-20 h ; oct-juin 10 h-13 h 30, 16 h-19 h ; fermé lun.).*

A voir dans les environs

Numance *(Numancia)*
7 km au N-E de Soria ◐ Ouv. été 10 h-13 h 30, 15 h 30-20 h ; hiver 10 h-13 h 30, 15 h 30 au coucher du soleil ; di. et vacances 10 h-13 h, 15 h-17 h. Fermé lun.
Il ne reste presque rien, sinon le tracé des rues, les lignes des fortifications disparues, quelques colonnes de l'ancienne ville romaine et de l'établissement celtibère sur lequel elle fut édifiée.

Ⓗ **Parador Nacional Antonio Machado** *(Parque del Castillo s/n ☎ (975) 21.34.45 ▥)* est une petite auberge moderne et tranquille près du château en ruines, dominant la ville et la rivière. Même si les autres hôtels ne peuvent rivaliser avec le **Parador**, l'**Alfonso VIII** *(Alfonso VIII 10 ☎ (975) 21.32.47 ▥)*, central, et le **Caballero** *(Eduardo Saavedra 4 ☎ (975) 22.01.00 ▥)*, moins central, sont acceptables.

Ⓡ Les meilleurs repas se prennent au **Parador** *(même adresse et ☎ que l'hôtel ▥)*. Sinon, essayez les viandes rôties typiques de Castille à la **Casa Garido** *(Manuel Vicente Tutor 8 ☎ (975) 22.20.68 ▥)* et au **Mesón Castellano** *(General Franco 2 ☎ (975) 21.30.45 ▥)*.

Excursions

Almazán *(35 km au S de Soria)*. La vieille ville est entourée des restes d'une enceinte mauresque. Sur la Plaza Mayor, l'église romane (XIIe s.) de **San Miguel**, avec des éléments mudéjar, et non loin de là le **Palacio de Altamira**, de style Renaissance.

El Burgo de Osma *(56 km au S-O de Soria)*. Un véritable trésor peu galvaudé. Il s'agit d'une ville Renaissance à peu près intacte, comme figée par le temps, qui a conservé ses fortifications, ses rues à arcades, ses façades plateresques et une ravissante cathédrale gothique du XIIIe s. à l'immense tour baroque.

Tarazona *(68 km au N-E de Soria)*. Pittoresque berceau des rois d'Aragon. Des groupes de maisons couleur ocre s'élèvent de chaque côté du rio Queiles, dominés par la cathédrale gothique du XIIIe s..

Ⓗ Des trois modestes hôtels, le meilleur est **Brujas de Bécquer** *(Carretera Zaragoza s/n ☎ (976) 64.04.04 ▥)*.

Talavera de la Reina

*Carte **12**E5. Province de Tolède. 117 km au S-O de Madrid, 78 km au N-O de Tolède. Population : 60 000.*

La ville est célèbre depuis le XIIIe s. pour sa fabrique d'azulejos peints à la main et d'objets quotidiens en céramique. On trouvera là peu de constructions anciennes vraiment intéressantes. C'est dans la plaza de toros de Talavera que le célèbre matador Joselito a trouvé la mort en 1920.

A voir

Pour mieux apprécier l'industrie principale de cette ville, il faut visiter le **Museo Ruiz de Luna** *(Plaza Primo de Rivera 5 ☎ (925) 80.01.49)* et l'**Ermita Nuestra Señora del Prado** *(1 km à l'E sur la route de Madrid)*, ainsi que l'église, resplendissante d'azulejos, datant du XIVe s.

Ⓗ Sur la route qui mène au Portugal (S-O), **León** *(Carretera Extremadura, km 119 ☎ (925) 80.29.00 ▥)* est un petit établissement sans prétention dont la piscine est une véritable bénédiction dans la chaleur torride de l'été castillan. En ville, **Talavera** *(Av. Gregorio Ruiz 1 ☎ (925) 80.02.00 ▥)* est du même niveau.

Hôtel dans les environs

Oropesa *(32 km à l'O de Talavera de la Reina)*.

Construit en 1930 dans un grand *castillo* médiéval aux salles voûtées et aux couloirs pleins de recoins et de cheminées, le

Parador Nacional Virrey Toledo *(Plaza del Palacio 1 ☎ (925) 43.00.00* ▥ *)* est l'un des plus anciens *paradores*, et aussi l'un des plus admirables. Vue superbe sur la Sierra de Gredos et sur la vallée du Tage.

Ⓡ **Principe** *(Av. Principe 1 ☎ (925) 80.34.47* ▥*)* et **El Arcipreste** *(Bandera de Castilla 14 ☎ (925) 80.34.47* ▭*)* servent des plats régionaux, avec de temps à autre des spécialités étrangères.

Shopping

Commencer par l'**Artesania Talaverana** *(Av. de Portugal 32)* qui, malgré son aspect terriblement commercial, propose une variété exceptionnelle de céramiques. Avant d'acheter quoi que ce soit, jeter aussi un coup d'œil à **Cerámica Nuestra Senõra del Prado** *(15 Reyes Católicos)* et à la **Cooperativa de la Purísima** *(Plaza de las Descalzas 2)* : vases, bols, pichets, services de table entiers sont à votre disposition.

Tarragone *(Tarragona)*

Carte 15D10. Capitale de province. 258 km au N-E de Valence, 105 km au S-O de Barcelone. Population : 100 000 ℹ *Rambla Nova 46 ☎ (977) 20.18.59 et Rambla Nova 25.*

Le premier établissement humain sur le site de Tarragone remonterait au IIIe millénaire av. J.-C., avant même les Ibères. Les Romains prirent la ville aux Carthaginois en 218 av. J.-C. et en firent un temps la capitale de toute la province d'Espagne. Assaillie et rasée par les Wisigoths puis par les Maures, Tarragone ne réussit jamais à retrouver sa grandeur passée.

D'importants vestiges romains, un authentique *barrio* médiéval et une bonne plage peuvent justifier un bref séjour.

Manifestations En août, fiesta de San Magin. En sept, fiesta de Santa Tecla. Parades, feux d'artifices, danses sur les plazas.

A voir

Cathédrale † ☆

Llano de Catedral s/n ◐ *Ouv. lun-ven 7 h-10 h, 19 h-20 h ; sam, di et vacances 7 h-13 h 45, 19 h-20 h.*

La façade O est chargée d'ajouts placés de façon fantaisiste mais pas désagréable. L'entrée se fait par le **cloître**, tout à fait charmant. La plupart des chapiteaux sont sculptés de thèmes floraux ou mythiques. A l'intérieur de la cathédrale, assez sombre, on voit surtout l'étonnant **retable de Santa Tecla** (Sainte Thècle), dans l'abside. Il fut exécuté par Père Johan vers 1430. Dans le petit musée, retables et statues du Moyen Age.

Museo Arqueológico Provincial

Plaça del Rei s/n ☎ (977) 20.11.01 ◐ *Ouv. lun-sam 7 h-13 h 30, 16 h-19 h ; di et vacances 10 h-14 h.*

Présentation extrêmement soignée de diverses découvertes archéologiques effectuées lors de fouilles à Tarragone. La plupart sont romaines : superbes mosaïques, fragments de chapiteaux, corniches, frises, statues, objets ménagers et pièces de monnaie.

Paseo Arqueológico ☆ *(Promenade archéologique)*

◐ *Ouvert lun-sam 10 h-13 h 30, 16 h-19 h, di et vacances 10 h-14 h.*

Il y a peu d'endroits où apparaissent avec autant d'évidence les différentes cultures qui se sont affrontées en Espagne. La plus grande partie de l'ancienne muraille qui entourait la ville est encore debout. A la base, d'énormes piliers préibères de près de 10 m de haut. Par-dessus, contrastant fortement par leur raffinement, les améliorations romaines. Plus haut encore, les ajouts très subtils de l'ère d'Auguste et, de-ci de-là, des tours de garde et des pans de mur qui rappellent le passage des Maures et des Wisigoths. Des fenêtres, des balcons, des bâtiments entiers furent percés, ajoutés, construits au Moyen Age. Puis, pendant la guerre d'Indépendance, les Anglais érigèrent des fortifications extérieures des côtés N et O, pour renforcer le mur d'origine.

A voir également

Le Museo de Arte Moderno *(Santa Ana 8 ☎ (977) 20.30.53)* installé dans la Casa Montoliú, un édifice restauré, présente une bonne collection d'artistes actuels.
On peut visiter le **Museo Paleo-Cristiano y Necropolis** *(Av. de Ramón y Cajal, mêmes horaires que Museo Arqueológico)* et, à côté de ce dernier, les ruines du **Palacio de Augusto**. Juste à la sortie de Tarragone, on peut voir un important tronçon d'**aqueduc** romain.

🄷 L'**Imperial Tarraco** *(Rambla Vella 2 ☎ (977) 20.30.40 ▥ à ▥)* n'a rien d'exceptionnel, mais il n'y a pas mieux en ville ; les chambres sont spacieuses et l'on y domine le port. **Lauria** *(Rambla Nova 20 ☎ (977) 20.37.40 ▥)* est sans prétentions, bien situé et confortable, moins cher que le précédent. Un cran au-dessous : le **Paris** *(Maragell 4 ☎ (977) 20.33.40 ▥)*, donnant sur une place agréable.

🅁 **La Rambla**
Rambla Nova 10 ☎ (977) 20.65.88 ▥ □ ■ ▥ Y AE CB DC MC VISA Dernières comm. 23 h.

Dans un décor peu chaleureux à dominante gris et blanc, assez formel mais équipé de l'air conditionné, La Rambla offre une cuisine tout à fait correcte. Spécialités : *sopa bullabesa, brocheta de pescados* et *tortillas*.

🅁 **Sol Ric**
Via Augusta 227 ☎ (977) 20.10.26 ▥ □ ■ ⛰ P Y Dernières comm. 23 h. Fermé di. soir, lun.

A environ 1 km en dehors de la ville, c'est un restaurant de poisson qui cultive son style pittoresque. La cuisine est bonne, sans génie, et les serveurs sont attentionnés et efficaces. Le vin de la maison est servi dans un *porrón*, pichet à long col. Spécialités : *bacalao al horno, almejas a la marinera* (clams avec une sauce à l'oignon, à la tomate, à l'ail et au vin blanc), *langostinos*.

Tarrasa *(Terrassa)*

*Carte **15**D10. Province de Barcelone. 27 km au N-O de Barcelone, 145 km au S-E de Lérida. Population : 160 000.*

L'industrie textile est responsable du développement de l'actuelle Tarrassa. Elle fut fondée à l'époque romaine, sous le nom d'Egara, mais ses bâtiments les plus intéressants datent de l'époque wisigothique.

A voir

Iglesias Prerománicas de Egara †
Parque de Vallparadis.

Dans un parc situé au N-O du centre-ville se trouvent trois églises préromanes, construites entre le IXe et le XIIe s., qui comptent parmi les plus anciens lieux de culte chrétiens d'Espagne. Certains de leurs éléments décoratifs remontent au IVe s. La plus agréable est l'église de **San Miguel**, qui fut un baptistère au Ve s. Les piliers soutenant la coupole sont romans, tandis que des arcs byzantins entourent la crypte, où l'on admirera des peintures datant du VIIe au XIIe s. L'église de **Santa Maria** dénote l'influence du style roman français, mais l'abside est du IXe s. et l'on peut voir un morceau de mosaïque du IVe s., probablement romaine. Cette église abrite également un retable polychrome du Xe s. et des peintures du XIIe s. décrivant le *Martyre de saint Thomas Becket*. La dernière église, **San Pedro**, est moins intéressante.

Museo Municipal de Arte

General Sanjurjo 17 ☎ (93) 785.71.44 ◐ Ouv. 10 h-14 h, 15 h-18 h. Fermé lun.

Ce musée offre une grande diversité de céramiques, peintures, sculptures et fragments architecturaux des Xe-XIXe s.

Museo Provincial Textile

General Sanjurjo 19-21 ☎ (93) 785.72.98 ◐ Ouv. 10 h 30-13 h 30, 17 h-20 h.

L'exposition ne concerne pas seulement des tissus régionaux mais aussi des textiles japonais, mauresques, indiens et turcs, ainsi que des vêtements religieux et des instruments de tissage anciens.

Ⓗ **Egara** *(Onésimo Redondo 1 ☎ (93) 780.15.33 ▮□)* : acceptable.

Teruel

Carte 14E8. Province de Teruel. 150 km au N-O de Valence, 145 km au N-E de Cuenca. Population : 28 300. ℹ Tomás Nogués 1 ☎ (974) 60.22.79.

Les Romains mirent à sac le village de Teruel au IIIe s. av. J.-C., les Maures le soumirent brutalement et les rois catholiques le choisirent pour y massacrer les juifs qui refusaient de quitter le pays. Lors de la guerre civile, par ailleurs, phalangistes et loyalistes en firent le siège pendant le terrible hiver 1937.

A voir

Cathédrale †

Commencée au XIIIe s. et agrandie ultérieurement, la cathédrale possède une tour mudéjare et un remarquable plafond peint *artesonado*. Le retable de bois sombre (XVIe s.) du maître-autel est de Gabriel Joly.

Iglesia de San Pedro †

Hartzenbusch s/n. Ouvert 10 h-13 h, 17 h-19 h.

Ici sont enterrés les légendaires amants de Teruel, héros d'un drame passionnel comparable à Roméo et Juliette. La rue où se trouve l'église porte d'ailleurs le nom d'un de ceux qui, avec Tirso de Molina, se sont inspirés de la légende dans leurs écrits : Juan Eugenio Hartzenbusch. L'église, de style gothique, possède une tour mudéjare et des ajouts churrigueresques (XVIIIe s.).

Torres Mudéjares

Cinq tours mudéjares ont miraculeusement survécu aux drames de Teruel. Datant des XIIIe-XVIe s., elles accompagnent des églises, les deux plus anciennes et plus remarquables étant **El Salvador** et **San Martín**, du XIIIe s., percées d'arches à la base et recouvertes d'azulejos et de briques étroites selon un motif décoratif typique.

Ⓗ **Parador Nacional de Teruel** *(Carretera Zaragoza s/n ☎ (974) 60.25.53 ▮▮□)*, loin du centre-ville, construction moderne de style mudéjar avec des chambres spacieuses, entourée de beaux jardins. Le **Reina Cristina** est efficace et bien aménagé *(Paseo Generalisimo 1 ☎ (974) 60.68.60 ▮▮□)*.

Ⓡ Le meilleur est celui du **Parador** *(même ☎ et adresse que l'hôtel ▮▮□)*, mais **El Milagro** *(Carretera Teruel-Zaragoza s/n ☎ (974) 60.30.95 ▮□)*, moins cher, reste très correct.

Excursion

Albarracín *(36 km à l'O. de Teruel)*. A l'entrée de gorges profondes, entouré par le rio Guadalquivir, ce ravissant village rose perché dans la montagne a été déclaré dans son ensemble monument historique. Sur le plan architectural, il est resté intact, comme au moment de sa plus grande gloire, deux siècles avant Christophe Colomb : des édifices mudéjars, des galeries islamiques avec des balustrades de bois sculpté, une cathédrale et une très jolie Plaza Mayor.

Tolède *(Toledo)*
Carte 7F5. Capitale de province. 69 km au S de Madrid, 116 km au N de Ciudad Real. Population : 52 900 ℹ Puerta de la Bisagra ☎ (925) 22.08.43.

On ne peut pas être déçu par Tolède. Elle se dresse, brune et hardie, sur son promontoire de granit pris dans un méandre du Tage, superbe cité médiévale au cœur de la *Castille.*

Le site fut d'abord habité par les Romains, qui lui donnèrent le nom de Toletum, puis occupé par les Wisigoths qui firent de la ville leur capitale en 554. Avec la conversion au catholicisme du roi Reccared, en 587, elle devint également capitale religieuse. Tombée aux mains des Maures en 711, elle dépendit de l'émirat de Cordoue pendant trois siècles. En 1085, Alphonse VI la reprit et s'y installa avec sa cour. Tolède resta capitale d'Espagne jusqu'en 1561, date à laquelle Philippe II choisit de lui substituer Madrid.

Sous les règnes tolérants de Ferdinand III et d'Alphonse X, Tolède devint une des villes juives les plus importantes d'Espagne et un centre célèbre pour les érudits et les traducteurs. Les synagogues de la ville datent de cette période.

La ville est aussi connue pour avoir été choisie comme patrie d'adoption par celui qui allait devenir sous le nom d'El Greco l'un des peintres les plus célèbres d'Espagne, Domenicos Theotokópoulos.

De l'inconnu, des noces qui s'y consomment et qui nous valent les chefs-d'œuvre, Greco tire la pourriture divine de ses couleurs. Et son jaune et son rouge qu'il est le seul à connaître. Il en use comme de la trompette des anges. Le jaune et le rouge réveillent ses morts qui gesticulent et déchirent leurs linceuls. Ils s'y dressent au milieu des plis cassés de rochers de linge. Ils revivent, ouvrent grands les narines, la bouche, les yeux, les mains et se hissent vers le jugement d'un ciel grand ouvert.

Jean Cocteau, *Le Gréco*

Manifestations Pendant la Semaine Sainte et le jour de l'Ascension, les balcons sont recouverts de soieries et de tapisseries, et l'on promène dans toute la ville des statues religieuses de couleurs vives.

A voir

Alcázar 🏛
Capuchinos ◐ Ouv. été 9 h 30-19 h 30 ; hiver 9 h 30-18 h.

L'Alcázar se dresse à l'endroit le plus élevé de la ville. Il fut construit sur un site romain par Alphonse VI et eut le Cid pour premier gouverneur. Charles Quint, plus tard, confia à Alonso de Covarrubias le soin de transformer en résidence royale cette forteresse. L'imposante façade, commandée par Philippe II, est l'œuvre de Juan de Herrera. Le bâtiment a connu bien des dégâts et des restaurations au cours de sa longue histoire, avant d'être dévasté pendant la guerre civile. On peut encore voir les galeries souterraines où plus de six cents femmes et enfants vinrent s'abriter pendant le siège qui dura huit semaines. L'Alcázar est aujourd'hui restauré tel qu'il était sous Charles Quint.

Casa y Museo del Greco

Paseo del Tránsito ☎ (925) 22.40.46 ◐ Ouv. été mar-sam 10 h-14 h, 15 h 30-19 h ; hiver mar-sam 10 h-14 h, 15 h 30-18 h, lun 10 h-14 h. Fermé di.

On verra un *Saint François et frère Léon* dans le cabinet de travail et, dans l'atelier du premier étage, une version de *Saint Pierre pénitent* (une autre se trouvant dans la cathédrale). Le musée du premier étage abrite une série de portraits du Christ et des apôtres, un portrait du fils de l'artiste et une vue de Tolède. Dans la chapelle privée, au plafond mudéjar polychrome, un *Saint Bernardin de Sienne* par Greco et, au rez-de-chaussée, plusieurs tableaux de maîtres espagnols des XVIe-XVIIe s. Du jardin, on admirera les *cigarrales* (maisons de campagne) qui bordent le Tage.

Cathédrale ⛩ † ★

Plaza Mayor. Ouv. été 10 h 30-13 h, 15 h 30-19 h ; hiver 10 h 30-13 h, 15 h 30-18 h.

L'une des plus grandes et des plus belles d'Espagne. Commencée dans le style gothique français sous Ferdinand III, en 1227, et terminée en 1493 avec des variations espagnoles. Elle possède huit portes (dont trois dans la façade principale) et, à gauche, une tour de plus de 90 m de haut qui se termine par une flèche. L'intérieur, immense et sombre selon la manière espagnole, est séparé en cinq grandes nefs par des rangées de piliers et abrite un nombre considérable de chapelles (une vingtaine), dont chacune abrite de somptueux retables, tableaux, sculptures, etc.

On entre par le cloître qui se trouve à gauche de la façade principale. Ce qui frappe immédiatement dans le **sanctuaire**, fermé par une grille richement ouvragée, est un retable flamboyant, doré, aux sculptures finement ciselées. Le **chœur** ★ présente un superbe alignement de stalles en noyer des XVe - XVIe s., dont les bas-reliefs sculptés, dus à Rodrigo Alemán (env. 1495), représentent la conquête de *Grenade* par les rois catholiques en 1492. La partie supérieure des stalles est de Berruguete et Jean de Bourgogne. Dans la **chapelle mozarabe**, juste en dessous de la coupole, on célèbre encore la messe selon le rituel mozarabe. Derrière le sanctuaire, la coupole a été ouverte pour ménager une rosace, afin que la lumière puisse illuminer la *Transparente*, imposant groupe de personnages religieux sculpté par l'artiste baroque Narcisco Tomé.

Dans le **chapitre** et son antichambre, on verra de très beaux plafonds mudéjars colorés et des peintures murales par Jean de Bourgogne (vers 1533), ainsi que deux portraits par Goya. La plupart des tableaux de la cathédrale, dont certains sont exceptionnels, ont été accrochés aux murs de la **sacristie**. Il y a, outre les portraits des apôtres par Greco, l'une de ses œuvres les plus célèbres, l'*Espolio* (le Christ dépouillé de ses vêtements), un portrait du *Pape Paul III* par Titien, la *Sainte Famille* par Van Dyck, l'*Arrestation de Jésus* par Goya, la *Vierge au voile* de Raphaël et deux toiles de Rubens. Du haut du **beffroi**, on a une vue admirable sur la ville.

Monasterio de San Juan de los Reyes †

Reyes Católicos ☎ (925) 22.83.02 Ouv. en été 10 h-14 h, 15 h-19 h ; hiver 10 h-13 h, 15 h-18 h.

L'église appartient à un monastère construit par les rois catholiques. C'est là, à l'origine, qu'ils devaient être enterrés. L'architecte flamand Juan Gas s'est inspiré de toutes les facettes de l'art mudéjar. Le **cloître**, de style gothique flamboyant avec un plafond mudéjar *artesonado* en voûte, est admirable.

Museo de Santa Cruz ☆

Cervantes ☎ (925) 22.14.02 ◐ Ouv. été 10 h-19 h ; hiver 10 h-18 h.

Cet édifice, terminé sous le règne d'Isabelle, fut commencé à la demande du cardinal Pedro Gonzalez de Mendoza pour servir d'hôpital. Son impressionnante façade plateresque a été conçue par Covarrubias. Le musée abrite une grande collection de tableaux des XVIe et XVIIe s., dont vingt-deux Greco, le plus célèbre étant l'*Assomption* (1613). On admirera également des peintures primitives, des tapisseries des Flandres et des œuvres de peintres tels que Jean de Bourgogne, Morales et Ribera.

Puente de Alcántara

Ce pont pittoresque fut d'abord construit par les Romains, puis restauré par les Maures en 997 et reconstruit par Alphonse X en 1258. La tour mudéjare de l'extrémité O date de 1484, alors que l'arc baroque ajouté à l'autre bout est de 1721.

Puerta del Sol

Sans doute le plus bel exemple d'architecture militaire qu'on puisse trouver dans la ville. Construite par les Hospitaliers au XIVe s. A côté de la porte, le petit hermitage de **Cristo de la Luz**, construit comme mosquée au Xe s. mais converti en église au XIIe s.

Sinagoga de Santa María la Blanca

Reyes Católicos ◐ Pour les horaires, voir église de San Juan de Los Reyes.

La principale synagogue de Tolède au XIIe s. fut transformée en 1405 en église par les chevaliers de l'ordre de Calatrava. L'intérieur, de style almohade, est divisé en cinq nefs par des piliers octogonaux soutenant des arcs en fer à cheval. Les chapiteaux sculptés dans le style andalou sont exceptionnels.

Sinagoga del Tránsito

Paseo del Tránsito. Pour les horaires, voir église de San Juan de Los Reyes.

Construite au XIVe s., cette synagogue fut transformée elle aussi en église, dès 1492. Petite, et d'aspect extérieur modeste, elle abrite un intérieur remarquable par son décor mudéjar : un admirable plafond *artesonado* en mélèze et cinquante-quatre fenêtres ouvertes chacune dans un bloc de pierre ajourée. A côté, un **musée séfardim** (juif espagnol) expose des robes, des livres, des manuscrits, deux coffres d'argent et autres reliques juives.

Les femmes espagnoles sont justement célèbres par leurs agréments ; elles ont un port de tête particulier, leur démarche, vive et hardie, a de la grâce, leurs pas, quoique courts et légers, sont fortement marqués, elles piaffent plutôt qu'elles ne marchent.(···).Leurs manières se distinguent par cet air de coquetterie animée, élégante, qu'on appelle ici *la sal espagñola*. Je leur reproche d'être trop occupées de l'effet qu'elles produisent ; leur agitation qu'on prendrait pour de la minauderie, si l'on ne savait que les personnes du Midi sont presque toujours naturelles, fait cependant regretter la beauté calme et majestueuse des dames romaines. Custine, *L'Espagne sous Ferdinand VII*

A voir également

Dans les jardins publics, au N, se trouvent les restes d'un **cirque romain**. La **Puerta Nueva** et la **Puerta Vieja de Bisagra** se trouvent dans les anciens remparts mauresques. C'est par l'ancienne, la seule qui subsiste de l'enceinte arabe, qu'Alphonse VI fit son entrée dans la ville en 1085. La nouvelle porte, avec ses deux grosses tours rondes crénelées, a été reconstruite par Covarrubias en 1550. Correspondant au pont de l'Alcantara à l'E se trouve, à l'O, le **Pont de San Martín**, construit au XIVe s. Sur la **Plaza del Zocodover**, au centre, la **Posada de la Sangre**, où Cervantes aurait séjourné, a été reconstruite après les dégâts de la guerre civile.

Parmi les nombreuses églises que compte Tolède, **San Tomé** possède une belle tour mudéjare du XIVe s. et abrite le grand chef-d'œuvre de Greco, *l'Enterrement du comte d'Orgaz*. **San Román**, qui a aussi sa tour mudéjare, a été transformée en **Musée wisigothique** *(☎ (925) 22.78.72)*, avec des pierres taillées et des bijoux en bronze. **Cristo de la Vega**, enfin, sur le site d'un temple wisigothique du VIIe s., présente une remarquable abside mudéjare. Egalement intéressant, l'**Hospital de Tavera** *(◐ ouv. 10 h-13 h 30, 15 h 30-18 h)*est aujourd'hui une école. Dans la grande salle à manger, le portrait de *Charles Quint* par Titien et plusieurs œuvres importantes de Greco.

Ⓗ Parador Nacional Conde de Orgaz
Paseo de los Cigarrales ☎ (925) 22.18.50 57 57 P
AE DC MC VISA
Juste au S de Tolède, de l'autre côté du Tage. Dominant la colline d'El Emperador, avec une vue superbe sur la ville, ce *parador* moderne construit dans le style tolédan traditionnel est le meilleur hôtel de la région.

Ⓗ **Alfonso VI** *(General Moscardó 2 ☎ (925) 22.26.00)*est un excellent établissement avec un décor de genre castillan ; l'**Almazara** *(Carretera Piedrabuena 47 ☎ (925) 22.38.66)* sympathique, un peu démodé, est formidablement situé ; le **Carlos V** *(Escalerilla de la Magdalena 3 ☎ (925) 22.21.00)*bénéficie d'une situation pittoresque et de chambres confortables ; **Maravilla** *(Barrio del Rey 5-7 ☎ (925) 22.30.00)*, petit, est installé à proximité des restaurants.

Ⓡ Hostal del Cardenal
Paseo de Recaredo 24 ☎ (925) 22.08.62 P AE DC MC VISA
Dernières comm. 23 h.
Le meilleur de Tolède, installé dans une belle demeure seigneuriale du XVIIIe s., au fond d'un jardin ombragé. Spécialités : agneau et cochon de lait rôtis, asperges fraîches, fraises d'Aranjuez.

Ⓡ Venta de Aires
Circo Romano 25 ☎ (925) 22.05.45 P AE DC MC VISA
Dernières comm. 23 h.
Un établissement dont la solide réputation est établie depuis longtemps. Chaleureux et intime en hiver, il offre en été un vaste jardin. La première propriétaire, la Señora Modesta, organisait les dîners de chasse d'Alphonse XIII. Des plats fameux comme le ragoût de perdrix, la *tortilla de patatas a la magra*, la soupe à l'ail et le *queso manchego*, fromage de la Manche.

Ⓡ **Casa Aurelio** *(Sinagoga 6 ☎ (925) 22.20.97)* offre un bon choix de plats locaux bien préparés, en particulier la soupe à l'ail, la *menestra de verduras*, l'agneau rôti, la perdrix et la caille. Les vins viennent des vignobles de la maison. D'excellents plats du jour, souvent régionaux, sont l'attraction de **Chirón** *(Paseo de Recaredo 1 ☎ (925) 22.01.50)*. **Cigarral Monterrey** *(Carretera Piedrabuena 42 ☎ (925) 22.69.50)* est un restaurant à terrasse très en vogue, juste à la sortie de Tolède. **Emperador** *(Carretera del Valle 1 ☎ (925) 22.46.91)* est agréable, en dehors du centre de la ville. Essayez également les *tapas* de l'**Hosteria Aurelio** *(Santo Tomé 21 ☎ (925) 22.20.36)*.

Shopping

Tolède est envahie par les boutiques de souvenirs regorgeant de vilaines petites statuettes et d'images religieuses. Cela fait des siècles que la cité est célèbre pour ses lames d'acier. Mais les véritables couteaux de Tolède à la décoration très ouvragée ne sont pas des objets bon marché, et il n'est pas question de les acheter ailleurs que dans un très bon magasin. Il en va de même pour les damasquinages traditionnels.

Excursion

Illescas *(33 km au N de Tolède, sur la route de Madrid).* L'église collégiale abrite plusieurs Greco.

Toro

Carte 11D4. Province de Zamora. 33 km à l'E de Zamora, 63 km à l'O de Valladolid. Population : 9 800.

L'ancienne ville s'étend sur une longue éminence qui domine le rio Duero. Hannibal a apparemment fondé là une colonie, au IIIe s. av. J.-C., suivi par les Romains. Malgré son apparence quelque peu délabrée, la ville a été dans son ensemble déclarée monument historique en raison de sa richesse en églises romanes et autres bâtiments du XIIe s..

A voir

Colegiata de Santa Maria la Mayor ⛩ † ☆

Plaza del Espolón ◐ ouv. juin-sept 10 h 30-13 h 30, 16 h 30-20 h. Le reste de l'année, se renseigner à l'hôtel de ville.

Magnifique exemple, relativement intact, du style roman. Le beau portail O de cette église construite entre le XIIe et le XIIIe s. laisse apparaître les premiers signes de l'éclosion de l'art gothique. Dans la **sacristie**, un tableau intitulé **Virgen de la Mosca**, avec une représentation de la reine Isabelle.

A voir également

Parmi les autres édifices importants de Toro : l'**Iglesia de San Lorenzo** (XIIIe s.), de style roman-mudéjar, avec un retable par l'artiste régional Fernando Gallego. Le **Convento del Sanctis Spiritus** (XIVe s.) abrite le tombeau de Béatrice de Portugal, épouse de Juan Ier de Castille. La **Plaza de Toros** est également célèbre pour avoir été une des premières construites en Espagne (1828). Enfin, il y a le **Palacio de las Leyes**, où les Cortes se réunirent en 1506 pour confirmer le droit de Ferdinand d'Aragon à la succession au trône après la mort d'Isabelle.

🄷 **Juan II** *(Paseo del Espolón 1 ☎ (988) 69.03.00 ▭)* : bonne installation, jolie vue sur la campagne et proximité de la ***Colegiata de Santa Maria la Mayor***.

🅁 **Juan II** *(même adresse et ☎ que l'hôtel ▭)* offre des vins et recettes de la région. C'est ici que se célèbrent les fêtes familiales locales.

Torremolinos

Carte 7I5. Province de Málaga. 45 km au N-E de Marbella, 14 km au S-O de Málaga. Population : 25 000 ℹ La Nogalera 517 ☎ (952) 38.15.78.

Torremolinos a beaucoup souffert des vagues de touristes européens qui ont déferlé depuis la fin des années 50. Une urbanisation mal contrôlée a donné lieu à quelques fâcheux excès, vilaines villas de pacotille et night-clubs clinquants, mais il existe un autre visage de Torremolinos. La longue plage, dont la ligne est brisée seulement par le gros rocher qui sépare la nouvelle ville de l'ancien village de pêche, **La Carihuela**, est idéale pour quelques jours de repos loin des visites guidées d'églises et de châteaux mauresques.

On trouvera ici foule d'hôtels, d'hostelleries, de chambres chez l'habitant, de restaurants, de bars et de cafés. La sélection suivante n'en donne qu'un petit aperçu.

Hôtels

Cervantes
Las Mercedes s/n ☎ (952) 38.40.33 Tx 77174 à
400 400
En plein centre-ville, près des boutiques et des night-clubs, dirigé et arrangé avec plus d'efficacité qu'il n'est de coutume dans cette avenue assommée par le soleil. Peut-être le meilleur choix pour qui voudrait mêler les affaires aux plaisirs. Tout est prévu : deux piscines, un bar avec musique.

Don Pablo
Paseo Marítimo ☎ (952) 38.38.88 Tx 77252
429 429
Près de la plage, un peu à l'E du centre. Quelques murs de briques assemblés selon la technique mudéjare, des plafonds à caissons dans les salons donnent un certain style à l'établissement. Pour le reste, tout est parfaitement conçu en vue de vacances idéales : deux piscines chauffées, sauna, gymnase, cabinet de massage, salle de billard, quatre bars et ce qu'il faut pour danser le soir. Dans les salles de bains, des barres chauffées pour les serviettes, et dans les chambres doubles, des grands lits, ce qui n'est pas si fréquent en Espagne.

Miami
Aladino 14 ☎ (952) 38.52.55
27 27
A trois rues de la plage de La Carihuela. Aussi tranquille que possible, dans un endroit comme Torremolinos. Charmante auberge cachée derrière des cactus géants et des bananiers, au cœur d'un quartier résidentiel, jadis village de pêcheurs. Un cousin de Picasso a construit la maison qui se trouvait au cœur du bâtiment actuel et l'a remplie d'objets insolites et désuets.

Montemar
Av. Carlotta Alessandri ☎ (952) 38.15.77 42 42
Dans un quartier résidentiel, à l'O du centre. La construction de cette taverne en 1934 a lancé le tourisme sur la Costa del Sol — c'est du moins ce qu'annonce une pancarte à la porte. Cour intérieure typiquement andalouse, avec une loggia qui soutient les balcons des étages. Un peu loin du centre, mais la piscine est plutôt grande et les installations sont satisfaisantes.

Parador Nacional del Golf
Apartado 324 de Málaga ☎ (952) 38.12.55 40 40
A 7 km à l'E de la ville, sur la route de Málaga. En règle générale, les *paradores* ne sont pas vraiment équipés pour les loisirs de la clientèle, hormis une petite piscine, parfois. Celui-ci fait exception, avec une grande piscine circulaire sur la route de la plage, des courts de tennis à deux pas de l'entrée et un parcours de golf tout proche.

Parmi les autres hôtels bien aménagés : **Al-Andalus** *(Av. de Montemar s/n ☎ (952) 38.12.00* à *)* ; **Don Pedro** *(Av. del Lido s/n ☎ (952) 38.68.44)* ; **Meliá Costa del Sol** *(Paseo Marítimo ☎ (952) 38.66.77)* ; **Meliá Torremolinos** *(Av. Carlotta Alessandri 109 ☎ (952) 38.05.00)* ; **Las Palomas** *(Carmen Montes 1 ☎ (952) 38.50.00)* ; **Pontinental** *(Apartado 75 ☎ (952) 38.14.00)* ; **Principe Sol** *(Paseo Marítimo ☎ (952) 38.41.00)*.

Restaurants

El León de Castilla
Casablanca s/n, Pueblo Blanco ☎ (952) 38.69.59
Dernières comm. 23 h.
Sur une petite place entourée de

maisons blanches croûlant sous les fleurs. Spécialités de *sopa de cebolla, angulas de Aguinaga* et *cordero asado*. Le personnel prépare admirablement bien le poisson.

El Roqueo
Carmen 35, La Carihuela ☎ (952) 38.49.46 ▥ □ ■ ⛱ Y dernières comm. 23 h. Fermé nov et mar.
Restaurant de poisson, ambiance familiale, bonne qualité. Les meilleures spécialités : la *lubina* ou la *dorada al sal* (le poisson est cuit au four dans une croûte de gros sel), les *boquerones*, la *fritura malagueña*.

Ⓡ **El León de Castilla** et **El Roqueo** se trouvent dans des quartiers où il y a des dizaines d'autres restaurants, dont : **Pizzeria El Paseo** *(Paseo Marítimo ▥)* et **Marrakech** *(Carretera de Benalmádena ☎ (952) 38.21.69 ▥)*. Pas très chers : **Casa Juan** *(Humilladero 16, La Carihuela ☎ (952) 38.41.00 ▥)* pour les poissons, **Cacerola** *(María Barrabino s/n ▥)* pour des plats dits anglais ; **Marsalo** *(María Barrabino s/n ▥)* pour la cuisine espagnole traditionnelle. Autour de Puerto Blanco, essayez de trouver le restaurant végétarien **Salud** *(Casablanca s/n, La Nogalera ▥)*, ou encore **El Caballo Vasco** *(Casablanca s/n, La Nogalera ☎ (952) 38.23.36 ▥)* et **Estocolmo** *(Paraje de la Fuente 9 ☎ (952) 38.59.29 ▥)*. **Frutos** ☎ *(952) 38.14.50)* est installé sur la route de Málaga.

Vie nocturne

Les bars, les discothèques et les cabarets de flamenco sont trop nombreux pour qu'on puisse espérer les recenser, d'autant que certains ont une existence éphèmère. L'Avenida Carlotta Alessandri, à l'O du centre de la ville, est le principal quartier de night-clubs. Les jeunes se pressent chez **Piper's**, tandis que le public est plus mélangé chez **Numero Uno** et **Joy**, dont le succès semble ne pas se démentir. Nombreux bars autour de **Pueblo Blanco**.

Tortosa

*Carte **14**E9. Province de Tarragona. 85 km au S-O de Tarragone, 195 km au N-E de Valence. Population : 47 000.*

Les origines de ce centre agricole sont très certainement romaines et mauresques, mais il n'en reste pas beaucoup de marques. Le seul monument d'importance est une drôle de tour rouillée plantée au milieu du rio Ebro pour commémorer la dernière bataille de la guerre civile, qui se livra là en 1938. La **cathédrale** gothique a été, commencée au XIVe s. ; des ajouts baroques y ont été apportés. On dit que les Maures, les juifs et les chrétiens cohabitèrent sans tumulte dans cette cité jusqu'au XIVe s., soit pendant près de cent ans. Le quartier juif s'étend derrière les fortifications mauresques.

Ⓗ A l'intérieur des remparts mauresques, le **Parador Nacional Castillo de la Zuda** *(☎ (977) 44.44.50 ▥ à ▥)* a été construit en 1976 avec l'intention de tirer avantage du paysage de rivière et de sierra à l'O et de la vieille ville au S. Grâce à lui, Tortosa devient une étape logique sur la route qui relie la France à Valence.

Ⓡ **San Carlos** ✿ *(Av. Felipe Pedrell 46 ☎ (977) 44.10.48 ▥)* est un excellent établissement spécialisé dans les produits de la mer ; portions abondantes, sauces sublimes et décor sans prétention.

Trujillo

*Carte **6**F4. Province de Cáceres. 47 km à l'E de Cáceres ; 86 km au N-E de Mérida. Population : 9 500.*

Une remarquable Plaza Mayor, à laquelle on accède par des petites rues tortueuses qui se faufilent entre des groupes de maisons accrochées à la colline. Tout en haut, un château mauresque abandonné, dont on aperçoit les murs depuis la route Madrid-Lisbonne. Au centre de la Plaza Mayor, une statue équestre du conquistador *Pizarre*, né ici en 1476. Rien n'a vraiment changé depuis trois siècles dans cette ville discrète.

A voir

Ayuntamiento Viejo
Plaza Mayor. Horaires extrêmement irréguliers.
Le vieil hôtel de ville est caractérisé par trois étages d'arcades superposées, chacun plus trapu que celui d'en dessous. A l'intérieur, des peintures murales illustrent la fonction actuelle de l'édifice comme tribunal de justice.

Casa de las Cadenas
Plaza Mayor.
Une lourde chaîne est accrochée devant cette maison du XIIe s., symbole de l'exemption d'impôts accordée par Philippe II à la famille Orellana.

Iglesia de San Martín †
Plaza Mayor.
Derrière la statue de *Pizarre* se dresse une église en granit du XVe s., reconstruite au XVIe s. dans le style Renaissance. Quelques éléments gothiques subsistent néanmoins. A l'intérieur, une nef imposante.

Palacio Duques de San Carlos
Plaza Mayor ○ Ouv. 9 h-14 h, 16 h-20 h. Sonner pour être admis.
Cette résidence ducale du XVIe s. est aujourd'hui un couvent. Quelques sculptures et détails début Renaissance apparaissent sur la façade ; la cour intérieure, à deux niveaux, est d'une beauté exceptionnelle. Les nonnes servent de guide.

Palacio Marqués de la Conquista
Plaza Mayor.
Sur la façade donnant sur la place, une loggia, des statues tous les deux mètres le long de la ligne du toit et quatre étages de fenêtres munies de grilles de fer. Le trait le plus marquant, cependant, est une fenêtre d'angle à arc pointu, agrémentée d'un balcon et surmontée d'un blason aux armoiries de la famille Pizzare, de style plateresque, sculpté dans la pierre.

Ⓗ Le **Parador Nacional de Trujillo** *(☎ (927) 32.13.58 ▥ ⇆ 46 ▥ Y ╦)*, un ancien couvent, offre le confort habituel des paradores.

Ⓗ **Las Cigüeñas** *(Carretera Madrid-Lisbonne, km 248 ☎ (927) 32.06.50 ▥)* et **El Conquistador** *(Carretera Madrid-Lisbonne, km 251 ☎ (927) 32.01.50 ▥)* , plus grand, sont de bonnes adresses.

Ⓡ **Hostal Pizarro** *(Plaza Mayor ☎ (927) 32.02.55 ▥)* est spécialisé dans la cuisine typique d'Estrémadure.

Tudela

*Carte **13**C7. Province de Navarre. 83 km au S de Pampelune, 81 km au N-O de Saragosse. Population : 24 000.*

Au cœur de la principale région agricole de *Navarre*, la Ribera, Tudela est un centre de conserveries et distribution de produits maraîchers tels que laitues, asperges, artichauts. Son histoire remonte à bien avant les Maures, qui s'emparèrent du village au VIIIe s. et le gardèrent jusqu'en 1114, quand les troupes d'Alphonse Ier les battirent. L'architecture porte leur empreinte. La **cathédrale** gothique du XIIIe s. *(ouv. 9 h-13 h, 17 h-20 h)* a été construite sur les ruines d'une mosquée ; on y trouve tous les styles, du roman au baroque. On peut voir dans le **cloître** des fragments de l'ancienne *mezquita*.

Plusieurs demeures Renaissance méritent d'être vues, ainsi que, dans le vieux quartier mauresque, l'**Iglesia de San Nicolás** (XIIe s.), rénovée au XVIIIe s., mais qui conserve un beau portail roman.

Morase *(Paseo de Vadillo 13 ☎ (948) 82.17.00)* est confortable et pas trop cher, et possède le meilleur restaurant de la ville. S'il n'y a pas de place, essayez **Tudela** *(Carretera de Zaragoza s/n ☎ (948) 82.05.58)*, propre mais sinistre.

Túy

Carte 10C2. Province de Pontevedra. Au passage principal de la frontière entre le nord du Portugal et la Galice ; 124 km au N. de Porto ; 29 km au S. de Vigo. Population : 15 000 ℹ Edificio de la Aduana ☎ (986) 60.07.57.

Sa position stratégique sur le rio Miño a fait de Túy un endroit recherché par les commerçants du monde antique, mais on ne peut définir ses origines avec précision. Elle servit de place forte aux Espagnols pendant les conflits qui les opposèrent au Portugal, au Moyen Age, mais resta à l'abri des guerres suivantes. La route à deux étages et le pont de chemin de fer qui relient la ville à Valença do Minho furent construits par Gustave Eiffel. La **cathédrale fortifiée**, commencée à la fin du XIIe s., est remarquable en ce sens que le style roman-gothique d'origine a été préservé, alors qu'il a fallu trois siècles pour terminer la partie centrale. A l'intérieur, le décor est en revanche essentiellement Renaissance. Certaines parties sont renforcées contre d'éventuels tremblements de terre.

Parador Nacional San Telmo
☎ (986) 60.03.09 16 16 AE CB DC MC VISA
A quatre rues au N du passage du Rio Miño. Il n'y a pas beaucoup de place, et la frontière est proche : mieux vaut réserver ! L'ensemble est moderne, tout en essayant de ressembler à un manoir galicien.

Casa Delmiro
Carretera La Guardia, km 12 ☎ (986) 62.22.53 MC VISA Dernières comm. 23 h. Fermé di. soir, jours fériés.
Voici l'une des cuisines les plus accomplies de Galice, une excellente introduction au style régional pour ceux qui arrivent juste du Portugal. Parmi les spécialités : *anguilas con jamón y champiñones*, poisson de la rivière, *nécoras* et *lenguado*. Agréable situation au bord du rio Miño, et très bonne cave.

Ubeda

Carte 8H6. Province Jaén. 57 km au N-E de Jaén, 204 km au S-E d'Albacete. Population : 30 000 ℹ Plaza de Santa Maria ☎ (953) 75.08.97.

On a dit d'Ubeda qu'elle était la Salamanque de l'Andalousie, tant les palais et églises Renaissance y sont nombreux. Ce fut l'une des premières villes de la région à être reprise aux Maures, au XIIIe s. Les chrétiens rasèrent tout signe de l'occupation maure, si bien que l'influence de ceux-ci y apparaît nettement moins prononcée que plus au S. Les thèmes architecturaux dominants évoquent plutôt la Renaissance italienne.

A voir

La route en provenance de Jaén et Baeza passe devant l'énorme **Hospital de Santiago** (XVIe s.), que l'on compare souvent à l'*Escurial*. La cour intérieure à arcades possède un escalier spectaculaire, derrière une voûte polychrome. La plus importante des églises d'Ubeda, l'**Iglesia de San Pablo**, est un mélange de gothique pour la base et de Renaissance pour les ajouts. La porte O est gothique du XIIIe s., le portail S isabélin du XVIe s. et la tour de l'horloge, plateresque.

La place principale, la **Plaza del General Saro**, de forme triangulaire, est bordée d'arcades ; sur les trottoirs sont installées les tables des cafés. On remarquera également une tour à horloge datant du Moyen Age, avec une coupole du XVIIe s.

Le cœur de la vieille ville, la **Plaza Vazguez de Molina**, est une grande place rectangulaire recouverte par endroit de gros pavés, avec un jardin, des statues. Parmi les maisons et bâtiments municipaux qui l'entourent se dressent le **Palacio del Dean Ortega** (XVIe s.), dont la façade discrète offre un contraste marqué avec l'église Renaissance adjacente, la splendide **Capilla del Salvador** (XVIe s.), le **Palacio de las Cadenas** (XVIe s.), qui doit son nom aux chaînes qui délimitent la cour de devant, et en face, **Santa Maria de los Reales Alcázares**, avec à l'intérieur des éléments gothiques et sur les façades des ajouts Renaissance.

Le **Musée d'Ubeda** *(Cervantes s/n ☎ (953) 75.01.87)*, installé dans un édifice mudéjar du premier tiers du XIVe s., présente une belle collection d'histoire et d'archéologie locales.

Malgré son isolement, Ubeda est une ville animée, en particulier les jours de marché, et possède une rue d'ateliers d'artisanat (Calle Valencia) où l'on fabrique beaucoup de poterie.

H Parador Nacional Condestable Davalós
Plaza Vázquez de Molina 1 ☎ (953) 75.03.45 25 25 P
AE DC MC VISA

Au centre de la vieille ville. En 1931, on a transformé ce palais du XVIe s. en *parador* en le laissant comme il était, préservé mais non restauré. Les sols sont inégaux, les linteaux s'incurvent, les moulures commencent à lâcher. L'entrée se fait en haut d'un large escalier qui ouvre sur une cour, avec une verrière. Autour, seize colonnes minces dont la base est décorée d'azulejos bleu et blanc. Le restaurant est le meilleur de la région, des lieues à la ronde.

Excursion

Baeza *(9 km au S-O d'Ubeda)*. Petite ville Renaissance idéale, avec un **paseo** ombragé, une place dont la fontaine centrale est ornée de sculptures romanes, une **cathédrale** gothique du XIIIe s., un **Ayuntamiento** au bel extérieur plateresque et le **Palacio de Jabalquinto**, avec une façade isabéline.

Valdepeñas

Carte 7G6. Province de Ciudad Real. 200 km au S de Madrid, 198 km au N-E de Cordoue. Population : 25 000.

Valdepeñas est une petite ville agricole soignée qui commercialise les produits des vignobles du S-O de La Manche. Sa réputation vient des vins que produisent ses *bodegas*. Valdepeñas est parfaitement indiqué pour une halte d'une nuit sur la route de Madrid à la *Costa del Sol*. Le principal monument à visiter est une **église gothique** avec des détails plateresques. Ici, contrairement à *Jerez de la Frontera*, il n'y a pas de visites organisées des *bodegas* se terminant joyeusement dans les salles de dégustation. Les visiteurs sont néanmoins très bien accueillis à la coopérative viticole **La Invencible**, située dans la Calle Caro Patón, à trois rues à l'O du centre.

Meliá El Hidalgo
Carretera Madrid-Cádiz, km 194 ☎ (926) 31.16.40 54 54

A 6 km au N de Valdepeñas. Les vignobles montent jusqu'au parking de cet hôtel confortable, bien aménagé.

Gala *(Arpa 3 ☎ (926) 32.33.39)* est installé dans un local qui fournit des distractions pour toute la soirée : en bas, un pub spacieux avec de la musique et une *discoteca* à part. Le restaurant, lui, est tout nouveau. Parmi les spécialités : *judias con perdriz* et *solomillo pimienta* (steak très épais, admirablement grillé, servi avec une sauce piquante aux poivrons et une pointe d'orange). La carte des vins n'est pas très fournie, mais bien composée et à des prix corrects. Autre établissement auquel l'on peut faire confiance : **Mesón del Vino** *(Seis de Junio 26)*.

Valence *(Valencia)*

Carte 9F8. Capitale de province. 177 km au N d'Alicante, 360 km au S de Barcelone. Population : 850 000 ℹ Paz 46 ☎ (96) 321.25.85 et Navarro Reverter 2.

Troisième ville d'Espagne, grand port, centre agricole et industriel, Valence fut aussi un foyer de fermentation politique et historique depuis le IIe s. av. J.-C., quand les Grecs lancèrent sa tradition de ville marchande. Les Carthaginois, les Romains, les Wisigoths, les Maures, les seigneurs féodaux et les rois n'ont cessé depuis lors de combattre pour s'en emparer. Pendant la guerre civile, ce fut la dernière grande cité d'Espagne à tenir contre les armées rebelles victorieuses. Elle fut ensuite dévastée et n'a pas grand-chose à offrir au visiteur d'aujourd'hui en matière de monuments. Elle demeure néanmoins une métropole extrêmement vivante et digne d'être visitée, en particulier pendant *Las Fallas*.

On allait à la plage et on se baignait et il y avait des bateaux à voile qu'on faisait tirer hors de l'eau par des bœufs. On menait les bœufs dans l'eau jusqu'à ce qu'ils soient obligés de nager ; alors on les attelait aux bateaux et quand ils avaient à nouveau pied ils remontaient sur le sable. Dix couples de bœufs traînant un bateau à voile hors de la mer, le matin, avec la ligne de petites vagues qui se brisent sur la plage. Ça, c'est Valence.

Ernest Hemingway, *Pour qui sonne le glas*

Manifestations Au milieu de mars, *Las Fallas*. C'est l'une des fêtes les plus exubérantes de toute l'Espagne. D'immenses figures *(ninots)* en papier mâché, bois et cire, représentant des scènes satiriques, souvent osées, sont installées sur une place de chaque quartier. Le 19 mars à minuit, date de la Saint-Joseph, ces énormes figures sont mises à feu. La fête a pour origine une cérémonie de la guilde des charpentiers, au cours de laquelle ceux-ci brûlaient leurs copeaux de bois, symbolisée aujourd'hui par de gigantesques feux d'artifices.

En mai, fêtes de la Virgen de los Desamparados et de l'Ascension ; processions, religieuses ou non. Fin juillet, puis de fin décembre à mi-janvier, importantes *ferias*.

A voir

Cathédrale † ☆

Plaza de la Virgen ◐ *Ouv. 10 h-13 h 30, 16 h-19 h.*

A gauche de la façade baroque, le campanile de forme octogonale et de style gothique, appelé **Miguelete** (◐), a été construit aux XIVe-XVe s. A l'intérieur, deux cent sept marches permettent d'accéder au sommet. La cathédrale, qu'on appelle La Seo, a été commencée en 1262 et terminée en 1480. Le style en est principalement gothique flamboyant. Une fâcheuse superstructure néoclassique, appliquée sur l'intérieur au XVIIIe s., est maintenant presque complètement ôtée. Outre le portail principal, il y a du côté E un portail roman riche en sculptures très abîmées, en cours de restauration, et une porte gothique qui donne sur la Plaza de la Virgen.

Au-dessus de la croisée du transept s'élève une coupole octogonale du XVe s., avec des fenêtres en albâtre. Derrière, dans la Capilla Mayor, un autel de la même période, dont les panneaux latéraux, qui évoquent Léonard de Vinci, ont été peints au début du XVIe s. par Fernando de Llanos et Hernán Yáñez. Dans le chapitre, une superbe coupe en agathe cerclée d'or et sertie de perles et de rubis. On a dit qu'il s'agissait du Graal ; c'est en tout cas un objet fort ancien et d'une grande beauté. Dans le **musée** (◐) : tableaux de Corrège, Zurbarán, Goya et Juan de Juanes.

Colegio del Patriarca

Plaza del Patriarca ◐ *Ouv. 10 h-13 h 30.*

Cette demeure Renaissance du XVIe s. abrite des tapisseries des Flandres (XVIe s. également) et des œuvres mineures de peintres tels que Greco, Ribalta et Corrège. Ribalta est également l'auteur de la *Cène* qui figure sur le *retablo mayor* de l'église adjacente. Le patio, avec ses deux étages d'arcades, mérite à lui seul une visite.

La Lonja de la Seda 🏛 ☆

Plaza del Mercado ○ *Ouv. 10 h-14 h, 16 h-18 h. Fermé sam, di, jours fériés.*

La bourse de la soie, de style gothique flamboyant, date du XVe s. Le décor est généreux : des gargouilles jaillissent du toit, des créneaux purement décoratifs garnissent le sommet et des arches marquent l'entrée. A l'intérieur, une cour avec des orangers et les piliers tressés du **Salón Columnario** sont inoubliables. Monter à l'étage pour regarder l'extravagant plafond *artesonado* du **Salón del Consular del Mar** (tribunal maritime).

Museo Histórico de la Ciudad

Plaza del Pais Valenciano ○ *Ouv. 10 h-14 h. Fermé di, fériés.*

Sur le côté O de la place, l'**Ayuntamiento** sert à la fois d'office de tourisme, de pinacothèque et de musée d'histoire de la ville.

Museo Nacional de Cerámica ☆

Rinconeda García Sanchez s/n ☎ *(96) 321.19.95* ● *mais* ○*sam. Ouv. mar-sam 10 h-14 h, 16 h-18 h, di. 10 h-14 h. Fermé lun.*

Un portail churrigueresque ★ absolument saisissant annonce l'ancien palais du marquis de Dos Aguas. Il est sculpté dans de l'albâtre transparent, avec des personnages baroques et une Vierge dans une niche qui entourent une double grille de fer particulièrement ornementée. Au rez-de-chaussée, des panneaux muraux en azulejos et trois carrosses somptueusement décorés. Dans les deux étages, importantes collections de poterie, porcelaine, majolique et divers objets de céramique. Le clou est une splendide cuisine reconstituée ★ , avec des objets quotidiens en céramique.

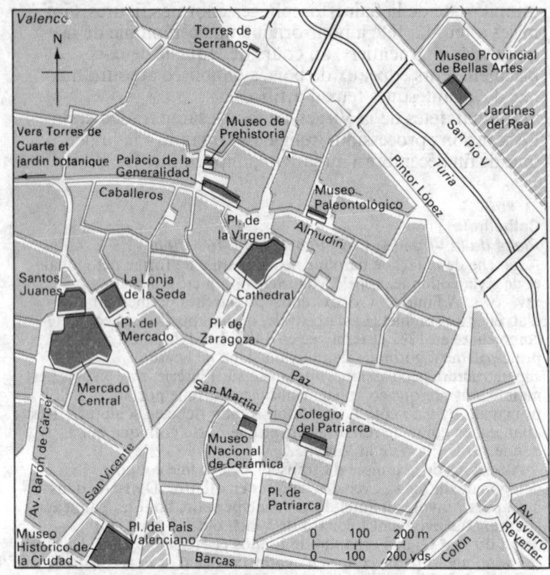

Museo Paleontológico
Almudin ☎ (96) 331.85.62 ◐ mais ○ le di. Ouvert 10 h-13 h 30. Fermé lun et di en juil-août.

Dans l'ancien marché des céréales (xve s.), on peut voir des fossiles sud-américains découverts par un paléontologue de Valence, et en particulier la reconstitution de squelettes de créatures préhistoriques. Plus intéressants, pour certains, seront les peintures murales du xixe s. et les retables d'azulejos.

Museo de Prehistoria
Plaza de Manises ☎ (96) 331.37.90 ○ Ouv. 10 h-14 h. Fermé di et jours fériés.

La notion de préhistoire est assez élastique ici, puisqu'on trouvera des pots et des amphores romains autant que des vestiges de l'âge de pierre et des céramiques ibères. Le musée est installé dans un palais gothique avec fenêtres à ogive.

Museo Provincial de Bellas Artes ☆
San Pio V ☎ (96) 360.57.93 ◐ Ouv. 10 h-14 h. Fermé jours fériés.

Ce couvent du xviie s. sert aujourd'hui de sanctuaire de l'art espagnol, avec une prédilection pour les écoles de Valence depuis le xve s. Dès le début de la Renaissance, Valence fut effectivement un important centre des arts, en raison de ses échanges commerciaux réguliers avec l'Italie. Francisco Ribalta, peintre natif de cette ville, est souvent cité comme le chef de file de l'âge d'or des xvie-xviie s., mais il fut bientôt éclipsé par son élève Juan de Ribera. Si le maître décrivait plutôt des scènes religieuses, le disciple préférait la vie quotidienne du peuple. Les deux peintres sont largement représentés ici. La partie la plus considérable de la collection est concentrée au premier étage, où leurs œuvres sont exposées avec celles de leurs collègues de Valence, Espinosa, Juan Sarinena et Juan Vicente Macip. Il y a également un autoportrait de Velasquez, un Greco, plusieurs Goya, un Murillo et un très beau Jérôme Bosch. Les peintres romantiques locaux du xixe s. sont exposés au troisième étage, mais il ne faut pas manquer les modernes, au deuxième étage. Fragments archéologiques et sculptures contemporaines se trouvent au rez-de-chaussée.

Palacio de la Generalidad
Caballeros 2 ○ R.-V. pour la visite auprès de Secretaria de la Deputación, dans le même bâtiment ☎ (96) 331.37.90.
Dès le XVe s., les Cortes du royaume de Valence se sont réunis dans ce magnifique palais gothique, dont les salles du premier étage sont particulièrement remarquables. La **Sala Dorada** est ornée de panneaux dorés *artesonados* d'une très belle facture ; dans le **Salón de Cortes**, superbes frises d'azulejos et beau plafond *artesonado*.

Torres de Serranos
Plaza de los Fuerros ☎ (96) 331.90.70 ◐ Ouv. 10 h-14 h. Fermé lun.
Formant autrefois la porte N de la muraille de la cité, ces tours crénelées datent de la fin du XIVe s. mais ont été largement restaurées en 1930.
Aujourd'hui, elles offrent plus d'intérêt comme point de vue que comme monument ; petit **musée maritime** avec des modèles de bateaux remontant à l'époque romaine.

A voir également

Le plus grand parc de Valence, **Viveros**, est situé sur la rive N du rio Turia. Les fleurs et les arbres sont magnifiques, on y trouve un petit zoo et le meilleur restaurant de la ville. Le **Mercado Central**, sous une verrière féerique, couvre près de 8 000 m^2. De spectaculaires piles de fruits et de légumes étincelants, de crustacés et d'étranges créatures de la mer y côtoient les jambons accrochés auprès des guirlandes d'ail. Tout près, l'**Iglesia de los Santos Juanes**, de style gothique-baroque, avec une belle façade churrigueresque du XVIIe s.

Les amateurs ne rateront pas le **Jardín Botánico** *(Beato Gaspar Bono)*, à trois rues au S-O des **Torres de Quart** *(Quart s/n ◐ Ouv. 10 h-13 h 30, fermé lun)*. Construites à la fin du XIVe s., elles gardaient la porte O de l'enceinte. Belle vue sur la ville.

Hôtels

Astoria Palace
Plaza Rodrigo Botet 5, Valencia 2 ☎ (96) 322.95.90 Tx 62733 IIII 208 208 IIII AE DC MC VISA
Juste à l'E de la Plaza del País Valenciano. C'est là, et nulle part ailleurs, qu'il faut être lorsqu'on vient pour les *Fallas*. L'hôtel est pourtant assez moderne et manque un peu de patine. La cuisine du restaurant est bonne, dans la mesure où il s'agit d'un hôtel, et la discothèque *La Bruja* attire une clientèle jeune et branchée.

Azafata Sol
Autopista Aeropuerto Manises ☎ (96) 154.61.00 Tx 64036 IIII 130 130 IIII P AE DC MC VISA
Près de l'aéroport, à 6 km du centre-ville. L'extérieur n'est pas très beau, mais on a fait un effort à l'intérieur : boiseries et fauteuils de cuir donnent une note chaleureuse.
L'insonorisation est convenable, et l'on n'entend pas trop les avions. Les clients peuvent utiliser les installations de l'hôtel jumeau, le ***Sidi Saler Sol***.

Parador Nacional Luis Vives
Carretera Alicante, km 16, El Saler ☎ (96) 323.68.50 IIII 40 40 IIII P AE DC MC VISA
Sur la plage d'El Saler, au S-O de la ville. Cette bâtisse au bord de la plage, avec ses grands halls de marbre, est trop froide pour faire vraiment honneur à la chaîne hôtelière nationale. Un grand avantage, cependant : la plage est à peu près vide, et il y a piscine et golf.

Reina Victoria
Barcas 4-6, Valencia 2 ☎ (96) 321.13.60 Tx 64755 II à IIII 92 92 IIII P DC MC VISA
A deux rues de la Plaza del País Valenciano. Chaleureux et excentrique, l'établissement est un peu ringard, un peu désuet. Très central, cela dit, avec des chambres spacieuses et une salle à manger de premier ordre.

Rey Don Jaime
Av. Baleares 2, València 23 ☎ (96) 360.73.00 Tx 64252 314 314 P AE DC MC VISA

Sur la rive N du rio Turia. Une décoration intérieure complètement démente, essentiellement rococo. Ce n'est pas vraiment une réussite, mais tout le confort attendu d'un hôtel moderne en ville est là. Avantage : situation calme, entouré de jardins.

Sidi Saler Sol
Playa del Saler ☎ (96) 367.41.00 Tx 64208 à 276 276 P AE DC MC VISA

Sur la côte, à 10 km au S de la ville. Cet hôtel est à lui seul une station balnéaire complète, et le centre-ville reste accessible grâce à une navette gratuite. Seul inconvénient : un modernisme qui dégage une ambiance froide.

Également : **Dimar** *(Gran Via Marques del Turia 80 ☎ (96) 334.18.07 Tx 62952* 95 P AE DC VISA) ; **Excelsior** *(Barceloneria 5 ☎ (96) 221.30.40* 65 P AE DC MC VISA) ; **Ingles** *(Marqués de Dos Aguas 6 ☎ (96) 351.64.26* 55 AE DC MC VISA) ; **Llar** *(Colón 46 ☎ (96) 322.72.96* 51 AE DC MC VISA) ; **Metropol** *(Játiva 23 ☎ (96) 351.26.12* 108 AE DC MC VISA) ; **Oltra** *(Plaza del País Valenciano 4 ☎ (96) 352.06.12* 93 AE DC MC VISA) ; **Sorolla** *(Convento Santa Clara 5 ☎ (96) 352.33.92* 50 AE VISA).

Hôtel dans les environs

Puzol *(25 km au N de Valence).*

Monte Picayo
Urbanización Monte Picayo ☎ (96) 142.01.00 Tx 62087 82 82 P AE CB DC MC VISA

A 2 km en dehors de Puzol. On ne dira jamais assez de bien de cet hôtel ; le site, sur le flanc de la montagne avec vue sur la côte et la mer, est idyllique. Les terrasses sont couvertes de fleurs. Le personnel, parfaitement discret, répond à vos moindres désirs. Les chambres sont vastes et agrémentées de balcons. Cinq suites assorties d'une piscine privative. Les chefs et les barmen connaissent admirablement leur métier. Un seul petit défaut : la maladresse du décor faussement seigneurial.

Restaurants

El Condestable
Artes Gráficas 15 ☎ (96) 369.92.50 à AE DC MC VISA *Ouv. midi et soir jusqu'à 23 h 30. Fermé dim.*

Cuisine, ambiance et service raffinés. A la haute cuisine, traditionnelle s'ajoute une excellente cuisine des Baléares, en particulier une *caldereta de langosta*, un plat savoureux qu'il faut savoir payer son prix.

Eguzki
Avenida Baleares 1 ☎ (96) 369.90.60 *Ouv. midi et soir jusqu'à 23 h 30. Fermé di, fêtes, août.*

Ici, pas de recherche de luxe ni décor. En revanche la nourriture basque traditionnelle est de grande qualité. On sert toutes sortes de poissons de la mer Cantabrique — calmar, colin, morue — finement préparés. Les vins, acceptables, ne feront pas flamber l'addition.

Eladic
Valencia Chiva 40 ☎ (96) 326.22.44 AE DC MC VISA *Ouv. midi et soir jusqu'à 0 h. Fermé di, août.*

Les amateurs de saveurs diverses seront ravis par ce restaurant d'aspect simple. Bonne combinaison d'une cuisine classique à base, essentiellement, de très bons poissons, et de desserts imaginatifs et variés.

El Gourmet
Taquigrafo Martí. 3 ☎ (96) 374.50.71 ▥ ▤ □ ⅱ VISA Ouv. midi et soir jusqu'à 23 h 30. Fermé di, 11 août-11 sept.

Décor anglais pour une cuisine internationale. Bon rapport qualité/prix.

Les Graelles
Plaza Galicia 10 ☎ (96) 360.47.00 ▥ ▤ □ ⅱ AE DC VISA

Un établissement qui se distingue, entre autres, par les mille et une façons dont est préparé le riz, et à Valence, il fallait un restaurant de ce type.

La Hacienda
Av. Navarro Reverter 12 ☎ (96) 373.18.59 ▥ ▤ □ ⅱ Y AE DC MC VISA Ouv. midi et soir jusqu'à 23 h 30. Fermé sam. midi, di, Semaine Sainte.

L'un des restaurants de Valence où l'on peut aller en toute sécurité pour un très bon repas. Plusieurs salles à manger et une décoration élégante en font un établissement de grand confort. Turbot, huîtres au champagne et soufflés

Lionel.
Pizarro 9 ☎ (96) 351.65.66 ▥ ▥ ▤ □ ⅱ AE MC VISA Ouv. midi et soir jusqu'à 23 h 30. Fermé sam midi et di.

Cuisine française. Canard à l'orange ou aux framboises, perdrix.

Mesón del Marisquero.
Felix Pizcueta. 7. ☎ (96) 321.45.97 ▥ ▤ □ ⅱ Y AE DC MC VISA Ouv. midi et soir jusqu'à 23 h 30. Fermé sam midi et di soir.

Un petit air d'Aragon, peut-être parce que Valence fit autrefois partie du Royaume d'Aragon. Nombreuses spécialités à base de viande, mais le poisson et les fruits de mer restent rois, comme l'indique le nom de l'établissement.

Nous recommandons également : **Barrachina** *(Plaza del Pais Valenciano 2 ☎ (96) 321.12.70 ▥ ▤ Y AE DC VISA)*, cuisine familiale ; **Bizcaia** *(Cronista Carreres 4 ☎ (96) 373.42.51 ▥ □ ⅱ AE VISA fermé di, août)* cuisine basque ; **El Cachirulo** *(Cronista Almela Vives 3 ☎ (96) 361.16.15 ▥ ▤ □ ⅱ AE DC VISA, fermé di et midi)*, cuisine d'Aragon ; **El Estimat** *(Avenida Neptuno 16 ☎ (96) 371.10.18 ▥ ▤ □ ⅱ MC VISA)*, cuisine valencienne ; **Ma Cuina** *(Gran Via Germanias 49 ☎ (96) 341.77.99 ▥ ▤ □ ⅱ DC VISA)*, nouvelle cuisine basque ; **Marisquerí Civera** *(Lérida 11 ☎ (96) 347.59.11 ▥ à ▥ ▤ VISA, fermé lun)*, poissons et fruits de mer ; **Los Viveros Anfitrión** *(Jardines del Real ☎ (96) 369.23.50 ▥ à ▥ ▤ □ ■ ⅱ AE DC MC VISA, fermé di, août)*, cuisine internationale.

Vie nocturne

Qui veut passer la nuit dehors trouvera dans plusieurs quartiers de Valence toute satisfaction : autour de la **Gran Via Marqués del Turia**, sur la **Plaza de Cánovas** et dans les rues adjacentes, autour de la **Calle Xuquer**, ou de la **Plaza de la Virgen**, le cœur de Valence, où se retrouvent artistes et intellectuels, mais aussi, hors de la ville, vers le S (**El Saler**) ou vers le N, en direction de Liria.

Les fans de musique moderne à tout va dans un décor dernier cri iront aux **Bains-Douches** *(Calle de Salamanca)* ou à **La Fundación** *(même rue)*. **Metrópolis** *(Calle de San Vicente)* est fréquenté par les jeunes vêtus à la dernière mode.

Plus tranquille, le **Café Negrito** *(Plaza del Negrito)* offre une terrasse en plein air et de la musique douce. Le **Café Lisboa** *(Calle de Cavallers)*, un établissement ancien avec un piano a gardé toute sa saveur ; il accueille un public très divers. **Hoyo 19** *(Cronista Carreres 3 ☎ (96) 352.43.68)* est un pub au décor tournant autour du golf où l'on donne des spectacles et concerts, en particulier de jazz. Au **Xuquer Palace** *(Plaza de Xuquer 7-8 ☎ (96) 361.58.11)*, une salle des fêtes classique, passent des vedettes.

Dans les environs, à la **Playa de Malvarrosa**, nous recommandons trois établissements : sur la plage même, **Casablanca** *(Av. de Eugenio Viñes)*, salle de danse classique, et au sous-sol **Tropical**, au public plus jeune ; **Spook Factory** *(Av. de*

Eugenio Viñes, ouv. de 5 h du matin à midi), fréquenté par les jeunes noctambules branchés.

Shopping

On trouve tout au **Corte Inglés** *(Pintor Sorolla 26 ☎ (96) 321.31.31)* ; il y a plus de deux cents rayons, des vêtements à l'alimentation, en passant par le sport ou l'électroménager, pour ne citer que ceux-là. Au **Bazar Kardis** *(Islas Canarias 130 ☎ (96) 323.31.31)*, on peut acheter toutes sortes de cadeaux, de montres et de cassettes, mais ne vous fiez pas aux annonces de fantastiques réductions.

Excursion

Chiva *(30 km à l'O de Valencia)*. Dans ce village rural, ruines d'un **château** mauresque et vins de bonne qualité.

🄬 **La Carreta** *(Carretera Valencia-Madrid, km 330 ☎ (96) 252.07.25 ▥□)* est un bon restaurant ; vins locaux.

Manises *(8 km à l'O de Valence)*. Tradition de poterie. Les artisans ouvrent leurs ateliers et leurs salles d'exposition aux visiteurs. Le **Muséo Municipal de Cerámica** *(Sagrario 22 ☎ (96) 154.54.73)* expose des céramiques dont certaines, anciennes, sont de très grande valeur.

Sagunto *(27 km au N de Valence)*. L'ancienne ville est dominée par une **acropolis** constituée de fragments de fortifications et d'habitations de tous les conquérants et voyageurs qui sont passés par cette côte. Dans le **théâtre romain** restauré, qui peut accueillir 7 000 personnes, on donne aujourd'hui des concerts.

Sueca *(34 km au S de Valence)*. C'est la plus grande ville d'une région productrice de riz, La Albufera. Les rizières alternent avec les champs de citronniers, et le paysage est particulièrement exquis en avril, lorsqu'ils sont en fleur.

La région de Valence

Carte 9F8. Sur la Méditerranée. Aéroports : Alicante, Castellón de la Plana, Valence.

Des ports bien protégés, des eaux tranquilles où le poisson abonde, des rivières fertiles et des côtes bordées de plaines forment un paysage qui a toujours attiré les voyageurs. Les montagnes, dans le fond, sont traversées par les rios Turia, Ebro, Jùcar et Segura. Les Romains ont transformé les vallées en *huertas* (champs irrigués), que les Maures agrandirent. Le *Tribunal de las Aguas,* fondé au Xe s., règle encore les différends concernant la répartition de l'eau. A part les fameuses oranges, qui méritent leur réputation, la région produit également en abondance du riz, des amandes, des figues et des olives.

Les Carthaginois contrôlèrent le Levant — c'est ainsi qu'on appelle la partie E de la côte — du IVe s. av. J.-C. à l'an 201 av. J.-C., date à laquelle les Romains les battirent à Sagunto. Valence a largement prospéré grâce à l'intelligence et au talent des artisans et des marchands mauresques qui restèrent sur place, sous le règne des chrétiens, après leur défaite en 1238. Puis, quand Philippe III les expulsa en 1609, la fortune de Valence bascula. La région, qui soutint la République pendant la guerre civile, fut la dernière d'Espagne à être conquise par Franco. Elle fut sévèrement punie pour sa résistance opiniâtre.

Le peuple de Valence est connu pour l'exubérance de ses célébrations festives, en particulier pendant les *Fallas* d'avril (voir ***Manifestations*** à **Valencia**). Autre charme de la région : ses plages et son climat, particulièrement tempéré toute l'année, sauf en juillet-août et en janvier.

Valladolid

Carte 11D5. Capitale de province. 110 km au N-E de Salamanque, 184 km au N-O de Madrid. Population : 330 000 ℹ Paseo de Zorilla 48 ☎ (911) 22.16.29.

Tout à tour capitale officielle et officieuse de la Castille entre le Moyen Âge et la Renaissance, cette cité commerciale animée bénéficie de la présence d'une université et de plusieurs bâtiments publics d'une beauté rarement vue dans une capitale provinciale. Les rois catholiques se marièrent à Valladolid, réalisant ainsi l'unité de l'Espagne non mauresque, et Christophe Colomb y mourut en 1506.

Manifestation Pendant la Semaine Sainte, spectacles qui attirent des visiteurs de toute la région.

A voir

Cathédrale † ☆
Plaza de la Universidad ◐ Ouv. 10 h-14 h, 17 h-20 h ; di, jours fériés, 10 h-14 h.

Philippe II, né à Valladolid, a chargé Juan de Herrera de construire la cathédrale, mais ce n'est pas un exemple typique du travail de celui-ci. Les travaux furent arrêtés après la mort du roi et repris bien plus tard par Alberto Churriguera qui superposa son style flamboyant au classicisme solennel de son prédécesseur. Le résultat est peu réussi. L'intérieur, cependant, demeure simple, sobre et classique, conformément aux plans de Herrera. Le retable du maître-autel, par Jean de Joigny, date du XVIe s.. Dans le **musée** *(mêmes horaires que le Colegio de San Gregorio, voir ci-après)*, plusieurs objets de cérémonie et des tableaux attribués à Velasquez.

Colegio de San Gregorio et Museo Nacional de Escultura 🏛 ★
Cadenas de San Gregorio ☎ (983) 25.03.75 ● Ouv. 10 h-13 h 30, 16 h-18 h 00. Fermé di et certains jours fériés.

Le musée national de sculpture est installé dans un collège de la fin du XVe s. qui appartenait à l'université. De style principalement isabélin, il a une façade ornée de nombreux détails méritant un examen attentif. Des créatures légendaires, des boucliers héraldiques et des motifs végétaux sont représentés en relief selon un tracé complexe. La deuxième cour intérieure est plateresque : des colonnes travaillées et des arcades entourent le rez-de-chaussée, tandis qu'une frise spectaculaire et une balustrade ornementée décorent le premier étage. De la corniche surgissent des gargouilles aux formes humaines et animales.

Le musée est consacré à la sculpture religieuse sous tous ses aspects, des saints polychromes de style réaliste aux panneaux sculptés des autels et des stalles de chœur ; les principaux artistes réunis ici sont Alonso Berruguete, Pompeo Leoni et Jean de Joigny. Egalement section de peinture des XVe, XVIe et XVIIe s. *(Calle Pasión ☎ (983) 22.31.05)*.

Museo Arqueológico Provincial
Plaza de Fabio Nelli ◐ Ouv. 10 h-13 h 30, 16 h 30-18 h 30 ; di et certains jours fériés 11 h-13 h. Fermé lun et certains jours fériés.

L'archéologie est ici considérée au sens large. Dans ce palais Renaissance du XVIe s., en effet, on a réuni des collections d'objets et sculptures romains, des peintures, fresques, tapisseries et objets usuels du Moyen Age et du début de la Renaissance.

Museo Oriental
Paseo de los Filipinos 7 ☎ (983) 22.76.78
Installé dans un édifice historique du XVIIIe s., il expose des objets d'art de Chine et des Philippines, rapportés par les missionnaires.

Université ☆
Plaza de la Universidad s/n ○ Ouv. pendant l'année scolaire.
Le **Colegio de Santa Cruz**, terminé en 1491, a un portail churrigueresque. A l'intérieur, bibliothèque et archives de l'université.

A voir également
Trois églises, dans cette ville qui en compte beaucoup, sont particulièrement intéressantes. L'**Iglesia de Santa Maria la Antigua** *(Plaza la Antigua, ouv. 12 h-13 h 30, 19 h-20 h)* est essentiellement gothique, avec une belle tour romane. L'**Iglesia de San Pablo** *(Plaza de San Pablo)* a une façade très ornée, fin gothique, et l'**Iglesia de El Salvador** *(El Salvador)* est aussi gothique, avec des tableaux et un autel flamands.

Olid Meliá
Plaza de San Miguel 10 ☎ (983) 25.42.00 Tx 26312 à 237 237
AE DC MC VISA
Dans le centre N. Représentant extrêmement désinvolte de cette chaîne omniprésente en Espagne. Espace et confort habituel, mais rien d'exceptionnel par ailleurs. Qualité principale, sa situation dans le quartier ancien.

Petit et traditionnel, le **Conde Ansúrez** *(Maria de Molina 9 ☎ (983) 22.22.76 à)* est le plus cher de tous, sans raison apparente. Le **Felipe IV** *(Gamazo 16 ☎ (983) 22.77.35 à)*, quoique restauré récemment, a toujours des couloirs sombres et des petites chambres étriquées. Intérêt : situé au centre, il est proche des meilleurs restaurants et night-clubs. Garage privé.

El Cardenal
Paseo de Zorrilla 10 ☎ (983) 33.71.02 AE DC MC VISA
Dernières comm. 23 h 30. Fermé di à dîner.
El Cardenal est le seul établissement en ville qui tente autre chose que de la cuisine espagnole — en l'occurrence des plats français. Cette variante est agréable, le décor est plaisant, avec une belle vue sur le rio Pisuerga, et les spécialités — *crèpes salmón ahumado, merluza champán* et *solomillo* — sont bonnes.

Mesón La Fragua
Paseo de Zorrilla 10 ☎ (983) 33.71.02 AE DC MC VISA
Dernière comm. 23 h 30. Fermé di soir.
On échappe rarement à la cuisine castillane, à Valladolid, mais celle de la Fragua est la meilleure. Le bar à *tapas* est animé, les quatre salles à manger traditionnellement décorées de briques et de poutres. Menu varié, avec en particulier *rape frío con langostinos, chuletón a la brasa, lubina encebollada* (loup de mer légèrement frit).

Cervantes aurait vécu dans une maison proche du **Mesón Cervantes** *(El Rastro 6 ☎ (983) 22.60.76)*, d'où le nom de l'établissement. On y sert des plats castillans typiques dans trois salles feutrées. **Mesón Panero** *(Recoletos 3 ☎ (983) 22.14.67)* est plus formel et élégant que les deux autres.

Vie nocturne

Campus *(Colmenares 8 ☎ (983) 22.97.03)* est la discothèque en vogue. Le **Stilton Pub** *(Colmenares 1 ☎ (983) 22.51.31)* aspire à l'élégance britannique, avec des portraits du XIXe s. accrochés sur les murs verts. Au **Recoletos** *(Recoletos 11 ☎ (983) 22.94.15)*, dans les tons roses, avec colonnes et haut plafond, un disc-jockey s'occupe de la musique de fond, mais on bavarde, on ne danse pas. Séances de jazz en direct presque tous les soirs à **El Moscardón** *(San José 7 ☎ (983) 27.91.63)*.

Excursion

Tordesillas *(30 km au S-O de Valladolid)*. Petite ville de marché sur la rive du Duero, à l'intersection de deux routes importantes, Madrid-Galice et Burgos-Salamanque. C'est de là qu'est partie au XVIe s. la révolte des *comuneros*. Le **Monasterio de las Claras**, originellement conçu comme un palais par Alphonse XI et agrandi par son fils, Pierre le Cruel, qui voulait en faire un couvent, offre de beaux exemples de décors mudéjars, en particulier un magnifique patio.

Ⓗ Le **Parador Nacional de Tordesillas** *(Carretera Salamanca, km 152 ☎ (983) 77.00.51)* a été construit en 1958. Le service, la cuisine et la tenue générale de l'établissement sont conformes aux normes ambitieuses de la chaîne.

Vich *(Vic)*

Carte ***15****D10. Province de Barcelone. 66 km au N de Barcelone, 79 km au S.O. de Gérone. Population : 30 000.*

Ville industrielle prospère, entourée de collines, célèbre dans toute la Catalogne pour ses saucisses et autres charcutailles. Industries du cuir, du textile et également conserveries. Le site a été occupé depuis l'Antiquité.

A voir

Cathédrale †

Ouv. 10 h-14 h, 16 h-19 h.

Les premières constructions datent du XIe s. — voir la tour romane et le cloître. Le reste de la cathédrale a été en grande partie terminé au début du XIXe s. On remarquera dans le déambulatoire le retable en albâtre du XVe s., qui est attribué à Pedro Oller, tout comme le tombeau gothique lui faisant face. Les scènes de la vie du Christ et des Apôtres, sur les murs, ont été peintes par José María Sert. Le cloître a été construit en deux étapes : la partie inférieure, du XIIe s., est surmontée d'un étage beaucoup plus richement ornementé datant du XIVe s. Le tombeau du centre est celui du philosophe catalan du XIXe s., Jaime Balmes. José María Sert est inhumé dans une galerie latérale.

Museo Episcopal

Plaza del Obispo Oliva ☎ (93) 889.35.30 ◐ Ouv. été 10 h-13 h, 16 h-19 h ; hiver 10 h-13 h ; di, jours fériés 10 h-14 h.

Il est abrité dans une maison de 1809. On remarquera, au sein de collections variées, des peintures catalanes sur bois de l'époque romane et des sculptures religieuses polychromes du Xe s. Sont également exposés des manuscrits enluminés, du mobilier, des bijoux, des pièces de monnaie et un retable en albâtre du XIVe s. par Bernat Saulat.

A voir également

Sur la Plaza Mayor et aux alentours, on peut visiter trois autres églises gothiques du XVIIe s., les restes d'un temple romain du IIe s. qui abritent un petit musée lapidaire, et un **Ayuntamiento** du XVe s. Des parties des fortifications du XIVe s. sont encore visibles.

Ⓗ **Parador Nacional de Vic**

☎ (93) 888.72.11 à 31 31 P AE DC MC VISA

A 14 km à l'E de Vich. Construit en 1972. Moderne, pas très chaleureux, mais des salons et de la plupart des chambres, on a une belle vue sur les montagnes. Par ailleurs, il y a plus d'installations de loisirs que dans la plupart des autres *paradores.*

Ⓡ **L'Anec Blau** *(Verdaguer 21 ☎ (93) 885.31.51 à)* est une très bonne adresse. Cuisine d'un très haut niveau.

Vigo

Carte ***10****C2. Province de Pontevedra. 29 km au N-O de Tùy, 156 km au S-E de La Corogne. Population : 240 000 ℹ Uruguay 2.*

Ce port d'importance sur l'Atlantique se consacre aux expéditions maritimes et à la conserverie de produits de la mer. Les nouveaux quartiers ne sont pas désagréables, mais il faut surtout visiter la ville ancienne et le quartier des pêcheurs, qui sont tout près du quai. Sir Francis Drake a laissé un très mauvais souvenir en ces lieux : il mit la ville à sac en 1585 et en 1589. Puis, en 1702, les flottes anglaise et hollandaise, alliées, attaquèrent des gallions espagnols qui rentraient des Amériques et en envoyèrent une bonne partie par le fond dans la Ria de Vigo. Ils y sont toujours.

A voir

Pour bénéficier d'une vue admirable sur la baie, la ville et, au large, **les Iles Cies**, il faut monter au parc qui entoure le **Castillo del Castro** ou se rendre à l'**Ermita de la Guía**, à 1 km au N de Vigo. Des maisons anciennes à balcons vitrés et des tavernes où l'on sert des fruits de mer bordent les rues pittoresques de la **vieille ville**. Sur le trottoir, des femmes ouvrent des huîtres à la demande. Vous pourrez emporter votre plat dans le bar le plus proche pour le déguster avec un verre de vin.

Ⓗ Central et moderne, le **Bahia de Vigo** *(Canovas del Castillo 5 ☎ (986) 22.67.00 à)* n'est pas dépourvu d'un certain cachet et les chambres ont une belle vue. Le **Ciudad de Vigo** *(Concepción Arenal 4-6 ☎ (986) 22.78.20 à)* est un hôtel de commerce standard, mais d'une assez bonne catégorie ; modeste mais agréablement arrangé, le **Samil Playa** *(Av. de Samil s/n ☎ (986) 23.25.30 à)* est juste en face de la très populaire plage de Samil.

Ⓡ **El Castillo**
Monte del Castro ☎ (986) 42.11.11
Dernières comm. 23 h 30. Fermé lun.

Bistrot assez ambitieux, qui bénéficie d'une belle vue sur le Castillo del Castro. Les spécialités galiciennes — *vieiras especiales, ternera* et *merluza a la brasa* — sont préparées avec une certaine subtilité, qui doit peut-être à l'influence française.

Ⓡ **El Mosquito** ❊
Plaza de J. Villavicencio 4 ☎ (986) 21.35.41
Dernières comm. 23 h. Fermé di.

La salle à manger est au fond, après le bar et une cuisine enfumée. L'ambiance n'a rien de sophistiqué, et les serveuses sont souvent débordées, mais les fruits de mer restent d'une qualité exceptionnelle et présentés avec plus de grâce qu'ailleurs. La cuisse de chevreau rôtie est excellente.

Ⓡ **Puesto Piloto Alcabre**
Av. Atlántica 194 ☎ (986) 29.79.75 Dernières comm. 23 h 30. Fermé di soir.

Restaurant animé, qui s'inspire des cuisines française et italienne. Spécialités : *arroz con vieiras, empanadas* et *bonito.*

Excursion

Bayona *(21 km au S-O de Vigo)*. Les Romains, les Goths et les Maures se sont battus pour conquérir cette péninsule stratégique, ne cessant de construire, raser et reconstruire les fortifications. Les remparts actuels datent du XVIIe s., avec des parties du XVIe s.

🄷 Le deuxième *parador* d'Espagne par la dimension, le **Parador Nacional Conde de Gondomar** *(☎ (986) 35.50.00 ▥ à ▥)* a été construit en 1966 dans le style *pazo* galicien. Il est entouré de remparts du XVIIe s. et bénéficie d'une belle vue.

Vilanova i la Geltrú *(Villanueva y Geltrú)*

Carte ***15****D10. Province de Barcelone. 50 km au S-O de Barcelone, 46 km au N-E de Tarragone. Population : 43 600.*

Tourisme et industrie sont les activités, pas toujours florissantes, de cette petite ville donnant sur une baie. Belle plage et intéressant quartier des pêcheurs.

A voir

Biblioteca-Museo Balaguer

Av. Victor Balaguer s/n ◐ 10 h-13 h, 16 h-19 h ; di 10 h-13 h. Fermé lun sauf fériés.

Ce musée doit son nom à un écrivain catalan du XIXe s. Il abrite une collection intéressante et variée de livres rares, d'objets archéologiques, d'art oriental et de tableaux de Greco.

Castillo de la Geltrú

De la Torre s/n. Même horaires que la Biblioteca-Museo Balaguer.

Dans un petit château du XIIIe s. auquel les restaurations fréquentes n'ont pas ôté l'aspect plaisant, ce petit musée abrite des peintures et des objets d'art maures et catalans.

Museo Romántico Provincial

Mayor 32 ☎ (93) 893.03.82 ◐ Ouv. 10 h-13 h 30, 16 h-19 h. Fermé lun, ou mar si lun férié.

Grande demeure du début du XIXe s. conservée exactement comme elle l'était à l'époque. Le mobilier, les lustres, les horloges, tables de billard, instruments de cuisine, vaisselle et argenterie, même les draps des lits sont en place, comme si le maître de maison allait surgir sous nos yeux.

🄷 **César** *(Ferrer Pi 9 ☎ (93) 803.07.04 ▥)* : tranquille, avec un patio ombragé.

🅁 Produits de la mer exceptionnels chez **Peixerot** *(Passeig Maritim 56 ☎ (93) 893.01.91 ▥)* et **Chez Bernard et Marguerite** *(Ramón Llull 4 ☎ (93) 893.10.66 ▥)*. La qualité des deux établissements est vraiment très au-dessus de la moyenne.

Vitoria

Carte ***13****C7. Capitale de province. 64 km au S-O de Bilbao, 112 km au N-E de Burgos. Population : 185 271 ℹ (Alava) Avenida Gasteiz 23.*

Capitale de la province basque d'Alava, Vitoria a été fondée en haut d'une colline en 1181 par Sanche le Sage, roi de Navarre. L'épisode le plus marquant de son histoire est la défaite infligée par Wellington à Joseph Bonaparte en 1813. La vieille ville, autour de la cathédrale, reste intacte avec ses maisons blasonnées et ses rues concentriques. La cité moderne prospère grâce à ses activités industrielles et commerciales.

D'assez vilains immeubles de béton peuvent enlever au visiteur qui arrive par le N toute envie de passer une nuit à Vitoria. Mais la ville est située légèrement à l'O de la région viticole de La Rioja, et l'on peut goûter quelques vins exquis dans ses restaurants.

Manifestation En août, Fiesta de la Virgen Blanca.

A voir

Catedral de Santa María †
Santa María.

Construite au XIVe s., la cathédrale est encore fortifiée. Le trait le plus intéressant, à l'extérieur, est une porte à la voûte et aux sculptures gothiques. A l'intérieur, des peintures de Rubens et de Caravage, et une remarquable *Descente de Croix* par l'atelier de Van Dyck. Détail surprenant : une scène de corrida sculptée sur le chapiteau d'un pilier entre la nef et le bas-côté S.

A voir également

Les rues de la **vieille ville** qui entoure la cathédrale sont reliées par des escaliers portant le nom des différents commerces. La **Plaza de la Virgen Blanca** est bordée de vieilles demeures à grilles et blasons, et un énorme monument commémorant la bataille de Vitoria se dresse en son centre. Dans le porche de l'**Iglesia de San Miguel**, une statue polychrome, de style gothique tardif, de la sainte patronne de la ville, la *Virgen Blanca*. Derrière, dans une niche, on plaçait autrefois la *machete* sur laquelle le procureur général prêtait serment en entrant en fonctions, sachant qu'il risquait d'être décapité s'il ne parvenait pas à protéger les *fueros* (droits) de la ville. L'objet est maintenant conservé à l'hôtel de ville.

La **Casa del Cordon** *(dans la Cuchillería, la rue des couteliers)* possède une salle au magnifique plafond gothique du XIIIe s. Dans la Correria, le **Portalón**, restauré tel qu'il était au XVe s., conserve d'anciens ustensiles à côté des écuries et de la cave où demeure le vieux pressoir. Le **Museo Archeológico** *Calle Correria 116 ☎ (945) 22.66.50. Ouv. 10 h-14 h, 16 h-19 h ; sam, di 10 h-14 h)* abrite quelques intéressantes découvertes romaines et celtibères.

Deux musées méritent d'être visités dans la partie moderne de la ville : le **Musée de Bellos Artes** *(Paseo de Fray Francisco de Vitoria 8 ☎ (945) 23.17.77. Ouv. lun-ven 11 h-14 h, 17 h-19 h, sam-di 11 h-14 h)* est consacré principalement à l'école flamande, mais possède des tableaux de Ribera et Carreno. La collection du **Musée des armes et des armures** *(Paseo de Fray Francisco de Vitoria 3 ☎ (945) 23.07.38. Ouv. lun-ven 11 h-14 h, 17 h-19 h, sam. et jours fériés 11 h-14 h)* renferme aussi bien des haches préhistoriques que des armures japonaises en acier laqué.

🅷 Grand, spacieux, moderne, le **Canciller Ayala** *(Ramón y Cajal 5 ☎ (945) 22.08.00 ▥)* est le meilleur hôtel de Vitoria, avec des chambres à air conditionné. **Desiderio** *(Colegio San Prudencio 2 ☎ (945) 25.17.00 ▥)*, plus petit, n'a pas de restaurant, mais il est agréablement situé près du vieux quartier. **General Alava** *(Generalísimo Franco 53 ☎ (945) 22.22.00 ▥)*, grand et moderne, dans un jardin, manque également de restaurant. Le **Parador Nacional de Argomániz** *(Argomàniz, 12 km à la sortie de Vitoria ☎ (945) 28.22.00 ▥)* est situé sur une hauteur, dans l'ancien Palais de Los Larrea, avec une vue magnifique sur la très belle campagne. Plats basques et de Navarre ; bons vins de la Rioja.

🅁 **Dickens**
San Prudencio 17 ☎ (945) 23.18.82 ▥ ▥ MC VISA Dernières comm. 23 h. Fermé di, août.

L'un des endroits les plus élégants de Vitoria. Bar de style anglais et cuisine recherchée, principalement basque. Parmi les spécialités : *pastel de langostinos y champiñones*, filet de canard aux poires en croûte, poisson au Chacolí, bœuf rôti.

Dos Hermanas
Postas 27 ☎ (945) 25.05.46 · Dernières comm. 23 h. Fermé mi-août-mi-sept, di.

Voilà près d'un siècle que la famille Aguirianos tient cet établissement digne et spacieux. Le gibier, en particulier le lièvre au vin rouge et la perdrix *a la cazadora*, est la spécialité. Nombreux plats régionaux au menu : truite au jambon, agneau à la sauce *chilindrón*, estouffade de rable de bœuf, *pisto* (ratatouille).

Elguea
Cruz Blanca 8 ☎ (945) 22.50.40 . Dernières comm. 23 h. Fermé mi-août-mi-sept, di. soir.

L'un des restaurants les plus populaires de Vitoria. Sert des plats régionaux simples mais bien préparés. Réserve de Rioja maison.

Zamora

Carte 11D4. Capitale de province. 65 km au N de Salamanque, 96 km à l'O de Valladolid. Population : 52 000 Prado Tuerto s/n.

La partie ancienne de cette capitale de province active ne donne pas une impression de grande uniformité historique. Il y a bien quelques belles églises romanes, à peu près intactes ou ayant subi des ajouts discrets.

Manifestation Processions de la Semaine Sainte, qui attirent des visiteurs de toute la région. Les *pasos* utilisés chaque année sont conservés dans un petit musée.

A voir

Cathédrale †
Plaza del Castillo s/n.

Caractérisée par sa grande coupole décorée d'un motif de coquille Saint-Jacques emprunté aux Byzantins et sa lourde tour carrée. La plus grande partie de l'édifice est du XIIe s., avec quelques rares ajouts ultérieurs. Dans le **musée** *(ouv. 11 h-13 h, en principe)*, une belle collection de tapisseries des Flandres du XVe s.

A voir également

Les églises méritant d'être découvertes sont peu éloignées du *parador* : **Iglesia de Santa María la Nueva** *(Plaza Santa María)*, **Iglesia de Santiago el Burgo** *(Calle Santa Clara actuellement fermée pour travaux)* et deux églises romanes du XIIe s., l'**Iglesia de la Magdalena** et l'**Iglesia de San Ildefonso** *(Calle Ramos Carrión)*. Sur la Plaza de Zorilla, admirer la façade gothique flamboyant du **Palacio de los Momos** *(les heures d'ouverture sont imprévisibles)*.

Parador Condes de Alba y Aliste
Plaza de Cánovas s/n ☎ (988) 51.44.97 · 19 · 19
AE DC MC VISA

Au bord du vieux quartier. Ce *parador* est un but en soi. Le palais du XVe s. a été restauré, plutôt que reconstruit, plusieurs fois. Très abîmé pendant la révolte des *comuneros* au XVIe s., il fut remis en état par le comte d'Albe. Au XVIIIe s., il fut transformé en hospice. C'est en 1968 qu'il est devenu *parador*. Des couloirs vitrés donnent sur une grande cour intérieure. Au pied de l'escalier, un chevalier en armure, à cheval. Des tapisseries couvrent les murs et des plantes grimpent partout. Les chambres de l'arrière donnent sur la rivière.

Il Infantas *(Cortinas de San Miguel 3 ☎ (988) 51.28.75 à)* est situé au centre, mais le **Rey Don Sancho** *(☎ (988) 52.34.00)*, à 3 km au N sur la N 630, est plus agréable et possède un bon restaurant.

Paris *(Av. de Portugal 14 ☎ (988) 51.43.25)* : ambiance française, mais cuisine régionale. Excellents plats de poissons.

Biographies

Nous avons sélectionné quelques personnages célèbres associés à l'Espagne.

Abd er Rahman III, al-Nasir li-din Allah *(792-852)*
Premier calife de Cordoue et peut-être le plus grand souverain maure de l'Andalousie, qui devint sous son règne l'une des plus importantes provinces d'Europe.

Azaña y Díaz, Manuel *(1880-1940)*
Premier ministre de 1931 à 1933 et en 1936, où il fut élu président de la Seconde République. Chef du gouvernement républicain pendant la guerre civile.

Balboa, Vasco Nuñez de *(vers 1475-1519)*
Franchit l'isthme de Panama et découvrit l'océan Pacifique. Peu après, il fut exécuté par l'un de ses anciens supérieurs qui le jalousait.

Boabdil *(mort en 1538)*
Dernier souverain maure d'Espagne qui, après avoir détrôné son père en 1482, dut livrer Grenade aux rois catholiques (1492).

Cano, Alonso *(1601-1667)*
Architecte, sculpteur et peintre de cour. Son œuvre la plus célèbre est sa *Vie de la Vierge*, (cathédrale de Grenade).

Cervantes, Miguel de *(1547-1616)*
Figure dominante de la littérature espagnole, au moins en ce qui concerne l'universalité de son œuvre. En 1569, il quitta la Castille pour l'Italie, où il fut auxiliaire d'un cardinal puis soldat. De retour en Espagne, il écrivit *Don Quichote de la Manche*, publié en 1605.

Charles Ier d'Espagne, Charles Quint *(1500-1558)*
Fut pendant près de quarante ans à la fois roi d'Espagne et empereur du Saint-Empire romain germanique. Son règne fut marqué par des guerres incessantes, qui épuisèrent petit à petit la majeure partie de son empire européen.

Churriguera, José *(1665-1725)*
Architecte sculpteur. Le membre le plus célèbre d'une famille qui donna son nom à un style à l'ornementation très chargée : la churrigueresque.

Cid, Rodrigo Díaz de Vivar, dit le *(vers 1043-1099)*
Chevalier tour à tour au service des rois maures et castillans, immortalisé dans la ballade *El Cantar de Mio Cid*, qui chante son héroïsme contre les Maures.

Colomb, Christophe *(1451-1506)*
Explorateur génois qui, envoyé par le roi Ferdinand et la reine Isabelle à la découverte d'une route vers la Chine par l'O, débarqua dans les Bahamas. Il fut le premier européen à poser le pied sur le continent américain, ouvrant ainsi à l'Espagne la route du Nouveau Monde.

Cortés, Hernán *(1485-1547)*
Chargé par Diego de Velázquez d'une expédition au Mexique, il s'empara de la capitale du pays en 1521, ce qui lui valut le titre de Conquistador du Mexique.

Covarrubias, Alonso de *(1488-1570)*
L'un des grands architectes de style plateresque ; collabora à la construction de la cathédrale de Salamanque et fut le maître d'œuvre de la cathédrale de Tolède.

Dalí, Salvador *(né en 1904)*
Surréaliste célèbre pour ses excentricités. Combine un très grand talent de dessinateur à une vision souvent macabre.
Falla, Manuel de *(1876-1946)*
Influencée par Ravel et Debussy, sa musique est toutefois essentiellement inspirée du flamenco et de la musique populaire espagnole.
Ferdinand III de Castille *(1199-1252)*
Unificateur des royaumes de *Castille* et de *León* et promoteur actif de la reconquête de l'Espagne sur les Maures. Canonisé en 1671.
Ferdinand II d'Aragon *(1452-1516)*
Son mariage avec Isabelle Ire de Castille (1469) entraîna l'unification de l'Espagne entière, sauf Grenade, qui ne fut
conquise sur les Maures qu'en 1492. Il devint alors Ferdinand V d'Espagne. Ferdinand et Isabelle, les rois catholiques, mirent fin à l'anarchie féodale.
Franco, Francisco *(1892-1975)*
Général à 32 ans. Prit dès le début de la guerre civile le commandement des forces nationalistes en rébellion contre la République. Il souda les partis de droite en une seule et même force, la Phalange. En 1947, proclama l'Espagne monarchie et lui-même régent, désignant plus tard l'actuel roi comme son successeur.
García Lorca, Federico *(1898-1936)*
Ecrivain de théâtre, poète, musicien, le moindre aspect de la vie espagnole l'inspira. Assassiné par les nationalistes pendant la guerre civile.
Gaudí i Cornet, Antonio *(1852-1926)*
Architecte catalan d'un style original fort audacieux, il créa des formes sinueuses et fantastiques à partir de matériaux inusuels. Sa plus célèbre réalisation : le ***Templo de la Sagrada Familia***, à *Barcelone*.
Godoy, Manuel *(1767-1851)*
Premier ministre de Charles IV. Ses intrigues avec Napoléon entraînèrent sa disgrâce en 1808, suivie de l'abdication du roi en faveur de Joseph Bonaparte.
Goya y Lucientes, Francisco José de *(1746-1828)*
Ses œuvres de jeunesse, qui combinent le néoclacissisme avec la gaieté et les couleurs vives du rococo, contrastent fortement avec la tonalité dramatique et sinistre des peintures de la maturité, et notamment des *Peintures noires*. Il fut de nombreuses années peintre de cour au style âprement satirique.
Greco, Domenicos Theotokópoulos, dit El *(1541-1614)*
Originaire de Crète. Etudia la peinture à Rome puis à Venise avec le Titien avant de s'établir à Tolède en 1577. Il développa alors un style expressionniste caractérisé par des personnages étirés et une préférence pour les couleurs sombres.
Ignatius de Loyola *(1491-1556)*
Soldat devenu missionnaire, fondateur de la Compagnie de Jésus à Rome (1540). Sous sa gouverne, les jésuites devinrent une des principales forces de la Contre-Réforme. Canonisé.
Isabelle Ire de Castille *(1451-1504)*
Succéda en 1474 à son frère Henri IV. Elle joua un rôle

primordial dans la reconquête de l'Espagne sur les Maures, aux côtés de son mari Ferdinand V. Patronna les expéditions de Christophe Colomb et lança l'Inquisition contre les juifs et les Maures.

Joselito, José Gómez, dit *(1895-1920)*
Matador dont l'habileté et le savoir-faire ne peuvent guère être comparés qu'à ceux du légendaire Manolete. Mort dans l'arène à 25 ans.

Juan Carlos de Borbón y Battenburg *(né en 1938)*
Roi actuel. Petit-fils d'Alphonse XIII, le dernier roi d'Espagne avant la guerre civile, fut choisi et élevé pour être son successeur par Franco.

Lope de Vega Carpio, Félix *(1562-1635)*
Poète, romancier et dramaturge prolixe, considéré comme le fondateur du théâtre espagnol.

Manolete, Manuel Rodriguez y Sánchez, dit *(1883-1923)*
Le plus illustre des toréadors espagnols, d'une dextérité et d'une grâce inégalées. Mort dans l'arène de Linares.

Medina Sidonia, duc de *(1550-1619)*
Commandant en chef lors de la défaite de l'Armada en 1588. Malgré cela, fut maintenu dans ses fonctions par Philippe II et souffrit d'autres défaites à *Cadix* et *Gibraltar.*

Miró, Juan *(1893-1985)*
Son Surréalisme abstrait et lyrique, inspiré de Paul Klee,a enchanté le monde entier.

Murillo, Bartolomé Esteban *(1617-1682)*
Peintre le plus respecté de Séville. Se spécialisa dans les portraits et sujets religieux, dont la piété est mise en valeur par l'usage qu'il fit de la lumière.

Ortega y Gasset, José *(1883-1955)*
Philosophe et humaniste, qui fut acclamé dans le monde entier pour son livre la *Révolte des masses*. Fondateur de l'Institut des humanités, à *Madrid*.

Philippe II *(1527-1598)*
Egalement roi du Portugal à partir de 1580. Epousa en premières noces Marie Tudor d'Angleterre. Son désir de conserver intact l'empire d'Espagne fut contrecarré par les guerres avec l'Italie, les Pays Bas et l'Angleterre, dont le résultat fut la perte des Provinces du Nord et la défaite de l'Armada. Surveilla personnellement la construction du palais de l'*Escurial.*

Philippe V *(1683-1746)*
Petit-fils de Louis XIV. Le premier des Bourbons à monter sur le trône d'Espagne, ce qui entraîna la guerre de Succession d'Espagne. Le Traité d'Utrecht (1714) reconnut Philippe comme roi d'Espagne. Gibraltar fut concédé aux Anglais sous son règne.

Picasso, Pablo *(1881-1973)*
Peintre le plus célèbre du XXe s., dont l'évolution embrasse plusieurs des plus grands mouvements de l'art moderne. La fameuse *Guernica* (dans le musée du *Prado* à *Madrid*) exprime toute son horreur devant la guerre civile.

Pizarre, Francisco Pizzaro (vers 1476-1541)
Avec Diego de Almagro, conquit le Pérou en 1533 à la tête d'un contingent dérisoire d'hommes. Assassiné par le fils d'Almagro.

Primo de Rivera, José Antonio *(1903-1936)*
Fils du dictateur Miguel Primo de Rivera, qui fut le maître suprême de l'Espagne de 1923 à 1930. Fondateur du

Parti phalangiste. Tué par les loyalistes pendant la guerre civile. Son père et lui furent considérés comme des héros par les nationalistes.

Ribera, José *(1591-1652)*

Artiste baroque qui vécut principalement à Naples, alors possession espagnole. Ses premières œuvres, aux sombres tonalités inspirées du Caravage, cédèrent la place à des peintures plus colorées.

Segovia, Andrés *(né en 1893)*

Ses adaptations de la musique ancienne espagnole et sa virtuosité donnèrent à la guitare ses lettres de noblesse. De Falla et Villa-Lobos composèrent l'un et l'autre des œuvres à son intention.

Siloé, Diego de *(vers 1495-1563)*

Sculpteur et architecte dont les réalisations sont caractéristiques de la haute Renaissance espagnole. Prit la relève de Enrique de Engas comme maître d'œuvre de la cathédrale de *Grenade*.

Tapies, Antonio *(né en 1923)*

Chef de file de l'école de peinture abstraite espagnole qui vit le jour dans les années 60. Son intérêt pour la texture de la surface l'a mené à expérimenter toutes sortes de mélanges.

Téresa d'Avila (1515-1582)

Réforma l'ordre des carmélites et ne fonda pas moins de dix-sept communautés religieuses en l'Espagne. Canonisée.

Torquemada, Tomás de *(1420-1498)*

Confesseur et grand inquisiteur des rois catholiques, il devint en 1483 le chef de l'Inquisition, tâche qu'il accomplit avec un zèle poussé à l'extrême.

Trajan *(vers 52-117)*

Premier empereur Romain issu des provinces de l'empire (il était espagnol). Lui succéda un autre Espagnol, Hadrien, né dans la ville romaine d'*Italica*, près de *Séville*.

Vélasquez, Diego Rodriguez de Silva Velázquez *(1599-1660)*

Maître du portrait d'atmosphère, il fut salué comme le plus grand peintre de son siècle. Nommé peintre de la cour à 25 ans par Philippe IV, il peignit nombre des membres de la famille royale. Ses clairs-obscurs contrastés cédèrent petit à petit le pas à un usage plus subtil et plus riche de la lumière.

Vespucci, Amerigo *(1454-1512)*

Fit plusieurs expéditions pour le compte de l'Espagne le long des côtes de l'Amérique du Sud et de l'Amérique centrale, qui lui permirent de prouver que Christophe Colomb n'avait pas découvert les Indes mais un continent séparé.

Wellington, Arthur Wellesley, duc de *(1769-1852)*

Commandant des forces alliées pendant la guerre d'Indépendance, il obligea l'armée de Napoléon à se replier sur la France en 1814.

Zurbarán, Francisco *(1598-1664)*

Peintre d'inspiration religieuse, considéré comme l'un des meilleurs. Il allait d'un monastère à l'autre pour raconter les épisodes de la vie des saints et utilisait souvent les moines comme modèles. Fut nommé en 1628 peintre officiel de la ville de *Séville*.

Les vins espagnols

On a trop longtemps étiqueté l'Espagne comme le pays des vins ordinaires et pas chers. En réalité, le pays produit peut-être la plus grande variété de vins au monde : des célèbres vins d'apéritif et de dessert de Jerez et de Málaga aux vins de table de la Rioja, en passant par les jeunes vins pétillants de *Galice*, toute la gamme des vins de *Catalogne*, les nombreux « ordinaires », très buvables, de la Meseta et un grand choix de vermouths et liqueurs.

En général l'*Andalousie*, région particulièrement chaude, produit des vins forts, que l'on boit avant ou après le repas. Le N, plus tempéré, donne les meilleurs vins de table, tandis que le centre, dont la production est plus abondante, fournit les vins de consommation courante.

Il n'est pas difficile de visiter les grandes *bodegas* (chais), mais mieux vaut connaître l'espagnol et apporter une lettre d'introduction si l'on veut accéder aux plus petites.

Le Xérès et l'Andalousie

Le plus célèbre des vins espagnols, le Xérès, était déjà très connu au Moyen-Age. Après le raid de Sir Francis Drake sur Cadix, en 1587, il commença à être expédié en Angleterre en grandes quantités. Il existe plusieurs types de Xérès, le plus apprécié restant le *fino* sec, clair et léger, comme le Tio Pepe ou La Iña, que l'on boit glacé à l'apéritif. Mais il y a aussi les *amontillados* plus généreux, à la couleur ambrée et au goût caractéristique de noix ; les *olorosos* foncés, plus corsés, à la riche vinosité, qui demeurent, quand ils sont à l'état naturel, extrêmement secs et se boivent en apéritif : c'est le cas du Rio Viejo ; enfin, les vins de dessert du type Bristol Cream, que l'on appelle les xérès crème, obtenus en adoucissant des *olorosos* ou des *finos*.

Avec Puerto de Santa María, au S, et Sanlúcar de Barrameda, berceau du *manzanilla*, au N-O, *Jerez de la Frontera* demeure le grand centre de la production de Xérès. Les vignobles s'étendent sur un paysage de collines, principalement au N et à l'O de la ville, les meilleurs raisins poussant sur un sol appelé l'*albariza*, caractérisé par une croûte dure et blanche qui se forme sous les puissants rayons du soleil andalou. Le meilleur moment pour visiter Jerez est la fin du printemps ou le début de l'automne, au moment où les vignobles changent de couleur. L'ambiance est particulièrement animée pendant la Fiesta de la Vendimia (fête des Vendanges), début septembre.

Les grandes *bodegas* voûtées où l'on conserve le Xérès sont des bâtiments imposants, souvent comparés à des cathédrales. Le vin y vieillit dans des fûts de chêne appelés *soleras*, selon un procédé très particulier : le principe étant que le vieux xérès a le pouvoir d'améliorer le plus jeune, on fait passer, à chaque fois que l'on prélève du vin dans un fût ancien, un peu de vin plus jeune dans ce fût, afin qu'il s'améliore au contact du vieux vin. Par la même occasion, le vieux *fino*, revigoré par l'apport du vin jeune, ne perd pas de sa fraîcheur.

On peut visiter les grandes *bodegas* comme celles de Gonzalez Byass, Pedro Domecq ou Williams & Humbert (*ouv. généralement 9 h 30-13 h ; il suffit de se présenter*). Pour les plus modestes, il est préférable de téléphoner à l'avance ou de se renseigner auprès des Exportadores de Sherry SA (☎ *(956) 34.10.46*). Les visites se terminent traditionnellement par une séance de dégustation, et l'on peut généralement acquérir à la sortie des vins et des *copitas*, verres traditionnels.

Chaque *bodega* a son histoire. Chez Pedro Domecq, on peut voir les fûts jadis réservés à Pitt, Nelson et Wellington. Gonzalez Byass élève quelques charmantes souris buveuses de Xérès, et dans les magnifiques jardins de Harvey, il y a un bassin abritant un alligator du Mississipi âgé de 65 ans. Williams & Humbert conservent en l'état le bureau du dernier consul de Grande-Bretagne et entretiennent une magnifique collection de voitures d'attelage et de harnais. La fierté de Zoilo Ruiz Mateus, enfin, est un admirable musée de montres et horloges, riche de trois cents modèles d'origine espagnole, anglaise et française. Même en dehors de ces détails pittoresques, les *bodegas* les plus anciennes — en particulier celles d'Osborne, Duff Gordon, Terry, à Puerto de Santa Maria, et Garvey à Jerez, sont construites autour de charmants patios, croûlant sous les bougainvillées et bordés d'oliviers ou de palmiers. Les nouvelles, plus fonctionnelles, sont souvent des modèles d'architecture contemporaine, particulièrement les gigantesques Bodegas Internacionales de Jerez.

L'Andalousie possède deux autres vins renommés. Ceux de Montilla-Moriles, produits en haut d'une colline, à Montilla (*35 km au S de Cordoue*), ressemblent assez à ceux de Jerez, à cette différence qu'ils fermentent dans des jarres de terre cuite avant de vieillir dans la *solera*. Les vins sucrés de Málaga ont connu leur grande époque sous la reine Victoria, mais on peut apprécier de nos jours une variante moins douce, le célèbre Solera 1885, de Scholtz Hermanos, également vieilli dans une *solera* mais évoquant plutôt un bon porto.

Le Rioja

Les vins de table les plus célèbres d'Espagne viennent de la Rioja, le long de la vallée de l'Ebre, à la frontière du *pays Basque*. Principalement rouges, légers, ils sont caractérisés par leur goût de noix et un bouquet particulier, résultant d'une longue maturation en fût. La région fait du vin depuis l'époque préromaine, mais le style actuel du vin de Rioja date de l'épidémie de phylloxera qui sévit en France à la fin du XIXe s., conduisant les vignerons du Bordelais à s'installer en Espagne. Ceux-ci introduisirent alors leurs méthodes, en particulier l'élimination de la rafle avant la mise en fermentation du jus de raisin et le vieillissement prolongé dans des barriques de chêne de 225 litres.

La plupart des grandes *bodegas* accueillent les visiteurs (*renseignements : Grupo de Exportadores, Logroño* ☎ *(941) 22.28.37*), mais il est toujours préférable de prendre rendez-vous préalablement par téléphone. Le groupe de *bodegas* le plus important se trouve à Haro, capitale de la Rioja Alta, la haute Rioja, qui produit les vins les plus délicats avec sa voisine la Rioja Alavesa. Haro est le berceau de certaines maisons célèbres telles que Bilbainas, CVNE, Federico Paternino, La Rioja Alta, Muga et Lopez de Heredia, et de la boutique de Juan Gonzalez Muga, spécialiste des vins millésimés et rares et des offres spéciales de bodegas locales (*Centre d'information pour les vins de la Rioja Alavesa : Casa del Vino, Laguardia*).

La production est strictement réglementée par le Consejo Regulador, qui autorise l'emploi de petites étiquettes sur le dos de la bouteille pour définir les différentes qualités. Ainsi, le *vino de crianza* doit obligatoirement passer au minimum un an en barrique et deux ans en bouteille. Les *reservas* rouges passent un an en barrique et deux en bouteille, et les *gran reservas* qui vieillissent deux ans en barrique et trois ans en bouteille, doivent avoir atteint au moins sept ans pour pouvoir quitter la *bodega*. Assez récemment, on s'est mis à faire dans la région de Rioja des vins blancs très agréables, frais et fruités, fermentés à froid et non vieillis en fût.

Navarre

Les meilleurs vins de *Navarre* ressemblent à ceux de la Rioja, qu'ils côtoient à l'E ; ils sont d'ailleurs faits avec les mêmes cépages. Les plus distingués viennent du Señorio de Sarría et de la Vinícola Navarra, près de *Pampelune*. Ceux de la Riberia Baja, dans la vallée de l'Ebre, vers le S, sont plus forts en alcool et plus corsés. La meilleure *bodega*, pour ceux-ci, est celle de Julian Chivite.

Catalogne

Les très bons vins de *Catalogne* peuvent rivaliser avec ceux de Rioja, mais la région produit aussi la plus grande partie des pétillants espagnols et un délicieux cognac élevé selon la méthode charentaise. Le Penedès, autour de Vilafranca del Penedès et San Sadurni de Noya, s'étend juste au S-O de *Barcelone*. Les *bodegas* de Masia Bach, du Marqués de Monistrol, de René Barbier et de Bosch Guell font de bons vins, rouges comme blancs, mais la production la plus célèbre vient des Bodegas Torres, à Vilafranca, qui exportent dans le monde entier. Cette exploitation familiale a fait preuve d'excellente initiative à la fois en acclimatant des cépages étrangers nobles comme le Chardonnay et le Cabernet Sauvignon et en modernisant les techniques. Ainsi, ils furent les pionniers en Espagne de la fermentation à froid pour des vins tels que le Viña Sol et l'Esmeralda, et leur Gran Coronas Black Label rouge 1970 a récemment été jugé meilleur que le Château Latour par un jury international réuni à Paris. On peut visiter leur caves à Vilafranca *(☎ (93) 890.01.00, sans rendez-vous)*.

Les vins pétillants du Penedés sont exclusivement faits selon la méthode champenoise, quoiqu'avec des raisins locaux, et ont vite acquis une bonne réputation internationale grâce à leur prix avantageux et à leur excellente qualité. Le centre de production est à San Sadurni de Noya, où les plus grandes exploitations sont celles de Codorníu et de Freixenet. Les visiteurs sont reçus sans rendez-vous. La visite de Codorníu, qui accueille 160 000 visiteurs par an, est particulièrement intéressante. Les vieux bâtiments, au milieu de jardins ornementaux, ont été déclarés monument historique. Les caves souterraines s'étendent sur 14 km, et le vieux pressoir a été converti en **Musée d'œnologie**. Il ne faut pas manquer non plus la visite du **Museo del Vino** à Vilafranca del Penedés, qui abrite des amphores grecques, romaines et phéniciennes, du matériel ancien pour la fabrication du vin et des collections de verres, carafes et tableaux. La visite se termine dans un petit bar où l'on goûte les vins locaux.

Il y a plusieurs autres régions de Catalogne qui font du vin convenable, en particulier *Tarragone* et Priorato au S de la province, Alella et Ampurdan Costa Brava au N de *Barcelone*. Pereleda peut être une excellente première halte après avoir traversé les Pyrénées, quand on vient de France : l'exploitation, près de Figuéras, entoure un monastère et un château du XIVe s., et il y a un **Musée d'œnologie** ouvert aux visiteurs.

La Vieille Castille

Le cœur de l'Espagne, au N et à l'O de *Madrid*, produit une grande variété de vins tout à fait consommables. A quelque 40 km à l'E de *Valladolid*, le petit domaine de Vega Sicilia donne des vins très fruités, au bouquet raffiné, que l'on ne trouve que dans les meilleurs restaurants. Les visites ne sont possibles que sur rendez-vous et moyennant une introduction émanant d'un négociant ou d'un expéditeur.

Un peu plus loin à l'E, en suivant le rio Duero, Peñafiel, produit des vins rouges d'un prestige de plus en plus grand, essentiellement fabriqués par la coopérative locale. Les chais où se fait la maturation sont dominés par un château de conte de fées, dont le terrain de joutes médiéval mérite d'être admiré. A l'O de Valladolid, Rueda a longtemps été fameux pour ses vins ressemblant au Xérès. Aujourd'hui, on produit (et exporte) des vins blancs jeunes très agréables, essentiellement en coopérative. Dans le *León*, les vins blancs et rouges assez vifs fabriqués par le consortium de producteurs locaux appelé VILE (Vinos de León) sont très appréciés à l'étranger.

Galice

Les vins de *Galice* sont très particuliers. Faits à partir de raisins de vignes hautes, ils laissent un léger picotement sur la langue et ressemblent assez aux *vinhos verdes*, les vins verts du Portugal voisin. Les meilleurs sont les Albariños fruités et parfumés de Cambados, près de *Pontevedra* (fêtes du vin à Cambados, à la mi-août, où l'on peut goûter toutes les variétés).

Le vin courant

La grande masse du vin de consommation courante vient du plateau central de la Manche. Typiquement rouge, frais, net et fort en alcool, le vin de *Valdepeñas* est l'un de ceux que l'on sert le plus souvent en carafe dans les *tabernas* du vieux quartier de *Madrid*. L'autre grand fournisseur de vin ordinaire est le Levant, cette région en bordure de Méditerranée qui s'étend au S de la Catalogne. Les vins provenant des zones d'appellation d'origine (*Valence*, *Alicante*, Yecla et Jumilla) ont du corps, une forte teneur en alcool et un arôme corsé ; ils sont beaucoup moins chers que les Riojas ou les vins catalans. Il faut les essayer. Les vins des *îles Baléares*, hormis ceux, très bien fabriqués, de José L. Ferrer à Binisalem (*Majorque*), sont à peu près identiques. Les îles, de toute manière, ne produisent pas assez pour leur consommation et doivent importer du vin du continent.

Sports et distractions

Casinos

Les casinos ont été introduits récemment en Espagne. On en compte dix-huit, situés principalement dans les stations de villégiature aux alentours des grandes villes. Il faut avoir 21 ans et montrer son passeport pour y entrer, moyennant un droit d'entrée. Tous les casinos sont agrémentés de restaurants, de discothèques et/ou de night-clubs. Les jeux habituellement pratiqués sont le chemin de fer, le blackjack, le craps américain, la roulette et le punto y banco. On trouve également des machines. Fonctionnent actuellement les casinos de Alfarajín (près de *Saragosse*), Benalmádena, *Ibiza*, Lloret de Mar (près de *Gérone*), *Palma Nova* (*Majorque*), *Marbella*, Perelada★ (près de *Gérone*), Puzol (près de *Valence*), San Javier (près de Murcie), San Pedro de Ribas (près de *Barcelone*), *Saint-Sebastien*, *Santander*, La Toja (près de *Pontevedra*), Torrelodones (près de *Madrid*) et Villajoyosa (près d'*Alicante*).

Corridas

(*Voir* **Calendrier des corridas**, *dans* **Votre programme**).

Elles sont très nombreuses en saison. Une corrida dure environ 2 h 30.

Les acteurs : six taureaux élevés pour la course, trois toréadors, des peones (assistants), des picadors.

Après la parade d'ouverture, le spectacle se décompose en trois actes (*tercios*).

Premier *tercio* : le taureau est lâché, les peones attirent son attention avec des capes. Le matador observe la bête qu'il devra tout à l'heure mettre à mort, étudie ses réactions, décèle ses infirmités, ses handicaps, ses points forts... Avec une cape magenta et or, il exécute des figures. Entrent les *picadors* qui, juchés sur un cheval, vont piquer le taureau entre les épaules pour l'affaiblir.

Deuxième *tercio* : les banderilles. On va planter dans le garrot de l'animal des baguettes multicolores munies d'une sorte de harpon. Le matador exécute des figures, c'est la *faena*.

Troisième *tercio* : la mise à mort, avec l'épée.

Le matador dédie le taureau à une personnalité, à un ami ou au public tout entier. Si l'ensemble de la corrida et la mise à mort sont réussies il sera récompensé par une ou deux oreilles et exceptionnellement la queue de la bête. Sinon, c'est la *bronca*, un concert de sifflements et de cris.

Il existe des variantes de la corrida : le *rejoneadores* combattent à cheval, animal détesté entre tous par le taureau ; pour une *goyesca*, les matadores sont en costume du XVIIIe s. ; la *novillada* oppose de jeunes taureaux, plus légers et plus faibles que leurs aînés, à des apprentis matadors.

Les tickets s'achètent sur place le jour de la corrida, ou en ville quelques jours avant. Les prix sont fonction de l'importance de l'arène, de la cote des matadors et de l'importance de la corrida elle-même. Ils varient selon la place : *sol*, au soleil (les places les moins chères) ; *sol y sombra*, alternativement au soleil et à l'ombre ; *sombra* (les plus chères). On peut louer des coussins dans l'arène ; sur des gradins, ce n'est pas vraiment un luxe !

Football

C'est une passion très partagée en Espagne. Les stades des grandes villes peuvent accueillir jusqu'à 100 000 spectateurs ou plus. La saison court de sept. à juin et les matchs ont généralement lieu le dimanche en fin d'après-midi.

Golf

Les adeptes de ce sport raffolent des nombreux parcours de la *Costa del Sol*, dont certains appartiennent à des clubs privés, d'autres à des hôtels. *Madrid* a au moins dix clubs de golf, notamment La Herreria, Las Lomas-El Bosque et le Club de Campo ; il existe des arrangements avec des clubs étrangers, pour en connaître toutes les conditions, renseignez-vous à votre hôtel. En *Catalogne*, on trouve des golfs à El Prat et à *Sitges*, au S-O de Barcelone. Dans la région d'*Alicante*, il y a un parcours à Penas Rojas et un dans le parc d'Almaina ; au N-O on pourra jouer près de *Saint-Sébastien*, *La Corogne* et *Santander*. On peut louer des clubs et des caddys partout ; dans les clubs privés, attendez-vous à payer un droit de visiteur plus un droit de terrain.

Jai-alai

Jeu basque très en vogue dans tout le pays, appelé aussi *pelote*. Il se joue sur un court fermé, le *fronton*, avec un très haut mur long d'environ 60 m. Les joueurs attrapent une petite balle dure avec un panier incurvé qui est attaché à leur bras et la renvoient contre le mur du fond à des vitesses incroyables. Rapide, acharné et dangereux, ce jeu est facile à comprendre (mise à part la façon de compter les points), et la plupart des grandes villes du N ont au moins un fronton. Il existe des variantes dans lesquelles la balle est rattrapée avec la main ou avec une raquette de bois.

Pêche et chasse

Les opportunités en sont très nombreuses, mais

l'obtention du permis, obligatoire, est plus que laborieuse. Pour toutes informations sur la question, écrivez à l'avance à l'Instituto Nacional para la Conservación de la Naturaleza, *Gran Via 35, Madrid*, ou contactez l'Office National de Tourisme Espagnol le plus proche.

L'Espagne est riche en gibiers de toutes sortes, depuis l'ibex (chèvre sauvage que l'on ne trouve que dans ce pays) jusqu'au sanglier, en passant par le cerf, le canard, la perdrix et le chamois. Il existe plus de huit cents réserves de chasse, principalement en montagne, qui sont également de bon rapport pour la pêche au saumon et à la truite. Les meilleurs endroits parmi tous sont les monts *Gredos*, les *Picos de Europa*, près de *Santander*, et certains endroits des Pyrénées. La pêche en haute mer se pratique à partir de tous les grands ports de la *côte Cantabrique*, de la *Costa Brava* et de la *Costa del Sol*.

Ski

Si peu de stations ont le cachet des villages alpins, les pistes sont souvent aussi stimulantes et moins fréquentées, et les prix bien plus avantageux. A trois ou quatre heures de voiture au N de Barcelone, on trouve les stations les mieux équipées du pays : Baqueira-Ber, El Formigal, Núria, Masella et La Molina, où ont lieu des compétitions internationales. A environ une heure au N et à l'O de *Madrid* existent des petites stations avec des pistes plus faciles, telles NavacerradaValdesqui et Valcotos. Dans la Sierra Nevada (près de *Grenade*, qui bénéficie d'une très longue saison (parfois de fin octobre à début mai), il faut signaler l'extraordinaire station de Solynieve. Dans l'arrière-pays de la *côte Cantabrique*, on peut skier à Alto Campo et Brana Vieja, à environ une heure de Santander. Au N de *Saragosse*, Sallent de Gállego devient un endroit très couru.

Tennis

On trouve des courts dans tous les endroits de villégiature ainsi que dans les hôtels (voir *A à Z*), en surface dure pour la plupart.

Voile

Ce sport est très pratiqué autour des *îles Baléares* ainsi que sur la *Costa del Sol*. Dans toutes les villes qui ont un club nautique, il est possible de louer aussi bien des bateaux de pêche que des yachts charterisés, avec ou sans équipage. C'est le cas notamment d'*Alicante*, *La Corogne*, Estepona, *Marbella*, *Palma de Majorque*, *Saint-Sébastien* et *Torremolinos* (on trouvera la liste complète à l'Office National du Tourisme Espagnol.

L'Espagne pour les enfants

Zoos

Il y a au moins un petit zoo dans chaque grande ville, généralement un parc, mais c'est à Madrid et Barcelone que l'on trouve les plus intéressants et les mieux entretenus (*demi-tarif pour les enfants*). Celui de *Madrid* est situé dans la Casa del Campo, à l'O de la ville : couple de pandas avec l'un des seuls bébés pandas jamais nés en captivité. A *Barcelone*, il est installé au S-E du *Parque de la Ciudadela* : zoo important, astucieusement dessiné et arrangé ; aquarium et spectacle de dauphins. Près de *Porto Cristo*, sur l'île de *Majorque*, il y a l'**Auto Safari Mallorca** : promenade en voiture parmi les animaux sauvages, dans une reconstitution de la steppe africaine ; petit zoo d'animaux apprivoisés que l'on peut nourrir, en fin de parcours.

Parcs d'attractions

Barcelone possède deux *parques de atracciones,* l'un à *Tibidabo*, l'autre à *Montjuic,* les deux collines qui dominent la ville. Le premier est un vestige amusant des années 30, avec des petits avions et une grande roue ; le second a la modernité des années 60 mais on y recherche en vain le grand frisson *(heures d'ouv. irrégulières pour les deux parcs, renseignez-vous avant de vous y rendre)*. Il existe un parc d'attractions sans grand intérêt dans la *Casa del Campo* à *Madrid*. Sur la *Costa del Sol*, près de Benalmádena, se trouve le Monde de Tivoli *(Arroyo de la Miel ☎ (952) 44.18.96/9 pour informations)* ; plus de trente manèges, nombreux spectacles gratuits tels que des démonstrations de cancan et de flamenco.

Musées et monuments

Bien peu d'efforts sont faits pour attirer la curiosité des jeunes vers les musées et leur éviter l'ennui. Signalons cependant certaines expositions particulièrement spectaculaires, dans les musées de cire notamment. Et bien sûr les musées de cire de *Barcelone (sur les Ramblas)* et *Madrid* (*voir* **Autres musées** dans cette ville).

La collection d'armes du *Palaccio Real* à *Madrid* présente des chevaliers sur leur monture et des armures d'enfants créées pour les enfants royaux. Intéressant également, le *Museo Naval* (*voir* **Autres musées** à *Madrid*) et le *Museo Marítimo* à *Barcelone*, qui présente une réplique de la *Santa Maria* de Christophe Colomb, amarrée non loin de là.

Châteaux

Aucun pays mieux que l'Espagne ne se prête aux rêves d'enfants de chevaliers téméraires et féroces dragons. La cité d'Avila est ceinte de remparts moyenâgeux et nombre d'autres villes ont encore leurs fortifications. Les enfants apprécieront particulièrement un séjour dans un château aménagé en *parador*, à *Alarcón*, *Sigüenza* ou *Oropesa* (*voir* **Hôtel proche** *à Talavera de la Reina*)...

Mots et phrases utiles

Ce glossaire comprend le vocabulaire de base qui vous permettra de vous faire comprendre dans tous les instants de la vie quotidienne, ainsi qu'une liste de mots se rapportant à l'alimentation qui vous aidera à déchiffrer les menus des restaurants.

Prononciation

L'espagnol est une langue facile à prononcer ; il faut cependant connaître certaines particularités.
Le ñ (l'accent spécial s'appelle tilde) se prononce comme le gn français, ex : *niña.*
Le ll équivaut à notre y, ex : *lleno.*
Le j (la jota) se prononce un peu comme le r, mais avec un son plus guttural, ex : *joven.*
En revanche, on roule les r.
Le ch se prononce tche, ex : *chorizo.*
Une autre particularité, qui n'a rien à voir avec la prononciation : les phrases interrogatives s'ouvrent par un point d'interrogation à l'envers (¿) et se ferment par un point d'interrogation normal.

Mots de référence

Lundi lunes
Mardi martes
Mercredi miércoles
Jeudi jueves
Vendredi viernes
Samedi sábado
Dimanche domingo

Janvier enero
Février febrero
Mars marzo
Avril abril
Mai mayo
Juin junio
Juillet julio
Août agosto
Septembre septiembre
Octobre octubre
Novembre noviembre
Décembre diciembre

1 uno
2 dos
3 tres
4 cuatro
5 cinco
6 seis
7 siete
8 ocho
9 nueve
10 diez
11 once
12 doce
13 trece
14 catorce
15 quince
16 dieciséis
17 diecisiete
18 dieciocho
19 diecinueve
20 veinte
21 veintiuno
22 veintidós
30 treinta
40 cuarenta
50 cincuenta
60 sesenta
70 setenta
80 ochenta
90 noventa
100 cien
200 doscientos
500 quinientos
1 000 mil

Premier,e primero,-a
Second,e segundo,-a
Troisième tercero,-a
Quatrième cuarto,-a

... Heure las... (la una)
Et quart... ... y cuarto
Et demi... ... y media
Moins le quart... ... menos cuarto
Six heures moins le quart... ...las seis menos cuarto

Monsieur señor/Sr
Madame señora/Sra
Mademoiselle señorita/Srta

Vocabulaire de base

Oui sí Non no
S'il vous plaît por favor
Merci gracias
Bonjour (fam) hola
Désolé perdón/perdone
Excusez-moi perdone/perdóneme
Je vous en prie de nada
Allo oiga (celui qui appelle) dígame (celui qui répond)

Bonjour (matin) buenos días
Bonjour (après-midi) buenas tardes
Bonsoir buenas noches
Au revoir adiós
Matin mañana (f)
Après-midi tarde (f)
Soirée, nuit tarde, noche
Nuit noche (f)
Hier ayer
Aujourd'hui hoy
Demain mañana
La semaine prochaine la semana próxima
La semaine dernière la semana pasada
Il y a... jours hace... días
Mois mes (m)
Année año (m)
Ici aquí Là ahí, allí
Là-bas allá
Grand,e grande
Petit,e pequeño,-a
Chaud,e caliente
Froid,e frío,-a
Bon,ne buen(o),-a
Mauvais mal(o),-a
Beau bello,-a
Bien bien
Mal mal Avec con
Et y Mais pero
Très mucho
Tout todo(s), toda(s)
Ouvert,e abierto,-a
Fermé,e cerrado,-a
Entrée entrada (f)
Sortie salida (f)
Libre libre
A gauche izquierda
A droite derecha
Tout droit todo seguido
Près cerca (de)
Loin lejos (de)
En haut encima
En bas abajo
Devant delante (de)
Derrière detrás (de)

Tôt temprano
Tard tarde
Rapidement rápido
Enchanté encantado,-a ; mucho/tanto gusto.
Comment allez-vous ? (formel) ¿ cómo está usted ?
Comment ça va ? (fam) ¿ cómo estás ?/¿ qué tal ?
Très bien, merci muy bien, gracias.
Parlez-vous français ? ¿ habla usted francés ?
Je ne comprends pas no comprendo/no entiendo.
Je ne sais pas no sé.
Pouvez-vous m'expliquer ? ¿ Puede usted explicarme, por favor ?
Pouvez-vous parler plus lentement, s'il vous plaît ? ¿ Puede usted hablar más despacio, por favor ?
Je m'appelle... Me llamo...
Je suis français Soy francés
Où est , où sont... ? ¿ Dónde está/estan... ?
Y a-t-il un,e... ? ¿ Hay un/una... ?
Quoi ? ¿ Qué ?
Combien ? ¿ Cuánto ?
C'est trop. Eso es demasiado.
Cher caro,-a
Bon marché barato,-a
J'aimerais... quisiera/querría...
Avez-vous... ? ¿ Tiene usted ?
Où sont les toilettes ? ¿ Dónde está el aseo ?
Où est le téléphone ? ¿ Dónde está el teléfono ?
Un moment. Un momento. (Au téléphone : no cuelgue).
Quelle heure est-il ? ¿ Qué hora es ?
Je ne me sens pas bien. Me siento mal.

L'arrivée à l'hôtel

J'ai réservé. Je m'appelle...
Tengo una reserva. Me llamo...

Une chambre tranquille avec bain/douche/w.c./lavabo...
Una habitación tranquila con baño/ducha/wáter/palangana...

... donnant sur la mer/le parc/la rue/l'arrière.
...con vista al mar/al parque/a la calle/atrás.

Le prix comprend-il le petit déjeuner/la taxe/le service ?
¿ El precio comprende desayuno/servicio/impuestos ?

Cette chambre est trop grande/petite/froide/chaude/bruyante.
Esta habitación es demasiado grande/pequeña/fría/caliente/ruídosa.

C'est trop cher. Avez-vous quelque chose de meilleur marché ?
Eso es demasiado caro. ¿ Tiene usted algo más barato ?

Où puis-je garer ma voiture ?
¿ Dónde puedo aparcar ?

Peut-on laisser la voiture dans la rue ?
¿ Se puede dejar el coche en la calle ?

Avez-vous une chambre ?
¿ Tiene usted una habitación ?

Mots et phrases utiles

Etage piso (m)/planta (f)
Salle à manger/restaurant comedor (m)/restaurante (m)
Salon salón (m)
Portier mozo (m)/maletero (m)
Directeur director (m)
A quelle heure est le petit déjeuner/le dîner ?
¿ A qué hora se sirve el desayuno/la cena ?
Peut-on boire l'eau du robinet ? ¿ Se puede beber el agua del grifo ?
Y a-t-il un service de blanchisserie ? ¿ Hay servicio de lavado ?
A quelle heure ferme l'hôtel ? ¿ A que hora cierra el hotel ?
Ai-je besoin d'une clé ? ¿ Me hará falta una llave ?
Y a-t-il un portier de nuit ? ¿ Hay un portero de noche ?
Je pars demain matin. Me marcharé mañana por la mañana.
Pouvez-vous m'appeler un numéro à... s'il-vous-plaît ? ¿ Puede usted dispertarme a... por favor ?
Entrez ! ¡Adelante ! ¡ Pase usted!

Logement

Lettre de réservation

Cher Monsieur, Madame,
Muy señor, muy señora mia :
Je voudrais réserver une chambre pour deux personnes (avec salle de bains), une chambre à deux lits
Querría reservar una habitacion doble (con cuarto de baño), una habitacion con dos camas
et une chambre simple (avec douche) pour 7 nuits à partir
y una habitacion sencilla (con ducha) por 7 noches desde
du 12 août. Avec petit déjeuner en demi-pension/pension complète
el 12 de agosto. Querríamos desayuno/media pensión/pensión completa
et nous aimerions des chambres avec vue sur la mer
y prefiéramos habitaciones con vista al mar.
Veuillez m'adresser tous les renseignements nécessaires avec la confirmation.
Por favor envíeme sus condiciones y precios con la confirmacion.
Salutations distinguées. *Le saluda atentamente.*

Lieux publics

Ayuntamiento mairie
Casa maison
Lonja bourse
Plaza mayor grand-place

Shopping

Où est le/la plus proche ? ¿ Dónde está... más cercano,-a ?
Pouvez-vous m'aider/me montrer...? ¿ Puede usted ayudarme/enseñarme... ?
Je regarde. Sólo estoy mirando.
Acceptez-vous les cartes de crédit/les traveller's chèques ?
¿ Acepta usted tarjetas de crédito/cheques de viaje ?
Pouvez-vous le livrer à... ? ¿ Puede usted enviar a... ?
Je (ne) le prends. Me (no) lo llevo.
Pouvez-vous me faire la détaxe ? ¿ Puedo comprarlo libre de impuestos para exportación ?
Il y a un défaut. Pouvez-vous me l'échanger/rembourser ? Este tiene una falta. ¿ Puede cambiármelo/devolverme el dinero ?
Je ne veux pas dépenser plus de... No quiero gastar más de...

Magasins

Magasin d'antiquités tienda de antigüedades
Galerie d'art galería de arte (f)
Boulangerie panadería (f)
Banque banco (m)
Institut de beauté salón de belleza (m)
Librairie librería (f)
Boucherie carnicería (f)
Pâtisserie pastelería (f)
Pharmacie farmacia (f)
Magasin de vêtements tienda de moda (f)
Crèmerie mantequería (f)

Grand magasin almacenes (m)
Poissonnerie pescadería (f)
Fleuriste florería (f)
Marchand de légumes verdulería (f)
Barbier, coiffeur barbería (hommes), peluquería (femmes)
Epicerie tienda (f) de ultramarinos
Quincaillerie ferretería (f)
Bijoutier joyería (f)
Marché mercado (m)
Kiosque à journaux quiosco de periódicos (m)
Opticien óptico (m)
Parfumerie perfumería (f)
Photographe tienda de fotografía (f)
Poste oficina de correos (f)
Cordonnerie zapatería (f)
Magasin de souvenirs tienda de recuerdos (f)
Papeterie papelería (f)
Supermarché supermercado (m)
Tailleur sastrería (f)
Bureau de tabac estanco (m)
Agence de tourisme oficina de turismo (f)
Magasin de jouets juguetería (f)
Agence de voyages agencia de viajes (f)

A la banque

Je voudrais changer des francs/des traveller's chèques.
Quisiera cambiar unos francos/unos cheques de viaje.
Quel est le cours ? ¿ A cuánto está el cambio ?
Puis-je obtenir du liquide avec cette carte de crédit ?
¿ Puedo sacar dinero con esta tarjeta de crédito ?
Voulez-vous voir mon passeport ? ¿ Quiere usted ver mi pasaporte ?

Articles d'usage courant

Crème antiseptique crema antiséptica (f)
Aspirine aspirina (f)
Bandages vendas (f)
Coton algodón (m)
Pilules contre la diarrhée/les maux de ventre píldoras (f) para diarrea/el estómago trastornado
Tablettes digestives tabletas (f) para indigestión
Insecticide repelente (m) para insectos
Laxatif laxante (m)
Serviettes périodiques compresas (f)
Shampoing champú (m)
Savon jabón (m)
Crème à raser crema de afeitar (f)
Sparadrap esparadrapo (m)
Ficelle cuerda (f)
Crème antisolaire crema (f) para quemaduras del sol
Lunettes de soleil gafas de sol (f)
Crème/huile à bronzer crema (f)/aceite (m) bronceador
Tampons tampones (m)
Mouchoirs en papier pañuelos de papel (m)
Brosse à dents cepillo de dientes (m)
Dentifrice pasta de dientes (f)
Pilules contre le mal des transports píldoras (f) para mareo

Manteau abrigo (m)
Robe vestido (m)
Veste chaqueta (f)
Pull-over jersey (m)
Chemise camisa (f)
Chaussures zapatos (m)
Jupe falda (f)
Chaussettes calcetines (m)
Bas/collants medias (f)
Maillot de bain traje de baño (m)
Pantalons pantalones (m)
Slip/caleçon bragas (f) /calzoncillos (m)

Film película (f)
Lettre carta (f)
Mandat giro postal (m)
Carte postale tarjeta postal (f)
Timbre sello (m)
Télégramme telegrama (f)

Circulation

Station service estación de servicio (f)
Le plein, s'il vous plaît. Lleno/llénelo por favor.
Donnez m'en pour... pesetas s'il vous plaît. Déme... pesetas por favor.
Je voudrais... litres d'essence. Quiero... litros de gasolina.
Pouvez-vous vérifier le/la... ? ¿ Puede usted mirar el/la... ?

Mots et phrases utiles

Il y a quelque chose qui ne va pas dans le/la... Hay algo que no va bien en el/la...

Batterie batería (f)
Freins frenos (m)
Tuyau d'échappement tubo de escape (m)
Courroie de ventilation correa (f) de ventilador
Feux luces (f)
Huile aceite (m)
Pneus neumáticos (m)
Eau agua (m)
Pare-brise parabrisas (m)
Ma voiture ne démarre pas. Mi coche no arranca.
Je suis en panne/j'ai crevé. Tengo un coche averiado/un neumático pinchado.
Le moteur chauffe. El motor se calienta.
Combien faut-il de temps pour réparer ? ¿ Cuánto tardará en repararlo ?

Location d'une voiture

Où pourrais-je louer une voiture ? ¿ Dónde puedo alquilar un coche ?
Est-ce que l'assurance tous risques est comprise ? ¿ Está incluido un seguro a todo riesgo ?
L'assurance couvre-t-elle un autre conducteur ? ¿ Es asegurado para un otro conductor ?
Kilométrage illimité kilometraje ilimitado
Caution depósito (m)
A quelle heure dois-je la rendre ? ¿ Para qué hora debo devolverlo ?
Puis-je la rendre dans une autre agence ? ¿ Puedo devolverlo a una otra agencia ?
Le plein est-il fait ? ¿ Está lleno el depósito de gasolina ?

Signalisation

Al paso **au pas**
¡Alto ! **stop**
Aparcamiento permetido **stationnement autorisé**
Calle bloqueada **route barrée**
Calzada deteriorada **chaussée déformée**
Ceda el paso **cédez le passage**
Centro ciudad **centre ville**
Cuidado **attention**
Deslizamientos **chaussée glissante**
Despacio **lentement**
Desviación **déviation**
Dirección única **sens unique**
Obras **travaux**
Otras direcciones **autres directions**
Paso a nivel **passage à niveau**
Peaje **péage** Peligro danger
Prohibido aparcar **interdiction de stationner**
Salida de emergencia **sortie de secours**
Todas direcciones **toutes directions**

Autres moyens de transport

Avion avión (m)
Aéroport aeropuerto (m)
Autobus autobús (m)
Arrêt d'autobus parada de autobús (f)
Autocar autocar (m)
Ferry/bateau ferry/barco (m)
Port puerto (m)
Hovercraft aerodeslizador (m)
Wagon-lit/couchette coche-cama (m)/litera (f)
Train tren (m)
Billet billete (m)
Guichet taquilla (f)
Aller simple de ida
Aller-retour de ida y vuelta
Demi-tarif medio billete
Première/seconde primera/segunda clase
Gare estación (f)
A quelle heure part le prochain...pour... ? ¿ A qué hora sale el próximo... para... ?
A quelle heure arrive-t-il ? ¿ A qué hora llega ?
A quelle heure le dernier... pour... part-il ? ¿ A qué hora sale el último... para... ?
Quelle voie/quai/porte ? ¿ Qué andén/muelle/barrera ?
Est-ce le... pour... ? ¿ Es éste el... para... ?
Est-il direct ? Où s'arrête-t-il ? ¿ Es directo ? ¿ Dónde para ?
Est-ce que je dois changer ? ¿ Tengo que hacer transbordo ?
Prévenez-moi quand je devrais descendre ¿ Me diría usted cuando tengo que apearme ?

Conduisez-moi à... Lléveme a...
Y a-t-il un wagon-restaurant ? ¿ Hay un coche-comedor ?

Au restaurant

Avez-vous une table pour... ? ¿ Tiene usted una mesa para... ?
Je voudrais réserver une table. Quiero reservar una mesa.
Une table tranquille. Una mesa tranquila.
Une table près de la fenêtre. Una mesa al lado de la ventana.
Auriez-vous une autre table ? ¿ Nos puede dar otra mesa ?
le menu menú (fijo)
Puis-je voir le menu ? ¿ Puedo ver el menú ?
Je prendrai... Tomaré...
Puis-je voir la carte des vins ? ¿ Puedo ver la lista de vinos ?
Je voudrais... Quisiera...
Que nous conseillez-vous ? ¿ Qué recomienda usted ?
Je n'ai pas commandé cela. No he pedido esto.
Apportez-moi un/e autre... Tráigame otro/otra...
L'addition, s'il vous plaît. La cuenta, por favor.
Le service est-il compris ? ¿ Está incluido el servicio ?

Petit déjeuner desayuno (m)
Déjeuner almuerzo (m)
Dîner cena (f) Chaud caliente
Froid frío,-a Verre vaso (m)
Bouteille botella (f)
Demi-bouteille media botella (f)
Bière cerveza (f)
Bière à la pression cerveza de barril
Orangeade/limonade naranjada/limonada (f)
Eau minérale agua mineral (m)
Glacé fría/... con hielo
Gazeux,se gaseoso,-a
Plat, non gazeux sin carbonato
Jus de fruit zumo de fruta (m)
Carafe jarra (f)
Vin rouge vino tinto (m)
Vin blanc vino blanco
Vin rosé vino rosado
Cuvée vendimia (f)

Sec seco
Doux dulce
Sel sal (f)
Poivre pimienta (f)
Moutarde mostaza (f)
Huile aceite (m)
Vinaigre vinagre (m)
Pain pan (m)
Beurre mantequilla (f)
Fromage queso (m)
Lait leche (f)
Café café (m)
Thé té (m)
Chocolat chocolate (m)
Sucre azúcar (m)
Steack filete (m)
bien cuit muy hecho
a point regular
peu cuit poco hecho
saignant muy poco

Pour lire le menu

Aceite (de oliva) huile (d'olive)
Aceitunas olives
(en) Adobo, adobado mariné
Ahumado,-a fumé,e
Ajillo, ajo ail
Albaricoques abricots
Albóndigas boulettes de viande
Alcachofa artichaut
Alcaparras câpres
Al(l)ioli ailloli
Almejas palourdes
Almendras amandes
(en) Almíbar au sirop
Anchoas anchois (en boîte)
Anguila anguille
Arroz riz
Asado rôti
Azafrán safran
Bacalao morue
Berenjena aubergine
Besugo dorade
Biftec, bistec bifteck
Bocadillos sandwichs
Bonito thon
Boquerones anchois frais
(a la) Brasa grillé au feu de bois

Braseado,-a braisé
(en) Brochetas en brochettes
Buey bœuf
Bullab(v)esa bouillabaisse
Buñuelitos, buñuelos beignets
Butifarra sorte de saucisse catalane
Caballa maquereau
Cabrito chevreau
Calabacín courgette
Calamares (en su tinta) calmars (dans leur encre)
Caldereta ragoût de mouton
Caldo bouillon
Callos tripes
Camarones crevettes
Cangrejo de mar, de río crabe (de mer), écrevisse
Caracoles escargots
Carne viande
Carnero mouton
Caza gibier
Cebolla oignon
Cerdo porc
Cerezas cerises
Champiñones champignons

Mots et phrases utiles

Chile piment
Chipirones calmars
Chorizo chorizo (saucisson au piment)
Chuleta côtelette
Chuletón côte (de bœuf ou de veau)
Cigalas langoustines
Ciruela prune
Cochinillo cochon de lait
Cocido pot-au-feu
Cocido,-a cuit,e ; bouilli,e
Col chou
Coliflor chou-fleur
Conejo lapin
Cordero agneau
Crudo,-a cru,e
Dorada dorade
Dulces desserts
Empanada pâté en croute
Empanado,-a pané,e
Ensalada salade
Entremeses hors-d'œuvre
Espárragos asperges
Espinacas épinards
Fabada asturiana haricots au lard, sorte de cassoulet (plat régional asturien)
Frambuesas framboises
Fresas, fresones fraises
Fresco,-a frais, fraîche
Frío,-a froid,e
Frito,-a frit,e
Fruta fruit
Galletas gâteaux secs
Gambas, gambones gambas (bouquets)
Ganso oie
Gazpacho soupe froide
Gratinado,-a gratiné,e
Guisantes petits pois
Habas fèves
Helado glace
Hígado foie
(al) Horno au four
Huevos œufs
  al plato œufs au plat
  revueltos œufs brouillés
Jabalí sanglier
Jamón jambon
Judías haricots
(en su) Jugo (dans son) jus
Langosta langouste
Lechazo agneau de lait
Lechón cochon de lait
Lechuga laitue
Lengua langue
Lenguado sole
Lentejas lentilles
Liebre lièvre
Limón citron
Lubina bar
Mantequilla beurre
Manzana pomme
Mariscos fruits de mer
Mejillones moules
Melocotón pêche
Menestra de legumbres/verduras macédoine de légumes, jardinière
Merluza colin
Morcilla boudin
Naranja orange
Nueces noix
Ostras huîtres
(a la) Parrilla au grill
Parrillada (de mariscos, de pescados) grillade (de fruits de mer, de poissons)
Pasas raisins
Patatas pommes de terre
Pato canard
Pavo dindon
Pechuga blanc de volaille
Pepinillos cornichons
Pepinos concombres
Pera poivre
Perdiz perdrix
Perejil persil
Pescado poisson
Pez espada espadon
Pichón pigeon
Pimientos piments
Piña ananas
Pisto ratatouille
(a la) Plancha grillé
Plátano banane
Platija limande
Pollo poulet
Pomelo pamplemousse
Potaje plat de légumes secs
Puerros poireaux
Queso fromage
Rábanos radis
Rape lotte
Relleno,-a farci,e
Remolacha betterave
Repollo chou pommé
Riñones rognons
Róbalo bar
Rodaballo turbot
Salado,-a salé,e
(en) Salazón salaison
Salchicha saucisse
Salchichón saucisson
Salmonete saumon
Salsa sauce
Salteado,-a sauté,e
Sandía pastèque
Sopa soupe
Ternera veau
Tocino lard fumé
Tortilla omelette
Tostado,-a grillé,e
Trucha truite
Trufas truffes
Turrón touron
Uvas raisin
(al) Vapor à la vapeur
Venado cerf, gros gibier
Venera coquille St-Jacques
Verduras légumes verts
Zanahorias carottes
Zarzuela plat de poissons avec une sauce relevée

Index

A

B

P

Q

R

S

T

U

V

ESPAGNE

1

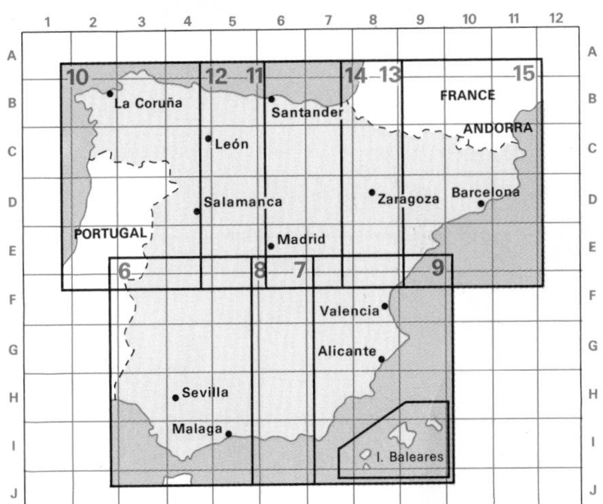

LEGENDES

Cartes de régions

0 25 50 75 km

- Autoroute (avec accès)
- Route principale
- Route secondaire
- Autre route
- N431 Route n°
- Ferry
- Canal
- Voie ferrée
- Aéoroport
- Aérodrome
- Frontière
- Limite de parc national
- Monastère, église
- Site historique, ruines
- Château
- Bonne plage
- A voir
- 14 Passer à la carte n°

Plans de ville

- A voir absolument
- Monument important
- Zone bâtie
- Parc
- Eglise
- Hôpital
- Office de tourisme
- Poste
- Poste de police
- Parking
- Gare
- Station de métro
- Funiculaire
- Voie à sens unique
- Rue piétonne

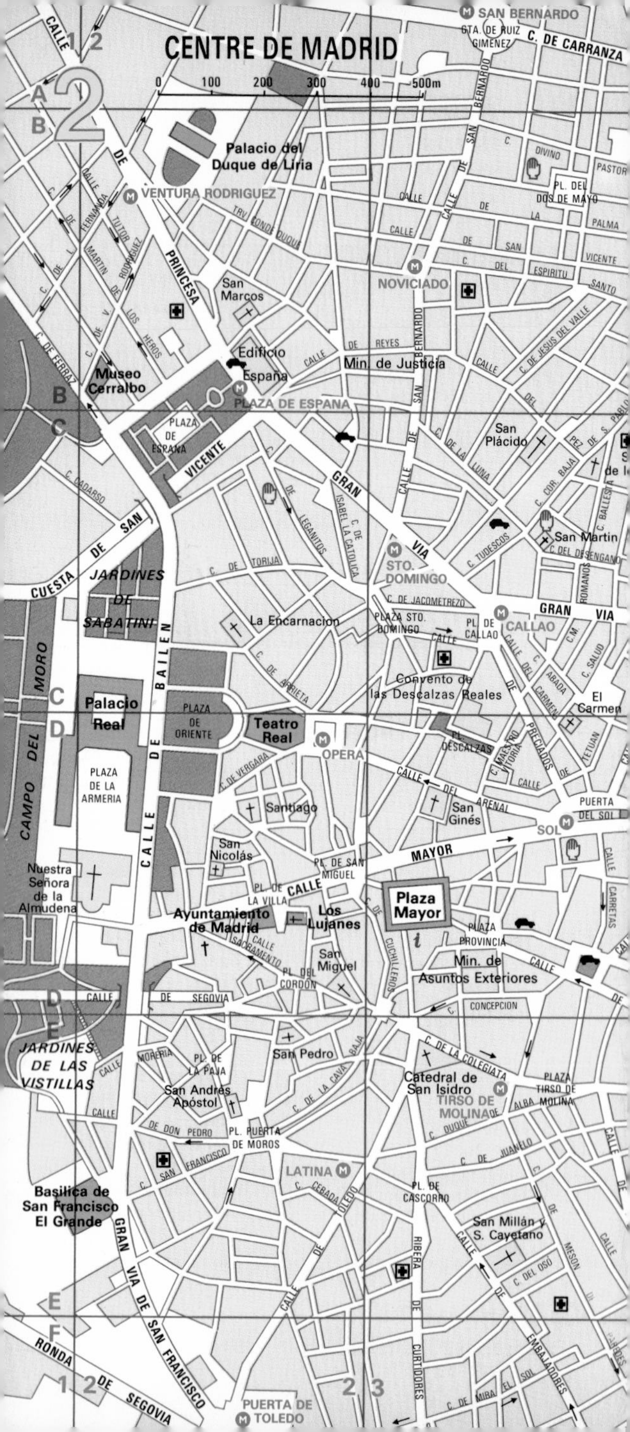

CENTRE DE MADRID
0 100 200 300 400 500m
SAN BERNARDO
GTA. DE RUIZ GIMENEZ
C. DE CARRANZA
Palacio del Duque de Liria
VENTURA RODRIGUEZ
PL. DEL DOS DE MAYO
NOVICIADO
San Marcos
Edificio España
Min. de Justicia
Museo Cerralbo
PLAZA DE ESPAÑA
San Plácido
San Martin
STO. DOMINGO
GRAN VIA
CALLAO
JARDINES DE SABATINI
La Encarnacion
PLAZA STO. DOMINGO
PL. DE CALLAO
Convento de las Descalzas Reales
El Carmen
Palacio Real
PLAZA DE ORIENTE
Teatro Real
OPERA
PL. DESCALZAS
PLAZA DE LA ARMERIA
CAMPO DEL MORO
Santiago
San Ginés
PUERTA DEL SOL
SOL
San Nicolás
PL. DE SAN MIGUEL
MAYOR
Nuestra Señora de la Almudena
PL. DE LA VILLA
Ayuntamiento de Madrid
Los Lujanes
Plaza Mayor
PLAZA PROVINCIA
Min. de Asuntos Exteriores
San Miguel
PL. DEL CORDON
CALLE DE SEGOVIA
JARDINES DE LAS VISTILLAS
San Pedro
PL. DE LA PAJA
San Andrés Apóstol
Catedral de San Isidro
TIRSO DE MOLINA
PLAZA TIRSO DE MOLINA
PL. PUERTA DE MOROS
LATINA
PL. DE CASCORRO
Basilica de San Francisco El Grande
San Millán y S. Cayetano
GRAN VIA DE SAN FRANCISCO
RONDA DE SEGOVIA
PUERTA DE TOLEDO

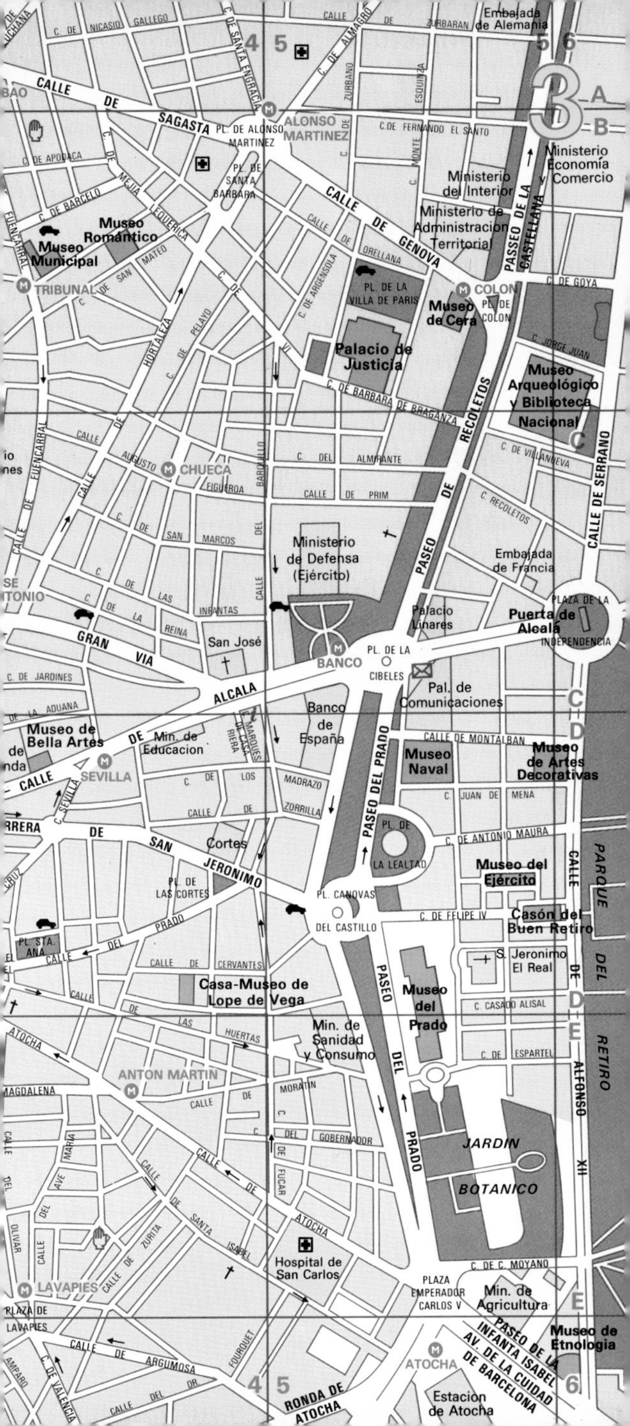

Embajada de Alemania
3
Ministerio Economía y Comercio
Ministerio del Interior
Ministerio de Administracion Territorial
Museo Romántico
Museo Municipal
Palacio de Justicia
Museo de Cera
Museo Arqueológico y Biblioteca Nacional
Ministerio de Defensa (Ejército)
Embajada de Francia
Palacio Linares
Puerta de Alcalá
San José
Pal. de Comunicaciones
Banco de España
Museo de Bella Artes
Min. de Educacion
Museo Naval
Museo de Artes Decorativas
Cortes
Museo del Ejército
Casón del Buen Retiro
S. Jeronimo El Real
Museo del Prado
Casa-Museo de Lope de Vega
Min. de Sanidad y Consumo
JARDIN BOTANICO
Hospital de San Carlos
Min. de Agricultura
Museo de Etnologia
Estacion de Atocha
CALLE DE SAGASTA
CALLE DE GENOVA
PASEO DE LA CASTELLANA
PASEO DE RECOLETOS
PASEO DEL PRADO
GRAN VIA
CALLE DE ALCALA
CARRERA DE SAN JERONIMO
CALLE DE SERRANO
CALLE DE ALFONSO XII
PARQUE DEL RETIRO
CALLE DE ATOCHA
RONDA DE ATOCHA
PASEO DE LA INFANTA ISABEL
AV. DE LA CUIDAD DE BARCELONA
ALONSO MARTINEZ
TRIBUNAL
CHUECA
BANCO
COLON
SEVILLA
ANTON MARTIN
LAVAPIES
ATOCHA

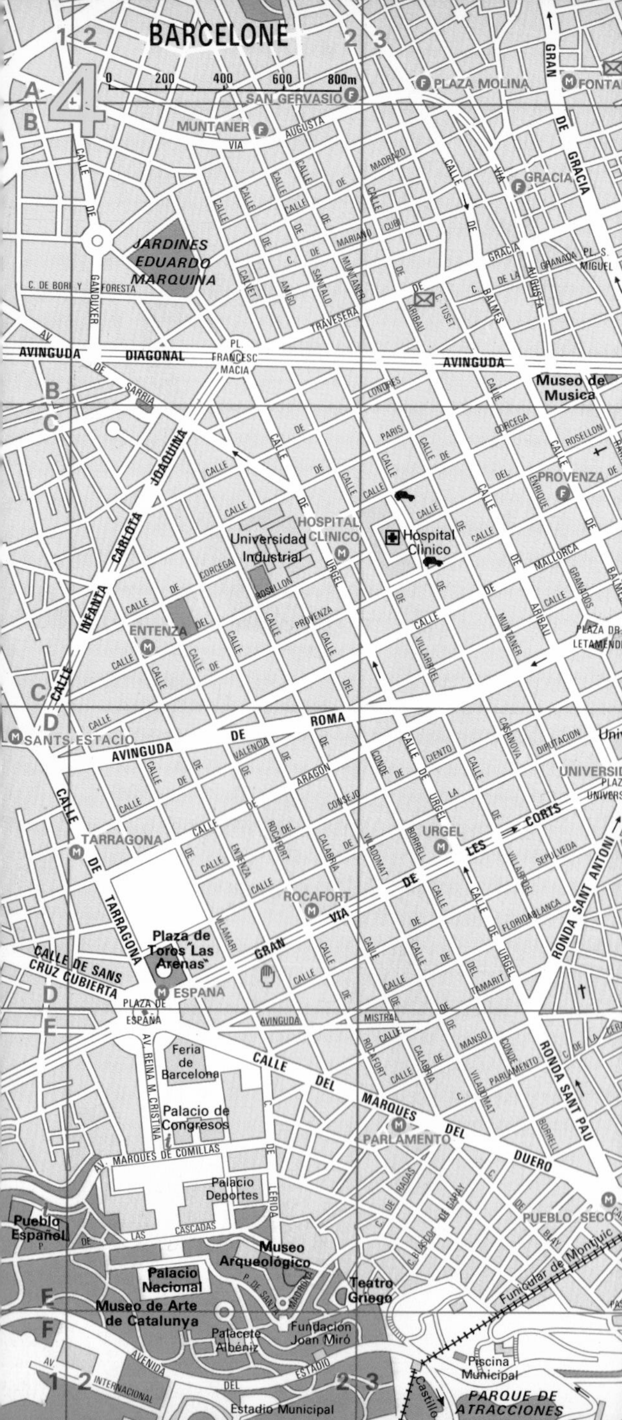
BARCELONE
4
0
200
400
600
800m
PLAZA MOLINA
SAN GERVASIO
MUNTANER
VIA AUGUSTA
GRAN DE GRACIA
GRACIA
JARDINES EDUARDO MARQUINA
C. DE BORI Y FORESTA
GANDUXER
TRAVESERA
C. TUSET
BALMES
ARIBAU
AVINGUDA DIAGONAL
PL. FRANCESC MACIA
AV. DE SARRIA
AVINGUDA
Museo de Musica
LONDRES
PARIS
CORCEGA
ROSELLON
PROVENZA
MALLORCA
CALLE INFANTA CARLOTA JOAQUINA
HOSPITAL CLINICO
Universidad Industrial
Hospital Clinico
ENTENZA
URGEL
VILLARROEL
MUNTANER
GRANADOS
PLAZA DR. LETAMENDI
SANTS ESTACIO
AVINGUDA DE ROMA
VALENCIA
ARAGON
CONSEJO DE CIENTO
CONDE DE URGEL
CASANOVA
DIPUTACION
UNIVERSIDAD
TARRAGONA
CALLE DE TARRAGONA
ROCAFORT
CALABRIA
VILADOMAT
BORRELL
URGEL
GRAN VIA DE LES CORTS
SEPULVEDA
FLORIDABLANCA
RONDA SANT ANTONI
VILAMARI
Plaza de Toros "Las Arenas"
CALLE DE SANS
CRUZ CUBIERTA
ESPANA
PLAZA DE ESPANA
TAMARIT
MISTRAL
MANSO
PARLAMENTO
AV. REINA M. CRISTINA
Feria de Barcelona
Palacio de Congresos
CALLE DEL MARQUES DEL DUERO
RONDA SANT PAU
AV. MARQUES DE COMILLAS
Palacio Deportes
LERIDA
Pueblo Español
LAS CASCADAS
PUEBLO SECO
Museo Arqueologico
Palacio Nacional
Museo de Arte de Catalunya
Teatro Griego
Funicular de Montjuic
Palacete Albéniz
Fundacion Joan Miró
AVENIDA DEL ESTADIO
AV. INTERNACIONAL
Estadio Municipal
Piscina Municipal
Castillo
PARQUE DE ATRACCIONES

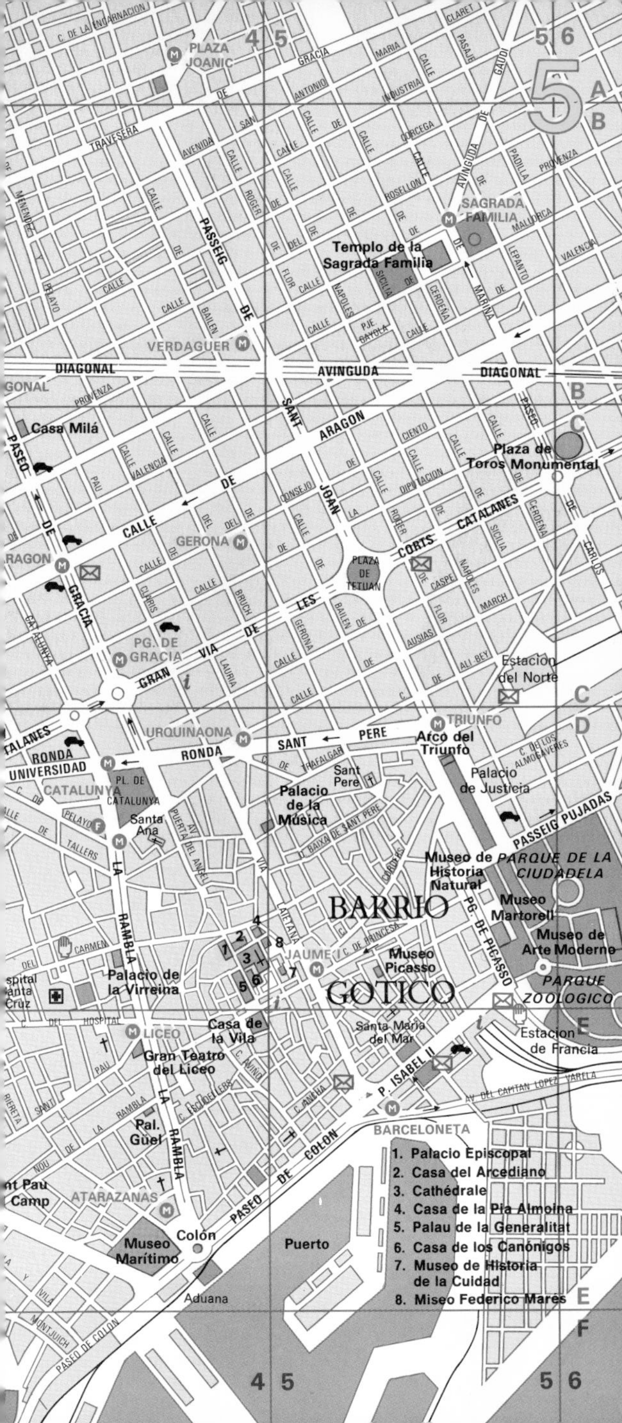

Templo de la Sagrada Familia
Casa Milá
Plaza de Toros Monumental
Estacion del Norte
Arco del Triunfo
Palacio de Justicia
Palacio de la Música
Sant Pere
BARRIO GOTICO
Museo de Historia Natural
PARQUE DE LA CIUDADELA
Museo Martorell
Museo de Arte Moderno
PARQUE ZOOLOGICO
Museo Picasso
Palacio de la Virreina
Casa de la Vila
Gran Teatro del Liceo
Santa Maria del Mar
Estacion de Francia
Pal. Güel
Museo Marítimo
Colón
Puerto
Aduana
BARCELONETA
1. Palacio Episcopal
2. Casa del Arcediano
3. Cathédrale
4. Casa de la Pia Almoina
5. Palau de la Generalitat
6. Casa de los Canónigos
7. Museo de Historia de la Cuidad
8. Miseo Federico Marés

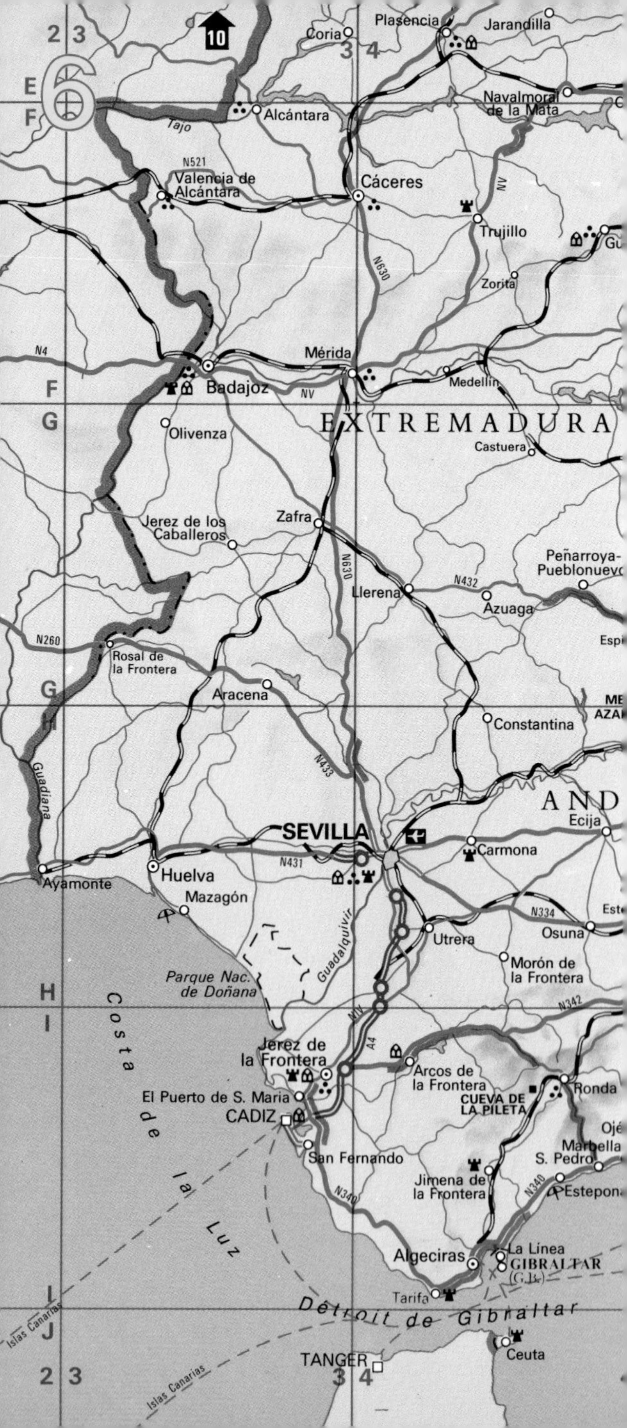

10
6
Plasencia
Jarandilla
Coria
Navalmoral de la Mata
Alcántara
Tajo
N521
Valencia de Alcántara
Cáceres
NV
Trujillo
N630
Zorita
N4
Mérida
Badajoz
NV
Medellin
EXTREMADURA
Olivenza
Castuera
Zafra
Jerez de los Caballeros
N630
Peñarroya-Pueblonuevo
Llerena
N432
Azuaga
N260
Rosal de la Frontera
Aracena
Constantina
N433
Guadiana
AND
SEVILLA
Ecija
Carmona
N431
Ayamonte
Huelva
Mazagón
N334
Osuna
Utrera
Guadalquivir
Morón de la Frontera
Parque Nac. de Doñana
N342
Costa de la Luz
Jerez de la Frontera
A4
Arcos de la Frontera
Ronda
El Puerto de S. Maria
CUEVA DE LA PILETA
CADIZ
Marbella
San Fernando
S. Pedro
N340
Jimena de la Frontera
N340
Estepona
La Linea
Algeciras
GIBRALTAR
(G.B.)
Tarifa
Détroit de Gibraltar
Islas Canarias
Ceuta
TANGER
Islas Canarias

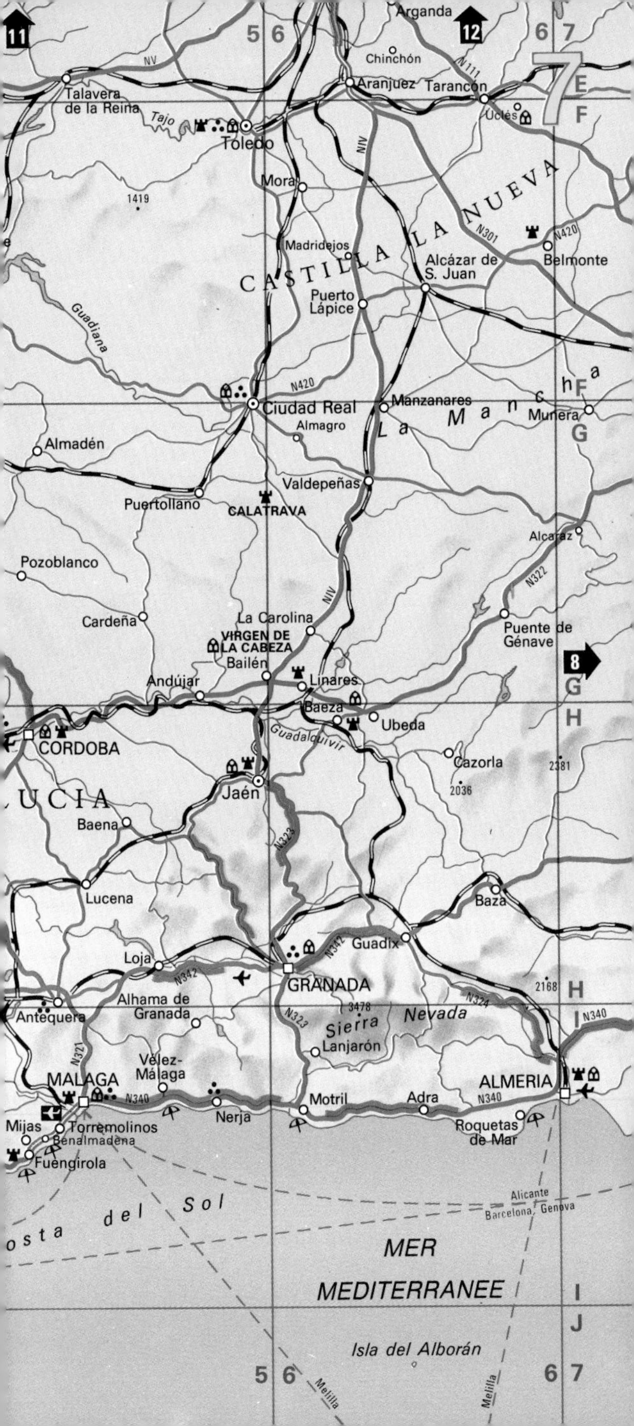

11
5 6
Arganda
12
6 7
7
Chinchón
Talavera de la Reina
Aranjuez
Tarancón
Uclés
E
F
Tajo
Toledo
NIV
Mora
1419
CASTILLA LA NUEVA
N301
N420
Madridejos
Alcázar de S. Juan
Belmonte
Puerto Lápice
Guadiana
N420
Ciudad Real
Manzanares
La Mancha
Munera
F
G
Almagro
Almadén
Valdepeñas
Puertollano
CALATRAVA
Alcaraz
Pozoblanco
N322
NIV
Cardeña
La Carolina
Puente de Génave
VIRGEN DE LA CABEZA
Bailén
8
Andújar
Linares
G
Baeza
Ubeda
H
CORDOBA
Guadalquivir
Cazorla
2381
2036
Jaén
UCIA
Baena
N323
Lucena
Baza
Guadix
N342
Loja
N342
GRANADA
2168
H
Antequera
Alhama de Granada
3478
N324
N323
Sierra Nevada
I
N340
Lanjarón
N321
Vélez-Málaga
MALAGA
N340
Nerja
Motril
Adra
N340
ALMERIA
Mijas
Torremolinos
Benalmadena
Fuengirola
Roquetas de Mar
Costa del Sol
Alicante
Barcelona, Genova
MER MEDITERRANEE
I
J
Isla del Alborán
5 6
6 7
Melilla
Melilla

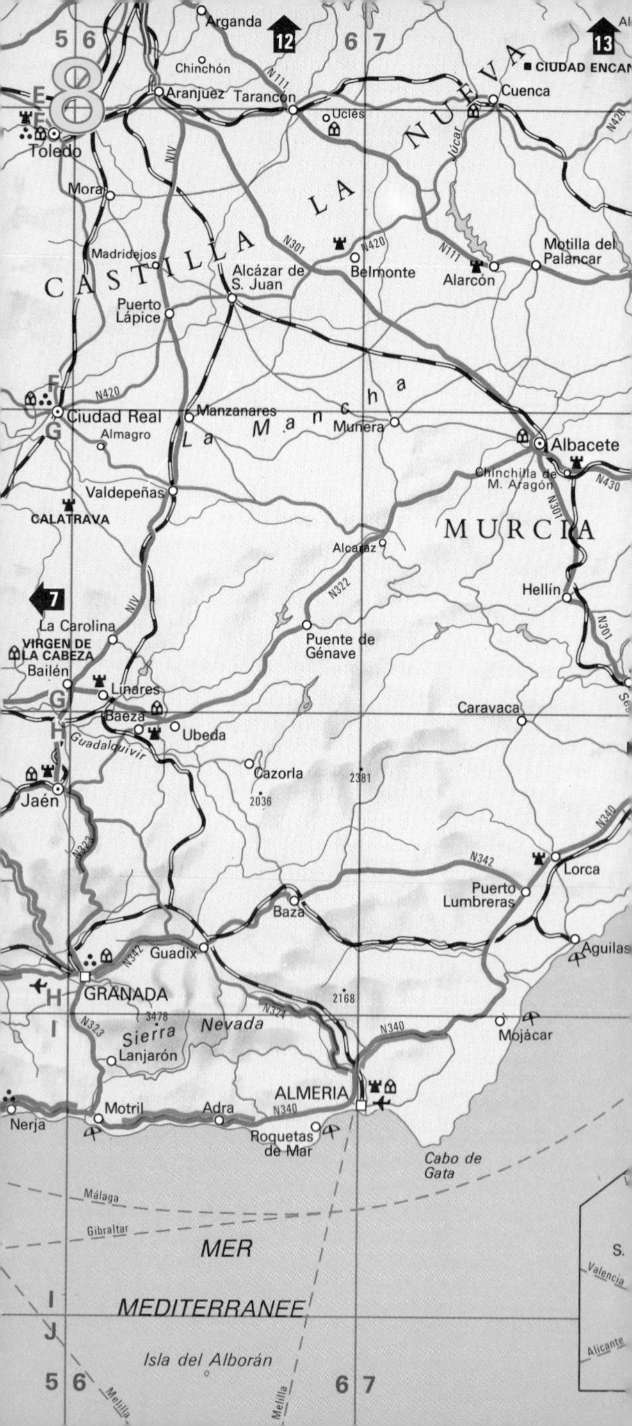

8
5 6
6 7
12
13
Arganda
Chinchón
Aranjuez
Tarancón
Uclés
Cuenca
CIUDAD ENCAN
Toledo
Mora
CASTILLA LA NUEVA
Madridejos
Alcázar de S. Juan
Belmonte
Alarcón
Motilla del Palancar
Puerto Lápice
Ciudad Real
Almagro
Manzanares
La Mancha
Munera
Albacete
Chinchilla de M. Aragón
Valdepeñas
CALATRAVA
MURCIA
Alcaraz
Hellín
7
La Carolina
VIRGEN DE LA CABEZA
Bailén
Puente de Génave
Linares
Baeza
Ubeda
Guadalquivir
Caravaca
Cazorla
2381
2036
Jaén
Lorca
Puerto Lumbreras
Baza
Aguilas
Guadix
GRANADA
2168
3478
Sierra Nevada
Mojácar
Lanjarón
ALMERIA
Motril
Adra
Nerja
Roquetas de Mar
Cabo de Gata
Málaga
Gibraltar
MER MEDITERRANEE
Valencia
Alicante
Isla del Alborán
Melilla
N111
NIV
N301
N420
N430
N322
N323
N342
N324
N340

Teruel
Peñarroya 2024
8 9
14
Benicarló
Peñíscola
9 10
9
E
F
Torre Baja
Oropesa del Mar
Castellón de la Plana
Benicasim
Costa del Azahar
N234
A7
Sagunto
Contreras
Turia
Puzol
VALENCIA
Chiva
N111
Barcelona, Genova
Mallorca
ALENCIA
El Saler
Júcar
Sueca
Cullera
F
G
N430
Játiva
Gandía
Ibiza
Almansa
Denía
Jávea
Alcoy
Guadalest
Cabo de la Nao
Villena
Yecla
Calpe
Mallorca, Ibiza
Elda
Benidorm
ALICANTE
Costa Blanca
Elche
G
H
Orihuela
N332
Torrevieja
N301
Santiago de la Ribera
Cabo de Palos
Cartagena
Oran
Marseille
Barcelona
MENORCA
Fornells
Ciudadela
Puerto de Pollensa
Cabo Formentor
Mahón
La Calobra
Alcudia
Sóller
Inca
Cala Ratjada
Valldemosa
Artá
CUEVAS DE ARTA
PALMA
Porto Cristo
Puerto de Andraitx
Manacor
CUEVAS DEL DRACH
MALLORCA
Toulon, Genova
Santañy
Cabrera
IBIZA
Sta. Eulalia del Rio
Ibiza
S. Francisco Javier
Formentera
ISLAS BALEARES
Alger
Alicante
H
I
I
J
8 9
9 10

10
Cedeira
Ortigueira
El Ferrol del Caudillo
Vivero
Foz
S. MARTIN DE MONDONEDO
Fene
LA CORUNA
Malpica
Puentedeume
Camariñas
Bayo
Betanzos
N634
Villalba
Mugía
Vimianzo
NVI
A9
Corcubión
Cabo Finisterre
Sobrado de los Monjes
Santiago de Compostela
Labacolla
Lugo
Carnota
Muros
Noya
Ulla
Padrón
Puertomarin
OCA
N525
GALICIA
Riveira
N550
Villagarcia de Arosa
STA. MARIA LA REAL DE OSERA
I. de Arosa
Cambados
El Grove
Pontevedra
Monforte de Lemos
Marín
El Barco de Valdeorras
Islas Cíes
Orense
VIGO
Miño
N120
Bayona
Túy
Celanova
Valença do Minho
La Guardia
N525
Verín
N13
PORTO
PORTUGAL
N16
Coria
Alcántara
Tajo
N521
Valencia de Alcántara
6

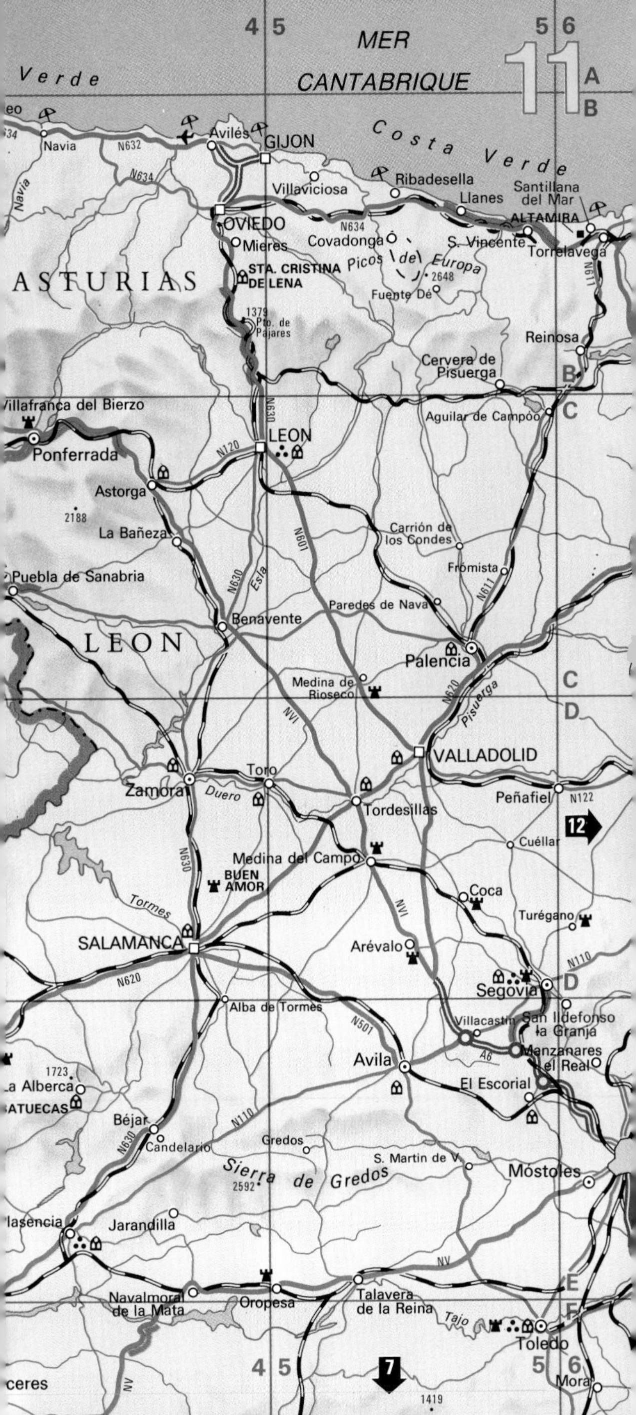

4 5
MER
CANTABRIQUE
5 6
11
A
B
Verde
Costa Verde
Navia
N632
Avilés
GIJON
N634
Villaviciosa
Ribadesella
Llanes
Santillana del Mar
ALTAMIRA
OVIEDO
N634
Covadonga
S. Vincente
Torrelavega
Mieres
Picos de Europa
2648
ASTURIAS
STA. CRISTINA DE LENA
Fuente Dé
N611
1379
Pto. de Pajares
Reinosa
Cervera de Pisuerga
B
C
Villafranca del Bierzo
N630
Aguilar de Campóo
LEON
N120
Ponferrada
Astorga
2188
La Bañeza
N601
Carrión de los Condes
Frómista
Puebla de Sanabria
N630
Esla
N611
Paredes de Nava
Benavente
LEON
Palencia
Medina de Rioseco
N620
C
D
Pisuerga
NVI
VALLADOLID
Toro
Zamora
Duero
Peñafiel
N122
Tordesillas
12
Cuéllar
N630
Medina del Campo
BUEN AMOR
Coca
Tormes
Turégano
NVI
SALAMANCA
Arévalo
N110
N620
Segovia
D
Alba de Tormes
N501
San Ildefonso la Granja
Villacastín
A6
Manzanares el Real
1723
Avila
La Alberca
BATUECAS
El Escorial
Béjar
N110
N630
Candelario
Gredos
S. Martin de V.
Sierra de Gredos
Móstoles
2592
Plasencia
Jarandilla
NV
E
Navalmoral de la Mata
Oropesa
Talavera de la Reina
F
Tajo
Toledo
4 5
7
5 6
Cáceres
NV
1419
Mora

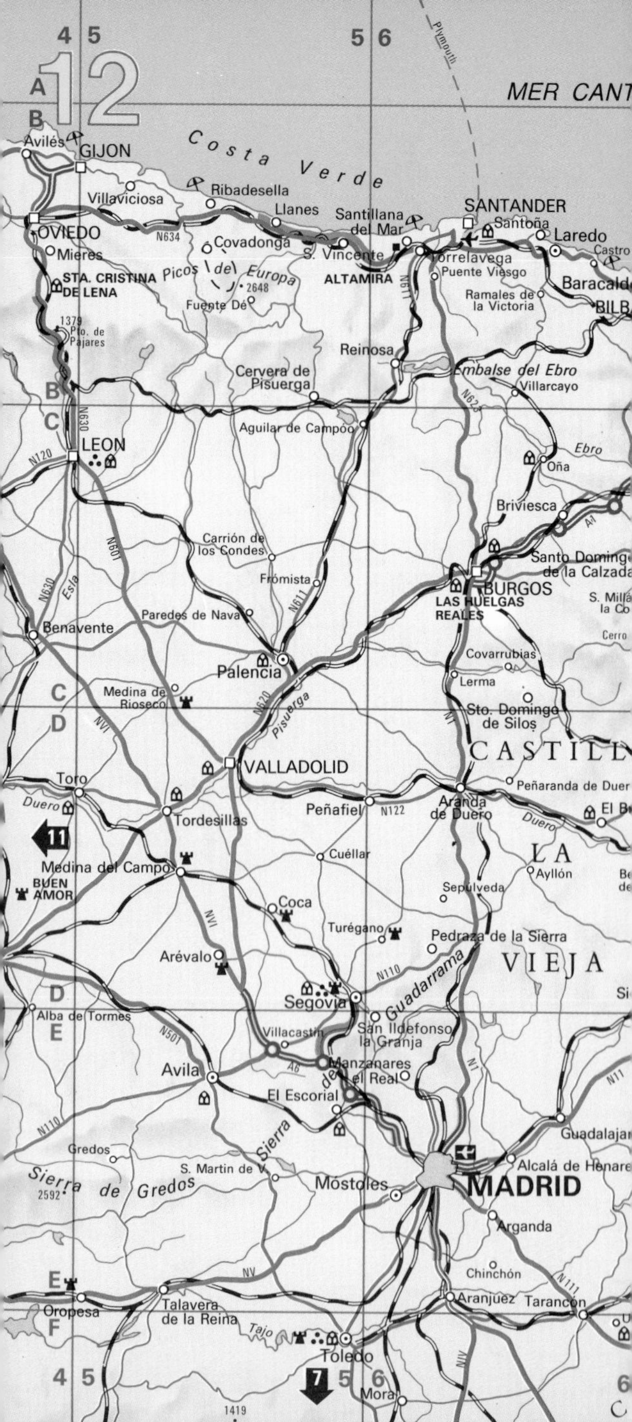

12
MER CANT
Costa Verde
Plymouth
Avilés
GIJON
Villaviciosa
Ribadesella
Llanes
Santillana del Mar
SANTANDER
Santoña
Laredo
Castro
OVIEDO
N634
Covadonga
S. Vincente
Torrelavega
Mieres
Picos de Europa
ALTAMIRA
Puente Viesgo
STA. CRISTINA DE LENA
2648
N611
Ramales de la Victoria
Baracald
Fuente Dé
BILB
1379
Pto. de Pajares
Reinosa
Cervera de Pisuerga
Embalse del Ebro
Villarcayo
N623
N630
Aguilar de Campóo
LEON
N120
Ebro
Oña
Briviesca
A1
N601
Carrión de los Condes
Santo Doming de la Calzada
Frómista
BURGOS
N630
Esla
N611
LAS HUELGAS REALES
S. Millá la Co
Paredes de Nava
Benavente
Cerro
Palencia
Covarrubias
Lerma
Medina de Rioseco
N620
Pisuerga
Sto. Domingo de Silos
NVI
N1
CASTILL
VALLADOLID
Toro
Peñaranda de Duer
Duero
Aranda de Duero
Peñafiel
N122
Tordesillas
Duero
El B
11
Cuéllar
LA
Medina del Campo
Ayllón
BUEN AMOR
Sepúlveda
Coca
NVI
Turégano
Pedraza de la Sierra
Arévalo
VIEJA
N110
Guadarrama
Segovia
Alba de Tormes
San Ildefonso la Granja
Villacastín
N501
Avila
A6
Manzanares el Real
N1
N11
El Escorial
N110
Sierra de
Guadalajar
Gredos
Alcalá de Henare
S. Martin de V.
Sierra de Gredos
Móstoles
MADRID
2592
Arganda
Chinchón
NV
N111
Oropesa
Talavera de la Reina
Aranjuez
Tarancón
Tajo
Toledo
NIV
7
Mora
1419

7 8
8 9
13
A
B
RIQUE
Golfe de Biscaye
N10
N117
Biarritz
Bermeo
Lequeitio
SAN SEBASTIAN
Fuenterrabia
Zumaya
Guernica
Irun
Pau
S. IGNACIO
N1
Bidasoa
Vergara
Tolosa
Oñate
N121
PYRENEES
N240
Roncesvalles
B
C
N1
Irati
Salazar
VITORIA (GASTEIZ)
PAMPLONA
Puerto de Somport
VASCONGADAS
NAVARRA
N330
Parque Nac. de Ordesa
Estella
LEYRE
N240
Haro
Los Arcos
N111
Tafalla
Sanguesa
Jaca
Logroño
Olite
Sos del Rey Católico
S.JUAN DE LA PENA
Nájera
A68
A15
Uncastillo
LA OLIVA
Calahorra
ARAGON
N111
Huesca
Fitero
Tudela
Ejea de los Caballeros
C
D
Ebro
Agreda
Tarazona
UMANCIA
N122
Sariñena
Soria
N122
VERUELA
A68
Osma
ZARAGOZA
14
N234
Almazán
A2
Bujaraloz
N11
N11
N330
Calatayud
Fuendetodos
Sta. Maria de Huerta
Maluenda
N232
MON. DE PIEDRA
Caspe
Daroca
D
Alcolea del Pinar
Alcañiz
E
N211
Montalbán
Molina de Aragón
Monreal del Campo
Morella
Priego
CASTILLA LA NUEVA
Albarracin
Teruel
Peñarroya 2024
CIUDAD ENCANTADA
E
Cuenca
Torre Baja
N420
Júcar
Castellón de la Plana
N234
8
9
7 8
8 9

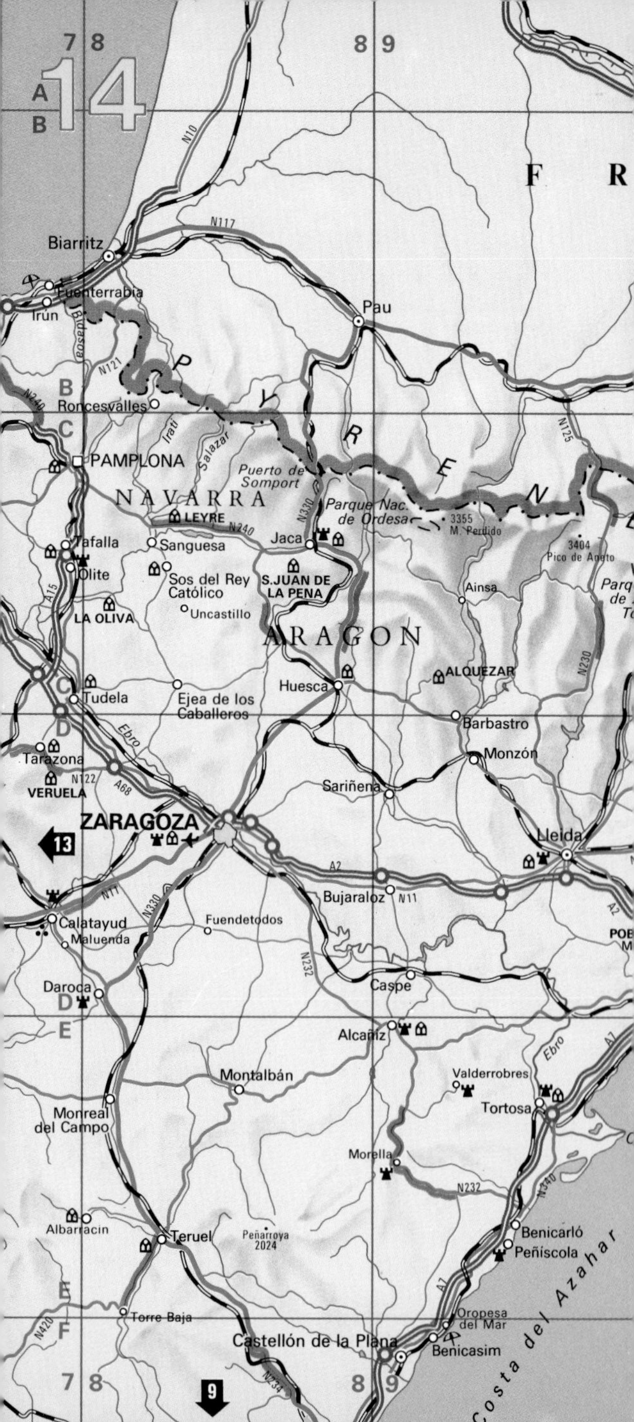

14
Biarritz
Fuenterrabia
Irún
Pau
F R
P Y R E N
Roncesvalles
PAMPLONA
NAVARRA
Puerto de Somport
Parque Nac. de Ordesa
3355 M. Perdido
3404 Pico de Aneto
LEYRE
Jaca
Tafalla
Sanguesa
Olite
Sos del Rey Católico
S.JUAN DE LA PENA
Uncastillo
LA OLIVA
Ainsa
ARAGON
ALQUEZAR
Huesca
Tudela
Ejea de los Caballeros
Barbastro
Monzón
Tarazona
VERUELA
Sariñena
ZARAGOZA
13
Lleida
Bujaraloz
Calatayud
Maluenda
Fuendetodos
Caspe
Daroca
Alcañiz
Valderrobres
Montalbán
Tortosa
Monreal del Campo
Morella
Benicarló
Peñiscola
Albarracín
Teruel
Peñarroya 2024
Costa del Azahar
Torre Baja
Oropesa del Mar
Castellón de la Plana
Benicasim
9

15
A
B
C
D
E
F
10
11
12
FRANCE
TOULOUSE
A61
A9
N20
PERPIGNAN
Pic d'Estats 3145
ANDORRA
Andorra la Vella
2913 Puigmal
Portbou
La Seu d'Urgell
A17
Figueres
Sant Joan de les Abadesses
Ripoll
EMPÚRIES
Olot
Berga
Banyoles
L'Estartit
Solsona
N152
Girona
Vic
Cardona
CATALUNYA
Palamós
Costa Brava
gramunt
Cervera
Manresa
N11
Marseille, Genova
Blanes
Tàrrega
Montserrat 1238
Terrassa
A17
Mataró
Sant Cugat
Badalona
Villafranca del Penèdes
BARCELONA
SANTES CREUS
Sitges
Vilanova i la Geltrú
TARRAGONA
Costa Dorada
Tortosa
MER MEDITERRANEE
Alicante, Malaga, Gibralta
Mallorca, Ibiza
Menorca

COSTA BRAVA
16
0 10 20 km
Banyuls
Cerbère
Portbou
Colera
Llançà
El Port de la Selva
le Boulou
le Perthus
Monts Albères
1256
Roc de France
1450
La Jonquera
La Vajol
Campmany
Macanet de Cabrenys
Darnius
Embassament de Boadella
CASTELL DE QUERMANÇO
SANT PERE DE RODA
670
Cadaqués
Albanyà
Castelló d'Empúries
Roses
Cala Montjoi
FIGUERES
M.D. DEL MONT
1115
Ampuriabrava
Cabanelles
Besalú
Golfe de Roses
R. Fluvià
Bascara
EMPURIES
Viladamat
L'Escala
Porqueres
BANYOLES
Rocacorba
985
Verges
L'Estartit
Illes Medes
R. Ter
Torroella de Montgrí
Parlavà
M.S. DELS ANGELS
La Bisbal d'Empordà
Pals
Sa Riera
Aiguafreda
Begur
GIRONA
Anglès
Aiguablava
Tamariu
PALAFRUGELL
Llafranc
Calella
531
Caca de la Selva
Calonge de Mar
Sta. Coloma de Farners
Caldes de Malavella
Sant Antoni de Calonge
Pl. de La Fosca
PALAMOS
Llagostera
S. Cristina d'Aro
La Platja d'Aro
S'Agaró
Sils
Vidreres
SANT FELIU DE GUIXOLS
519
Roca Grossa
Tossa de Mar
LLORET DE MAR
Platja de Canyelles
Tordera
Pl. de S. Cristina
BLANES
Pl. de Sabanell
Malgrat de Mar
Pineda de Mar
CALELLA
Sant Pol de Mar
Barcelona
MER MEDITERRANEE
N11
A7
C252
C260
C150
C255
C250
C253
N114